侯仁之（1911—2013）是中国历史地理学的重要开创者之一，在理论和实践两方面做出了重要贡献。他的城市历史地理学研究工作具有广泛影响，研究方法极具开创性和引领性。在细致的实地考察和严密的文献考证基础上，他从交通区位、水系分布、地理环境的角度，首次系统地揭示了北京城的起源、形成、发展、城址转移的全过程，深刻分析了古代北京城平面设计思想的特点以及城市形态与地形地貌、河湖水系之间的密切关系，提出了现代北京城市建设中如何继承和保护古都风貌的基本原则。他主编的《北京历史地图集》是有关北京城市历史地理研究的权威之作，成为规划古都文化风貌保护与继承方案的重要依据。他把城市历史地理学的基础理论研究与城市改造和建设的现实任务结合起来，为北京、天津、承德、邯郸、淄博、芜湖等文化古都的保护和发展做出了重要贡献。

北京城的生命印记

侯仁之 著

生活·讀書·新知三联书店

Copyright © 2022 by SDX Joint Publishing Company.
All Rights Reserved.

本作品版权由生活·读书·新知三联书店所有。
未经许可，不得翻印。

图书在版编目（CIP）数据

北京城的生命印记/侯仁之著.—北京：
生活·读书·新知三联书店，2022.9（2023.8 重印）
（当代学术）
ISBN 978-7-108-07341-9

Ⅰ.①北… Ⅱ.①侯… Ⅲ.①历史地理－北京－文集
Ⅳ.①K921-53

中国版本图书馆 CIP 数据核字（2021）第 264251 号

责任编辑	徐国强
装帧设计	宁成春
封面原图摄影	孙贵臣
责任印制	董 欢
出版发行	生活·讀書·新知 三联书店
	（北京市东城区美术馆东街 22 号 100010）
网 址	www.sdxjpc.com
经 销	新华书店
制 作	北京金舵手世纪图文设计有限公司
印 刷	河北鹏润印刷有限公司
版 次	2022 年 9 月北京第 1 版
	2023 年 8 月北京第 2 次印刷
开 本	635 毫米 × 965 毫米 1/16 印张 38
字 数	435 千字 图 135 幅
印 数	4,001-7,000 册
定 价	128.00 元

（印装查询：01064002715；邮购查询：01084010542）

侯仁之先生像(1911—2013)

侯仁之先生展示《乾隆京城全图》挂图（1985年）

侯仁之先生在北京卢沟桥（2000 年 10 月）

"晚晴在心中":侯仁之、张玮瑛夫妇摄于燕南园住所前(2001年)

当代学术
总　序

　　生活·读书·新知三联书店从 1986 年恢复独立建制以来，就与当代中国知识界同感共生，全力参与当代学术思想传统的重建和发展。三十年来，我们一方面整理出版了陈寅恪、钱锺书等重要学者的代表性学术论著，强调学术传统的积累与传承；另一方面也积极出版当代中青年学人的原创、新锐之作，力求推动中国学术思想的创造发展。在知识界的大力支持下，通过多年的努力，我们已出版众多引领学术前沿、对知识界影响广泛的论著，形成了三联书店特有的当代学术出版风貌。

　　为了较为系统地呈现中国当代学术的发展和成果，我们以上世纪八十年代以来刊行的学术成果为主，遴选其中若干著作重予刊行，其中以人文学科为主，兼及社会科学；以国内学人的作品为主，兼及海外学人的论著。

　　我们相信，随着当代中国社会的繁荣发展，中国学术传统正逐渐走向成熟，从而为百余年来中国学人共同的目标——文化自主与学术独立，奠定坚实的基础。三联书店愿为此竭尽绵薄。谨序。

生活·读书·新知三联书店

2017 年 3 月

目 录

序　1

城址起源与变迁

北京城的沿革　3

关于古代北京的几个问题　14

说　蓟　35

说　燕　38

现在的北京城最初是谁建造的　42

北京城和刘伯温的关系　47

北京城的兴起——再论与北京建城有关的历史地理问题　52

关于京东考古和北京建城年代问题　58

河湖水系

北京都市发展过程中的水源问题　63

北京历代城市建设中的河湖水系及其利用　101

北京海淀附近的地形、水道与聚落　129

明陵的水文　151

从丰沙线到官厅水库　156

北京城最早的水库昆明湖　163

踪迹高梁河　167

戾陵遏与车箱渠　174

颐和园话旧　178

北京地下湮废河道复原图说明书　186

规划、设计与改造

元大都城　195

明清北京城　226

北京旧城平面设计的改造　245

论北京旧城的改造　268

试论北京城市规划建设的两个基本原则　292

试论北京城市规划建设中的三个里程碑　302

评西方学者论述北京城市规划建设四例　313

天安门广场：从宫廷广场到人民广场的演变和改造　322

北京紫禁城在规划设计上的继承与发展　347

从莲花池到后门桥　358

从北京城市规划南北中轴线的延长看来自民间的
　"南顶"和"北顶"　376

海淀镇与北京城——历史发展过程中的地理关系与文化渊源　381

要真实、要发展

　　——关于城市古建筑遗址的利用与开发问题的一封信　406

从北京到华盛顿——城市设计主题思想试探　412

景物溯源

海淀附近地区的开发过程与地名演变　441

记燕园出土文物——有关地望考证的墓志石　451

未名湖溯源　454

记米万钟《勺园修禊图》　470

圆明园　481

畅春园的新篇章　487

北海公园与北京城　489

什刹海与北京城址的演变　494

要看到建设"滨河公园"的历史意义　504

保护和力求恢复后门桥的历史面貌　508

亮出白塔　功德无量　511

卢沟桥与北京城　513

地图与碑记

《北京历史地图集》前言　533

《北京历史地图集》二集前言　537

记英国国家图书馆所藏清雍正北京城图

　　——补正《北京历史地图集》明清北京城图　540

元大都城垣遗址公园碑记　554

明北京城城墙遗迹维修记　556

白浮泉遗址整修记　559

什刹海记　562

北京城东南角楼记　564

金中都城鱼藻池遗址简介　566

北京建城记　567

北京建都记　569

图片索引

图 1　蓟城与附近水道相对位置示意图　27

图 2　北京市地形图　53

图 3　北京小平原古代大道示意图　56

图 4　北京旧城附近地形及其剖面图　64

图 5　古代蓟丘与蓟城复原图（底图用今日地形）　67

图 6　戾陵遏—车箱渠灌溉干渠臆想图　70

图 7　金元明清北京城址变迁示意图　72

图 8　金中都城宫苑水道及其遗迹臆想图　75

图 9　金瓮山泊水道变迁图　77

图 10　金中都城近郊河渠水道图　80

图 11　元白浮泉渠道图　83

图 12　元大都城通惠河源流图　87

图 13　元明城址变迁与河道相对位置比较　89

图 14　清中叶昆明湖及附近水道略图　94

图 15　古代蓟城近郊的河湖水系与主要灌溉渠道　105

图 16　金中都城宫苑水系与主要灌溉渠道　110

图 17　清中后期北京内城西北隅红桥下的"西沟"北段　111

图 18　清初北京内城西北隅红桥下南北水道　112

图 19　白莲潭上所建两水闸位置臆想图　113

图 20　元大都城的规划设计与河湖水道的关系　117

图 21　明清北京城的定型与城郊主要水道的变迁　121

图 22　清代利用引水石槽汇集西山诸泉　123

图 23　西山至玉泉山引水石槽及河道桥梁照片六幅
　　　（1936 年秋摄）　127—128

图 24　海淀附近聚落分布略图　130

图 25　北京近郊地形　132

图 26　清中叶海淀附近诸园略图　145

图 27　北大清华校园地形略图　150

图 28　十三陵水库位置图　152

图 29　官厅水库和丰沙线　157

图 30　刚完工的官厅水库拦河坝　161

图 31　明代的西湖（瓮山泊）　165

图 32　乾隆时期开凿后的昆明湖　165

图 33　1949 年以前北京城郊古今水道示意图　169

图 34　未经人工改造的高梁河示意图　172

图 35　戾陵遏以下车箱渠灌溉干渠示意图　175

图 36　金代北京城区河道示意图　190

图 37　元代北京城区河道示意图　190

图 38　今日北京城区地下废河道示意图　191

图 39　西南三环路以内金中都遗址示意图　196

图 40　金中都及太宁宫附近河湖水道示意图　198

图 41　金中都城和元大都城城址位置图　200

图 42　元大都城平面复原图　206

图 43　元大都宫城平面示意图　209

图 44　金中都城近郊河湖水道略图　218

图 45　元大都城近郊河湖水道略图　219

图 46　北京紫禁城外三殿平面图　230

图 47　明清北京城图　233

图 48　金中都城、太宁宫及附近河湖水系示意图
　　　　（附金以后的城址变迁）　247

图 49　元大都城平面设计示意图（土筑城垣）　248

图 50　明北京城平面设计示意图（砖包城垣）　255

图 51　天安门广场今昔对比图　261—262

图 52　北京旧城的改造示意图　264

图 53　北京旧城平面设计的演变示意图　270

图 54　元大都城萧墙（皇城）内的太液池　275

图 55　北海大石桥的过去和现状　276

图 56　清代的天安门广场　278

图 57　由天安门广场向东西延伸横贯北京全城的新轴线　279

图 58　积水潭与元大都城平面设计的关系示意图　284

图 59　从积水潭到什刹海的变迁略图　288

图 60　北京城市规划建设中的三个里程碑的初步设想　304

图 61　北京城市中轴线的向北延伸　306

图 62　"左祖右社，面朝后市"思想在元大都布局中的体现　307

图 63　明中叶北京城空间结构的核心部分最后定型，

清代继承不变　309

图64　偃师二里头早商一号宫殿基地平面图　311

图65　偃师二里头早商一号宫殿复原图　312

图66　唐长安城平面略图　324

图67　唐长安皇城平面略图　325

图68　宋汴梁城平面示意图　326

图69　宋汴梁城的宫廷广场示意图　327

图70　金中都城中心部分示意图　329

图71　金中都城宫廷广场示意图　331

图72　元大都城宫廷广场示意图　332

图73　明北京城午门至正阳门平面图　335

图74　清北京城天安门广场全景　338

图75　1949年前的天安门广场示意图　342

图76　毛主席纪念堂建成时的天安门广场总平面图　345

图77　元大内位置略图　349

图78　明紫禁城位置略图　353

图79　北京明清宫殿总平面图　354

图80　莲花池复原示意图　359

图81　《水经注》所记"蓟城"与"西湖"位置示意图　360

图82　太行山东麓地形略图　361

图83　金中都城东北郊太宁宫位置图　365

图84　大都城中轴线的选择与宫城位置的确定　367

图85　元大都城图　368

图86　明代扩建皇城北墙与东墙将通惠河上游一段包入城内　372

图 87　后门桥地区改造示意图　374

图 88　近年来海淀镇苏州街北段（南海淀街）的地下新发现　383

图 89　海淀与金中都城及元大都城之间的交通　384

图 90　海淀镇附近地形图　385

图 91　明代南海淀与北海淀附近园林水系复原图　388

图 92　清代中期海淀镇附近皇家园林分布图　389

图 93　清代北京城至海淀镇的主要交通线路图　392

图 94　海淀镇内的"中关村西区"规划范围图　399

图 95　50 年代的乐家花园与巴沟低地　400

图 96　万泉文化公园内引水渠设想示意图　402

图 97　北京旧城址变迁（金中都到明清北京）　414

图 98　清代天安门前宫廷广场　421

图 99　新中国成立后扩建的天安门广场　422

图 100　从天安门广场向东西延伸的林荫大道——东、西长安街　423

图 101　华盛顿城址初定时私人地产界线　425

图 102　华盛顿城址初定时的地形示意图及朗方设计的全城中轴线及主要街道轮廓　427

图 103　波河东岸沼泽及浅水区填筑的陆地　431

图 104　波河东岸中轴线起点的原始河岸线　432

图 105　华盛顿城中轴线上的绿茵广场　434

图 106　美国越战阵亡士兵纪念碑　435

图 107　淑春园遗址图　456

图 108　畅春园与自怡园位置图　459

图 109　畅春园与淑春园位置图　462

图 110　畅春园、春熙院与淑春园等　464

图 111　淑春园石舫　466

图 112　燕京大学最后的校园本部核心区略图　467

图 113　勺园园景透视图　472

图 114　今勺园及附近地区略图　477

图 115　太液池演变示意图　491

图 116　金中都水系源流　496

图 117　元大都水系源流　500

图 118　什刹海与明清北京城　502

图 119　古代北京小平原地形示意图　514

图 120　蓟城城址　518

图 121　金中都城　522

图 122　金中都城四郊地形示意图　524

图 123　宛平城地理位置图　526

图 124　《清乾隆北京城图》内城西北隅

（原图未注西直门大街上横桥之桥名）　543

图 125　《清乾隆北京城图》取灯胡同附近　546

图 126　《阙名：北京城图》宽街至良谷厂附近　547

图 127　《阙名：北京城图》下五营附近空白　549

图 128　《清乾隆北京城图》怡亲王府附近　550

图 129　在《清乾隆北京城图》上复原横桥以上渠道　552

序

仁之和我相识在七十五年前的燕园。我于1931年先入燕京大学历史系，仁之晚我一年入学。在位于适楼（现名俄文楼）一层西南角的那间课室里，我们听洪业（煨莲）教授讲授"史学方法"。共同的课业和志趣使我们逐渐接近，课余有时在适楼南门外会面，而最常去的地方自然是图书馆。从图书馆出来，仁之总是先送我回到女生二院，再返回未名湖北岸的男生宿舍。

从1932年作为新生踏进燕京大学校门起，仁之在学贯中西的洪业教授极为严格的治学方法训练下，在积极开拓中国沿革地理广阔领域的顾颉刚教授启发下，一步步进入学术研究领域。清初学者顾炎武"经世致用"的学术思想和所提倡的"国家兴亡，匹夫有责"的爱国精神，也深深影响着仁之的学业探索。1932年顾颉刚教授开设了"中国疆域沿革史"这门课程，探讨历代疆域和政区的演变，后又发起成立以研究古代地理沿革为中心的"禹贡学会"，设在位于燕大东门外蒋家胡同3号寓所。仁之在这里参加过学会的活动，聆听过顾先生的教诲。学会的同名刊物《禹贡》半月刊也于1934年3月出版，成为交流学习心得和信息的学术园地。仁之学生时期在《禹贡》上先后发表过十余篇文章。

1935年长江中下游大水，天灾人祸，民不聊生，他深受震撼，写了《记本年湘、鄂、赣、皖四省水灾》一文。由此，他开始关注历史上水利的兴修并阅读水利史的典籍。他的学士论文便是关于清代黄河的治理，题目选为《靳辅治河始末》。在写作过程中，他注意到辅佐靳辅治河的陈潢起了重要作用，却被诬陷入狱、迫害致死。洪业教授了解到这个情况后，便要仁之以"陈潢治河"为题，结合现实，著文宣扬为民除害、以身殉职的陈潢，并将这篇文章刊登在他自己参与主编的《大公报·史地周刊》上。

仁之本科毕业后的暑假，参加了禹贡学会组织的"黄河后套水利调查"。这第一次大规模野外考察，影响到他日后对水源水系研究的重视。留校后，仁之担任顾颉刚教授的助教，协助开设"古迹古物调查实习班"，从1936年9月到1937年6月，每隔一周的周六下午，都要带学生到事先选定的古遗迹或古建筑物所在地进行实地考察。仁之根据参考资料，写出简要的介绍文章，铅印出来发给学生，人手一份，作为考察的参考。我每次参加，受益良多。这项工作使仁之进一步认识到野外实地考察的重要。他后来多次徒步跋涉，跑遍了北京大半个郊野，尝试将文献的考证和野外考察结合起来。

"卢沟桥事变"爆发后，北平沦陷。顾颉刚教授为躲避日寇追捕，被迫离校出走。仁之转为洪业教授的研究生。爱才惜才的洪业教授注意到仁之的学术思想开始向研究历史时期地理学的方向发展，便着手为他安排去英国利物浦大学地理系学习的计划，后因欧战阻隔，未能按时成行。

1939年8月，我们在燕京大学临湖轩东厢结婚。国难当头，婚事不张扬，仪式从简，只备便宴。司徒雷登校长是证婚人，我们的老师洪业教授、李荣芳教授及他们的夫人在座。从此，仁之和我相随相伴，从二十岁时的同窗，到现在九十多岁的老伴，走过了漫长的人生路程。

仁之在洪业教授指导下完成论文《续顾炎武〈天下郡国利病

书〉山东之部》，于 1940 年 7 月获燕京大学文硕士学位后继续留校任教。引导仁之走上治学之路的洪业教授、顾颉刚教授、邓之诚教授教学有方，传业授徒，循循善诱。言传身教之间，给学生以熏陶。仁之亲炙教益，承继治学之道和气节操守，为日后学业和持身律己立下了根基。我师"育我之亲，爱我之切"，仁之一生对此感念不忘。

华北沦陷后，为资助生活困难的学生继续学业，同时秘密协助爱国学生离校前往解放区和大后方参加抗日救国运动，司徒雷登校长任命仁之兼任"学生生活辅导委员会"副主席，以协助委员会主席、美籍教授夏仁德（R. C. Sailer）。辅导委员会的工作持续了一年多的时间。1941 年 12 月 7 日，日寇偷袭美国珍珠港，太平洋战争爆发，燕京大学立即被封。师生二十余人，包括司徒雷登校长、陆志韦教授、洪业教授等先后遭到逮捕。刚刚度过三十岁生日的仁之，在天津被日本宪兵队戴拷押至北平入狱。十一名燕京大学教员在狱中表现了坚贞的民族气节，仁之是他们中最年轻的一个。

1942 年 6 月，仁之被日寇军事法庭审讯，以"以心传心、抗日反日"的"罪名"判处徒刑一年，缓刑三年，取保开释，无迁居旅行自由。仁之只得随我寓居天津我父母家。为避免日伪不断上门纠缠，仁之先后在达仁商学院和天津工商学院任教，继续写作因被捕入狱而中断的专题论文《北平金水河考》，并对天津聚落的起源做进一步的研究。

1945 年 8 月 15 日，日本投降，抗战胜利。作为燕京大学复校工作委员会五名成员之一，仁之立即回校接管燕园，清查校产，筹划复校。五十六天后燕京大学复学。仁之奔波在京津之间，同时在燕大和天津工商学院任教，已无暇写作。

1946 年 8 月，按照七年前洪业教授为他制订的计划，仁之负笈远行，乘船前往英国利物浦大学，就教于当代历史地理学的奠基人之一达比（Henry Clifford Darby）。当年书信往来走海运，总要两三周的时间，真是家书抵万金。仁之在给我的信中这样描述他第一年的紧张生活："我现在每周换三个人：第一个'我'是大学一年级的fresher，从星期一到星期五上午，到学校读书上课，做制图实习；第二个'我'是研究院的'博士待位生'，从星期一到星期五下午与晚间，在宿舍做个人的研究工作；第三个'我'是《益世报》的驻英通讯员，星期六读一周报纸杂志和做参考笔记，星期日用整天写通讯。"仁之以充沛的精力，在三重身份中转换。随课业的深入，达比教授的学术理论及其对当代历史地理学发展的实践，使仁之愈受启迪，并进入北京历史地理研究的新领域。1947年7月5日，仁之接我信后感触甚深，前往书店购得《普通制图学》（General Cartography）一册，题签以志纪念："今晨得瑛来信对于治学为人多所勖勉。有'大学府需要第一流有品有学有识的人才，兼而有之者惟洪师也……愿我临学成归来继续努力，有如大学者之终身孜孜不息，当以国际最高学术标准为标准，勿为目前局促狭窄眼光所范限'等语。"（按：侯仁之称张玮瑛为"瑛"，张则称侯为"临"，因其小名为"光临"）仁之愈发努力，倾注三年心血，对数年来积累的有如"砖头瓦片"般的资料和思考重新加以审视、提升，从现代历史地理学的角度构建写作了论文《北平的历史地理》。1949年夏，仁之获得博士学位。博士论文的原本保存在利物浦大学图书馆，仁之随身携带副本回国。虽然历经半个世纪沧桑和"文革"抄家的劫难，文本居然保留至今而大体完好。

仁之获得博士学位后，赶在9月27日，新中国成立前三天，回到了祖国，并立即以满腔热情投身到祖国的文教事业中。1950年7月，他发表了回国后的第一篇文章《"中国沿革地理"课程商榷》。

当时仁之在燕京大学历史系教授地理学，又应梁思成教授之邀在清华大学讲授"市镇地理基础"课程，兼任清华大学营建系教授。由梁思成教授推荐，1951年4月，政务院任命仁之为北京市人民政府都市计划委员会委员。这使仁之得以立即展开首都都市计划中西北郊新定文化教育区的地理条件和发展过程的实地考察，提交了《北京海淀附近的地形、水道与聚落》一文。此时，仁之产生了编纂《北京历史地图集》的设想，并得到梁思成的鼓励和支持。1951年5月，梁思成教授亲自给中国科学院写信，申请为仁之配置一名专职绘图员，以协助他工作。

1952年院系调整，燕京大学撤销，北京大学迁入燕园。仁之任教于北京大学，又担任了繁重的行政工作。1951年，我到中国社会科学院近代史研究所工作。平日我住在王府井大街东厂胡同近代史所的宿舍，只有周末才回家。那时，仁之虽然年富力强，但长期负荷繁重，使他患了三叉神经痛，痛得不能入睡，不得休息。不过，只要有些缓解，他就又忙起来。白天的课程、会议、社会活动总是排得满满的，只能挤晚上的时间写作。当时，我们住的燕南园没有接通学校的暖气管道，各家各户靠自己烧煤取暖。在楼上靠近楼梯口的地方，我们支起一个很高的洋铁皮炉子，烧煤块加煤球，火力很大，楼上各房间的供暖都靠它。仁之很会"伺候"这炉子，自己添煤、捅火、铲灰，控制火候。晚上，先把孩子们住的房间门打开，让暖气进去。等孩子们睡了之后，再把各房门关上，让热气集中在楼道里。夜深人静，仁之坐在楼道角落的一张小枣木桌前，摊开纸笔，文思流畅，时常到午夜或凌晨才搁笔。

围绕着古代北京的地理环境、北京城的起源和城址选择、历代水源的开辟、城址的变迁沿革、古都北京的城市格局与规划设计等方面，仁之热情饱满地写了大量文章。50年代初崭新的大规模经济建设对水的需求急剧增长，仁之深感水源的开发是北京城市发展过程中面临的首要问题，撰写了《北京都市发展过程中的水源问题》一文，发表在《北京大学学报》上。昆明湖的拓展，十三陵水库及官厅水库的建设使仁之兴奋不已，不但屡到现场，还写了多篇短文欢呼水源的开辟，讴歌战斗在水库工地上的英雄们。

由于西北沙漠地带的扩大和蔓延日益严重，如何治理改造沙漠成为亟待解决的问题。1958 年 10 月，国务院在内蒙古呼和浩特召开"西北六省区治理沙漠规划会议"。仁之代表北京大学地质地理系出席，会后组织多学科力量投入沙漠考察。从 1960 年到 1964 年，除教学和行政工作外，他年年暑假都带领学生和年轻同事进沙漠。1960 年夏赴宁夏河东沙区，1961 年夏赴内蒙古乌兰布和沙漠，1962 年夏赴内蒙古及陕西榆林地区毛乌素沙漠。1962 年底，由国务院农林办公室领导的治沙科学研究小组，考虑用十年时间（1963—1972）完成从内蒙古西部到新疆南部的沙漠考察设想。仁之根据这个计划，1963 年夏再赴内蒙古乌兰布和沙漠，1964 年夏又赴陕西榆林地区及毛乌素沙漠。那几年正处在国家"三年困难时期"，在北京，粮食、油、糖定量，进西北荒漠条件更是艰苦。仁之凭着自己身体底子好和坚韧不拔的精神，始终斗志不减。一次，乘坐的吉普车出事故翻进沟里，插在胸前口袋里的两支钢笔都折断了，他万幸没有受伤。白天冒酷暑出没沙丘，晚上和当地的老乡交谈。在旅途中随手写下的《沙行小记》及《沙行续记》是那一段经历的生动记录，充满了乐观与豪情。平日烟酒不沾的仁之，为了表示对当地习俗和地方领导的尊重，在主桌席上敬酒回酒，直到主人和宾客一个个醉倒被搀扶而去，他还能应付自如——这还是最近我从当年随他进沙漠的学生那里听到的。

1966 年 6 月"文革"开始，仁之被打成"资产阶级学术权威""走资本主义道路的当权派",被批斗、抄家、关押,遭受到人身迫害和种种不公正待遇,我也受到牵连。1969年仁之从"牛棚"出来,又到江西鄱阳湖鲤鱼洲劳动两年,我随社会科学院去了河南"干校",孩子们在北京。那三四年的时间里,全靠写信寄包裹传达互相的惦念,每封信都是在三地之间转一圈传阅。仁之很惦记我下到"干校"后出现的心绞痛毛病。直到1973年我从河南息县回来,我们才得以团聚。那时的我们,已经是六十岁的人了。

从江西回来后,仁之继续受监管在校内劳动,不过多少可以有一些自己支配的时间了,他迫不及待地拾起中断的研究。"文革"后期,"四人帮"的政治蓄谋加紧实施,四处发展势力网罗人才,学校的知识分子也不能幸免。1974年初,仁之还在劳动着,突然接到通知,紧急集合上火车,也不知道要去哪里。下车后才知道是到了江青树立的典型——天津小靳庄。几天后返校又被召去开"座谈会"。仁之警觉到情况不好,想走。我们对于江青在"文革"中历次来北大的所作所为非常反感,每每议论总以"三点水"代其名。面对这突如其来的局面,不愿从命,然而又脱身不易。仁之进城去看我们信赖和尊敬的燕京大学学长翁独健。独健先生已从旁知道仁之被点名去了小靳庄,对他说了一句话:"三十六计,走为上!"正好这时有报道,邯郸在战备"深挖洞"时发现地下城墙夯土和战国时期文物,北大地理系的师生要前往"开门办学"。仁之借此机会立刻出走,及时避开了"四人帮"的纠缠。那两年,他大部分时间在河北和山东。虽然还戴着"有问题"的帽子,但是重新获得了工作的机会,于是他便全力以赴,先后对邯郸、承德、淄博三座城市做了实地考察。1976年唐山大地震时,仁之在承德。赶回北京后,看到由于余震,人们都在户外露宿,仁之便在院子里一棵大槐树下支了个棚子,架起一条水泥板当桌子,即伏案工作起来。

"文革"结束后,教育界和科研系统同样是百废待兴。1972年,仁之从江西鲤鱼洲回校后半年,写了一份意见书,正式提出希望能有机会继续进行西北沙漠历史地理考察。因为如果按照1962年国务院农林办公室治沙小组当初的设想,1972年本应是完成西北沙漠十年考察的时候。然而在当时的政治形势下,他的意见书根本无人理会。直到六年后的1978年全国科学大会召开,仁之才得以重整行装,奔赴十多年来一直不能忘怀的大西北沙区。当6月4日火车奔驶在包兰线上,仁之在随笔《塞上行》中兴奋地写道:"科学的春天终于来到了。浩荡的东风把我送上再次前往大西北沙区的征途。"这次他参加科学院沙漠综合考察队,对从内蒙古西部到甘肃的河西走廊古阳关一带沙区的成因和治理做了综合考察。走上沙漠考察的道路使仁之更加坚定:"历史地理工作者必须勇敢地打破旧传统,坚决走出小书房,跳出旧书堆,在当前生产任务的要求下,努力开展野外的考察研究工作。"

从大西北沙区回到学校,仁之迎来了"文革"以后的第一批研究生,立刻带领他们去安徽芜湖进行历史地理与城市规划的专题研究。在1978年北京大学庆祝建校80周年的"五四科学讨论会"地理系分会上,仁之提交了论文《历史地理学的理论与实践》。为结合生产实际,力求解决现实问题,建议北京大学历史地理学研究选择北京地区作为基地,从历史时期北京附近河湖水系的变化入手,探讨区域环境演变,同时继续西北干旱区历史地理考察。

北京是仁之心中的"圣城"。仁之说,他对北京"知之愈深,爱之弥坚"。他写了多篇学术专题论文和科普读物介绍古都北京,阐述北京作为帝王之都的规划设计有其鲜明的帝王至上的主题思想,在进行旧城的改造和城市规划建设中,应以新的主题思想"人民至上"取代,既要继承历史文化传统,又要有所创新,体现人民首都的新面貌、新格局。

1980年起，仁之利用出国开会、讲学、做学术研究、进行文化交流的机会，向国外宣传介绍中国，介绍北京，介绍历史地理学在中国的现状和发展趋势。在此期间，仁之从美国同行中获悉联合国教科文组织《世界文化和自然遗产保护公约》的情况。世界文化和自然遗产委员会于1976年正式成立，而我国还没有参加这个公约。回国后，仁之立即为此事多方奔走。1985年4月，在第六届全国政协第三次会议上，仁之起草，征得阳含熙、郑孝燮、罗哲文三位委员的同意，联合签名向大会提交了"建议我政府尽早参加《世界文化和自然遗产保护公约》"的提案。起草后，仁之随即在《文物》上发表《万里长城》一文，表示："殷切希望我政府能早日批准参加《世界文化和自然遗产保护公约》的提案，并争取参加世界遗产委员会。"提案送交全国人大常务委员会，后获得批准，中国成为公约的缔约国，从1987年起开始进行世界遗产申报工作。

1993年，北京铁路西客站工程破土动工。最初有选址在莲花池的意见，后来主楼东移，使莲花池得以完整保留。仁之一直惦记着莲花池。在主体建筑基本完成后，就要亲自去看。我陪他去，那时还没有安装电梯，扶着他爬楼梯一直到顶，看到的是个干涸的莲花池底，而且已经成了堆放建筑材料的大仓库。莲花池的命运使他非常担忧，他立刻写了《莲花池畔再造京门》一文，建议进一步开发莲花池的水源。在北京城里，另一处令他萦绕于怀的地方是什刹海。没有当初的什刹海，就没有北京城南北的中轴线及沿中轴线的整个城市布局。仁之说，什刹海及其周围一带，是老北京最具有人民性的地方；作为新时代文化生活活动中心，什刹海的开发应该提到全城社会发展的战略高度加以考虑。他一次又一次去什刹海、汇通祠、钟楼、鼓楼、后门桥一带，对这一地区的改造给予了深切的关注。

1993年，仁之再次讲授全校选修课"北京历史地理"，作为一生教学的"结业式"。随后，便在暑假带领学生去内蒙古赤峰市考察。不料大雨冲垮了路基，火车只到京郊怀柔就返回了。最后一次野外考察就这样结束了，那一年，他八十二岁。

算起来，从1936年大学毕业留校任教起到1966年，是仁之工作生涯中的第一个三十年。"文革"开始，全部工作戛然而止，他抱憾不已。而经历了这场劫难之后，仁之又获得了生命中的第二个三十年，他对此无比珍惜。他本是勤奋之人，他的第一篇作品发表在济南齐鲁大学出版的刊物《鲁铎》上，那是1929年他中学时代的习作。自此，除了特殊境况，他几乎每年都有文章发表。然而一生写作的高峰期竟是在七十几岁，从1980年到1990年的十年间，他发表文章百篇之多。年过八十，仁之更以"不待扬鞭自奋蹄"自勉。他的习惯是，清早三四点起床之前，把想到的当天要做之事扼要记在小卡片上。这些"卡片"其实就是剪开的厚信封或是药品包装盒，只要背面是浅色的即可。他的枕头下总有这些笔头和纸片，"一日之计在于晨"正是借助了这些"卡片"。到中午时分，他有时会说上一句："我已经工作了八小时了。"在复印和扫描技术未出现和普及的年代，仁之在完稿之后，总要缮写誊清一遍。如果再有修改，就再抄一遍。这很费时间。以前他自己做，后来我帮他做。不仅抄写，我也帮他在内容上"把关"，帮他整理保管校对，查找图书馆资料。当然我还是他的"收发室"，处理来信，去邮局寄稿，事情总是排得很满，遇到催稿，就更是早晚赶工。在我看来，这第二个三十年中，他几乎是全速奔跑，孜孜不倦，以勤补拙，不敢稍自懈怠，完全忘记了自己的年龄。他的旺盛精力一直延续到近九十岁。

十年之前，一个已有秋意的黎明，仁之和我在天光云影中，携手漫步在未名湖畔。对于身旁的他，我想到了四个字：勤奋坚毅。正是由此，我佩服他。近年来，走路困难加上视力衰退，不能出远门，他的目光回归到了早年学术道路的出发地，围绕海淀和燕园，完成了《未名湖溯源》《海淀镇与北京城——历史发展过程中的地理关系和文化渊源》等论文。现在，他再不能像以往一样地投入工作了，失却了生活的重心，使他伤感。幸运的是，我们仍然还在燕园，从青年到晚年，七十多年来相依相守。仁之每天坐在轮椅上去看他心爱的未名湖，享受着它那独有的美。

张玮瑛
2007年12月于北京大学燕南园

城址起源与变迁

北京城的沿革

北京是一个历史悠久的古城，从她的起源算到现在，至少也已经有三千多年。今天她已经成为我国六亿五千万人民政治生活的中心，在我们的宪法中庄严地写着：中华人民共和国的首都是北京。

北京最初见于记载的名称叫做蓟，以蓟作为中心而最早兴起的一个奴隶制国家就是燕。根据古代传说，蓟或燕国是周武王伐纣灭商以后所分封的。但是分封的事实，传说不一，经过研究，我们知道北京最初居民点的发展，早在周初以前就已经开始了，这是和燕的兴起分不开的。燕乃是随着地方生产的发展而自然生长的一个奴隶制国家，并不是从周朝的分封所开始的，而城市的诞生，正是奴隶社会发展的标志。现在可以肯定地说，远在周武王伐纣灭商之前，燕国已经存在，它是殷商北方的一个属国，这是三千多年以前的事。又过了几百年，到了周朝末叶的战国时代，燕国和一些邻国一样，已经进入封建社会时期，而且也逐渐强大起来，终于崛起北方，争霸中原，号称七雄之一。这时史书上已经有明文记载说：燕国的都城叫做蓟。蓟，就是现在北京城最初的前身。

从蓟城发展的初期来说，她的地理位置是相当优越的。她建筑在一个面积不大的平原上，这就是今天所说的北京小平原。北京小平原三面有重山环绕，只有正南一面开向平坦辽阔的华北大平原。

不过在古代，有一大片沼泽分布在北京小平原的东南一带，因而成为从北京小平原通向华北大平原的极大障碍。幸而西南一角，因为接近太行山的东麓，地势比较高，通行也比较方便，因此就成为当时北京小平原南通华北大平原的唯一门户，而蓟城又正是出入这一门户的要冲。其次，蓟城背后，在三面环抱的重山中，有一些天然峡谷，形成了南来北往的通衢，其中最有代表性的，一是西北角的南口（现在北京城西北大约一百里），一是东北角的古北口（现在北京城东北大约二百里）。通过南口，经过口内的居庸关、八达岭，然后穿行一系列宽窄不等的山间盆地，可以径上蒙古大高原。通过古北口，越过高低不同的丘陵和山地，又是通向松辽大平原的捷径。这样北京小平原就成为山后地区和广大平原之间南来北往所必经的地方，而蓟城正是其枢纽。

由于在南北之间这一有利的地理位置，蓟城在秦始皇兼并六国、第一次在我国历史上建立一个统一的封建制国家之后，成为这个统一封建制国家东北方的重镇。这一情况，从公元前3世纪起一直到唐朝末叶，前后大约一千年间，可以说没有什么很大的改变。在这期间，宇内升平的时期，蓟城常常是汉族与东北少数民族互通有无的贸易中心，是国内有数的商业都市之一。关于这一点，汉代史学家司马迁曾有过极好的描写。他说蓟城地区，物产丰饶，又地居汉族与东北各少数民族之间，是南北货物交流的中心，因此就成为北方一大都会。但是另外的一种情形是：每逢一些穷兵黩武、好大喜功的封建统治者肆意孤行的时候，又常常利用蓟城在交通上的优越地位，作为经略东北的前方基地。例如隋炀帝、唐太宗就是很好的例子，隋炀帝和唐太宗不但都曾亲自领兵来到过蓟城，而且还都在北京城的历史上留下了一些痕迹。7世纪初，隋炀帝开运河，南起江都（现在的江苏扬州市）北到蓟城（当时是涿郡的治所），这就是后来所谓南北大运河开凿的先声。其后又过了几十年，唐太宗驻兵蓟城，在这里修建了一座大庙叫做悯忠寺。这悯忠寺就是现在北京法源寺的前身。今天我们还可以在外城广安门大街以南看到这座规模宏大的庙宇。

晚唐以后，东北方的情况发生了很大的变化。在过去默默无闻的好几个少数民族，不但先后崛起，而且连连叩打汉族的门户，首当其冲的就是蓟城。这时蓟城因为是幽州的治所，所以又叫幽州城。幽州城由于上述的原因，就成了汉族一个重要的边防中心。由于唐朝的没落，其后相继而来的是五个小王朝——也就是历史上所说的五代。五代时期，幽州及其附近地区，落入东北少数民族之一的契丹人手中。契丹兴起于今日西辽河上游西拉木伦河附近的山区，在它一旦占据了幽州城之后，就立即在这里建立陪都，改称南京，并作为进攻大平原的一个据点。这就是历史上和北宋对峙的辽。

辽虽然改称幽州城为南京，但是并没有进行大规模的城市建设。到了兴起于松花江上的女真人建立了金朝并代替辽而占据了幽州城之后，情况就大不相同了。女真人第一次把都城从松花江上迁到了幽州城，并把幽州城正式改名为中都。

金不但在这里建都，而且进行了城市改建的工作，首先是把大城的东西南三面加以扩展，其次又在城内中部的前方修筑宫殿，工事非常豪华。中都城扩建之后，面积大为增加。大城中部的前方是内城，也就是皇宫，皇宫内外还有苑林的点缀。至于内城北面，也就是大城北门以内，则是全城最大的市场。当时人记载说"陆海百货，聚于其中"，其规模之大是可以想见的。

中都城的扩建，工程相当浩大，相传当时征调的民夫多至八十万，参加的兵工也有四十万。更加值得注意的是，下令修建中都城的，虽然是少数民族所建立的一个王朝的统治者，但是参与设计和施工的却都是汉族工匠，而且建筑规制也都是参照汉族都城的传统和地方固有的特点而进行的。甚至所用的建筑材料，除去来自真定府的"潭园"木材之外，据说还有从北宋都城汴梁拆运而来的门窗等件以及"艮岳"（所谓"艮岳"，也叫万岁山，是宋徽宗在汴梁城内东北角用人工培筑的一座假山）上的太湖石。

中都城在扩建之后不到一百年，就被破坏了。特别是建筑最为豪华的宫城，竟至荡然无存。这是因为，蒙古骑兵于1215年突破了南口一带的天险，冲入了中都所在的小平原，杀进中都城来。那个时候他们还没有在这里建都的长远打算，因此不免大肆抢掠一番，然后纵火焚烧，可惜一代豪华的宫阙，竟然付之一炬。史书记载，当时大火焚烧，断断续续，时燃时熄，前后蔓延了一个多月。劫后中都的残破，是完全可以想见的。

在中都扩建之前，北宋的人尝称它作"燕京"，也叫做"燕山府"。中都被毁之后，蒙古又在这里设置了"燕京路"，因此燕京一名，始终没有废弃。此后又过了四十多年，形势发生了很大的变化。当时成吉思汗的孙子忽必烈，怀抱着消灭南宋统一中国的雄心壮志，在1260年，从蒙古高原上的都城和林来到了燕京。但是燕京城中金朝宫殿已遭破坏，战乱以后的萧条情况，自在意中。因此，忽必烈到达之后，并没有住在城中，而是"驻跸燕京近郊"。在忽必烈第一次到达燕京后的第三年，他宣布定都燕京，正式恢复了中都的名称，并且开始动工兴建宫殿城池。又过了四年，一座规制宏伟的新都，终于落成，这就是历史上赫赫有名的大都城。忽必烈在这里正式定都之后，随着也就改立了一个新的国号，叫做元。

不过元大都城并不是在金中都城的旧基上建造的，如果说金中都城乃是在北京最早的一个城址上所建立起来的最后也是最大的一座大城，那么元大都城则在另外的一个新址上，为现在的北京城奠定了最初的基础。

1262年，也就是忽必烈初到燕京的第二年，他下令修缮一片湖水中的一个小岛，名叫琼华岛。1264年再修琼华岛。1265年工匠们用一整块玉石雕刻了一个大酒缸，起名叫做"渎山大玉海"，献给忽必烈使用。忽必烈很高兴，就下令把它放在广寒殿里。次年又制成了一只雕刻精美的卧床献给忽必烈，起名叫做"五山珍御榻"。这只卧床，也被命令放在广寒殿。史文里明白地指出了广寒殿在琼华岛上，同时这一年又三修琼华岛。1267年，还在广寒殿中另外建立了一座玉殿；新都也就是在这一年落成。

这琼华岛就是现在北京城里北海公园的白塔山。现在，这里已经是北京城内游人必到的一个风景中心；但是在金朝，这却是中都城外离城不远的一座离宫。这座离宫几百年来虽然历经沧桑，文物建筑大半已经荡然无存，但是宫中的琼华岛却被一直保留到今天，不过现在的人们一般不再管它叫琼华岛，只是叫它做白塔山了。山上白塔的位置大约就是当年广寒殿的旧址，至于白塔的建筑年代还要晚得多。

值得一提的是当年被忽必烈下令放置在广寒殿中的渎山大玉海，还一直被保留到今天。这确是一件可贵的艺术品，是由一整块黑质白章的玉石雕刻而成，俗称玉瓮，瓮径四尺五寸，高二尺，周围一丈五尺，周有浮雕，刻工精美。这只玉瓮，虽然经历了几百年来的无数沧桑，却依然完好无恙，现在被放在琼华岛南面的团城里，供人览赏。我们现在走上团城，在苍松翠柏间的一座小亭子下面，看到眼前这件富有历史意义的艺术品时，不仅应该欣赏它雕刻的精美，更应该想到：当这件艺术品最初被放在琼华岛上的时候，现在我们所熟悉的这座北京城还没有诞生哩。

现在值得追问的是这座离宫又是怎样一个来历呢？

原来这是中都城东北郊外一片天然的湖沼，经过历代劳动人民的经营，开辟了一些水田，因而呈现了北方少有的江南景色。辽都南京的时候，也许在这里有些修建，已经难以详细考察。到了金世宗大定十九年（1179），就在这里正式建筑了一座离宫，起名叫做大宁宫，后来又改称寿安宫和万宁宫。可能就是在这次修建离宫的过程中，原有的湖沼又被大加疏浚，并把掘起来的泥土，堆筑成湖中的琼华岛，相传琼华岛上所用汴梁城内艮岳的太湖石就是这时候堆砌上去的。

在金朝，这座离宫的建制想来也是十分可观的，全面的叙述虽然没有，但是从片断的记载里，也可知道个大概。例如金章宗明昌六年（1195）的本纪里，就有下面这样一条说："三月丙申，如万宁宫。五月，命减万宁宫陈设九十四所。"大概是万宁宫里搞得太奢华了，所以才有这样一道命令。不管怎样，万宁宫总是金朝帝王经常游息的地方，这在历史上是有很多记载的。到了1215年蒙古骑兵突破南口，直围中都的时候，万宁宫因为还在东北郊外，所以竟成为当时城下战场的后方。因此，尽管中都城——特别是内城宫殿遭到了破坏，而在城东北几里以外的万宁宫，却侥幸保全下来。正是由于这一原因，后来忽必烈初到中都城，就没有住在城里，而是住在了城外离城不远的万宁宫。几年之后，就又环绕着万宁宫，建筑起大都城，这就为现在的北京城奠定了基础。

元朝大都城的兴建，是历史上北京城的一个极大发展，也是中国都市建筑史上非常值得重视的一页。当时未曾建城之前，先进行了十分详细的地形测量，然后根据中国传统的规制，结合了历史发展的因素和地方上一些地理特点，拟定了一个全城的总体规划，再逐步施工。首先在地下按着自然地形的倾斜铺设了下水道，装置了排水设备。然后才在地面上根据分区布局的原则，进行设计。因为这是封建帝王的都城，宫殿自然要占着最突出最重要的地位。这些宫殿建筑的布局，并不是仅仅占据了全城中央部位的机械而呆板的安排；相反地，却是采取了一种非凡的艺术手法，使严正雄伟的宫殿建筑和妩媚多姿的自然景物紧紧地结合起来，因此这就取得了一种人工与自然相互辉映的奇妙效果。

具体来说，当时曾把大大小小的宫殿，分别组成了三个建筑群，然后以琼华岛和周围的湖泊——今日的中海和北海（当时南海还不存在）作为设计中心，把三组宫殿环列在湖泊的两岸。在湖泊东岸以南的，是属于皇帝的一组宫殿，叫做大内（现在紫禁城的前身）。东岸以北，则保留为一个广大的绿化地带，向西通过一道桥梁，可以和琼华岛连成一片，它的位置大约相当于今天景山公园和附近一带地方（当然现在的景山那时还不存在）。因为当时曾经在这里养过一些珍禽异兽，所以又叫做"灵囿"，是皇家动物园的意思。湖泊的西岸，南北两部各为太子和太后的两组宫殿，和大内隔湖相望，鼎足而三。从这两组宫殿的中间，穿过湖泊中心遥接对岸的是东西通行的大木桥（现在北海大石桥最初的前身）。这样三组宫殿，再配合上当中一带湖泊和耸立在湖泊北部的琼华岛，构成了一个相互联系的整体，这就是整个都市布局的核心。环绕着这个核心，又加筑了一道城墙，当时叫做萧墙，后来称为皇城。环绕在皇城外面的才是大城。大城除北面只有东西两个城门外，其他三面，各有三个城门。相对的城门之间，都有宽广平直的大道，互相通连，在这些东西交织的大道所分割而成的地区，除去个别的例外，又都是纵横排列的街巷，不过为了采光和抵抗严寒北风的侵袭，所有纵横相交的街道，都是以东西向的横街为主，而且都离得很近，至于南北向的街道，只占次要地位。这种情况在现在北京城的好多地方，还可以看得十分清楚。最后，大城以内，沿着一定的纵横街道，又划分为五十坊，每坊各有名称，这就是全城居民的居住单位。所以总的看来，全城规划整齐，井然有序，这是十分突出的。此外，在大城之内、皇城之外，另有三组建筑，具有布局上的特殊意义。在皇城以东（现在东四牌楼附近），以及皇城以西（现在西四牌楼附近），各有一组建筑，单独成为一区。东面的是太庙，是封建帝王祭祀祖先的地方；西面的是社稷坛，是封建帝王祭祀土地和五谷之神的地方。这样左右之间的对称排列，更加加重了帝王大内的重要性。大内最中心的一座大殿，以及大殿最中心的所谓皇帝的宝座，是东西两城之间的中心点。南北之间，垂直于这中心点的，正是全城设计的中心线。从"大内"沿着这条中心线向北去，在另外一片湖泊（现在北京什刹海）的北岸，又有前后两座大建筑耸立起来，这就是钟楼和鼓楼，是全城报时的中心。钟鼓楼离开东西两面城墙的距离是相等的，而且离开南北两面城墙的距离也是相等的。因此，这里正是全城的几何中心。同时，这里也是当时城内最大的贸易中心。

由此可见，元大都城的平面规划，在中国历代都城的设计中，可以说是最近似地体现了我国古代关于帝都建筑的一种理想。这个理想见于《周礼·考工记》，大意是说：一个帝王都城的设计，应该是一个正方形的大城，四面各有三个城门，门内各有笔直的通衢。在大城之内，正中的前方是朝廷，后方是市场。在朝廷的左方是太庙，右方是社稷坛。简单地说，叫做"前朝后市，左祖右社"。元大都城虽然不是正方形，而正北一面也只有两个城门，不是三个城门，但是总的来说，城内主要建筑群的布局是合乎前朝后市，左祖右社的原则的。不过，它又结合了地方的特点，有所发挥就是了。总之，它不是单纯机械的模仿，而是创造性的发展。

大都城兴建之后刚刚一百年，又发生一次大变动。1368年，朱元璋在南京称帝，建立明朝。这一年，大将徐达奉命北伐，元朝最后一个皇帝，终于弃城逃走。徐达胜利地进入大都城，立即把大都改称北平。

北平既定之后，紧跟着就是缩减北城，这大概是为了军事防守的便利而不得不采取的一种措施。被削掉的北城墙，现在在北京城北郊，依然还有遗迹可见。再建之后，就是现在北京城的北墙，即今日德胜门和安定门所在的地方。后来为了要消灭所谓"王气"，又把元朝的大内有计划地铲为平地，从一方面来说这是对文物建筑的破坏，但从另一方面来说，这却为北京城的再建开辟了道路。燕王朱棣做了皇帝之后，就决心把都城从南京迁到这里，并把北平改名叫做北京，这是1403年的事，在明朝为永乐元年。北京这个名称就是从这时开始的。

永乐四年（1406）起，开始营建北京宫殿，改造城池，一直到永乐十八年（1420）全部落成。这一年，明朝正式下令迁都北京。从此以后，除去在明朝中叶又加筑了一个外城城墙之外，全城的总体规划可以说再也没有什么改变，一直到1949年北京城的解放为止。

明初改建北京城除去宫殿的营建以外，还涉及全城平面设计的重新安排，其中主要的可以归纳为两点：

第一，开拓南城。把大都城的南墙，从现在天安门前东西长安街所在的地方，推移到现在前门所在的东西一条线上，同时也相应地拓展了皇城的南面，这样就使得紫禁城和皇城之间的距离，大为延长。两者之间，也就出现了一大片空地，这样就把东城的太庙和西城的社稷坛，分别迁移到空地上的左右两方，这样不但加强了这两组建筑和紫禁城之间的联系，而且也大大突出了中心的御路，增加了从天安门到紫禁城正门之间的深度,因而使得宫城以外的气势,更加恢宏。现在,天安门左右两方的劳动人民文化宫和中山公园就是利用旧的太庙和社稷坛改造的。至于中山公园以西遥遥相望的南海,也是在这个时候开凿的,它和北面的湖泊连成一片,就是现在通常所说的"三海"。

第二,这次北京城的改建,不但开拓了南城,而且在兴修紫禁城的时候,还把原来的中心线,向东移动了若干步,因此这条线就不再是平分东西两城的中心线,只能看作全城设计的中轴线。它离开东城墙比较近,而离开西城墙比较远,这是从今天的地图上可以量得出来的。紫禁城中最主要的三大殿——今称太和殿、中和殿、保和殿(明初称奉天殿、华盖殿、谨身殿,后改称皇极殿、中极殿、建极殿),仍然建筑在这一条线上,而且所谓金銮殿上宝座的中心,也正是这条中轴线所穿过的地方。这仍然和元城大内的设计一样,突出地说明了封建帝王独霸天下的思想,至于紫禁城中的其他建筑,都是严格遵守着左右对称的排列形式,这在今天也还看得十分清楚。至于和元朝不相同的,是明朝紫禁城的周围,又加筑了护城河,并且用河里挖起的泥土,在紫禁城的正北方,堆起了一座土山,这就是现在的景山。

到了我国历史上最后一个封建王朝——清朝,就完全袭用了明朝的宫殿,除去重修和增建了现在故宫中的一些大殿之外,其主要力量都放在北京城西郊两座离宫的修建上。一座是号称万园之园的圆明园(1860年惨遭英法侵略者焚毁);一座是现在的颐和园,其中包括了昆明湖和万寿山,现在成为广大劳动人民假日游玩的地方。

由上述情况看来,在历史上一切封建帝都的设计中,北京城称得上是一个无比的杰作。现在,中国历史上的封建王朝早已结束,骑在人民头上作威作福的反动统治者也一去不复返了，北京正以青春焕发的朝气，迎着无限光辉的未来阔步前进。在这时候，我们再回顾一下她在历史上所经历的曲折复杂的变化，对于进一步认识北京今日某些特点的形成和发展，是有一定帮助的。

原载《光明日报》1962年1月17日，原题《历史上的北京城》
本次自《步芳集》（北京出版社，1962年）选出

关于古代北京的几个问题

一、起源试探

北京是世界闻名的古城,至今已有三千多年的历史。它的名称,最初见于记载的叫做蓟,以蓟为中心而最早兴起的一个奴隶制国家就是燕。

根据古代传说,蓟或燕国,乃是周武王所始封。但是始封的事实,古籍所载很有出入。有的说受封的是黄帝之后,封地在蓟[1]。有的说受封的是召公,所封为燕,或称北燕[2]。后来又有人说,召公也就是黄帝之后[3]。但是也有人认为黄帝之后始封于蓟的已经绝了,到成王时,才又封召公于蓟,是为燕国[4]。更有的说召公始封,乃在北平无终县,叫做燕国,因燕山而得名。后来燕国势力逐渐强大,终于并吞了蓟,并且迁都到蓟城[5]。以上各种说

---

[1]《礼记》卷二四《乐书》:"武王克殷,反商,未及下车,而封黄帝之后于蓟。"
[2]《史记》卷三四《燕召公世家》:"周武王之灭纣,封召公于北燕。"
[3] 陆德明:《经典释文·礼记音义·乐记》:"黄帝姓姬,君奭盖其后也。"君奭即是召公。朱彝尊:《日下旧闻》亦主其说:"召公所出,众说纷纭,当以陆德明为是,盖《乐记》所云封黄帝之后于蓟者,即召公也。"
[4] 王应麟:《通鉴地理通释》卷四《历代都邑考》:"《舆地广记》:武王封帝尧之后于蓟,又封召公于北燕,其后燕国都蓟。《诗补传》曰:蓟后改为燕。……或曰黄帝之后封于蓟者已绝,成王更封召公奭于蓟为燕。"
[5]《日下旧闻考》卷二,页七下引《史记正义》:"召公始封盖在北平无终县,以燕山为名,后渐强盛,乃并蓟徙居之。"

法，很难肯定谁是谁非。

实际上，北京原始聚落的发展，早在周初以前就已经开始了，这是和北京地方势力的兴起分不开的。按照郭沫若先生的意见，燕乃是一个自然生长的国家，它和周朝只是或通婚姻或通盟会而已，并不是周所始封[1]。还在周武王伐纣灭商以前，燕这个自然生长的国家已经存在。卜辞所见有叫做匽的一个国家，是殷商北方的属国[2]。匽金文作匽，亦作㫃或郾，这就是后来人所熟知的燕国[3]。如果认为燕是始于周初所封，那是错误的。古代有此传说，正是因为先已有个燕国的缘故。

特别值得注意的是在清同治六年（1867），北京城郊发现了商周时代的几件彝器，其中有"尺亚父乙爵"和有"匽侯"铭文的鼎、盉、爵、觚、卣各一件[4]。或以为尺亚父乙爵为殷商时代的遗物，而匽侯鼎、匽侯盉等物，则属于周代[5]。但无论如何，这些彝器的出土，都可以作为北京的原始聚落很早就已经得到发展的证明，而卜辞中的匽国，也因此得以确定其地域。因此，这一发现，在北京古代史的研究中，是值得重视的。可惜出土的详细地点和情况，已经不得而知了。

卜辞中有匽国的记载，说明殷商和匽已有了交涉。根据古代自

〈1〉 郭沫若：《中国古代社会研究》，人民出版社，1954年，第293—294页。
〈2〉 吴泽：《中国历史大系·古代史》，棠棣出版社，1951年，第35—36页。
〈3〉 匽、燕古相通用，方浚益：《缀遗斋彝器款识考释·匽侯鼎释文》："潘伯寅尚书曰：此匽当为燕之假借字，据《左传》高鄹《世本》作郾，董遇注亦作偃，《正义》谓一人，声相近而为二字耳。张孝达尚书曰：按潘说是也。匽、燕古相通借者多矣：如宣宴作𠊧燕，暖温作曘昷之类。浚益按潘尚书又有匽侯镰，陈编修有匽王戈，字又作㫃，其器皆出燕齐之交，是匽即燕之通用字无疑也。"
〈4〉 潘祖荫：《攀古楼彝器款识》卷一，页十五。又方浚益：《缀遗斋彝器款识考释》卷二二，页二下。
〈5〉 柯昌济：《金文分域编》卷八，页十六上；又《金文分域续编》卷七，页二一下。

然地理的情况来推测，只有沿着今太行山东麓一带，这种交涉才有可能。因为山麓地带以西，尽是深山大谷，南北来往和文化交流，在那时来说几乎是不可能的。山麓地带以东，虽然是一片大平原，但每当雨季，山西高原上千山万壑的水，汇为一条条的巨流，自西而东，穿过太行山峡，倾注于大平原，因为河床坡度顿减，洪流漫溢，也必然常常改道，形成泛区，甚至有些地方终年积水难退，造成大面积的沼泽，这对平原上的交通，更加是难以克服的困难。因此只有沿着山麓地带，南来北往，才有可能。因为这里地形既较平坦，河床又切入地中，不像下游那样易于泛滥和改道，是形成渡口的良好条件。根据已经发现的殷商彝器的地理分布，恰好说明自殷墟而北，殷商的政治文化，正是沿着这一地带逐步向北发展的。在此以东的大平原和以西的山地区，都很少甚至没有什么发现，所有的发现都集中在这一山麓地带，而且是愈北愈少。北至保定、涞水和易县，也都有一些发现，如果北京城郊出土的尺亚父乙爵确属殷商时代，那么这就是到现在为止所已知的殷商彝器分布的北限了。关于在易县出土的三句兵，王国维有如下的跋语：

  商句兵三，凡纪祖名八、父名六、兄名六，三器之文，蝉嫣相承，盖一时所铸……其器出易州，当为殷时北方侯国之器，而其先君皆以日为名，又三世兄弟之名，先后骈列，皆用殷制，盖商之文化，时已沾溉北土矣。[1]

这一论断，可以认为是合理的。此外，他又在《北伯鼎跋》中写道：

---

[1]《观堂集林》卷十八，页一至二。

彝器中多北伯北子器，不知出于何所，光绪庚寅，直隶涞水县张家洼，又出北伯器数件，余所见拓本，有鼎一、卣一，鼎文云"北伯作鼎"，卣文云"北伯钺作宝尊彝"。北盖古之邶国也。自来说邶国者，虽以为在殷之北，然皆于朝歌左右求之。今则殷之故虚得于洹水，大且大父大兄三戈出于易州，则邶之故地，自不得不更于其北求之。余谓邶即燕……邶之为燕，可以北伯诸器出土之地证之。[1]

如果此说可信，则燕国之出现早在殷世，又可得一证明，但无论如何，殷商时代其政治文化势力沿着太行山东麓地带向北扩展，却是没有疑问的。

二、燕都蓟城

　　到了战国时代，燕国逐渐强盛，崛起北方，争霸中原，号称七雄之一。这时已有明文记载说燕的国都就是蓟。例如《韩非子·有度》篇就曾经写道：

　　　　燕襄王以河为境，以蓟为国。

意思是说襄王时燕国向南以黄河为界，它的国都就是蓟城。
　　燕国的地理位置，偏在东北，司马迁描写它说：

---

[1]《观堂集林》卷十八，页二至三。

>　　北迫蛮貊，内措齐晋，崎岖强国之间，最为弱小。(1)

还在春秋时代，来自今河北省东北部的东胡部族，也就是史书上所说的"太戎"，尝侵掠燕国，燕告急于齐，齐遂出兵北伐，这是燕国历史上的一件大事。到了战国时代，随着燕国势力的增长，锐意开拓北边。燕将秦开，大破东胡，燕国的势力一直达到今建昌、朝阳以北，向东且渡过了鸭绿江。大约就在这时，燕人和朝鲜南部以及日本也发生了交换关系。因此朝鲜全罗南道和日本都有燕国明刀货币的出土。

与此同时，燕国也极力南向和中原诸国互争雄长，其中最重要的是齐。公元前284年，燕将乐毅伐齐，六月之间，攻下齐都临淄等七十余城，取得了空前未有的胜利。在乐毅《报燕王书》中曾有如下的一段话：

>　　臣……奉令击齐，大胜之，轻卒锐兵，长驱至国，齐王逃遁走莒，仅以身免。珠玉财宝车甲珍器，尽收入燕，大吕陈于元英，故鼎反于历室，齐器设于宁台，蓟丘之植，植于汶篁。(2)

按元英、历室（《史记》作磿室）是燕国二宫的名称，相传都建于宁台(3)。但宁台在蓟城何处，已不可考(4)。至于"蓟丘之植，植于汶篁"这句话，释者以为就是把汶水上的竹子，移植到蓟丘来的意

〈1〉《史记》卷三四《燕召公世家》。
〈2〉《战国策》卷三十《燕二》。
〈3〉《括地志》卷二，"幽州"："元英、历室二宫名，在幽州蓟县西四里，宁台之下。"
〈4〉《日下旧闻考》卷二，页十一上引《史记正义》谓"碣石宫在幽州蓟县西三十里，宁台之东"，而《括地志》则以为在蓟县西四里，不知孰是。

思，这大约也是作为胜利品的标志的。值得注意的是蓟丘与蓟城的关系。

首先是蓟的名称的探讨。

蓟的得名，其说不一〈1〉。比较可信的是郦道元的解释，他说：

> 昔周武王封尧后于蓟，今城内西北隅有蓟丘，因丘以名邑也，犹鲁之曲阜、齐之营丘矣。〈2〉

所言蓟之始封，固不足信，但以蓟城之得名，始于蓟丘，却是值得注意的，因为按照这一说法，蓟丘应该就是蓟城城址的一个地理特征，蓟城的名字，正是由于这一地理特征而得来。

其次是蓟城位置的推测。

乐毅《报燕王书》提到了蓟丘的名称，却未记述其位置。郦道元是把蓟丘与蓟城的相对位置记载下来的第一人。有理由相信，郦道元本人是曾经到过蓟城的，他所说"今城内西北隅有蓟丘"，也很像是目睹者的口吻。道元的时代上去战国已经六七百年，他做出如此肯定的记述必然有所根据。如果道元之说可靠，那么重要的问题就在于确定蓟城之所在了。

细读《水经注》并参考有关的文献记录，可以肯定郦道元所记的蓟城，约当今北京外城之西北部。现在白云观所在，差不多正处于蓟城的西北隅附近（详见下文），根据这一线索，可以推想：现在白云观以西的高丘，有可能即是古代蓟丘的遗址。在有关白云观

〈1〉 例如宋代博物家沈括谓契丹"大蓟茇如车盖，中国无此大者，其地名蓟，恐其因此"。见《梦溪笔谈》卷二五《杂志二》。
〈2〉《水经注》卷十三，四部备要本，页二一上。

的记载里,这一高丘曾被称为"琴台",显然是一种附会。解放之初,在高丘周围的土壕里,曾拣起一些战国时代的陶片,可以说明这一高丘的历史是很久的。不过到现在为止,这里还没有发现更多的战国或战国以前的遗址或遗物,因此它究竟是否为蓟丘遗址,一时还难作最后的肯定。

必须提到,关于假定的蓟丘虽然没有什么新的发现足以论定,但是自此以南不到四里的地方,也就是广安门外以南700米处,却发现了战国和战国以前的遗址。按这里本是辽金宫城所在,夯土台基十分显明。1957年5月在这一带夯土台基的下层,发现有明显的古代文化层,厚1米以上,尚未见底。在此文化层中,夹有粗细绳纹陶片、碎绳纹砖、瓦砾、陶鬲腿、陶豆把和饕餮纹的残半瓦当等。发现者的记载说:"饕餮纹半瓦当,久被公认为燕宫常用的瓦屋构件,其为战国遗物,似无可疑。"[1]至于出土的古陶等,经专家鉴定,其年代最早的接近于西周,因此被认为这就是战国燕都的遗址。这一发现,和从《水经注》复原的蓟城位置,恰相符合,认为燕都所在,是可以相信的,同时郦道元以其所见蓟城即是燕国之旧,也是完全有根据的。

三、平原门户

公元前221年,秦始皇统一六国,中国历史上第一次出现了一个中央集权的封建制国家。六国之中最后为秦所灭的就是燕和齐。

---

[1] 赵正之、舒文思:《北京广安门外发现战国和战国以前的遗迹》,载《文物参考资料》,1957年第7期。

燕国的故都蓟，在秦朝版图的东北方占有非常重要的地位，其作用有如华北平原北部的一个门户。简单地说，从秦时起一直到唐朝末年，每当汉族统治者势力强大，内足以镇压农民的起义，外足以扩张势力、开拓疆土的时候，就一定要以蓟城为经略东北的基地。反之，每当汉族统治者势力衰微，农民起义作为阶级斗争的一种形式而日趋激烈的时候，东北的游牧部族，也常常乘机内侵，于是蓟城又成为汉族统治者一个军事防守的重镇。最后到了防守无效，东北方游牧部族的统治者，一旦侵入之后，蓟城又成为必争必夺之地，并以之作为继续南进的跳板。自然，这其间也经常出现一些比较安定的局面，于是蓟城又会很快地发展起来，成为中国北部的一个经济中心，并促进了汉族与游牧部族之间的物质文化交流。

由于篇幅所限，以上这一概括的论述，只能举几个例子来说明。

秦始皇统一之后，尝修驰道，北至蓟城，加强了远在东北的蓟城和当时首都咸阳的联系。这驰道的最后一段，也必然是沿着太行山东麓前进的。汉武帝时经营东北，又把燕国已有的疆土，向外开拓，设立了乐浪、临屯、玄菟、真番四郡，而蓟城则是由长安到达东北边防的必经之地。因此，它在经略东北的过程中所起的作用，也是可以推想而知的。更明显的是隋炀帝和唐太宗都曾利用蓟城作为基地，向东北进行征讨。

先是隋炀帝于大业四年（608）开永济渠，引沁水南达河，北通涿郡。当时涿郡治蓟城[1]，其位置即在古代蓟城。这条运河的修治，第一次开辟了自南而北直达蓟城的运道，也就是日后南北大运

---

[1]《通鉴释文辨误》卷八，"九月诏征天下兵，集涿郡"，其注曰："大业初，并燕、范阳置涿郡，治蓟。"

河的前身,不过它通达蓟城的最后一段,并不是经由日后所谓北运河(即潮白河下游),而是沿着当时永定河(时称桑干河)的故道(即今凉水河),直抵蓟城南郊。其后三年(大业七年,611),炀帝自将伐高丽,从江都船行而北,直到蓟城,所经正是这条水道。当时兵马辎重,都集中到蓟。《资治通鉴》大业七年秋七月有记载说:

> 发江淮以南民夫及船,运黎阳及洛口诸仓米至涿郡,舳舻相次千余里。

涿郡所指即是蓟城,已如上述[1]。八年春正月又有记载说:

> 四方兵皆集涿郡,凡一百一十三万三千八百人,号二百万,其馈运者倍之。宜社于南桑干水上,类上帝于临朔宫南,祭马祖于蓟城北。

所谓"宜社于南桑干水上",当即指蓟城以南桑干河畔,这里应是当时运河码头所在,临朔宫是蓟城行宫[2]。这次出师,不利而返。到了大业九、十年间,再度征兵,集中到蓟,《炀帝本纪》记道:

> 九年春正月,征天下兵,募民为骁勇,集于涿郡。

---

[1]《通鉴释文辨误》卷八。
[2]《资治通鉴》大业七年四月"车驾至涿郡之临朔宫",又《新唐书》卷二一七《方技》:"炀帝……幸涿郡,召远知见于临朔宫,执弟子礼,咨质仙事。"

这次炀帝又曾亲到蓟城，督师前进，但是由于黎阳兵起，东都（洛阳）被围，遂引退。

隋炀帝两次亲到蓟城大举出征，说明蓟城在经略东北方面的重要性；而蓟城本身，由于军需集中的结果，也形成了一时的富饶，《通鉴》记道：

> 帝谋伐高丽，器械资储，皆积于涿郡；涿郡人物殷阜，屯兵数万。[1]

到了唐太宗时，由于国力日渐强盛，又一次助长了封建统治者对外侵略的野心。贞观十八年（644）冬，太宗决心亲攻高丽。次年四月，除分兵莱州（山东掖县）泛海趋平壤外，太宗率主力，仍从陆路过蓟城趋辽东，并在蓟城南郊誓师，大飨六军[2]。但是由于高丽人民顽强抵抗，又加上天寒粮尽，被迫而退。是年十一月，太宗兵退蓟城，为了安抚军心，于是在城内东南隅建寺，以志悼念，命名为悯忠，这就是现在法源寺的前身[3]。

以上史实，都可说明蓟城在汉族统治者经略东北时所起的作用。反之，当汉族统治者势力衰微或政局分裂的时候，蓟城又常常成为军事防守的重镇。三国时代，魏征北将军刘靖在蓟城屯兵驻守，因而大兴水利，实边御外，便是一例。到了唐朝中叶以后，国事已是外强中干的局面，阶级矛盾和统治阶级内部的矛盾，日益激化，危机四伏。北部的许多游牧部族，这时也都伺机反抗。为此，

---

[1]《资治通鉴》大业十二年十二月。
[2]《旧唐书》卷三《太宗下》。
[3] 朱彝尊：《日下旧闻》卷十七，页十二上引《塞北事实》。

唐朝的统治者,曾在沿边一带的重镇,设置节度使,可以代表皇帝的权威,率兵驻守。玄宗时,沿北边一带,从今河北一直到新疆,共计设有八个节度使,蓟城便是其驻地之一,号称范阳节度使,这足以说明它的防御地位了。

但是,当汉族的统治权濒于崩溃以致边防不守的时候,游牧部族,便会进据蓟城,并由此打开侵入平原腹地的门户。最好的例子,便是东晋末年鲜卑慕容氏之建都蓟城,这就是史称五胡十六国之一的前燕。

还在前燕都蓟以前,羯族石勒先有其地。石勒初陷蓟城是西晋末年(愍帝建兴二年,314)的事。到了东晋之初(元帝大兴二年,319),石勒自称赵王,建都襄国(今河北邢台西南),再破蓟城,这就是五胡十六国的后赵。石勒从其国都北至蓟城,沿着太行山东麓的古道,种植了成行的榆树,并于滹沱河上架造浮桥[1]。这是很可注意的一件事。这时鲜卑慕容廆自称大单于,取得了辽东。其后廆卒,子皝嗣立。到了东晋成帝咸康三年(337),皝自称燕王,是为前燕,仍称藩于赵。其后四年,筑龙城(和龙,今辽宁朝阳)都之。东晋穆帝永和四年(348)皝死,子俊嗣立,势力日强,并于永和六年(350)春进兵卢龙,西拔赵蓟城,并即迁都于此[2]。到了升平元年(357),才又沿着太行山东麓南下,徙都于邺(故城在今河北临漳县西四十里)。总之,前燕之建都,由龙城而蓟,由蓟而邺,十分典型地说明了东北游牧部族入侵的道路,后来的契丹、女

---

[1]《日下旧闻考》卷二,页十九上引《赵书》:"石勒从蓟州大道、滹沱河造浮桥,植行榆,五十里置行宫。"

[2] 前燕都蓟,《水经注》卷十三记有如下一段故事:"城有万载宫、光明殿,东掖门下,旧慕容俊立铜马像处。昔慕容廆有骏马,赭白,有奇相逸力。至俊光寿元年,齿四十九矣,而骏逸不亏,俊奇之,比鲍氏骢,命铸铜以图其像,亲为铭赞,镌颂其旁,像成而马死矣。"

真,也差不多是沿着同一道路下来的。

最后应该提到,蓟城作为华北平原北方的门户,在部族矛盾日趋尖锐的时候,固然是汉族和东北游牧部族必攻必守之地,但在和平相处的日子里,它又成为部族融合、文化交流以及贸易来往的中心。上文已经提到在战国时代燕国明刀出土于朝鲜和日本的事实,其后到了汉朝,司马迁又明确地写道:

> 夫燕(按指蓟城)亦勃碣之间一都会也,南通齐赵,东北边胡……有鱼盐枣栗之饶。北邻乌桓、夫余,东绾秽貉、朝鲜、真番之利。〈1〉

这寥寥数语,已经把蓟城在汉族和游牧部族间交换关系的优越地位,阐述无遗了。后来的史文中虽然缺乏如此概括而明了的叙述,只要社会条件许可,内外贸易的来往,必然会更加频繁。因此,蓟城从古代一直到唐,作为华北平原北部的一个经济中心,也是不可忽略的。

四、城址沿革

在本文第二节里,曾涉及燕都蓟城城址的推测,并以《水经注》所记北魏蓟城,上推燕都故址,那么北魏蓟城的位置,究竟是如何断定的呢?诚然,关于蓟城位置,郦道元并没有任何直接的说明,但从相关的地理记述中,可以看到一些线索,现在择要摘录并

〈1〉《史记》卷一二九《货殖列传》。

作解释如下：

> 灅水自南出山，谓之清泉河……又东南……历梁山南，高梁水出焉……又东径广阳县故城北……又东北……径蓟县故城南。《魏土地记》曰：蓟城南七里有清泉河……又东与洗马沟水合。[1]

灅水即今永定河。永定河自今三家店出山南流，当时别称清泉河。梁山即今石景山，曹魏时曾由此引水入高梁河，故称"高梁水出焉"。此下灅水故道，始与今永定河有别，大体是从今卢沟桥附近，转而东北，流经蓟城南七里，又东与洗马沟水合。由此可以知道，当时蓟城以南七里，即是永定河故道。此后一直到隋唐，其道未改，隋炀帝开运河，便是由这一水道直抵蓟城南郊。郦道元又记述蓟城西湖曰：

> 洗马沟……水上承蓟水，西注大湖，湖有二源，水俱出县西北，平地导源，流结西湖。湖东西二里，南北三里，盖燕之旧池也。……湖水东流为洗马沟，侧城南门东注，昔铫期奋戟处也，其水又东入灅水。[2]

西湖即今广安门外莲花池之前身，为蓟城西北平地泉水所注。自此东流之洗马沟，也就是现在自莲花池向东转而南流的小河。这条小河原本南流再东转入灅水，而现在则中途被导入外城西护城河，自

---

[1]《水经注》卷十三，"灅水"注。
[2]《水经注》卷十三，"灅水"注。

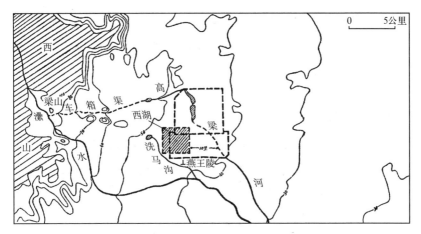

图 1　蓟城与附近水道相对位置示意图

此以下故道遂湮。《水经注》称其"侧城南门东注"，则蓟城南界可以大致推求。又所谓"铫期奋戟处"，盖指新莽末年，刘秀北巡蓟城，铫期随行，适蓟中乱起，期骑马持戟为刘秀夺蓟城南门而出〈1〉。道元确指其地，亦必有据，同时也说明自东汉以来，蓟城城址未有改变（图1）。

　　㶟水又东南，高梁之水注焉。水出蓟城西北平地，泉流东注……又东径蓟城东，又东南流，《魏土地记》曰：蓟东十里有高梁之水者也，其水又东南入㶟水。〈2〉

这里叙述的高梁水，和在梁山以南由㶟水分出的高梁水有别。梁山以南分出的高梁水，实际上是经由人工渠道（车箱渠），把所分㶟

〈1〉《后汉书》卷二十，铫期本传。
〈2〉《水经注》卷十三，"㶟水"注。

关于古代北京的几个问题　｜　27

水导入了天然高梁水的上源。这一段所写的,正是天然的高梁水。水出蓟城西北平地,即是现在西直门外紫竹院公园湖泊的前身,这里现有人工渠道西北直通昆明湖,名为长河,不过这是金以后才开凿的,原所未有。原来的高梁水,从此发源,东流经蓟城北,又转而东南,经蓟城之东十里,又东南流入㶟水。这就是现在从紫竹院东流的小河,经白石桥入北护城河,至今仍保留着高梁河的名称。只是在入今护城河后,又自何处起转而东南,难以确指,不过到了外城东南隅左安门之外,才见其故道遗迹,下游经十里河村,东南入凉水河。应该注意的是当时高梁水所经,自蓟城之北,转而城东,西去蓟城,约有十里。

根据以上的解释,可以恢复《水经注》所记蓟城与附近水道的相对位置,略如图1。这一复原图,对研究北魏以后,特别是唐代蓟城的位置,是十分重要的。

根据《太平寰宇记》所引唐朝或稍早于唐的一部地理书《郡国志》的记载[1],蓟城城址南北九里,东西七里,略作长方形。其次,上文已经提到唐太宗曾于蓟城东南隅修筑悯忠寺,以追悼出征辽东的阵亡将士。悯忠寺即今法源寺的前身,其位置迄无变更。依此两点大致可以求得唐时蓟城位置,这与从《水经注》所复原的蓟城位置,大致相同,只是城周的形状,更加可以确定了。

十分可贵的是,解放以来由于首都大规模基本建设的进行,陆续发现了一些唐朝的墓志,即可作为研究蓟城位置的参考。这些墓志,一般都称蓟城为幽州,因为自晋以来,幽州治所都在蓟城[2]。

---

[1] 论证见侯仁之:《〈水经注·㶟水注〉选释》注17,载《中国古代地理名著选读》第一辑。
[2] 《旧唐书》卷三九《地理二》:"自晋至隋,幽州刺史皆以蓟为治所。"

特别是开元十八年（730）以后，由于割渔阳、玉田、三河三县另置蓟州（今蓟县）[1]，蓟之一名，由是转嫁，于是幽州遂为古代蓟城的通称。

1951年发现于东长安街御河桥工地的唐代任紫宸墓志记道：

> 以元和三年……十月十九日宅兆于幽州城东北原七里余。

由此可以知道现在御河桥附近之地，正当蓟城东北七里有余，和《水经注》所引《魏土地记》"蓟东十里有高梁之水"的说法，可以互相印证。因为根据高梁水上下游的流向来推测，其故道应该从今御河桥以东的东单附近流过。1956年，又有唐代姚子昂墓志，在永定门外以东安乐林（大公报社宿舍工地）出土。志称于宝应二年（763）[2]，"葬于幽州城东南六里燕台乡之原"。这一里数和上一墓志所记，在不同的方向上，也是符合的。更加重要的是在这一墓志中，还有如下的两句话：

> 左带梁河，近瞩东流之水；右临城廓，西接燕王之陵。

所指梁河，即是高梁河，由于文字对偶的关系，略去了一个"高"字，高梁河的故道，由今左安门外向东南流去，正是墓地的左方，所以说是"左带梁河，近瞩东流之水"，这是第一次从实物发现中所知有关高梁河下游位置的记载，至可宝贵。按自金、元以来，由

〈1〉《太平寰宇记》卷七十，"河北道蓟州"。
〈2〉按宝应元年四月肃宗逝，代宗即位，次年改元为广德，此称宝应二年，亦即代宗广德元年。

于开凿东至今通县的运河（元始称通惠河），高梁河的故道在今外城东部的一段，早已断流，只是凭了《水经注》所引《魏土地记》的记载，才知道蓟城之东十里，便是高梁河的故道。其后由于北京外城的兴建和市区的开辟，河道故迹，已不可见，只是左安门外以东至十里河村以下，因地处郊野，尚见河形，作为夏季排洪之用。根据《水经注》所记，原已认为这就是高梁河下游的故道，现在经与这一墓志对证，更加肯定无疑了。

其次，志文所谓"右临城廓"，即指蓟城，至于"燕王之陵"，也有可考。《水经注》在讲到㶟水于蓟城之南汇洗马沟水以后，又有如下的一段记载：

> 㶟水又东径燕王陵南，陵有伏道，西北出蓟城中。

由此可知蓟城东南，确有燕王之陵，其陵址去城不远，所以到了金朝开拓城垣兴建中都时，此陵竟入城中，于是又不得不进行迁葬，事见《金史·蔡珪传》，此不具论。所以志文称"西接燕王之陵"，也是完全正确的。

此外，还有在今外城陶然亭湖以西姚家井，曾于1952年发现较大之唐墓一处，墓已被盗，墓室壁画残迹，依稀可见，并有残存的雕刻精美之殉葬石俑。墓志铭刻石已失，只余墓志盖，还颇完整，有篆书"大唐故信州刺史河东薛府君墓志之铭"。据推断这大约是唐武则天时代的墓葬，有一定规模，在当时必然处于蓟城南郊，这也是肯定无疑的。

综上所述，可以知道自春秋战国以来，历东汉、北魏至唐，蓟城城址，并无变化。其后辽朝，虽以蓟之故城置为南京，但是并无迁移或改筑。只是到了金朝建为中都之后，才于东、西、南三面扩大了城址。元朝另选新址，改筑大都，遂为今日北京内城的前身。辽、金以前，所知蓟城城址的沿革，大略如此。

五、巨变之始

到了五代，在北京城的历史上发生了巨大的变化，这就是后唐河东节度使石敬瑭为了做皇帝，竟以今北京和大同附近一带边防重地，拱手而让之契丹，史称为"幽云十六州"的割让。公元936年契丹入蓟城建为陪都，号称南京，这就是中国历史上的辽。从此以后，北京就从一个华北平原的北方门户逐步发展起来，在中国封建社会的最后数百年间代替了前期长安城的地位，形成了全国最大的一个行政中心。

从长安的衰落到北京的兴起，是具有极其复杂的政治、经济以及历史原因的。在中国封建社会时期的前半，长安城毫无疑问是全国最大的政治中心，其余如洛阳、金陵（南京）虽然也号称名都，却很难与长安相比拟。远自周初，文王作丰，武王治镐，都在泾渭盆地，到了秦始皇统一天下，经营咸阳直到渭南，从地理上来看，这都可以认为是长安城的先驱。汉唐长安，虽然不在一地，也只能看作是前后城址的转移。长安城的兴起，一如其他城市一样，首先决定于社会经济的发展，但是悠久的历史因素也是值得考虑的。随着中央集权的封建制国家的出现，长安城在全国的位置更加重要起来。同时由于地方农田水利的开发，贸易的发达，长安城所在的关中地区，到了汉朝时候，可以称得上是全国首富之区。关于这一点，司马迁在历述了关中地区的地理条件、历史发展、地方资源和贸易情况之后，总结写道：

故关中之地，于天下三分之一，而人众不过什三；然量其富，什居其六。[1]

　　但是到了封建社会前半的后期，情况却不同了。唐都长安之后，表面上看来，其城市规模和繁荣情况以及国际交往的频繁、文化艺术的昌盛，似乎都在汉代长安之上。不过它的经济基础，从全国各地区比较来看，却已远不像汉代长安在全国中所占有的那种优越地位了。简单说来，自东晋而后，长江中下游已经全部开发起来，其面积之广大、条件之优越、物产之富饶，是关中地区所不能比拟的。因此，在汉时富冠天下的关中，到了唐朝竟不得不依靠江南的供应。甚至皇帝在歉收之年，还不得不迁居洛阳，就食江南之漕。相对的关中水利之废驰，自然也是事实。总之，除开一切政治原因不说，唐代长安城的繁荣，可以说是已经缺乏了应有的物质基础。作为全国性的政治中心来说，它已经失去了过去所具有的绝对优势，这是问题的一方面。

　　问题的另一方面，是北京城在封建社会时期的后半之日趋重要。这主要是因为唐代中叶以后，东北边外的游牧部族，随着唐朝内部阶级矛盾以及统治阶级内部矛盾之日趋激化，也加强了对中原的劫掠和入侵，其中最重要的就是契丹。事实证明，来自这一方面的游牧部族，前后相继，势如潮涌。自有史以来，中国的东北方，从未遭遇过如此连续不断的进攻力量，而北京所在，作为华北平原北方的门户，也正是游牧部族入侵所首先要占领的地方。实际上正是汉族与游牧部族之间的矛盾，在东北边方急剧发展的形势下，北京城在全国范围内的重要意义，才日益增加起来。在这一过程中，

----

[1]《史记》卷一二九《货殖列传》。

北宋之开封、南宋之临安（杭州），作为全国性的政治中心，曾先后和北京形成了相互争夺的局面，但却未能取得胜利。结果，北京终于代替了长安，而成为封建社会时期后半全国最重要的政治中心。

长安与北京作为封建社会时期的两大政治中心，其盛衰相继的转变过程，概括说来，就是这样。

在这一转变过程中，具有象征意义的一件事，就是安禄山之起兵蓟城，攻破长安。

唐玄宗时候，蓟城为范阳节度使的驻地，已如上述。其东有平卢节度使，驻今辽宁朝阳，西有河东节度使，驻今山西太原。安禄山以胡人而被重用，身兼以上三个节度使，手握重兵，骄恣日甚，终于天宝十四年（755）起兵范阳，发所部及契丹、同罗、奚、室韦、突厥兵，共十五万，大举南侵，自称大燕皇帝，连陷洛阳、潼关，终于天宝十五年攻入长安，大事搜掠。当时长安城原是歌舞升平的一派繁华景象，但是经此一番涂炭，竟然一蹶不振，历代名都，从此走上了衰落的道路。严格讲来，是到了解放之后，古代的长安，才恢复了它的青春。

这一事件，标志了封建社会时期长安城的日趋没落，和北京城的日益重要。在北京城的历史上，算得是一个即将到来的巨大变化的征兆了。

现在，在北京法源寺里，还有唐代悯忠寺无垢净光宝塔颂碑一块，高二尺余，宽损三之一，嵌于寺壁，碑称唐肃宗至德二年十一月十五日史思明建。但是碑文之中又记载到肃宗在至德三年所受尊号，且有文字颠倒之处[1]。因此引起了清初许多考据家如顾炎武、

---

[1] 至德三年正月所册肃宗尊号曰"大唐光天文武大圣孝感皇帝"，而碑文移"大圣"二字于"文武"之上。这里碑文有磨补重刻的痕迹。

朱彝尊、钱大昕、洪颐煊等人的疑问。综合诸家意见，这块宝塔颂，原是为歌颂安禄山而作。但是碑文刊就不过一月，史思明又于至德二年十二月降唐，因此，才又把此碑之颂安禄山者，凿改之以颂肃宗，磨补重刻之迹，显然可见，所记肃宗尊号的错误，当是长安道远，传闻失真的缘故[1]。这是法源寺中现存最古的石碑，又因为有关北京历史掌故，故附记于此。

原载《文物》1959 年第 9 期

本次自《历史地理学的理论与实践》

（上海人民出版社，1984 年）选出

---

[1] 又这一石碑，自左至右，共二十二行，行无定字，顾炎武以为此碑书丹于石，故以左为前。朱彝尊则以为系从安禄山俗，见《日下旧闻考》卷十七，页十五。

说　蓟

　　北京最早的时候叫做蓟，现在北京以东也有个蓟县，但是这和古代的北京城却没有关系。现在的蓟县，原为蓟州，最初设置于唐朝开元年间。在唐朝，作为北京城前身的蓟县，因为是幽州的治所，所以一般也称作幽州城。到了兴起于西辽河上的契丹人占据幽州城之后，就企图以此为据点，进窥华北大平原，并且把幽州城建为陪都，改称南京，这就是中国历史上的辽朝。与此同时，南京所在的蓟县，又被改称析津县。此后，蓟之一名，遂"没于此而存于彼"，这是清初大学者顾炎武在他有名的《日知录》中所已经讲过的。

　　现在要问的是"蓟"这个字到底是什么意思。

　　关于这一点，古人也有解释。北魏时候的地理学家郦道元在《水经注》一书的"㶟水"篇里讲到蓟城时，曾有如下的一段：

　　　　昔周武王封尧后于蓟，今城内西北隅有蓟丘，因丘以名邑也，犹鲁之曲阜、齐之营丘矣。（四部备要本，卷十三，页二一上）

意思就是说：当初周武王把尧的后人分封在蓟，到了北魏的时候，蓟城的西北隅还有蓟丘，蓟城就是因为这个蓟丘而得名的，犹之乎鲁国的曲阜和齐国的营丘也都是因为当地的阜或丘的名字而见称是一样的。

郦道元的解释，着重说明了蓟城得名的一个地理特征，这是值得注意的。但是这个蓟丘的蓟字又是如何得来的呢？

巧得很，宋朝一位旅行很广而兼有丰富地理知识的博物学家沈括，早已对这个问题作过探索。他曾作为北宋的使臣出使契丹到过蓟城，在他的笔记《梦溪笔谈》一书里，就有如下的一条说：

> 予使虏，至古契丹界，大蓟茇如车盖，中国（意即当时汉族界内）无此大者。其名蓟，恐其因此也，如杨州（前人指出应作扬）宜杨，荆州宜荆之类。荆或为楚，"楚"亦荆木之别名也。（胡道静校本，第804页）

沈括对蓟城的得名，试图从地方植物的特征上寻求解答，很有意思。根据他旅途所见，当初蓟城所在之地，"大蓟茇如车盖"，大蓟是一种植物，茇就是草，车盖当是指车篷之类，意思是说这里的大蓟草犹如车篷，内地没有这样大的，因此他怀疑蓟城的蓟字，恐怕就是因为当地具有如此特征的大蓟草而得名，正如扬州、荆州都是因为当地宜于这两种植物从而得名是一样的。

沈括的推测是否可靠，难下定论。但这里有一个问题，却是值得注意的，那就是现在北京附近的大蓟，已经远不如沈括所见过的那样大了，而且其分布多在山地，平原上已很少有，所有的只是另一种小蓟。所以现在讲植物的书上，都说大蓟生于山野。这是什么原因呢？大约是近千年来农业的垦殖，使得这一野生植物只好从平原退向山野，并且也已经不像当初在平原地带生长得那样高大了。然而这仅仅是一种揣测，真实情况还须请植物地理学家去探索。总之，人类历史时期以来，北京自然景观的变化也是巨大的，如果沈括所记属实，那么古今大蓟草的变化，正是一个虽小却很有意思的说明。

按大蓟（Cirsium spicatum Matsum），菊科，多年生草本，高可一米，茎有棱角，多分枝，叶互生羽状分裂，边缘多刺。秋日有紫色头状花，生于枝端叶腋间。其性与小蓟同。清代吴其濬《植物名实图考》卷十一引《救荒本草》说，大蓟"叶可炸食，根有毒"。又引雩娄农（吴其濬别号）曰：

> 其嫩叶沦食之甚美，老则揉为茸以引火，夜行之车，绳之星星列于途也。性去湿，宜血剂。（胡道静《梦溪笔谈校证》引，第804—805页）

如此说来，在过去，大蓟草和人民生活还是很有关系的，其受人注意，应该就是这个原因。

原载《北京日报》1962年2月8日
本次自《奋蹄集》（北京燕山出版社，1995年）选出

说　燕

　　北京所在，古称燕国。燕国是怎样起源的呢？史书相传是周武王伐纣灭商之后所分封的。这是去今三千多年以前的事，过去从来没有人怀疑过。

　　但是，近代学者的研究认为，还在武王伐纣之前，燕作为一个自然生长的奴隶国家，已经存在。据推测：燕的势力最初乃是从北京小平原里成长起来的，后来沿太行山东麓逐渐向南发展，至于今易水流域而与更在其南的殷商势力相接触，并且受了殷商文化很大影响。易县曾有殷商时代的三件兵器出土，镌有祖、父、兄三代名字，王国维作跋说：

> 商句兵三，凡纪祖名八、父名六、兄名六，三器之文，蝉嫣相承，盖一时所铸……其器出易州，当为殷时北方侯国之器，而其先君皆以日为名，又三世兄弟之名，先后骈列，皆用殷制，盖商之文化，时已沾溉北土矣。（《观堂集林》，中华书局影印本，卷十八，页一至二）

　　这是根据实物的考证，应该是可信的。

　　与易县毗连的涞水县，也尝有一些殷商铜器被发现。最值得注意的是清光绪十六年（1890）在张家洼出土的几件有"北伯"铭文的鼎、卣诸器，鼎文曰"北伯作鼎"，卣文曰"北伯㪅作宝尊彝"。据此，王国维又作《北伯鼎跋》，以为"北"即殷商时代的邶国，并且还进一步解释说：

> 余谓邶即燕……邶之为燕，可以北伯诸器出土之地证之。（《观堂集林》，卷十八，页二至三）

如果确如所言，那么燕国之出现，早在殷世，又可得一证明。

至于北京地区古代铜器的发现，则远不如涞水、易县那样多。前人著录：清同治六年（1867）北京郊外曾发现了一件"尺亚父乙爵"（方浚益：《缀遗斋彝器款识考释》卷二二，页二下），有人以为这是殷商时代的遗物（柯昌济：《金文分域续编》卷七，页二一下）。但更重要的是与此同时出土的还有几件周代彝器，都镌有"匽侯"字样，如"匽侯鼎""匽侯盉"等（潘祖荫：《攀古楼彝器款识》卷一，页十五）。按"匽侯"的"匽"字，也就是后来通行的"燕"字，文字学家已有论证（同上），这是燕国的名称最初见于金文的一例。这一发现对于研究古代燕国的历史，很有帮助，可惜当时出土的详细地点和情况，已经不得而知了。

应该补充说明的是，"匽"字在金文中，有时作"郾"或"郾"，出土彝器有"郾王戈""郾侯载戈""郾王喜戈""郾王职矛"等物。在这些彝器里，有时称"匽侯"（郾侯），有时称"郾王"（郾王），这有什么分别呢？按"王"与"侯"的称号，最初并没有高下等级的含义（王国维："古诸侯称王说"，见《观堂集林别集》卷一，页十六至十七）。"公"与"伯"也是这样，所以郭沫若同志说："王公侯伯实乃国君之通称"，并认为："自周初以来中国即已大一统，已分天下为九畿，分诸侯为五等之说，完全是东周以后的

儒者所捏造。"(《中国古代社会研究》，人民出版社，1954年，第293页）

总之，燕国的起源是很早的，并非周所始封，古代有此传说，正是因为先已有个燕国的缘故。此后，又过了五六百年，到了战国时候，它的势力才逐渐强大，以至举兵南下，争霸中原，号称"七雄"之一。公元前222年，统一于秦。但是"燕"这个字，在此后的历史上，仍旧沿用不废，或者作为地方政区的命名（如"燕郡""燕国"），或者作为北京古城的别称（如"燕京"），甚至有时还被采用为一个独立政权的国号（如"前燕""后燕"）。至于它最初得名的由来，似乎到今天还没有一个十分令人满意的解说。

原载《北京日报》1962年4月12日

附　记

《说燕》一文是旧作《北京景物溯源散记》中的一篇，继《说蓟》之后，发表在1962年4月12日的《北京日报》上，去今已有28年。当时只是根据前人论述，缀拾成篇，已足论定燕之起源，并非始于周初的分封，而是殷商时期已经发展起来的一个地方势力，或称方国。至于它的统治中心究竟在哪里，当时证据不足，无从确定。

近年来在房山区琉璃河乡董家林一带所发现的大规模的商周遗址，终于使这个至关重要的问题得到了解决。这处遗址包括居住地、墓葬区和古城址三部分，从出土的大量有"匽侯"铭文的西周青铜器中，不仅可以确定这里就是周初燕国始封之地，同时还发现有两座商末周初墓葬打破了残存的城墙夯土,从而证明该城始建的年代最晚也不会晚于商末周初。这就进一步证明:前人认为周武王分封燕国之前,当地就早已有个自然成长起来叫做燕的地方势力的存在,是正确的。至于燕之得名,迄今仍无定论,它始建的年代也就更难考订了。

1990 年 4 月 20 日补记

本次自《奋蹄集》选出

现在的北京城最初是谁建造的

  北京，是我们国家伟大的首都，又是一座古老的名城。但是，北京城究竟是谁建设的呢？希望你们能帮助我知道这方面的情况。

读者 王文海

  现在，作为人民的首都，北京城正在经历着空前未有的改建，它的规模日益扩展，面貌日新月异。不过这一切改建工作，还是在一定的历史形成的基础上进行的。北京城原本是一座规模宏伟的大城，具有严正的规划和雄阔的气象。在历史上的封建社会时期，它确曾是世界各大城市中罕有其匹的一个杰作。对于这样一座极不平凡的大城，我们想追问一下它最初的建造者究竟是谁，也是完全应该的。自然，它的建成，首先要归功于劳动人民的胼手胝足，但是这其间还有哪些良工巧匠，想来更是大家所想知道的。

  要答复这个问题，首先要明确：历史上的北京城曾经有过多次的改建，至于现在的北京城，则是13世纪中叶在忽必烈（元世祖）的统治下最初营建的，当时叫做大都。到了15世纪初，即明朝永乐年间，又进行了一次较大规模的改建，从而奠定了今日北京"内城"的基础，而"北京"一名也就是从这时开始的。又过了一百三十多年，也就是明朝嘉靖年间，又加筑外城，旧日北京城的规模，终于完成。

现在要问北京城最初的建设者，应该从元朝大都城讲起。《元史》上只记载了一些领工修建的官儿，例如当时负责修筑宫城的顺天府官张柔及其子张宏略、工部尚书段天祐（见《世祖本纪》至元三年十二月丁亥条及《元史》卷一四七，张柔传）；负责修筑大城的千户王庆端（见《元史》卷一五一，王善传附）等。但是，很难说这些人是懂技术的。在《元史》以外的记述里，倒是讲到了两个极其重要的人，都积极参与了大都城的营建。第一个是曲阳县（今河北曲阳）阳平村的石工杨琼，另一个是阿拉伯人也黑迭儿。在当时一切工匠中，这两个人算是最为出类拔萃的。

杨琼的父亲杨德、叔父杨荣和哥哥杨进，都是石工，而杨琼的技艺尤为高超，很早就受到了忽必烈的赏识。忽必烈先筑上都（即开平城，在今内蒙古自治区多伦县），后筑大都，杨琼参加了这两都宫殿和城郭的营建（见光绪《曲阳县志》卷十七《工艺传》，这篇传是根据杨家墓碑写成的。又参见朱启钤：《元大都宫苑图考》，载《中国营造学社汇刊》第二期）。和杨琼同时参加大都修建的，还有同乡阁家疃村的石工王道和王浩兄弟，王浩的艺术造诣也很高（同见《曲阳县志》本传）。按石工、石材之广泛应用于宫殿建筑，元大都的修建是一个很重要的发展。从这一点来说，杨琼等不但在大都城的修建上功不可没，就是在中国建筑史上也是有一定贡献的。特别因为杨琼、王浩都是来自民间的艺术家，这就尤其值得我们纪念了。

其次，也黑迭儿也是很早就受知于忽必烈的。未建大都之前，他曾被任命管理"茶迭儿局"。"茶迭儿"就是"庐帐"的意思。到了至元三年（1266）八月忽必烈准备营建大都，就又命也黑迭儿"领茶迭儿属诸色人匠总管府达鲁花赤"，"达鲁花赤"就是"长官"的意思。"诸色人匠"就是局中其他中外各族工匠。同年十二月,也黑迭儿就和上文所说的张柔、段天祐正式受命负责修建大都城(见欧阳玄:《圭斋集》卷九《马合马沙碑》,也黑迭儿为马合马沙之父。又参见陈垣:《西域人华化考》下册美术篇,《新元史》卷一三一本传作"也里迭儿")。按蒙古的兴起,曾经远征中亚,直到东欧,大大促进了东西方的交通和来往,所以当时中亚一带移居中国的颇有人在,而大都城的兴建,竟有外国工匠参加,这也是值得纪念的。当时欧阳玄记载说也黑迭儿所经营建造的宫殿、衙署、府第、苑囿,以及"崇楼、阿阁、漫庑、飞檐",都很有法度(《马合马沙碑》)。

最初参加建造北京城的良工巧匠,除去杨琼、王浩和也黑迭儿外,一定还有别的人,可惜其姓名事迹多已无考。旧社会轻视"劳力"者,因此他们的名字是很难见诸史册的。

根据以上的讨论,是否就可以说元大都城——现在北京城最初的前身——乃是杨琼和也黑迭儿等人所建造的呢?还不能完全这样说。因为大都城乃是一个经过了详细规划而后动工兴建的城市,而这个设计人则应该被认作是北京城最初的建造者中最为重要的一个,因为旧日北京城的规模以及城市布局特点,都是从大都城兴建的时候就定了下来的。明初的改建,只是把它作了进一步的发展而已。

那么,这个最初的设计者到底是谁呢?

根据一些仅有的资料来判断,最有可能的一个人就是刘秉忠。

刘秉忠原名刘侃,秉忠是忽必烈赐给他的名字。他是今河北省邢台人,少有才学,《元史》卷一五七本传说他"于书无所不读,尤邃(精通)于易及邵氏经世书,至于天文、地理、律历、三式六壬遁甲之属,无不精通,论天下事如指诸掌"。因此忽必烈非常喜爱他。当忽必烈还在蒙古高原的时候，刘秉忠已是他手下的谋臣。他曾奉忽必烈之命选址建造开平城，中统四年（1263）升开平府为上都。又过了四年（至元四年，1267），秉忠受忽必烈之命筑中都城，也就是后来所说的大都城。《元史》本传是这样写的：

〔至元〕四年，又命秉忠筑中都城，始建宗庙宫室。八年，〔秉忠〕奏建国号曰大元，而以中都为大都。他如颁章服、举朝仪、给俸禄、定官制，皆自秉忠发之，为一代成宪。

这就是说不但大都城是秉忠所筑，就是元朝国号也是他所奏建，元朝开国的典章制度也无不由他所创立，甚至前此忽必烈之决心定都在这里，也是出自刘秉忠的建议（《续资治通鉴》卷一七七："景定四年春正月，蒙古刘秉忠请定都于燕，蒙古主从之。"按景定为宋理宗年号，景定四年，即元世祖中统四年）。刘秉忠在当时可以说是忽必烈手下一个非常重要的人物了。

按秉忠之筑上都开平城，是从选择城址开始的，《元史》本传写得也很清楚：

初，帝命秉忠相地于桓州东、滦水北，建都郭于龙冈，三年而毕，名曰开平。

因此，这不是一般的领工而已，而且还包括了规划设计的任务。后来忽必烈"又命秉忠筑中都城，始建宗庙宫室"，想来也是如此。《析津志》曾记有如下一个传说：

世皇（指忽必烈）建都之时，问于刘太保秉忠定大内方

向，秉忠以丽正门（相当于今天安门）外第三桥南一树为向以对，上制可，遂封为独树将军。(《日下旧闻考》卷三八引)

从这个传说中也可看出秉忠在兴建大都宫殿时所起的作用。又从大都城的布局来说，其"宗庙宫室"的配列，实与《周礼·考工记》一篇所载帝都之制完全符合，也就是说大都城内正中前方为宫城，其后为市场，宫城之左（东）为太庙（元太庙约在今朝阳门内附近），右为社稷坛（元社稷坛约在今阜成门内附近），这正是《考工记》上所谓"面朝、后市、左祖、右社"的布置原则。秉忠深通儒家经典，大都城的修建可以说是他把《周礼·考工记》上有关帝都建设的理想布局予以具体体现的尝试。

根据以上的讨论，我们可以总结说：现在北京城最早的建造者，也就是为兴建元大都城做出了卓越贡献的人，其有名可考的，刘秉忠是一个最重要的总体规划的设计者，杨琼和也黑迭儿则是参加当时具体工程的中外工匠中最为杰出的代表，至于埋没了姓名的良工巧匠以及付出了自己血汗的广大劳动人民，也同样是功不可没的。个人知识有限，以上所论，难免遗误或考虑不周之处，还需读者指正。

原载《北京日报》1962 年 5 月 31 日

本次自《奋蹄集》选出

北京城和刘伯温的关系

读了《现在的北京城最初是谁建造的》一文，我想起传说里常常提到北京城是明代刘伯温修建的，不知是否确实？

读者 赵经麟

民间广泛流传着明代刘伯温建造北京城的故事，这到底有多少事实根据呢？为了明确这一点，首先应把有关明代北京城的修建交代清楚。

一、明代北京城的修建

明代北京城的修建，是完全在元大都城的基础上进行的。因此称之为"改建"更为恰当。

大都城的改建，首先是缩减北城。明太祖洪武元年（1368）八月，徐达北伐，胜利进兵元大都，元亡。改大都曰北平。并命指挥华云龙新筑城垣，实际上是把北城缩减了五里，改筑北城墙于今德胜门、安定门东西一条线上。至于被废弃的旧城土墙，至今依然可见。

其后到了成祖永乐十七年（1419），也就是正式迁都北京的前一年，又开拓南城，把南面城墙，从今东西长安街原址，南移一里半，改建于今前三门（正阳门、崇文门、宣武门）东西一条线上。

经过以上两次改建，就完成了后日所谓北京"内城"的轮廓。到了世宗嘉靖三十二年（1553），又加筑南面外城，这就是大家所熟悉的旧日凸字形的北京城。

在改建大城的同时，皇城和宫城也进行了改建。它是明初在北京所进行的规模最大，也最重要的工程。因为明初建都南京，兵破大都之后，曾有计划地废弃了元朝宫殿，后来明成祖迁都北京，不得不另建宫城。

先是洪武三年（1370），封皇四子朱棣为燕王，洪武十三年（1380），燕王来到北京（时称北平）。在此前一年，燕王府修缮完成，府址在太液池（今中海）西岸，乃元朝隆福宫之旧址。这座王府，在明初诸王府中算是规模最大的。然而也只能称"王府"，不能称"宫城"。

明代宫城（即紫禁城）的修建，是燕王兴兵破南京，从他侄子建文帝朱允炆的手里抢夺了统治权之后的事。燕王即位之初，建都仍在南京，只是把北平改称北京。一直到了永乐十八年（1420），才正式迁都北京。迁都之前，曾在北京大兴土木，修筑宫殿庙坛，始工于永乐十五年（1417），历时四载，全部告成。这就是保存到现在的紫禁城。现在，我们在首都故宫博物院内所看到的极其辉煌壮丽的宫殿建筑群，就是从这时候开始营建的。

二、有关刘伯温传说的推测

明代北京城的修建略如上述，但这与刘伯温又有什么关系呢？

刘伯温就是刘基，浙江青田人，是明代开国元勋，封诚意伯。明太祖朱元璋起兵之初，转战江左，伯温运筹帷幄，屡建奇功，深为朱元璋所信任。《明史》本传里这样写道：

> 基虬髯，貌修伟，慷慨有大节……帝……每召基，辄屏人密语移时。基亦自谓不世遇，知无不言，遇急难，勇气奋发，计画立定，人莫能测。暇则敷陈王道，帝每恭己以听，常呼为老先生而不名，曰："吾子房也。"……顾帷幄语秘莫能详，而世所传为神奇，多阴阳风角之说，非其至也。[1]

从这里可以知道，还在刘伯温生前，就已经流传着许多关于他的神奇莫测的传说了。

但是，却不能说他和北京城的修建有什么直接关系，因为刘伯温早在洪武八年（1375）就逝世了，享年六十五岁。那时北京城除去缩减了北墙和废弃了元故宫之外，还没进行任何大规模的建筑工事。后来人把北京城的修建归功于刘伯温，大概也是与人们对他早已有的一些神奇传说有关。因为刘伯温在广大人民的心目中，乃是一个十分值得敬佩的人物。他秉性刚直，早年为政爱民，不畏豪强，晚年又遭奸党暗害[2]。为此老百姓在敬佩他之外，又寄予无限同情，渲染以更多的神话和传说，也是情理中的事。

刘伯温和北京城的建造虽然没有什么直接关系，但是也不能说

---

[1]《明史》卷一二八，刘基本传。子房即张良，为汉高祖谋臣。
[2]《诚意伯刘公行状》称刘基"以廉洁著名，发奸摘伏，不避强御，为政严而有惠，爱小民，自以为得慈父，而豪右数欲陷之。时上下咸知其廉平，卒莫能害也"。又《明史》本传称："基佐定天下，料事如神，性刚嫉恶，与物多忤。……基在京病时，[胡]惟庸以医来，饮其药；有物积腹中如拳石。其后中丞涂节首惟庸逆谋，并谓其毒基致死云。"

全无渊源。这又怎么讲呢？按明代北京宫城（紫禁城）的修建，其制全仿南京。南京宫城，初建于吴元年（1367）。转年正月，朱元璋称帝，建国号曰明。当时所营建的，主要是前朝三殿（奉天殿、华盖殿、谨身殿）和内廷两宫（乾清宫、坤宁宫）。到了建文元年（1399），又在乾清、坤宁二宫之间，建成省躬殿。这六座大殿，占据了宫城设计的中轴位置，也是全部宫殿建筑的中心。

成祖营造北京宫殿，先于永乐十八年（1420）建成奉天、华盖、谨身三殿，转年毁于火。英宗正统五年（1440），才又重建三殿，一仍旧称。同时又作两宫，也叫做乾清宫和坤宁宫。其后，两宫之间，又增建了一座交泰殿，相当于南京宫城的省躬殿。这样，南北两京的紫禁城中，所有主要宫殿及其布局和名称，就完全相同了。其后，北京宫殿，又迭遭火灾，嘉靖四十一年（1562）的一次重修，又改称三殿为皇极、中极、建极。清朝继起之后，更于顺治二年（1645）改称皇极、中极、建极三殿为太和、中和、保和，而内廷乾清宫、交泰殿、坤宁宫，则一如旧称，这就是现在所说故宫博物院中的前三殿和后三殿。这六座大殿本身虽然一再重修，但其规划和布局，却是从南京紫禁城一脉承袭下来的。

那么，现在要问这南京宫城，又是什么人建造的呢？

真正有趣的问题，就在这里得到了答复。《明史纪事本末》卷二，元至正二十六年明白写着说：

> 八月庚申，拓建康城（即南京）。初建康城西北控大江，东尽白下门，外距钟山既阔远，而旧内在城，因元南台为宫，稍隘。太祖乃命刘基卜地，定作新宫于钟山之阳，在旧城东白下门之外二里，增筑新城，东北尽钟山之趾，延亘周围凡五十余里，尽据山川之胜焉。

按元至正二十六年，是朱元璋称吴王之后的第四年和即皇帝之位的前两年，所建新宫正是由刘伯温经营卜建的，这不但为南京宫城建筑奠定了基础，实际上也是永乐时兴建北京宫城的蓝本。很可能就是由于这一点渊源，竟成了后人传说刘伯温建造北京城的根据。

最后附带提到：有人说刘伯温从来没有到过北京城，这也是不确实的。刘伯温来过北京，不过是在元朝未亡之前，他所见到的乃是未经改造之前的大都城。刘伯温是元至顺间进士，也曾写下过与大都城有关的诗篇[1]，最有趣的是他还在大都城里留下了这样一个故事：据说，有一天刘伯温去逛书店，看到了一部天文书，转身即能背诵如流，书店主人大为惊奇，愿意把书白送给他，他却说："书里所讲的，都已经在我胸中了，无须再要书了。"[2] 刘伯温的明敏好学，这也算是一个例子。

原载《北京日报》1962 年 7 月 31 日

本次自《奋蹄集》选出

---

[1] 如所写《自都回至通州寄普达世理二首》一诗，有"旦辞文明门，回首望宫阙"和"一辞都门去，便觉京国遥"等句，都是描写大都城的。按文明门，为大都城南面最东一门，位置约当今东单十字路口。见《诚意伯文集》。

[2] 《诚意伯刘公行状》，见《诚意伯文集》。

北京城的兴起
——再论与北京建城有关的历史地理问题

北京城的兴起,源远流长,这不仅仅是历史上一个居民点的考订问题,更重要的是它还和整个北京地区在历史上的交通发展大有关系,现在谨就北京城兴起的地理条件,连同与古燕国的地理关系,再做些较为详细的探讨。

北京城所在的地区,位于华北大平原北方的尽头。它的东、西、北三面有群山环抱,中间是一个小平原。环抱于小平原东北两面的是燕山,越过燕山就是历史上所谓"塞外"的丘陵和高原。这其间只有遵循天然峡谷,南北通行才有可能,其中最有名的就是现在的南口和古北口。从小平原西侧迤逦南下的,是崛起于华北大平原西边的太行山(图2)。从今天的情况来看,自北京小平原南下华北大平原,无处不可通行。但是早在三千多年前北京的原始聚落开始兴起的时候,情形却不是这样。那时只有沿着太行山东麓,南来北往才有可能。因为大平原北部,相当于现在白洋淀周围一带以及北京市区南部的广大地区,曾是水网密布的地方,无数湖泊沼泽散布其间,形成了南北交通上的极大障碍。只有了解到这一古代自然地理的基本情况,才便于进一步探讨北京地区早期的交通发展和北京城兴起的问题。

远在旧石器时代,从早期的"北京猿人"或简称"北京人",中期的"新洞人",一直到晚期的"山顶洞人",也就是大约从

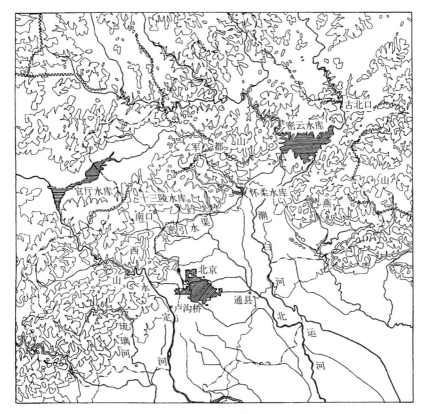

图2 北京市地形图

七十万年前下至一万数千年前,都有古代人类繁衍生息在北京小平原西侧的沿山洞穴里。到了大约一万年前,也就是新石器时代的开始,由于原始农作物的栽培技术逐渐得到发展,人类才从山中下到平原,开始建立起原始的农村聚落。现在发现的这些农村聚落,最重要的都分布在北京小平原的山前台地或沿河二级阶地上。例如最东边的有平谷县的北埝头和上宅村,西北边的有昌平县的雪山村,西南边的有房山区的镇江营。各处都曾出土数量不等的各种石器、陶器等。这些原始农村聚落的出现,说明早在六七千年以前,已经有农业生产开始发展起来，并且逐渐从山前台地向较为低下的平原腹地分布开来，随后就进入到有文字记载的历史时期[1]。

我国有文字可征的历史始于中原地区的商朝。商朝最后的都城殷墟，在今安阳市以西相去不远，其地理位置接近太行山东麓的南端。这一位置有利于它的政治文化势力，沿着太行山东麓最便于南北来往的狭长地带，一直向北方扩展到现在的北京地区。在这条狭长地带上逐渐形成的一条南北通道，可以称为古代的南北大道，实际上这就是现在京广铁路在河北省境内这一段最初的前身。

当初殷商势力沿着这条古代的南北大道北上，首先接触到的一个地方势力，见于明文记载的就是燕。燕的势力范围难以确定，它的统治中心在哪里，也是过去史学界长期争论的问题。一直到最近房山区董家林村发现了周初分封的燕国遗址之后，这一悬案才得到解决。这是北京地区发展史上最重要的考古发现之一，是值得大书而特书的。这一发现还证明燕的存在并不始于周初的分封，在此以前，这里已经有一个自然生长的地方势力发展起来，从它的统治中心还有残存的城墙遗址可见，这就是殷商时期的燕。和这个早期的燕大约同时存在的，还有其他地方势力，其名称见于记载的如孤竹、肃慎、山戎，也都分布在今日北京市区及其附近一带。

这个早期的燕，已是殷商北方的属国，或称"北伯"，这是王国维早已论定的，尽管当时他还不知道燕的统治中心在哪里。此外，他还曾根据易县出土的殷商彝器，说明燕用殷制，因而作出如下的结论说："商之文化，时已沾溉北土矣。"[2]关于殷商时期燕的

---

[1] 参见侯仁之主编：《北京历史地图集》第二集（北京出版社，1997年），新石器时代图。
[2] 详见《观堂集林》卷十八，页一至二，又拙作《关于古代北京的几个问题》（载《文物》1959年第9期，已收入本书）第一节"起源试探"。

主要势力范围，王国维也有值得注意的探索，大约在涞水、易县一带，此不具论。现在应该着重指出的是周初灭商之后，不只是在殷商所属北伯燕的统治中心分封了燕国，同时还在燕国以北相去百里之遥的地方，又分封了蓟国。蓟国的统治中心，其故址就在今日北京城区的西南部分，相当于白云观东南的一带地方。蓟的原始聚落何时起源，尚难稽考。但是随着时代的发展，它在南北交通上的地位，也就日益重要起来。因为它的地理位置，正好是古代从中原北上的南北大道的北端，从此再向北去，大道开始分歧，只有通过天然峡谷，才能北上以到达山后地区。因此蓟实际上乃是南北交通的枢纽。随着南北交往的发展，它的重要性也就与日俱增。本来这个南北交通的枢纽，理应从城西南永定河的古渡口上发展起来，代表这个古渡口的，就是金朝开始兴建并且完整保留到现在的卢沟桥。只是因为永定河的流量极不稳定，每逢夏季，经常遇到大雨集中，洪水暴涨，使古渡口遭受严重威胁，因此北上大路的分歧点，就从渡口东移到蓟这个相去不远的地方，于是蓟就开始发展起来。自然蓟所在处，还有其他有利的地理条件如地形与水源都便于它的发展，这里就不细加讨论了（图3）。

　　周武王十一年出兵伐商，胜利进军殷墟之后，立即沿南北大道向北方扩张其势力范围，并且分封了燕和蓟这两个诸侯国，这是有明文可考的燕和蓟同时建城的开始。在此以前，燕虽然是早已兴起的一个地方势力，并已建立起它的统治中心，但是其中心建立的年代，却无从确定。至于蓟的起源，史文同样缺载。重要的是蓟国一旦在周初受封之后，它的城址所在，世代相继，也就逐步发展起来。东周初年，燕国迁都蓟城，称雄中原。秦朝建立中央集权的统一国家之后，蓟城始终是北方重镇。到了公元10世纪以后，北方少数民族先后崛起，入主中原，先是辽朝在此建立陪都，号称南

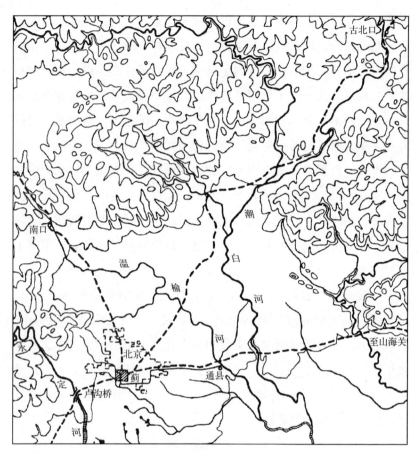

图 3　北京小平原古代大道示意图

京。金朝又扩建南京，改称中都，这是北京城在历史上正式建都之始。其后元朝改建中都于东北郊外，是为大都。明朝加以发展，始称北京，清朝相沿未变。此后旧日北京城的整体规模一直延续到新中国成立的前夕。

这里还需补充说明的是，周武王十一年和蓟国同时被封的燕国，在当时南北交通上的重要性虽远不如蓟国，但是它的腹地广阔，又接近文化先进的中原，因此它的势力先于蓟国而日益发展起来。大约到了东周早期，它终于沿着北进的大道向北方发展，不仅兼并了蓟国，而且迁都蓟城，遂有"燕都蓟城"之说。

现在燕国的统治者有大量遗迹遗物被发掘出来，对于研究燕国早期的历史至为重要。这是因为它一旦迁都蓟城之后，其地竟成废墟，以致日后在长时期内，燕国初封的故址，难以稽考，而掩埋地下的遗迹遗物反而得以保存下来。

至于蓟国，虽与燕国同时受封，其故址所在，却很少遗迹遗物被发现。推断起来，一个主要原因就是三千年来，蓟城一直在不断的发展中，人类活动频繁，古代的遗迹遗物很难得到保存。例如北魏郦道元在《水经注》中曾记到，蓟城东南郊有两座燕王陵，"陵有伏道，西北出蓟城中"。又说此二陵"基址盘固，犹自高壮，竟不知为何王陵"。后来到了金朝扩建蓟城，二陵地址计划包在城内，遂进行迁葬，这才发现此二陵乃是汉燕灵王刘建和燕康王刘嘉的墓。可是迁葬后的二燕王陵以及原在蓟城以内的伏道，都早已荡然无存。郦道元还记到蓟城北郊也有一座燕王陵，更无踪迹可寻。以此为例，时代更早的遗迹遗物，也就更加难以保存下来。或许这在北京城的发展史上，仍然是值得继续研究的问题。总之，迄今为止可以认为蓟城即是今日北京城发展的起点，蓟也就是北京最初见于记载的名称。今后如有值得进一步研究的新发现，对于上述论点，或肯定、或否定，都是个人所殷切期待的。

原载《燕都》1991 年第 4 期。文字略加删改，并加附图
本次自北京大学院士文库《侯仁之文集》
（北京大学出版社，1998 年）选出

关于京东考古和北京建城年代问题[*]

（一）……过去，属于旧石器时代的周口店"北京人"与"山顶洞人"遗址的发现，已闻名于世，从而大大提高了北京城在世界科学发现史上的重要地位。但新石器时代的遗址，尚缺乏重大发现。三年前，在我市文物普查中所发现的平谷县上宅村新石器时代遗址的出土文物，证明大约六千年前原始农业已经在这里开始发展起来，同时还显示出南北文化交流的迹象，它的重要意义可比于甚至超过西安市的半坡遗址。故决定以此为起点，力图科学地填补三千多年以前北京地区人类文化发展史上属于传说时代的一段空白。

现在看来，京东平谷县新石器时代人类遗址的研究，大有可能与京西旧石器时代人类遗址的研究，后先相继，东西辉映，从而为既是全国政治中心，又是全国文化中心的北京城的悠久历史增益光彩。

（二）上述问题，属于北京城市起源研究的先奏。通常说，北京城市的发展已经有三千多年的历史，但是北京的建城究竟始于何年，还有待进一步的研究，初步考虑：北京的建城应自周初开始，在此以前，当地虽已有原始聚落的兴起，但就其功能来说，还很难说是一个城市。

据《史记·乐记》："武王克殷反商，未及下车，而封黄帝之后

---

[*] 本文为作者致北京市领导的一封信，有删节。

于蓟。"蓟是北京最早见于文献记载的名称。因此，周武王分封黄帝之后于蓟的这一年，即应作为北京正式建城的开始。

不过，还有两个问题，须作说明：

（1）周武王克殷之年，《史记·鲁世家》《史记·齐世家》俱称在武王十一年，但《史记·周本纪》又作十二年，《史记集解》则作十三年。按《史记》关于西周纪年，唯《鲁世家》所载较详，应以武王十一年为是。

（2）但是，周室从"共和行政"开始，才有明确纪年可考。共和元年为公元前841年。从此向前推算，周武王十一年是公元前何年，诸说不一，此不具论。看来比较可靠的是齐思和、翦伯赞等的《中外历史年表》，所定为公元前1066年。如果以此为准，则北京的正式建城去本年（1987）为3053年。（可惜是刚过了一个整数，即3050年。再过七年，则是下一个整数3060年。中间有个3055年，距今只有两年了。）

亦曾有人主张，武王克殷在十三年，并推算其年为公元前1122年（见陈庆麒：《中国大事年表》）。如以此为据，则明年应是北京建城的3110周年。不过武王十三年克殷之说，不甚可靠。

总之，确定北京城的建城始于何年，以及折合公历为何年，还应该进一步地研究和讨论。如能早日确定下来，定是很有意义的一件事。

今年为大都城动工兴建的720周年。如果能借此进一步讨论北京最初的建城始于何年，于公历又为何年，也正是一个好机会。

1987年五四青年节
原载《北京史研究通讯》1987年第2期

河湖水系

北京都市发展过程中的水源问题

一、绪论

北京在华北大平原的北端，三面有重山环绕，中间形成一个小平原，可以叫做北京小平原，因为其形势犹如海湾，所以又叫做"北京湾"。北京城址距离西山最近，正当古代永定河洪积冲积扇的背脊，地形由西山山麓向东南逐渐倾斜（图4），同时京西山地又是华北降水量最多的中心地区之一，因此北京地下水的储量相当丰富，凿井汲水，问题不大。但城市近郊，除有少数泉流分布外，更无天然大河或湖泊可资利用。因此在北京都市发展的过程中，随着实际需要的增加，地上水的来源就成了一个很大的问题。最初是为了灌溉用水，曾不得不开凿人工渠道，从永定河引水东下，用力虽大，效果却很难持久。其次，当北京开始形成为封建时期全国性的政治中心之后，为了营建宫苑、点缀市容，更重要的是为了开凿运河、运输漕粮，历代都城的建设者，也曾多方设计，开发水源，在企图打破自然条件的这一限制上，表现了高度的智慧与技术，但仍然没有得到最有效的解决。

中华人民共和国成立之后，北京建立为人民的首都，这座古老的城市，从此进入了一个全新的建设时期。在今后若干年内，我们的首都将建成为一个伟大的现代化的大都市，它不但具有雄伟壮丽

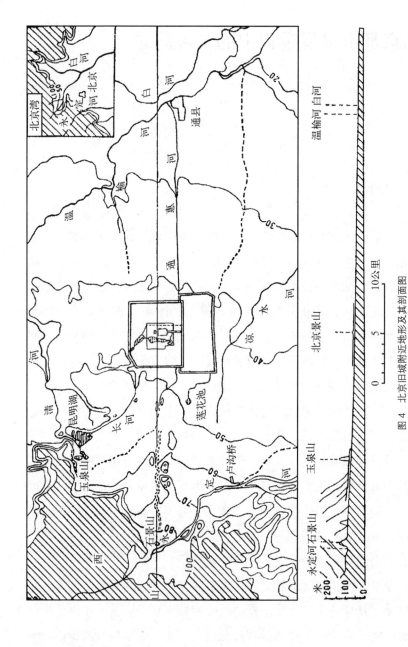

图 4 北京旧城附近地形及其剖面图
（根据前顺直水利委员会实测五万分之一地形图绘制，剖面图垂直比例为水平比例的二十倍）

的市容，从而在体形上来反映我们伟大的社会主义的新时代，更重要的乃是作为一个社会主义的首都，还一定要有大规模的工业建设和现代化的农业建设，从而在本质上把一个一向是消费的城市，改造为一个强大的生产中心。为了胜利实现我们首都的建设计划，如何解决水源的问题，又以新的意义和要求，提到日程上来。为了美化我们的首都，我们需要充足的水源；为了改善环境卫生，我们需要充足的水源；为了开辟运河便利交通，我们需要充足的水源；最后，为了建设大规模的现代化工业和发展郊区现代化农业，我们更是需要充足的水源。水源的缺乏，确曾是北京城在发展过程中所遇到的一个自然条件上的极大限制，但是在今天，我们却有充分的信心和力量，来打破这个自然条件的限制，改造地理环境，为首都的建设开辟广阔的道路。为此，有必要把过去长时期内随着北京都市的发展而进行的一系列的开辟水源的工作，作一总结性的检查，并为今后的工作提供必要的参考。

二、北京历史地理上第一个大规模的灌溉工事及其水源

早在3世纪中叶魏、蜀、吴三国分立的时代，就在今日北京，亦即当时的蓟城附近，第一次出现了一个大规模的灌溉工事。主持这个工事的是曹魏镇北将军刘靖，他负有领导军事防守北边的责任[1]。历史记载说：

---

[1]《三国志》卷十五《魏书十五》，刘馥本传附子刘靖事迹，谓靖由大司农卫尉进封广陆亭侯，又迁镇北将军，假节，都督河北诸军事。又清代洪饴孙《三国职官表》："镇北将军一人，第二品，黄初太和中置。"（开明二十五史补编本，第二册第2790页）

> 靖以为经常大法,莫善于守防,使民夷有别,遂开拓边守,屯据险要,又修广戾渠陵大遏水,灌溉蓟南北,三更种稻,边民利之。(1)

这是说,他为了军事目的,屯田守边,因而在蓟城附近,修筑灌溉工事,开辟稻田,很有成效。

这里应加说明的是刘靖在蓟城屯田守边,并不是一件偶然的事。首先,蓟城在防守北边的军事上占有重要地位,北方的游牧部族只有经过这里,才能比较容易地进入华北大平原。因此,对华北大平原上的汉族来说,蓟城也正是必守必防之地。其次,东汉末年,地方势力割据混战的结果,民散田荒,军队乏食,曹操曾在他所统治的区域内,普遍推行屯田制度,收到了极大的效果(2)。刘靖之父刘馥,受操命为扬州刺史,镇合肥,实行屯田,大兴地方水利,很有成绩(3)。当时屯田制度既广被推行,刘靖的父亲又是实行屯田、开发水利卓著成效的人,这也会对他有一定的影响(4)。因此,在他出任镇北将军来到幽州之后,也就在蓟城附近推行起屯田制度来。

据文献记载,刘靖在这一次的屯田工事中,曾因疏凿渠道,开

〈1〉《三国志》卷十五《魏书十五》,刘馥本传。按"戾渠陵"应作"戾陵渠",详见下文。
〈2〉详见《晋书》卷二六《食货志》,又《资治通鉴》有如下记载:"中平以来,天下乱离,民弃农业,诸军并起,率乏粮谷,无终岁之计,饥则寇掠,饱则弃余,瓦解流离,无敌自破者不可胜数。袁绍在河北,军人仰食桑椹;袁术在江淮,取给蒲蠃,民多相食,州里萧条。羽林监枣祗请置屯田,曹操从之,以祗为屯田都尉,以骑都尉任峻为典农中郎将,募民屯兵许下,得谷百万斛,于是州郡例置田官,所在积谷,仓廪皆满,故操征伐四方,无运粮之劳,遂能兼并群雄。"(卷六二,清光绪蜚英馆石印本,页四下至五上)
〈3〉《三国志》卷十五《魏书十五》,刘馥本传:"建安初……为扬州刺史……广屯田,兴治芍陂及茹陂、七门、吴塘诸堨,以溉稻田,官民有蓄。"
〈4〉《三国志》卷十五《魏书十五》,称刘靖为政,"有馥遗风"。

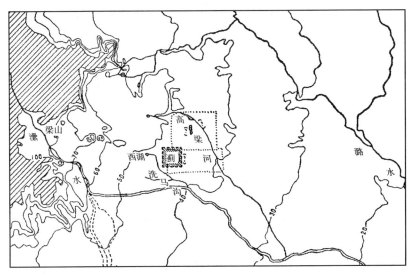

图 5　古代蓟丘与蓟城复原图（底图用今日地形）

辟水田，使灌溉面积达到二千顷。其后十多年，又经过后人进一步的发展，灌溉面积竟增加至"万有余顷"〈1〉。这一具体数字虽可疑，但广大灌溉区的存在，却是没有问题的。对于这一广大灌溉区如何取得足够的水源，是十分值得注意的。关于这一点，有一项极其重要的资料，就是当时详载刘靖及其继承者兴修蓟城水利的石刻碑文（简称刘靖碑），全部被保留在北魏郦道元的《水经注》里。根据刘靖碑及时代稍后之《水经注》中有关的记载，并参考今日地形，大约可以推求当时蓟城的城址所在，以及附近河流的分布与地方名称，略如图5〈2〉，这是与今日情况迥不相同的（比较图4）。

〈1〉《水经注》卷一四，四部备要本，页七下至八上。
〈2〉高粱河故道，在现今城区以内，极难确定。图中所绘，有极大任意性，只有等待更多的地下发现或进行地下钻探，才能比较正确地指示出来。其上游自今紫竹院至高粱桥一段，大体无何变动。其下游在今左安门外经十里河而南，尚有故道可寻，河床宽可40多米，每年雨季仍为城东南郊陂水宣泄的道路。前顺直水利委员会实测《顺直地形图》，"北京及其附近"幅与"通县—香河"幅（1∶50000，1928年印）可参考。

北京都市发展过程中的水源问题

碑文还记述到刘靖曾"登梁山以观源流，相㶟水以度形势"，这是说他确实是在经过实地勘查之后，才决定分㶟水（今永定河）之流，从而在梁山（今石景山）以南，傍河筑坝，障水东下，名为戾陵遏（堰）。自戾陵遏以下所凿引水渠道，命名为车箱渠[1]。车箱渠下游与高梁河上源相连接[2]，并利用高梁河作为灌溉干渠（图6）。

高梁河原是蓟城郊外的一条小河，水量有限，车箱渠的开凿，分㶟水以入高梁河，并就高梁河沿岸实行灌溉，可说是事半而功倍了。而且戾陵遏的地点与车箱渠的位置，也都选择得十分得当。梁山以上岸高水深，由于当时工程技术的限制，无法分水东下，同时车箱渠的开凿也恰好是沿着古代永定河洪积冲积扇的背脊，自西而东，与地形的自然坡度，正相符合。这都足见当时勘测的精细与设计的周详，绝不是贸然用事的。这是魏齐王曹芳嘉平二年（250）的事，去今已经整整一千七百五十年了。到了魏元帝景元三年（262），樊晨重修戾陵遏，并广开引水沟渠，扩大灌溉面积，刘靖碑记道：

〈1〉原碑文所记如下："魏使持节、都督河北道诸军事、征北将军、建城乡侯沛国刘靖……登梁山以观源流，相㶟水以度形势……乃使帐下丁鸿督军士千人，以嘉平二年立遏于水，导高梁河，造戾陵遏，开车箱渠……"（《水经注》卷一四，四部备要本，页七上至下）。所以称戾陵遏（或堰），郦道元有解释曰："水首受㶟水于戾陵堰，水北有梁山，山有燕刺王旦之陵，故以戾陵名堰。"（同上，页七上）至于车箱渠，其故道屡为后人所沿用，企图从永定河引水，以为北京城之用。今在石景山以东，八宝山以北，有东西方向之旱河一道，即其遗迹，详见下文。按洪亮吉《补三国疆域志》以戾陵遏在潞，其文曰"潞汉旧县，属渔阳……有戾陵遏"；谢钟英《补注》更以戾陵遏在"今通州东南"，都是错误的。旧日学者只凭书本记载推断，不作实地考察，难得其实（《补三国疆域志补注》卷八，开明二十五史补编本，页八八）。

〈2〉高梁河上源，本出今西直门外紫竹院（今辟为公园），其地有泉。详见本书《北京海淀附近的地形、水道与聚落》一文，及《迎接北京建都八百周年》，载《地理知识》1953年第1期，收入《步芳集》（北京出版社，1962年初版，1981年再版）时，改题为《八百年来劳动人民改造首都地理环境的两件大事》。

> 水流乘车箱渠,自蓟西北径昌平,东尽渔阳潞县,凡所润含,四五百里,所灌田万有余顷。[1]

其下又进一步描写平地开渠引水灌溉的盛况说:

> 高下孔齐,原隰底平,疏之斯溉,决之斯散,导渠口以为涛门,洒滮池以为甘泽,施加于当时,敷被于后世。

纵使文人的描写有几分夸张,当时水利之溥也是可以想见的。这里所存在的一个问题,就是樊晨重修戾陵遏之后,又如何把河水经过车箱渠引向蓟城西北,以灌溉昌平、渔阳、潞县一带的农田,关于这一点,史文全无记载,当时的旧迹至今也已湮废,不可复寻。现在只是根据地形加以推测,或许今日坝河河床,即是当时灌溉干渠的遗迹。总结以上讨论,作3世纪中叶蓟城附近《戾陵遏—车箱渠灌溉干渠臆想图》(图6),如果这幅臆想图去事实还不远,那么我们可以说早在3世纪中叶,人为的沟渠,就已经穿行蓟城附近,把东西相去约有40公里的两条大河——灅水(永定河)与潞水(潮白河)——连接起来了,这一事实对于后来解决北京水源的问题,产生了极大的影响。

不过,这次大规模的灌溉工事,并未能维持很久,除去社会历史的原因而外,从引水工事本身来说,其主要原因还是由于永定河流量极不稳定,每逢夏季,洪水暴涨,拦水大坝,常为所毁。同时车箱渠坡度过陡,也很容易导致水灾,例如刘靖碑就有如下的记载:

---

[1]《水经注》卷十四,四部备要本,页七下至八上。

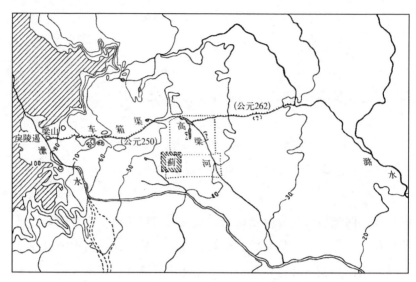

图 6 戾陵遏—车箱渠灌溉干渠臆想图

晋元康四年（294），[戾陵]遏立积三十六载，至五年夏六月，洪水暴出，毁坏四分之三，剩北岸七十余丈，上车箱渠，所在漫溢。⟨1⟩

此后又经过一度修治⟨2⟩，历史记载也就再无下文了。

自从戾陵遏的灌溉工事创立以后，一直到金朝初年在这里（蓟）建都为止，前后九百年间，蓟城附近⟨3⟩，只有两次较大规模的

⟨1⟩《水经注》卷十四，四部备要本，页七下至八上。按晋元康四年去魏嘉平二年刘靖之初立遏，共四十四年，去魏景元三年樊晨之更制水门只三十二年，此谓积三十六载，不知从何时算起，抑或有错字？

⟨2⟩《水经注》卷十四，四部备要本，页八上。

⟨3⟩ 辽改蓟为析津县，北京之古地名"蓟"自此遂废，此处为叙述方便起见，故统称曰蓟。今京东有蓟县，与北京古地无关，不可相混，顾炎武已尝言之："《唐书·地理志》：幽州范阳郡，治蓟，开元十八年，析置蓟州渔阳郡，治渔阳。及辽，改蓟为析津县，因此蓟之名遂没于此而存于彼，今人乃以渔阳为蓟，而忘其本矣。"（《日知录》卷三一，"蓟"条）

灌溉见于记载，一次是北魏肃宗（孝明帝）熙平（516—518）初年，幽州刺史裴延俊又一度修复了戾陵诸堰[1]；再一次是北齐后主天统元年（565）幽州刺史斛律羡，曾导高梁水北合易京，东汇于潞，因以灌田，也很有成效[2]。但这在增辟水源的问题上，关系不大，此处可以从略。但是一旦到了金朝建都之后，对于水源的要求就完全进入了一个新阶段。

三、北京作为封建统治中心以后的水源问题

10世纪初叶以后，北京逐步发展为一个全国性的政治中心。最初是辽朝于太宗会同元年（938）在这里建立陪都，号曰南京[3]，但是并没有把南京作为真正的统治中心。到了公元1153年金海陵王才真正在这里建都，改称中都[4]。此后，元、明、清三个朝代，也都相继建都于此，其间虽有暂时的中断，但在北京城整个发展的历史上，并没有很大的影响。

---

[1]《魏书》卷六九，裴延俊本传："肃宗初……转平北将军，幽州刺史，范阳郡有旧督亢渠，径五十里，渔阳燕郡有故戾陵诸堰，广袤三十里，皆废毁多时，莫能修复。时水旱不调，民多饥馁，延俊谓疏通旧迹，势必可成，乃表求营造。遂躬自履行，相度水形，随力分督，未几而就，溉田百余万亩，为利十倍，百姓至今赖之。"（又见《北史》卷三八）

[2]《北齐书》卷一七，"斛律羡"条（附见斛律金本传，又见《北史》卷五四）。按易京水，《水经注》作易荆水，相当于今之温榆河。

[3] 都城在临潢（今辽宁省昭乌达盟巴林左旗林东镇南），称上京。另设中京（大定）、东京（辽阳）、西京（大同）与南京（析津，幽州蓟县改），皆为陪都。《辽史》卷四八《百官四》曰："辽有五京，上京为皇都，凡朝官京官皆有之，余四京随宜设官，为制不一。"

[4]《金史》卷五《海陵本纪》："贞元元年三月辛亥，上至燕京……乙卯以迁都诏中外，改燕京为中都。"按燕京即辽南京，《辽史》卷四十《地理四》："自唐而晋，高祖以辽有援立之劳，割幽州等十六州以献，太宗升为南京，又曰燕京。"

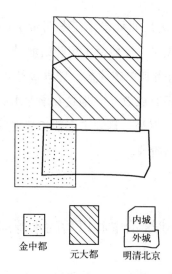

图 7　金元明清北京城址变迁示意图

金中都城是因袭辽城旧址而扩建的⁽¹⁾，元朝初年另筑新城，叫做大都。明朝初年再加改造，正式命名北京，这就是现在北京的内城。中叶以后更筑外城，最后完成了今日北京内外城凸字形的轮廓。清朝一代完全因袭明城，没有改变（图7）。

北京建都之后，历金、元、明、清四朝，城址虽有迁移，对于增辟水源却存在着共同的要求。首先是为了配合都市设计、辟治苑林，不得不寻求水源；其次为了开凿河道、运输漕粮，更不得不寻求水源。这一切都是为了满足一个封建国家的统治中心的要求，而农田的灌溉反而降到次要的地位。这其间水源开发的经过，极其复杂，有分别讨论的必要。

〈1〉 辽南京城因袭唐幽州蓟城旧址，未有改变。金改中都，始扩而大之，见赵翼：《廿二史劄记》卷二七，"辽燕京"及"金广燕京"两条。但赵氏以为所扩大者只有东、南二面，实际上西面亦有扩大，其西南角土城遗址今尚存，可以为证。自明末以来讨论辽金城址者甚多，诸说多不一致，其详当另为文记之。

(一)金中都城的水源

1. 宫苑流水的导引

金中都城是在北京早期的城址上所建立起来的最为壮丽的一座大城[1]，金海陵王天德二年（1150）动工扩建，在扩建过程中，首先考虑到的是都城以内开辟宫廷苑林的用水。在我国的城市建筑史上，历代封建帝都的设计，宫苑布置占有极其重要的位置。宫苑必须具有美丽的风景，而构成美丽风景的重要因素之一就是水。例如在汉唐长安与隋唐洛阳城的设计中，都曾大量引用流水点缀宫苑，其中尤以唐长安城最为典型。在封建帝都的设计上，宫苑流水的导引既已成为一种传统，因而被导引的水流也就逐渐获得了固定的名称，如金水河、太液池一类名称，不但见于元明以来的北京城，而且见于古代帝王的都城[2]。金朝的统治者是一个在文化上比较落后的部族，事事仿效汉族制度，都城的设计也不例外[3]。当时为了解决宫苑用水，就在扩建旧城时，把原在西郊一条名叫洗马沟的小河，有计划地圈入城内，并且流贯皇城西部，造成一个极其重要的苑林区，名叫同乐园，又称西华潭或鱼藻池，也就是中都城中的太液池[4]。下游流经皇城南面正门（宣阳门）前龙津桥下，斜穿出城，流为南护城河（图8）。南护城河西段，别有水源，出中都城西南近

---

[1]《廿二史劄记》卷二七，"金广燕京"条。
[2] 王三聘：《古今事物考》："帝王阙内置金水河，表天河银汉之义也，自周有之。"（卷一，商务印书馆，国学基本丛书本，页八）太液池之名也很普遍，如汉长安城与唐长安城皆有太液池（见《三辅黄图》卷四，"池沼"条；徐松唐：《两京城坊考》卷一，"大明宫"条）。
[3] 赵翼：《廿二史劄记》卷二七，"金广燕京"条："海陵欲迁都于燕，天德三年，乃诏广燕城，建宫室，依汴京制度。"汴京即北宋都城汴梁。
[4]《金台集》："西华潭，金之太液池也。"（震钧：《天咫偶闻》卷十，光绪甘棠转舍刻本，页二下引）。又《大金国志》："西至玉华门为同乐园，蓬瀛、柳庄、杏村尽在于是。"（同上书，页二上引）按玉华门为中都皇城之西门。

郊流泉⟨1⟩，傍中都南墙东注，即今凉水河之上源⟨2⟩。

洗马沟的上源，古称西湖，《水经注》中有很好的一段描写：

> 洗马沟……水上承蓟水，西注大湖，湖有二源……流结西湖。湖东西二里，南北三里，盖燕之旧池也。绿水澄澹，川亭望远，亦为游瞩之胜所也。湖水东流为洗马沟，侧城南门东注。⟨3⟩（图5）

这里所说"侧城南门东注"者，所指是北魏时蓟城的南门，至金则已包在中都城内。洗马沟的上源既然早已成为蓟城西郊的一个名胜，那么它的下游被圈入宫苑，也是很自然的。其后元朝改建大都城，这一带地方又成郊外，演变至今，虽已历六百余年，但是旧日河湖痕迹，还依稀可见。以地理位置推求，古时西湖即今之莲花池，由莲花池东南流之小河，即古之洗马沟，不过其下游已被导入今日外城西护城河⟨4⟩，与今日之凉水河不复相通。今环城铁路广安门车站以西有一带浅湖，当即金皇城内之西华潭遗迹。为易于了解

⟨1⟩ 以上有关龙津桥位置及河流与城濠之关系，系根据楼钥：《北行日录》（卷上，知不足斋丛书本，页三一下至三二上）、范成大：《揽辔录》（丛书集成本，页三）及《石湖集》(《日下旧闻考》卷三七，页二十上至下引），以及周煇：《北辕录》（同上书，卷三七，页二十上引）等书记载推求而得。其详当另写专文讨论。又元泰定刊《事林广记》中附有《燕京图志》，当有参考价值，惜未能见。至于中都南护城河西段，上源所在，今名水头庄，旧《顺天府志》曰："百泉溪在府西南丽泽关，平地有泉十余穴，汇而成溪，东南流入柳村河。"（奉宽：《燕京故城考》引，见《燕京学报》第5期，1929年6月）。按柳村河即金之南城濠，遗迹仍在，柳村的名称也相沿未改，今在河南岸，与河北万泉寺相望。奉宽以为百泉溪丽泽关即今莲花池，非是。
⟨2⟩ 今凉水河下游，当即曹魏时㶟水故道，见图5。
⟨3⟩ 《水经注》卷十三，页二一下。或以西湖即昆明湖，误。
⟨4⟩ 据1915年内务部职方司测绘处制《实测京师四郊地形图》，莲花池东南流之小河仍存有南流入凉水河故道，今于航空照片上尚可隐约见之。

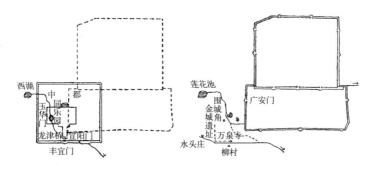

图 8 金中都城宫苑水道及其遗迹臆想图

起见,作今昔比较图如下(图 8)。

2. 近郊运河的开凿

宫苑用水,数量有限,还是比较容易解决的。但是为了开凿运河,如何寻求水源,却是一个极其困难的问题。在我国封建社会时期,首都运河的主要任务,就是要聚敛全国农田赋税中一部分食粮,集中到都城,用以供应封建帝王的挥霍,及其庞大的官僚统治机构的开支,这就叫做漕运。其次才是各种货物的运输,主要也是供给都城的消费。金朝在中国的统治虽只限于淮河、秦岭以北的部分地区,但还是想尽了办法把华北大平原北部的粮食,经由今卫河、滏阳、滹沱、子牙、大清诸河,汇集到当时的海滨,然后再遵潮白河(即潞水),逆流而上,输送到通州[1]。每年漕粮的数字,少则数十万石,多则百余万石,不由水运,实在很难完成运输的任务。沿途漕河都是利用天然河道,只是从通州西至中都,约 25 公里,不得不开凿人工运河。中都城平均海拔高出通州约 20 米(图4),因此,潮白河水不能西引,必须在中都城一端寻找水源,才能

〈1〉《金史》卷二七《河渠志》,"漕渠"条。

北京都市发展过程中的水源问题 | 75

顺地形高下流至通州以接潮白河。但是中都附近缺乏足够的水源，这就成了一个必须解决的难题。

根据前人开凿车箱渠的经验，中都以西的卢沟河（即古㶟水）虽然可以导引，但是由于工程技术的限制，却也有很大困难，而且容易导致水灾。金初可能是已经考虑到这些问题，因此在最初并没有引用卢沟河水，只是引用高梁河水，凿渠东下，直至通州，注入潮白河。但是高梁河原是一条小河，水量有限，不得不增补水源。大约就在这时开始考虑到高梁河上源西北大约七八公里处，有一座小山平地崛起，山麓有泉，潴为小湖。湖西一公里半又有玉泉山诸泉，其下游一支，亦来相汇。元时这座小山叫做瓮山，就是今日的万寿山；山麓小湖，叫做瓮山泊，就是今日昆明湖的前身[1]。以地形推测，那时小湖的下游，当有一条小河，径向东北，合今万泉庄北来之水，流注清河。这条小河与高梁河上源之间，有一带高地，可以叫做"海淀台地"[2]，地形微微隆起，形成了两者之间的一小分水岭。或许就在这时第一次用人工打开了这个小分水岭，导引小湖之水，转而南流（图9），合高梁河，同注于运河，以至通州。但是由于地形比降甚大，因此沿河设闸八座，以节流水，因此又称闸河[3]。此外，也可能即在这同一时期，高梁河上游另分一支，经由

---

[1] 金时小山何名，不可考，元时始有瓮山之称，见《元史》卷六四《河渠一》，"通惠河"条。金时小湖何名，亦不可考。明初叫做"西湖景"（《日下旧闻考》卷八四，页二八下引《成祖实录》），其后又略称"西湖"（同上书，卷八九，页七下引《宪宗实录》），也叫七里泊（《明一统志》卷一，明天顺刊本，页二三下）。

[2] "海淀台地"之命名，详见本书《北京海淀附近的地形、水道与聚落》一文"海淀附近的地形"节。

[3] 《金史》卷二七《河渠志》，"漕渠"条："金都于燕，东去潞水五十里，故为闸以节高良（梁）河、白莲潭诸水，以通山东、河北之粟……其通漕之水……皆合于信安海壖，溯流而至通州，由通州入闸，十余日而后至于京师。"又引金章宗泰和八年（1208）六月通州刺史张行信言曰："船自通州入闸凡十余日方至京师。"

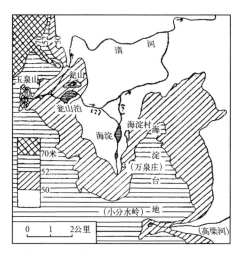

甲　原始水流臆想图

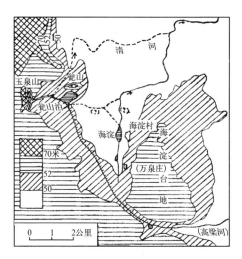

乙　瓮山泊水导引至高粱河上源臆想图

图9　金瓮山泊水道变迁图

人工开凿之引水渠,注入中都城之北护城河⟨1⟩,然后把北护城河稍须向东引长,以与闸河相接。这样,通州粮船,便可直达城下。大概由于这个原因,高梁河的下游,从此断流(图10)。

这里应该附带说明的就是中都城的东北郊外,相去约二三公里,原有一片低洼地带,为高梁河水所灌注,形成一片浅湖,后经人工改造,遂成为近郊一风景区。金世宗大定十九年(1179)起,金朝的统治者在这里营建太宁离宫⟨2⟩,扩大湖泊面积,并以浚湖之土,筑为琼华岛⟨3⟩,这就是今日北京城内北海公园的前身。太宁宫的营建,和日后元朝大都城的奠址大有关系,下文再讲。

金初导西北诸泉东南流注高梁河,是北京近郊河流水系上的一个重要改变,但终因流量有限,闸河难免浅滞⟨4⟩。由通州至中都,虽只四五十里,船行动需十余日⟨5⟩,有时且不得不兼用陆挽⟨6⟩。由于上述原因,故金朝一代又有重开卢沟河水源的意见。《金史·河渠志》曰:

⟨1⟩《元史》卷六四《河渠一》,"金水河"条:"至元二十九年二月,中书右丞相马速忽等言,金水所经运石大河及高梁河西河,俱有跨河跳槽,今已损毁,请新之。"此所谓高梁河西河,如作为"高梁河之西河"解,疑即日后北京内城西部之大明沟,金人所开引水渠之故道,今已改筑为大马路,其弯曲之状与北京内城其他主要马路干线之成正南正北或正东正西的情况,极不相类。这一推测,根据不多,存以待考。

⟨2⟩《日下旧闻考》卷二九,页十七下引《金史·地理志》。太宁后改孝宁、寿安、万宁。

⟨3⟩元陶宗仪尝记金琼华岛(即今北海公园琼岛)之来历曰:"浙省参政赤德尔尝云:'……闻故老言,国家起朔漠日,塞上有一山,形势雄伟,金人望气者谓此山有王气……'……乃大发卒,凿掘辇运至幽州城北,积累成山,因开挑海子,栽植花木,营构宫殿,以为游幸之所。未几金亡,世皇徙都之。至元四年,兴筑宫城,山适在禁中,遂赐今名云。"(《辍耕录》卷一,四部丛刊三编影印元刊本,页十九上至二十上)按移山之事虽不可信,而开挑海子等等则为事实,琼华岛当即用开挑海子之土堆积而成者。

⟨4⟩《金史》卷二七《河渠志》,"漕渠"条:"自通州而上,地峻而水不留,其势易浅,舟胶不行。"又曰:"世宗大定四年……十月,上出近郊,见运河湮塞,召问其故。"

⟨5⟩见第76页注⟨3⟩。

⟨6⟩《金史》卷二七《河渠志》,"漕渠"条:"世宗大定二十一年……诏沿河恩献等六州粟百余万石,运至通州,辇入京师。"又曰:"常从事陆挽,人颇艰之。"

> 世宗……大定十年（1170），议决卢沟以通京师漕运，上忻然曰：如此则诸路之物，可径达京师，利孰大焉。命计之，当役千里民夫……

时值山东岁饥，议而未行。转年十二月，"省臣奏复开之，自金口疏导，至京城北入濠，而东至通州之北入潞水，计工可八十日。"[1] 这就是日后所谓金口河。但是动工的结果，并未能达到预期的目的。其原因，《金史·河渠志》也说得十分明白：

> 及渠成，以地势高峻，水性浑浊，峻则奔流漩洄，啮岸善崩；浊则泥淖淤塞，积淬成浅，不能胜舟。

到了最后，卢沟河水既不可用，旧闸河又不畅通，结果只好依靠陆运[2]。所以终金一代，运河水源始终没有得到很好的解决。综合以上讨论，草拟中都近郊河渠水道图（图10）。

（二）元大都城的水源

1. 新城的奠址与水道的关系

蒙古太祖十年（1215）出兵攻破中都，皇城宫阙，为兵火所毁[3]。此后又半世纪，忽必烈即帝位后，才决定从蒙古高原上迁都到这里，并在中都旧城东北郊外，另筑新城，这就是大都城。

---

[1]《元史》卷一六四，郭守敬本传："至元二年，授都水少监。守敬又言……金时，自燕京之西麻峪村分引卢沟一支，东流穿西山而出，是谓金口。"今石景山北2公里永定河东岸有麻峪村，即是。

[2]《金史》卷二七《河渠志》，"漕渠"条："世宗之世，言者请开卢沟金口，以通漕运，役众数年，竟无成功……其后亦以闸河或通或塞，而但以车挽矣。"

[3]《廿二史劄记》卷二七，"元筑燕京"条。

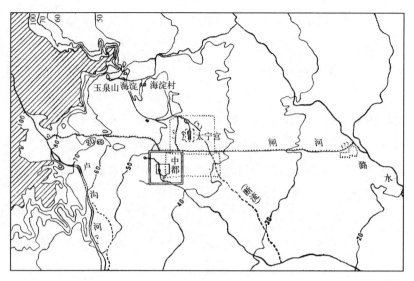

图 10　金中都城近郊河渠水道图

大都城的建筑，说明了北京的城址，已经从莲花池的下游，转移到高梁河上来。这一转移，为宫苑给水获得了更为良好的条件。远在 12 世纪后半叶，金朝的统治者已经利用高梁河水所灌注的一片湖泊作为中心，建造了一座太宁离宫，已如上述。这时忽必烈又选择了太宁离宫作为中心，建造了一座崭新的大都城。太宁离宫中这一片湖泊，可能就在这时又经过进一步的开挑，逐渐接近了今日北海与中海的形势⟨1⟩，并且获得了太液池的名称。大都城的宫殿，就分布在太液池的东西两岸，周围绕以萧墙，这就是旧日所谓皇城。皇城以外，再建大城，从此高梁河的中游就圈入了城中。

还在金朝初年，今日万寿山山麓的流泉，兼有玉泉山诸泉下游的一支，就已经被导入高梁河的上源，流入闸河，已见上文。这时

⟨1⟩　南海是明朝初年改建大都城时所开凿的。

这条水道仍被保留下来，专作漕粮的运输，这在下文还要细讲，此不多赘。这里应当说明的就是，皇城以内太液池的水源，如何解决。本来这也是高梁河所灌注，不过现在这一片湖泊已在宫禁之内，给水的情形也就与前不同了。根据所获得的一些片段记载，可以推断从大都初建时起，玉泉山诸泉之水就经过专辟的渠道，从和义门（今西直门）南水门引入城中[1]，流经宫苑，注入太液池，其下游绕出宫禁前方以与运河相汇，名曰金水河。现在北京城内天安门前有"外金水河"，即是旧制的蜕余。但是金水河上游入城之道，湮废已久，故迹难寻，现在只有玉泉山前一段，尚保留有"金河"的名称，其下游在昆明湖以南，已与长河（玉河）汇流（图14）。但在元朝，金水河一直是独流入城，不得与他水相混。在遇有其他水道的地方，都要架槽引水，横过其上，名为"跨河跳槽"，而且"金水河濯手有禁"[2]，悬为明令。这一切都在说明从元朝初年起，玉泉山诸泉之水，已为皇家宫苑所独专。

2. 新水源的开发与旧闸河的改造

大都宫苑用水的问题既已交代清楚，其次就应该来研究运河水源的问题了。

忽必烈灭了南宋，统一了全中国，其统治范围远远超过了金朝，而大都城对于漕粮的依赖，也已数倍于中都。元朝不但积极开辟南北大运河，而且大力发展海运。无论河运或海运的漕粮，都是先到通州，再转输京师。

还在大都未建之前，当时杰出的水利工程家郭守敬，就曾建议

---

[1] 《元史》卷六四《河渠一》，"金水河"条："金水河其源出于宛平县玉泉山，流至义和门南水门入京城，故得金水之名。"按义和门应作和义门。
[2] 《元史》卷六四《河渠一》，"隆福宫前河"条。

引用玉泉山水以通漕：

> 中统三年（1262）……公（郭守敬）面陈水利六事，其一：中都旧漕河，东至通州，灌以玉泉水，引入行舟，岁可省僦车钱六万缗。[1]

但是这个计划，未得实现，因为五年以后新建大都城，玉泉山水已专为宫苑之用。因此，要想引水济漕，还必须另寻水源。

在水源未得解决之前，从通州到大都的漕粮，只好陆运，但是劳费甚大，郭守敬说每年僦车费达六万缗，《元史》本传也记道：

> 通州至大都陆运官粮，岁若干万石，方秋霖雨，驴畜死者不可胜计。[2]

因此，恢复河运仍然是非常必要的。一直到了至元二十八年（1291），郭守敬才又第二次建议，另用昌平白浮泉水，引入旧闸河以济漕运，他的原文是这样的：

> 大都运粮河，不用一亩泉旧源，别引北山白浮泉水，西折而南，经瓮山泊，自西水门入城，环流于积水潭，复东折而南，出南水门，合入旧运粮河，每十里置一闸，比至通州，凡为闸七。距闸里许，上重置斗门，互为提阏，以过舟止水。[3]

---

[1] 苏天爵：《元朝名臣事略》卷九，畿辅丛书本，页五上至下。
[2] 《元史》卷一六四，郭守敬本传。
[3] 《元史》卷一六四，郭守敬本传。

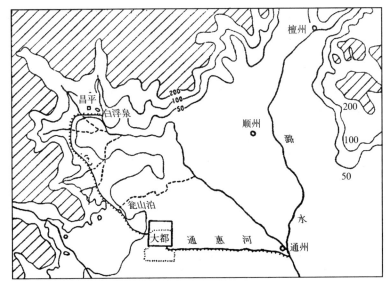

图 11　元白浮泉渠道图

这一段话非常重要，不但说明了引水的来源和经过的路线（图 11），而且说明了建立水闸和设置斗门的作用。这样的水闸和斗门实际上就是现在所谓船闸，既可节水，又便于行舟，这是很可注意的。

　　守敬这次建议不但实现了，而且得到了空前未有的效果。至元二十九年（1292）河道告成，粮船可从通州以南高丽庄经闸河径入都城，一直停泊在积水潭，史文有"舳舻蔽水"的描写，可以想见当时的盛况。为此，这条闸河被命名为"通惠河"[1]，这个名称一直保留到今天（图 12）[2]。

〈1〉《元史》卷一六四，郭守敬本传："至元……三十年帝还自上都，过积水潭，见舳舻蔽水，大悦，名曰通惠河。"按元积水潭即今什刹海，其面积已较旧日缩小。

〈2〉白浮泉不能沿直线引入大都城，而必须向西绕行经过瓮山泊，完全是地形的关系，详见本文"结语"。金水河故道之不可详考，可见侯仁之：《北平金水河考》，载《燕京学报》第 30 期，1946 年 6 月。

北京都市发展过程中的水源问题　｜　83

但是通惠河的上源，自白浮泉以下以至瓮山泊，这一段很难维持长久。原因是这一段引水渠道与西山大致平行，每当雨季，山洪暴发，引水渠道必为所毁。元朝虽然设有专官修守，但由于工程技术的限制，也未能克服山洪的威胁。因此，终元一代，通惠河的运输，仍难免遭到水源不足的困难。⟨1⟩

3. 恢复旧水源的努力

最后还须讲到在大都尚未建成之前，因郭守敬的建议，还曾一度恢复了金口河⟨2⟩，主要的不是为济漕，而是为运送西山的木材与石料，以供应都城的建设⟨3⟩。但是后来因为水灾的威胁，又把它堵塞了⟨4⟩。到

⟨1⟩《元史》卷六四《河渠一》，"白浮、瓮山"条，屡记有白浮、瓮山堤堰为山洪所毁及水源不足的情况："成宗大德七年六月，瓮山等处看闸提领言，自闰五月二十九日始，昼夜雨不止，六月九日夜半，山水暴涨，漫流堤上，冲决水口。……十一年三月，都水监言，巡视白浮、瓮山，河堤崩三十余里，宜编荆笆为水口以泄水势。……仁宗皇庆元年正月，都水监言白浮、瓮山堤多低薄，崩陷处宜修治。……延祐元年四月，都水监言自白浮、瓮山下至广源闸堤堰，多淤垫浅塞，源泉微细，不能通流。……泰定四年八月，都水监言八月三日至六日，霖雨不止，山水泛溢，冲坏瓮山诸处笆口，浸没民田。"按广源闸今尚存，在西直门外紫竹院后、万寿寺前。此外，势家权贵往往分用通惠河上游泉流，也是水源不畅的原因之一，同上"通惠河"条："文宗天历三年三月，中书省臣言：'世祖时开挑通惠河，安置闸座，全借上源白浮、一亩等泉之水以通漕运，今各枝及诸寺观权势，私决堤堰，浇灌稻田、水碾、园圃，致河浅妨漕事，乞禁之。'奉旨：白浮、瓮山直抵大都运粮河堤堰泉水，诸人毋挟势偷决，大司农司、都水监可严禁之。"
⟨2⟩ 金开金口河，济漕虽不成功，但还有灌溉之利，历久不废，《元史》卷一六四，郭守敬本传："至元二年，授都水少监。郭守敬言……金时自燕京之西麻峪村分引卢沟一支，东流穿西山而出，是谓金口。其水自金口以东、燕京以北，灌田若干顷，其利不可胜计，兵兴以来，典守者惧有所失，因以大石塞之。"
⟨3⟩ 苏天爵：《元朝名臣事略》卷九，页十三下引《郭守敬行状》："公以纯德实学，为世师法……决金口以下西山之筏，而京师材用是饶。"又《元史》卷六《世祖本纪》："至元三年……十二月丁亥，诏安肃公张柔、行工部尚书段天祐等同行工部事，修筑宫城……凿金口，导卢沟水，以漕西山木石。"
⟨4⟩《元史》卷六六《河渠三》，"金口河"条，引许有壬条陈曰："大德二年浑河水发，为民害，大都路都水监将金口下闭闸板。五年间浑河水势浩大，郭太史恐冲没田薛二村、南北二城，又将金口以上河身用砂石杂土尽行堵闭。"按此所谓南北二城者，南城指旧中都城，北城即新建之大都城。

了元朝末叶,大概由于通惠河水源不畅,因此又有重开金口引浑河(即金之卢沟河)济漕的议论。首先是在文宗至顺元年(1330)行都水监郭道寿有此主张,但是经过工部等负责部门实地勘查之后,以为不可[1],未有动工。此后又十二年(顺帝至正二年,1342),中书参议孛罗帖木儿、都水傅佐,再度上疏,不但主张重开金口,而且建议自大都以下,别开新河,其疏曰:

> 起自通州南高丽庄,直至西山石峡铁板,开水古金口一百二十余里,创开新河一道,深五丈,广二十丈,放西山金口水东流,至高丽庄合御河(即潞水,亦即潮白河),接引海运,至大都城内输纳。[2]

当时廷臣以为不可,但中书右丞相脱脱力排众议,坚持执行,两月工毕,结果用力虽大,却是徒劳无功,孛罗帖木儿与傅佐还因此得罪伏诛。关于其失败的情况,《元史·河渠志》有如下的记载:

> 起闸放金口水,流湍势急,沙泥壅塞,船不可行,而开挑之际,毁民庐舍坟茔,夫丁死伤甚重,又费用不赀,卒以无功。[3]

这次开河虽不成功,却留下了一条显明的河床痕迹。在西郊,这就是石景山以东,八宝山以北的旱河,当地人民讹称为金钩河(应是

---

[1] 《元史》卷六六《河渠三》,"金口河"条。
[2] 《元史》卷六六《河渠三》,"金口河"条。
[3] 《元史》卷六六《河渠三》,"金口河"条。

金口河），这一段河道实际上就是古代车箱渠的延续。在东郊，从今外城东南角经十里河至通州以南大高丽庄，也有旱河一道，在近高丽庄处，当地人民称之为萧太后河[1]，实际上也就是元朝末年所开金口新河的下游。只有中间一段，正当今日外城东部，由于明朝中叶以来民居市井日益繁盛，河道旧迹遂逐渐湮废。但是根据外城未筑以前（1553年以前）的明人记载，还可以比较准确地推求出当时河道，乃是从今正阳门以东水关附近，转而南下，经由天坛以北三里河更东南行，由左安门东出城，以接十里河之旧河床[2]。明朝初年还曾利用这条河流，排泄过护城河内过涨之水[3]。以情理推测，这段河道在今正阳门水关以内，还应该向北延长约半公里余，以与

---

[1] 见前顺直水利委员会实测《顺直地形图》，"通县—香河县"幅（比例1∶50000，1928年印）。

[2] 成化六年（1470）漕运总兵官都督杨茂疏："京城南原有三里河，直通张家湾烟墩桥。"又成化七年（1471）户部尚书杨鼎、工部侍郎乔毅疏："城南三里河至张家湾运河口，袤延六十余里，旧无河源。正统年间因修城濠，作坝蓄水，虑恐雨多水溢，故于正阳桥东南低洼处，开通濠口，以泄其水，始有三里河名。自濠口三里至八里庄始接浑河旧渠……流自十里以南，全接旧河，流入张湾白河。"（以上均见《日下旧闻考》卷八九，页四下至七下引《宪宗实录》）所谓"流自十里以南"之十里当系地名，今左安门（外城东南角门）外东南3公里有村庄曰十里河，在故渠岸上，当是其地。又嘉靖六年（1527）礼部尚书桂萼疏："正阳门外东偏有古三里河一道，东有南泉寺，西有玉泉庵，至今基下俱有泉脉。由三里河绕出慈云寺、八里庄、五箕花园一带，直抵张家湾烟墩港，地势低下，故道俱存，冬夏水脉不竭。见今天坛北芦苇园、草场、九条巷，其地下者，俱河身也，高者即旧马头，明白易见，不假经画，稍加修治，即可复也。但附近势家花园，故成化六年杨茂虽尝建议而不敢尽言，但请置坝而已，后亦竟沮不行。"（《日下旧闻考》卷五五，页四下至五上引《桂文襄集》）以上外城未筑以前的记载，若干地名保留至今，可借以追溯元时故迹。清初朱彝尊引上文后尝作按语曰："张爵纪五城坊巷胡同，南城正东坊有西三里河、东三里河、芦苇园；崇南坊则有南河漕、于家湾、递运所、缆竿市；又有三转桥、纪家桥、板桥、双马庄、八里庄、十里河，皆三里河入张家湾故道，今其名虽不，而深谷为陵，遗迹渐不可考矣。"又于敏中等按语曰："玉泉庵今存，在芦草园西席儿胡同内。南泉寺、缆竿市在三里河东，隶南城。"（《日下旧闻考》卷五五，页五上）录之以备参考。

[3] 《日下旧闻考》卷八九，页四下至七下引《宪宗实录》杨鼎、乔毅疏。

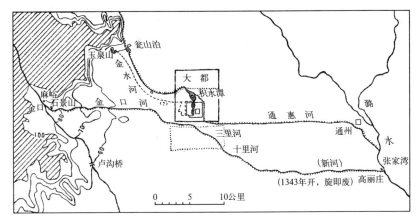

图 12 元大都城通惠河源流图

通惠河相接。这样，按照当时的计划，就可使粮船直入京城（图12）[1]。

在近郊水源的开发上，元朝占了极其重要的地位，凡所经营，多是创举，小者如金水河的分流，运石大河的利用；大者如白浮泉的导引，以及金口新河的开凿。无论成功或失败，总起来讲，在开发水源的努力上，可以说是达到了封建统治时期的最高峰。

（三）明清北京城的水源

1. 明北京城的改造与水道的变迁

元顺帝至正二十八年亦即明太祖洪武元年（1368），明兵入大

---

[1] 孙承泽：《春明梦余录》："三里河在城南，元时名文明河，接通惠河，为漕储运道，今铁闸尚存。"（卷六九，武英殿古香斋本，页九下）按文明河当因通惠河上之文明闸而得名，《元史》卷六四《河渠一》，"通惠河"条："文明闸二，上闸在丽正门外水门东南，下闸在文明门西南一里。"元丽正门为大都南面正门，旧址当在今天安门附近，文明门为南面东门，旧址当在今东单牌楼十字街口。当时水门约当今御河桥处（桥已不存，只余地名），估计由三里河北来之渠道，在此与通惠河相接，孙承泽谓三里河元时又名文明河，或即因此。

都,元亡。当时明太祖(朱元璋)定都应天,为南京,以开封为北京,大都改称北平。其后皇子朱棣受封为燕王,驻守北平。惠帝建文四年(1402),朱棣兵破南京,夺得统治权。次年(永乐元年,1403)改北平为北京,这是北京得名之始。永乐十八年(1420)正式迁都北京。

明初既不建都北京,对于水源也就没有什么特殊的要求。但在正式迁都之后,问题就又发生了。这里必须补充说明的,即1368—1420年,前后五十多年之间,北京城又经过了一系列的改建工程。先是在明兵初入大都的时候,为易于防守起见,曾将大城北墙,南移2.5公里[1],到了1419年正式迁都之前,又把大城南墙向南扩展了半公里有余,也就是从现在东西长安街一条线上,迁移到内城南墙的现址。但对河道影响最大的,还不是大城的改建,而是皇城的改建。在明成祖建都之前,曾经大兴土木,修建北京宫阙,同时还把元朝的皇城(萧墙)向东、西、南三面,各自开拓了一些距离[2],其结果是,原来绕经旧日皇城东北及正东一面的运河,竟被圈入城中,粮船从此就再没有入城的可能了。现在把元、明两代城址变迁与河道之间的相对位置,作图以资比较(图13)。在这幅比较图中还应注意的就是,元朝从玉泉山独流入太液池的金水河已经废弃[3],其来源

---

[1] 孙承泽:《春明梦余录》卷三,页二下。
[2] 明李东阳祖居被圈入皇城北墙之内,《东海集·诰命碑阴记》曰:"曾祖洪武初以兵籍隶燕山右护卫,挈先祖少傅始居白石桥之旁,后廓禁城,其地已入北安门之内,则移于慈恩寺之东、海子之北。"(《日下旧闻考》卷五四,页二六下至二七上引)这是皇城向北开拓的证据。《春明梦余录》:"永乐十五年改建皇城于东,去旧宫可一里许。"(卷六,页八下)皇城向东开拓的结果,遂将元通惠河圈入城内,故成化七年杨鼎等所奏浚通惠河旧道事宜疏曰:通惠河"元时在宫墙外,船得进入城内海子湾泊,今水已从皇城中金水河流出,难从故道行船。"(《日下旧闻考》卷二十,页六上至八下引《宪宗实录》)至于皇城内金水河源流与南墙的开拓,参见侯仁之:《北平金水河考》。
[3] 何年废弃,已不可考。

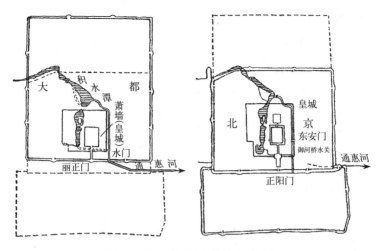

图 13　元明城址变迁与河道相对位置比较

专靠什刹海的分流。同时太液池加凿南海，遂有三海之称。从北海分流之水，绕经景山之西，注入紫禁城的护城河，并从护城河的西北隅引入紫禁城内，沿西墙而南，出太和门之前，转入护城河的东南隅，这叫做内金水河，以与天安门前的外金水河相对称。对紫禁城来说，内金水河的开凿，还不只是为了点缀宫廷，更重要的乃是为了排泄暴雨，并为扑救火灾供给水源。从南海分流之水，穿过社稷坛（今中山公园），经天安门前，在御河桥附近注入运河，这就是上文所说的外金水河。这种情况，经过清朝相沿至今，没有改变[1]。

此外，元朝由丽正门（南面正门）左东南流的运河，因明城南墙外移的结果，也被包入城中，逐渐湮废。今崇文门内船板胡同，原当运河北岸，因此亦成由西北斜向东南的形势。不久以前还存在的内城东南隅的泡子河，则是旧日运河的残迹[2]。

〈1〉　只是东安桥以南经御河桥以至水关的运河故道，已改筑马路，下为暗渠。
〈2〉　清内务府藏《乾隆京城全图》（故宫博物院有影印本）尚有船板胡同以南之运河遗迹。

2. 明北京城水源的枯竭

明朝北京城内的河道不但有了改变，近郊的水源也与元朝大不相同。这主要是由于白浮断流〔1〕，水源枯竭，金水河上游因此弃而不用，玉泉山水汇注西湖景（或称西湖，即元瓮山泊）后，由白浮下游旧道入德胜门水关，至什刹海，一支经西不压桥流注三海，一支经后门桥流为通惠河。这样，明朝北京城的宫苑给水，与城郊运河同出一源，并合为一流，这与金、元情况，迥不相同，却为后日相沿，再无改变，一直到今天。

早在永乐五年（1407），北京尚未正式建都之前，当事者曾奏请疏浚白浮渠道〔2〕，可见元时旧迹尚未全湮。不过当时引水的目的，不在漕运，而是为了利用通惠河运输建筑木材。因为当时北京为了准备建都，正在进行着大规模的土木工程，所需大木，多半采自长江上游，经过南北大运河，浮运到京〔3〕，此外别无更为便捷的来路。

北京正式建都之后，才又发生漕运的问题。但是由于水源的枯竭，通惠河不能行舟，而且日就湮塞。因此，从通州以南张家湾运河码头到京师，主要全靠陆运，所费不赀〔4〕。一直到了成化年

---

〔1〕 白浮断流还与明陵修建有关，明陵在白浮泉北，引水西行，正经明陵以南之平原，可能为堪舆家所忌，故不再导引，成化七年杨鼎、乔毅奏："元人旧引昌平东南山白浮泉水，往西逆流，经过祖宗山陵，恐于地理不宜，及一亩泉水经过白羊山沟雨水冲截，俱难导引。"（《日下旧闻考》卷八九，页四上引《宪宗实录》）

〔2〕 明《成祖实录》："永乐五年五月，北京行部言：自昌平县东南白浮村至西湖景东流水河口一百里，宜增置十二闸，请以民丁二十万官给费用修置。命以运粮军士浚之。"（《日下旧闻考》卷八四，页二八下引）

〔3〕 见前引成化六年杨茂奏疏。

〔4〕 前引成化六年杨茂奏疏："每岁漕运，自张家湾舍舟陆运。"按《明史》卷八五《河渠志》，"运河"条："明成祖肇建北京，转漕东南，水陆兼挽，仍元人之旧，参用海运……综而计之，自昌平神山泉（即白浮泉）诸水，汇贯都城，过大通桥，东至通州入白河者，大通河也。"据此以为明时漕运仍用白浮泉水，是错误的。

间才又有重浚通惠河的建议。成化六年（1470）漕运总兵都督杨茂上疏说：

> 看得通州至京城四十余里，古有通惠河故道，石闸尚存，永乐间曾于此河搬运大木，以此度之，船亦可行。⟨1⟩

转年户部尚书杨鼎、工部侍郎乔毅经过实地勘查之后，认为白浮泉水既不可引，运河一段也已圈在皇城之中，粮船不能进城，建议专用玉泉山诸泉之水，以为通惠河（当时亦称大通河）之上源，并利用城濠通漕，以便近仓交纳⟨2⟩。成化十二年（1476）平江伯陈锐再议疏浚通惠河⟨3⟩。众议所归，遂即动工，转年告成。但因水源有限，未能达到预期的结果，《宪宗实录》所记如下：

> 八月浚通惠河，自都城东大通桥至张家湾潞河口六十里，兴卒七千人，费城砖二十万，石灰一百五十万斤，闸板、桩木四万余，麻、铁、桐油、炭各数万。计浚泉三、增闸四，凡十月而毕，漕舟稍通，都人聚观。是河之源，在元时引昌平县之三泉，俱不深广。今三泉俱有故难引，独引西湖一泉，又仅分其半（按另半入太液池），河制窄狭，漕舟首尾相衔，仅数十艘而已。舟无停泊处，河多沙，水易淤，不逾二载，而浅涩如旧，舟不复通。⟨4⟩

⟨1⟩《日下旧闻考》卷八九，页四上到七下引《宪宗实录》。
⟨2⟩《日下旧闻考》卷八九，页四上到七下引《宪宗实录》。
⟨3⟩《日下旧闻考》卷二十，页十上至下引《桂文襄公奏议》。
⟨4⟩《日下旧闻考》卷八九，页四上至七下引。

此后，正德年间（1506—1521），又两次挑浚，亦未成功[1]。最后，嘉靖六年（1527）巡仓御史吴仲又请重浚通惠河，经户部侍郎王轼等会勘结果，建议通惠河不自张家湾而别由通州城北入白河，转年完工[2]。这就是今日通州城北的运河故道。实际上，这次疏浚通惠河，也只是开挑了局部河道，对于全河的通航，并没有很大帮助[3]。终明一代，屡次疏浚通惠河，屡次失败，最后产生了一种消极看法，以为天然地势所限，非人力所能为功，嘉靖年间礼部尚书桂萼的奏议，可为代表：

　　盖京师之地，西北高峻，自大通桥下视通州，势若建瓴，而强为之，未免有害，非徒无益而已。[4]

这是典型的失败论者。通惠河地形比降较大，这是事实，但明人疏浚不能成功，主要的还是因为水源的缺乏。不从开源着想，但从疏导下游用力，不能奏效，原是理所当然的。

3. 清北京城近郊水源的整理

清北京城的渠道，大体沿用明旧，问题所在，仍以如何运输漕粮为最重要。康熙年间（1662—1722）仍利用通惠河，并疏浚东护

---

〔1〕 一次在正德二年（1507），见《通惠河志》卷上，玄览堂丛书本，页七上。又一次在正德七八年间（1512—1513），见《日下旧闻考》卷八八，页八下至九上引《世宗实录》。
〔2〕 《日下旧闻考》卷八九，页十上至十一上引《世宗实录》。
〔3〕 此后又有局部疏浚通惠河的建议，如天启元年（1621），巡按直隶御史张新诏议由大通桥北至朝阳门量建闸座运粮径至门下（《日下旧闻考》卷八九，页一二上引《熹宗实录》)，未见实行。又崇祯十二年（1639）太监曹化淳议开广渠门至大通桥渠道，及东直门外关帝庙月河等工程，因劳费甚大，中途而罢（详见《春明梦余录》卷三，页六上至下）。
〔4〕 《日下旧闻考》卷二十，页十上至下引《桂文襄公奏议》。

城河，引东便门外大通桥下运艘，直达朝阳门与东直门⟨1⟩，但水源不足也还是可以想象的。特别是这时城西北郊海淀一带，皇家及贵族园林，如畅春园、圆明园等先后并起，导引流泉，浚治湖泊，成了一时风气（图14）。水的来源，除去万泉庄北流之水而外，也还要依赖玉泉山与西湖的水源⟨2⟩，因此，通惠河上游不只是来源未辟，而且是日益分流。到了乾隆年间（1736—1795），为了更进一步增辟西北郊的苑林，并积极解决济漕用水，遂在西北郊山麓一带进行了一系列的整理水源的工作。首先是利用瓮山地形，建置苑林；其次，为增加苑林风景又把瓮山南麓的西湖，大加开浚，加筑东堤，拦蓄玉泉山东流之水，形成一片水面汪洋。这点缀苑林的瓮山改名叫做万寿山；扩大了的湖泊，改名叫做昆明湖。这样，在方圆数公里之内，兼而有湖山之胜，形成了北京近郊一个著名的风景中心。同时这个湖泊，经过如此改造之后，坚固而高峻的东堤，起了拦水大坝的作用，使玉泉山东流之水，逐渐储满昆明湖中，从而提高了昆明湖的水位，并在湖的南端放水入长河的地方修建水闸，调节流量，有效地保证了通惠河上游的供水源源不绝，同时还可分一部分流水以便在海淀附近辟治更多的苑林。经过这样一番调整之后，昆明湖表面上形成了一个优美的风景中心，而实际上却起了作为北京城水库的作用。在北京城都市发展过程里，为了解决水源问题而进行的长期斗争中，人工水库的设计，这还是第一次。因而必须承认这是一个新的成就，标志着开辟水源的工作，已经达到了一个新的阶段。其规模虽然不大，却也是值得重视的（图14）。

⟨1⟩ 事在康熙三十五至三十六年（1696—1697），见乾隆《清一统志》卷五，光绪宝善斋石印本，页一上。这时又曾于通惠河之北别开会清河，见同上。但此河沿用不久，至今故道难寻，可能是利用今坝河行舟，入北护城河，至德胜门外本裕仓。
⟨2⟩ 详见本书《北京海淀附近的地形、水道与聚落》一文第三节"海淀附近聚落的发展"。

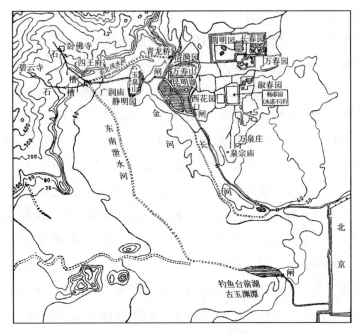

图 14　清中叶昆明湖及附近水道略图
（淑春园故址即今北京大学校园本部）

　　还必须提到的，即在修筑昆明湖水库的同时，又把西山卧佛寺与碧云寺附近的流泉，分别用石凿水槽导引至山下四王府以南广润庙的一个石砌的方池之内（庙即为引水石槽而建），然后再由方池引水东流，直达玉泉山，与山麓诸水合流，同注昆明湖。石槽相接，东西约长 5 公里。自广润庙以下，因地形逐渐降低，所以又把石槽修筑在一带长墙之上[1]，其下留置门道，以便南北行人。但是石渠傍山麓而行，很容易为山洪冲决，因此又开凿了排洪水道，从卧佛寺与碧云寺之间，疏泄山水，一支经广润庙东北行，由玉泉

〈1〉《日下旧闻考》卷一○一，页二上至三上。

山北注入清河上游，名为东北泄水河。又一支经广润庙西，斜向东南，由钓鱼台前湖（古称玉渊潭），南下东转，注入西护城河，名为东南泄水河[1]。自卧佛寺以下之引水石槽与自碧云寺以下之引水石槽，在未相汇流之前，都分别架桥横渡东北与东南两泄水河，这就是所谓"跨河跳槽"之制。这样，不只引水石槽得到保护，附近农田也避免了水灾的威胁（图14）。

总之，清朝一代既没有重开金口以引永定河，也没有修筑长堤远导白浮泉，只是把近郊水源加以整理，并导引附近山泉，使涓滴之水，都为济漕通运之用，也算是颇费心机了。

（四）近百年来北京水源的破坏与水道的废毁

近百年来直到解放之前，由于清王朝的腐败，后来北洋军阀的混战，与国民党反动派的黑暗统治，特别是帝国主义的侵略，北京城的水源不但没有新的整理，而且遭受了不断的破坏。

咸丰十年（1860）及光绪二十六年（1900）外国侵略者的军队，两次进侵北京城，杀烧掳掠，无所不为。同时还先后放火焚毁了圆明园和附近诸园，清初二百年间大力经营的西郊苑林，于是化为一片废墟。大约就在这时，从西山卧佛寺与碧云寺引水到玉泉山的石渠也被破坏[2]。乾隆时刚刚加以整理的近郊水源很快就受到了摧残。尤其重要的是光绪二十六年而后实行停漕改折，南北漕粮完全停运，两千年来，特别是北京建都以来，作为封建统治中心的经济命脉而被逐步建立起来并完整化了的漕运制度，从此变成了历

---

[1] 详见《日下旧闻考》卷一〇一，页三上至下。
[2] 十余年前曾访四王府村一老人名李二者，称其年幼时石渠完好，水流其中，今已残破不堪。

史上的陈迹。由此而引起的，在全国是南北大运河的废堕，在北京是地上水源的日益枯竭。因为漕运制度一旦废除，近郊水道再无专人修守。从清朝末叶，一直到解放前夕，前后数十年间，城郊内外河道淤垫、闸坝废毁、堤岸坍塌、湖泊淤浅……北京旧城的日益没落，十分具体而显明地反映在城郊水道的破坏上。这种情况，一直到解放之后才得到根本改变。

四、结语——人民首都水源开发的远景

在总结过去一千七百年间北京都市发展过程中水源开发的问题上，有三点值得特别提出加以讨论：一、引用永定河的企图；二、远导昌平白浮泉的尝试；三、昆明湖水库的修筑。三者有先后相承的关系，这就是说：最初是企图引用永定河，永定河的引用既归失败，又尝试着从"北京湾"内昌平泉水的导引上想办法。最后昌平泉水的导引也遇到了困难，这才修筑了昆明湖水库。昆明湖水库的修筑，如在上文中所说，已经把开辟水源的工作，提高到了一个新的阶段。

最初企图引用永定河是很自然的。永定河去城不远，地形又较城址为高，开渠引水，原是可以希望顺流而下的。但是永定河的流量极不稳定，充分反映了华北降雨量的特性，不只不同年份之间的变化很大，就是一年之间降雨量也常常是集中在很短的时间以内，因此永定河流量的变化，也正如奇峰突兀，来去无常。洪水暴涨，可以泛滥为灾；偶遇天旱，又几乎是举足可涉。在这种情况下，开渠引水虽然不是不可能，但要保证流量，就无法做到。加之永定河含沙量极大，虽黄河亦难与比拟。因此开渠引水，渠道又极易为泥

沙、卵石所淤垫[1]。在封建统治时期，既不具备根治永定河的社会条件，又受到了工程技术上的极大限制。因此，自古以来引用永定河的企图，始终没有得到圆满的结果。解放以来官厅水库的修建，已经开始了根治永定河的第一步，同时在沿河流域开始广泛的水土保持工作，以防止土壤的侵蚀和泥沙的下行，这样就为解决首都用水创造了前提。现在北京市有关部门正在进行由永定河引水的初步设计，这一项具有重要意义的工程，应该看作是一千七百年来企图从永定河引水以解决北京水源问题的继续努力，也是最后的胜利和成功。它将标志着首都地理环境的改造，从此进入了一个新时代。

但是只靠永定河，还不能全部解决未来首都的用水，元初郭守敬远从昌平引水的计划，还有重新考虑的必要。在郭守敬的引水计划中，最值得注意的一点，就是他充分掌握了"北京湾"西部微小地形的变化，因此他并没有把昌平白浮泉的水，自西北而东南沿一条直线引向大都。相反地，他却首先把水引而向西，然后再沿西山山麓南转，经由瓮山泊注入大都城，山麓诸泉以及南北沙河的上源，都被截流南下。当时所以绕行偌大一个圈子，完全是为了利用天然地形的坡度，因为白浮泉的海拔约 60 米左右，仅仅高出大都城平均海拔 10 余米，如果由白浮泉采取直线引水向东南入大都，其间所经沙河与清河河谷的高度都还不足 40 米，也就是说还在大都城的平均海拔以下，因此白浮泉水一旦引入沙河或清河，势必顺流东下，不可能再引入大都。郭守敬所采取的引水路线，虽然向西绕行了一个圈子，却正好保持了渠道坡度在海拔 50 米以上的山麓地带逐渐下降的趋势，一直到入城之处，这才开始下降到海拔 50

〈1〉 今所见石景山以东、八宝山以北金口河故道，皆为泥沙、卵石淤垫。

米以下。这条引水渠道在瓮山泊以北，紧傍西山山麓南行，因为自此以东，即是清河河谷的上游，其海拔高度皆在50米以下，瓮山泊本身也正好处于50米等高线上，郭守敬远自昌平引水而一定要经过瓮山，就是这个道理[1]。今后要从"北京湾"的北部引水入首都，其引水路线除非另有设计，可以跨越沙河与清河的河谷外，还必须参考白浮堰的故道。在这一点上，我们对于古人掌握微小地形的精确程度，不能不表示惊异。不过今后的引水，不应当仅以白浮诸泉为限，凡是"北京湾"周边山麓的水流，无论巨细，都应当考虑在引水计划之中。其上源可以远达潮白河，同时还须结合水土保持工作，考虑在"北京湾"的北山与西山山麓，利用一切可能的地形，修筑谷坊水坝，拦蓄山洪，不仅为了保护引水渠道，同时也可以接济泉流。其中有的地方，甚至可以修筑为小型水库，例如明十三陵盆地，只要地下岩层不致漏水，就可以改造为一个理想的水库，其面积可大至十余倍于今日之昆明湖，而仍不致浸及明十三陵[2]。这一水库不只是拦蓄山洪，而且有泉水灌注[3]，可以补给引水渠的流量，同时还将大为增加陵区的风景，因此这是可以作为多目标的工程而进行设计的。总之，沿"北京湾"周边山麓导引水流的

---

[1] 当初引水入瓮山泊处，当在今万寿山西北之青龙桥，现在桥下有旧闸基础，分过剩之水北流。桥北河床已被水流侵蚀淘深，而桥南则淤垫日高，南高北低，两者相差达1米有余。元时情形，恰好与此相反，白浮泉水由北而南注瓮山泊。

[2] 明十三陵盆地东、西、北三面有高山环绕，正南一面又有较低之龙、虎二山阻挡山口，只在二山之间以及龙山以东有较大出山之口，前者为赴陵大路，后者又称东山口。有河床一道汇聚盆地山水，出东山口南流，经凤凰山（即元之神山）东麓，白浮泉（今称龙泉）水来注，再南入北沙河，下流为温榆河，入白河。雨季山水汇流出东山口，常三四月其流不断，水盛时波涛汹涌，东山口两岸有被流水切割之黄土台地，高可达20余米。如于两山口筑坝拦水，形势天然。水库承受降水区域，约200平方公里。

[3] 较大之泉有二，一在西山麓昭陵附近，曰九龙泉，估计流量约0.4立方米/秒，一在盆地西北隅泰陵附近。

计划，六百六十多年以前郭守敬虽已开其端倪，但由于工程技术的限制，规模不大，而且未能持久。现在为了更进一步地供应首都未来的用水，除了永定河的水源而外，还应该充分考虑如何开辟"北京湾"内的水源，这是大有前途的。为此，有必要建议市政当局组织有关的科学工作者参加综合考察队，沿"北京湾"的西部与北部山麓地区进行实地考察，以便搜集资料，作为具体设计的根据。

最后，关于昆明湖的修筑，前已指明这是北京历史地理上所出现的第一个人工水库，到现在仍然供应着城内湖泊的用水，对于美化首都的市容，起着很大的作用。但是它的储量有限，水源也不充足，因此早已落后于飞跃发展中的首都用水的要求。现在北京市有关部门在引用永定河的初步设计中，仍然考虑把昆明湖作为水库，使永定河的引水量经过长约19公里的梯形渠道（包括1公里长的隧洞），首先注入昆明湖，然后再分别引入市区[1]。为此，昆明湖的进一步扩大以增加蓄水量是十分必要的，何况将来还要考虑从"北京湾"的北部继续引水，如果沙河与清河河谷无法径直跨越，那么昆明湖仍然是引水必经之路，它的扩大就更加必要。如果以上考虑得以逐步实现，今日昆明湖也必将大为改观它引水的来源，西自永定河，东北自潮白河，中途包括"北京湾"西北部的一切泉流，总汇为一，这就足以保证未来首都地上水的来源，不断增加。

我们的祖国已经进入了社会主义建设的新时代，其特征之一就是要全面地、有目的地、有计划地展开对于大自然的改造。在北京，如何胜利解决水源问题，将是改造首都自然环境的关键之一。

〈1〉《人民日报》1954年11月15日第2版。

总结过去，展望未来，无比壮阔而美好的远景，正待我们逐步化为现实，这是一切参加建设首都的人们所应当感觉无限兴奋和引以为无上光荣的。*

原载《北京大学学报》1955 年第 1 期

本次自《历史地理学的理论与实践》选出

---

* 编后记：解放以来，自官厅水库建成之后，又继续修建了十三陵水库、怀柔水库和密云水库，并开凿了京密引水工程，本文写作时希望从"北京湾"北部开辟水源的设想，都已化为现实。

北京历代城市建设中的河湖水系及其利用

城市的出现及其成长，首先决定于社会经济的发展，地理环境则提供了必要的条件。北京城的起源及其早期城址的选择，作者已另有专文〔1〕进行探讨，此不赘述。这里准备集中讨论的是河湖水系作为地理环境中的一个重要因素，在北京历代城市建设中究竟占有什么地位、起了什么作用。企图由此得以说明今日首都城内及近郊河湖水系的演变，以便进行今昔情况的对比和利弊得失的探讨。

1984年10月出版的《环境变迁研究》第一辑中，已有几篇论文涉及历史时期河湖水系变迁与北京城的关系〔2〕，随后出版的《水利学报》又刊载了蔡蕃同志的《元代的坝河——大都运河研究》〔3〕。这篇论文对作者很有启发，促使作者进一步考虑到北京历代城市建

---

〔1〕 如拙作《关于古代北京的几个问题》，原载《文物》1959年第9期，已收入本书。又如《北京城：历史发展的特点及其改造》，见《历史地理》第二辑，上海人民出版社，1982年，第1—20页。

〔2〕 如苏天钧：《关于古代北京都邑的变迁与水源关系的探讨》、王北辰：《元大都兴建前当地的河湖水系》，以及邹宝山：《北京平原地区湖沼洼地分布特征及其与自然环境演变关系的初步探讨》等。

〔3〕 《水利学报》1984年第12期。在蔡蕃同志此文发表之前，姚汉源同志在其《元代以前的高梁河水利》（水利水电科学研究院《科学研究论文集》第12期，1982年10月）一文中已提到由高梁河引水东入坝河的可能，原文如下："最可能是高梁河东段，即大约相当于近代北护城河下接坝河水道。"（第134页）蔡蕃同志在姚汉源教授的指导下又做了进一步的研究，写成此文。

设与河湖水系的关系问题。作者从一开始探讨北京城市历史地理的时候起，就一直为这个问题所吸引。早在1951年作者首先从北京西郊入手，写了一篇《北京海淀附近的地形、水道与聚落》[1]，1955年又从整个城市着眼，写了《北京都市发展过程中的水源问题》[2]。此外，在一些报刊文章中也曾涉及河湖水系在北京历代城址转移与城市建设中的作用[3]。但是坝河的问题虽然也曾多次出现在作者的脑际，可是未能认真加以探讨。现在看了蔡蕃同志的论文，才联想起过去所了解到的一些片断的、直接或间接有关坝河的线索，好像可以连缀起来，构成一幅比较完整的图画。因此决定试写这篇论文，以有助于进一步研究河湖水系的利用与历代北京城市建设的关系。

一、古代蓟城的建址及其近郊水系

蓟是北京最早见于记载的名称，它的建址首先是和古代永定河渡口有密切关系。这个古渡口相当于今卢沟桥所在处。卢沟桥创建于金代，当时河名卢沟，桥亦因此而见称。蓟城的兴起与此古渡口的关系，已另有专文论证[4]，这里只需说明西湖与蓟城的关系。

---

[1] 原载《地理学报》第18卷第1、2期合刊，1951年11月，已收入本书。
[2] 原载《北京大学学报》1955年第1期，已收入本书。
[3] 如《北京城的沿革》(《光明日报》1982年1月17日，原题《历史上的北京城》)，已收入本书；《八百年来劳动人民改造北京地理环境的两件大事》(载《地理知识》1953年第1期，原题《迎接北京建都八百周年》)，《开辟首都水源的一个历史性的新胜利》(《北京日报》1956年2月17日，原题《改造首都自然环境的一个重要措施》)，以上两篇已收入《步芳集》；《北京旧城平面设计的改造》(《文物》1973年第5期)，已收入本书。
[4] 详见《北京城历史发展的特点及其改造》一文的第一节"北京的原始聚落，蓟及其城址的地理条件"。

西湖即今广安门外的莲花池，其位置近在蓟城西郊，正当北京城区西部的潜水溢出带，地下水源十分丰沛。关于古代西湖的记载，首见于北魏郦道元（465 或 472—527）的《水经注》，原文所记西湖如下：

> 湖有二源，水俱出县西北，平地导源，流结西湖。湖东西二里，南北三里，盖燕之旧池也。绿水澄澹，川亭望远，亦为游瞩之胜所也。湖水东流为洗马沟，侧城南门东注……其水又东入㶟水。[1]

按㶟水即今永定河。根据这段记载，可知蓟城选址在西湖下游的洗马沟上。洗马沟即今莲花池河，其故道从蓟城城西绕到城南，然后傍城南门外东流，这就为蓟城提供了极为便利的地表水源，而西湖本身"绿水澄澹，川亭望远"，又成为风景佳丽的郊游胜地。古代蓟城规模不大，城市功能也比较简单，西湖及下游的洗马沟，虽然是一条小水系，看来也是颇为有利于蓟城发展的。

在蓟城北郊，另有一条导源于平地泉流的小河，与古代蓟城农田水利的开发大有关系，这就是历史上有名的高梁河，亦称高梁水。《水经注》同样有记载说：

> 高梁水……出蓟城西北平地，泉流东注……又东径蓟城北，又东南流，《魏土地记》曰"蓟东十里有高梁之水"者也。其水又东南入㶟水。……㶟水东入渔阳，所在枝分，故俗谚云："高梁无上源，清泉无下尾。"盖以高梁微涓浅薄，裁足津

〈1〉 杨守敬：《水经注疏》卷十三，页五六上至下。按杨疏以西湖当今昆明湖，误。

通；凭借涓流，方成川圳。清泉至潞，所在枝分，更为微津，散漫难寻故也。〈1〉

这里说高梁水"出蓟城西北平地"，又说"高梁无上源……盖以高梁微涓浅薄，裁足津通；凭借涓流，方成川圳"。以所记方位及参考附近微地貌，可以判断今西直门外紫竹院内的湖泊，在其未经开浚之前，即是高梁河最初的上源。这上源也同样是在北京西郊的潜水溢出带上，其下游流经蓟城北，又转向城东南。这里在转弯处有一段河道比较宽阔，积水成潭，即后来文献中记载的积水潭，亦称海子。其下游经蓟城东十里处，更东南流，亦入㶟水。按这条高梁河，应是史前期的永定河故道。解放前，在北京外城左安门外、十里河村东南，有旱河床一道，径向东南直达马驹桥。这段旱河床应即早期高梁河下游残存的河道。复原这条高梁河的故道，有助于了解公元250年在蓟城郊区所进行的一次大规模农田灌溉工事，这是北京城郊水利开发史上的一件创举。主要工程是在今石景山附近的永定河上筑坝拦水，并开凿了一条"车箱渠"引水东注高梁河上源，然后利用高梁河作为干渠，以灌溉蓟城近郊稻田，颇有收益。到了公元262年，又进一步扩大灌区，"水流乘车箱渠，自蓟西北径昌平，东尽渔阳潞县，凡所润含，四五百里，所灌田万有余顷"。事见为首事者驻军蓟城的魏征北将军刘靖所立碑文〈2〉。碑在梁山以东，车箱渠南岸，已久佚〈3〉。此后，这项灌溉工事，又屡有维修和开拓。例如北齐幽州刺史斛律羡，在修筑北边沿山长城之

〈1〉 杨守敬：《水经注疏》卷十三，页五七下至五八下。
〈2〉 见《水经注》卷十四，四部备要本，页七下至八上。
〈3〉 另有王密所撰刘靖碑，在蓟城东门内道旁，亦久佚。《水经注》卷十三，页二一下。

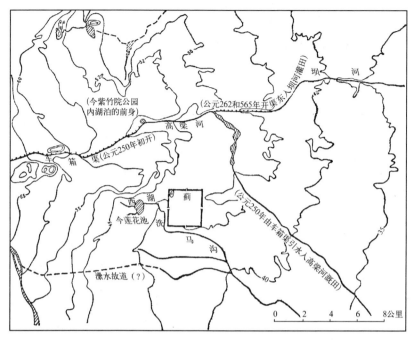

图 15 古代蓟城近郊的河湖水系与主要灌溉渠道

后,又于公元565年,"导高梁水,北合易京,东会于潞,因以灌田,边储岁积"[1](图15)。

以上工事,详见拙作《北京都市发展过程中的水源问题》一文,此不赘述。但是应该补充说明的是在此以前我所写有关这一问题的论文中,认为公元262年和565年经高梁河引水东下的渠道,都是从积水潭中部东岸斜向东北,下游合易京水(今温榆河),东汇于潞(今潮白河),而忽视了原有的坝河河道,未予考虑。现在看了蔡蕃同志的上述论文,才恍然若有所悟,于是想到高梁河上

---

[1]《北齐书》卷十七,附见斛律金本传下。

游，从蓟城以北转而南流之前，当是公元262年和565年开渠东下的故道，其下游直入坝河。这一设想，将在下文再作补充说明。

二、金中都城的宫苑用水以及运河的开凿

公元938年兴起于北方潢河上的契丹族南下，据有蓟城，建为陪都，名曰南京，又称燕京。其后建国号曰辽，但是辽代在蓟城甚少建设。其后女真族又继契丹人之后兴起于东北方的混同江上，并建国号曰金。公元1153年金朝迁都燕京，改称中都。当时曾从东、西、南三面扩建蓟城，营建宫殿苑囿。于是以蓟城为起点的北京城，从此开始上升为封建王朝的政治中心。

由于政治中心的确立，对于城市用水也就提出了新的要求。按照我国的传统，作为一个封建帝王的都城，在城市建设上首先考虑的是宫廷苑林的用水，其次是运粮河的开凿。在中都城的规划建设中，也必须力求满足这两方面的要求。其结果，不仅取得了一定的成就，而且影响到日后城市的发展。分别说明如下。

（一）中都城的宫苑用水

金朝营建中都，有计划地把旧日的洗马沟上游一段，圈入城中。同时在宫城西侧，辟治同乐园，又称西华潭，引河水入园，平添无限景色。其中如蓬瀛、柳庄、杏村，都是见于记载的风景点。此外，又从同乐园分水入宫城西南隅，汇为鱼藻池。这鱼藻池的遗址，至今依稀可见，即今广安门外南滨河路以西的湖泊，只是已大部改建为宣武区的游泳池。这里本应作为一处具有历史意义的园

林，重加整治，虽经建议，可惜未能实现[1]。

中都城在扩建中利用原来的西湖水系，满足了当时城市建设中一项新的要求，这一点从其规划设计上来说，是应该肯定的。同时，西湖还为新开凿的中都的护城濠，提供了足够的水源，这也是意料之中的[2]。但是为了开凿运河以满足从广大地区运粮到都城的要求，西湖的水源就远远不够了，势必另开新水源，这个问题将在下文中讨论。这里应该补充说明的是金朝的统治者为了优游享乐，还不满足于近在宫城一侧的同乐园。在中都城兴建之后，又在东北郊外高梁河上，利用去城较近、河道较宽的地段，大兴工事，首先浚治河道，形成了一带狭长的湖泊；又傍湖泊东岸，堆筑了大小两个岛屿，这就是日后屡见记载的琼华岛和瀛洲（又叫圆坻）。到公元1179年，就利用这里无限优美的自然风光，建成了一座离宫，命名为太宁宫（又改称万宁宫等）。这处离宫的创建，充分利用了近郊高梁河并加以改造，这是北京城市建设史上一件值得特别重视的事，也留待下文再讲。

（二）中都城运河的开凿

中都城作为封建王朝的政治中心，开凿运河以解决首都所必需的漕粮运输问题，已是势在必行。

按《金史·河渠志》有如下一段记载：

---

[1] 北京市城市规划管理局曾计划保存这一遗址，改建为鱼藻池公园，作者也曾为此投书《北京日报》（见该报1984年5月7日《要看到建设滨河公园的历史意义》），都未引起应有的重视。按有一定历史意义的古代遗址，在当前北京城区的发展中，由于无知而被泯灭的事，已是屡见不鲜。如果善加利用，本来是可以大有助于丰富北京这座历史文化名城的独特风貌的，可惜已难挽救。这里所提到的鱼藻池遗址的破坏，只是一个很小的例子而已。
[2] 详见本书《北京都市发展过程中的水源问题》。

世宗大定四年（1164）八月，以山东大熟，诏移其粟以实京师。十月，上出近郊，见运河淤塞，召问其故。主者云：户部不为经画所致。上召户部侍郎曹望之，责曰："有河不加浚，使百姓陆运劳甚……宜悉力使漕渠通也。"五年正月尚书省奏，可调夫数万。上曰："方春不可劳民，令官籍监户、东宫亲王人从，及五百里内军夫浚治。"

从这段记载中可见中都近郊，原有"运河"，已经淤塞。公元1165年曾计划加以浚治，但未见下文。可能是虽有浚治计划，并未见诸实施。或已实施，而未收成效。这里应查明的文中所指已经淤塞的"运河"，究竟是哪一条河。过去作者曾把这条淤塞的"运河"与闸河相混[1]。现在蔡蕃同志认为应是坝河[2]，是有道理的。详加推究，这应该就是公元262年和565年先后引高梁水东接坝河以汇于潞的故道。到金朝初年，可能曾利用它作为通漕济运之用。

　　金朝在中都新开运河，根据明文记载，是在公元1172年。当时从卢沟河上的金口开渠引水，利用历史上车箱渠上游的一段故道，加以浚治，引水东下；紧接着又另开下游一段新渠道直入金中都北护城濠，通称金口河。然后再从北护城濠靠近东端的北岸，开凿运河，一直向东，经通州城北与潞河（今潮白河，亦称北运河）相汇[3]。为了节制流水，沿河筑闸，因此这条运河就叫闸河。这样，

---

[1] 见本书《北京都市发展过程中的水源问题》。
[2] 《水利学报》1984年第1期，第256页。
[3] 运河出城濠北岸后即转而向东，今宣武门内大街路东嘎哩胡同，即相当于当时运河转弯处，70年代初挖掘民防工事，曾在此处地下出现一段砖砌堤岸，可能与此段河道有关。最近（1985年2月中）在绒线胡同东口外的一处紧傍人民大会堂西侧的工地上，有管道工人曾在其南侧发现埋藏地下的一处河边码头，也应当是这条运河上的一处码头。今后在就地施工时，应加注意。

溯潞水北来的漕船，便可在通州转入闸河，直驶中都城下。但是这条闸河开凿之后，并未取得预期效果，主要是由金口河引来的水，"水性浑浊，峻则奔流漩洄，啮岸善崩；浊则泥淖淤塞，积淬成浅，不能胜舟"[1]。因此，从通州入京的漕粮，仍从陆运。此后又过了三十多年，即在公元1205年左右，才又议"开通州潞水漕渠，船运至都"[2]。公元1208年通州刺史张行信上言："船自通州入闸，凡十余日方至京师。"[3]这就说明当时重开闸河，必然已另辟水源。但是这新水源在哪里，史无明文。根据一些间接资料以及实地勘察的结果来推断，这新水源就在西北郊外的瓮山泊。瓮山泊有一亩泉，又上承玉泉山诸泉，其下游原本是顺自然地势流向东北，这就是后日见于记载的清河。1205年左右为了重开漕运，就利用瓮山泊开渠引水，转向东南，直接与高梁河上源相接，这就是今天的长河（也曾称玉河）。按从瓮山泊到高梁河上源（今紫竹院湖泊前身），中间原有一带微微隆起的小分水岭，作者曾命名为"海淀台地"，台地以北诸泉（包括原始的"海淀湖"）都向东北流，台地以南的诸泉（除高梁河上源外还有原始的玉渊潭）都向东南流。1205年左右引瓮山泊诸泉东南流与高梁河上源相接，势必凿开这一微微隆起的分水岭，这一人工开凿的迹象，从今蓝靛厂以下直到紫竹院公园，仍然明显可辨（图16）[4]。

其次，大约就在同时，又从高梁河积水潭上游（即开渠东下以接

---

[1]《金史》卷二七《河渠志》。
[2]《金史》卷一一○，韩玉本传。按上述王北辰同志文，指出韩玉议开漕渠是正确的。但文中所述以及图中所表示的"韩玉引水"路线（见《环境变迁研究》第一辑，海洋出版社，1984年，第152页），却是值得商榷的。
[3]《金史》卷二七《河渠志》。
[4] 详见本书拙作《北京海淀附近的地形、水道与聚落》与《北京都市发展过程中的水源问题》。

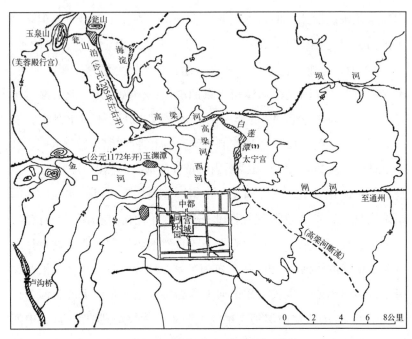

图 16　金中都城宫苑水系与主要灌溉渠道

坝河上游的地方）开渠分水南下，直入中都北护城河，这样就把瓮山泊和高粱河上游的水，经过一小段护城河，引入旧闸河，从而使北来的粮船可以从通州入闸河，直抵中都城下。从高粱河积水潭上游到中都北护城河的这条渠道，应该就是日后见于记载的"高粱河西河"，因为天然的高粱河中下游（包括积水潭或称白莲潭，详见下文）在其东，所以这条新开的人工渠道就另加了"西河"两字以示区别。这里应该附带说明的是这条"高粱河西河"，就相当于现在北京城内的赵登禹路和太平桥大街。这条路线迟在清代中期以前还是一条明沟，叫做"大明濠"，也叫"西沟"（图17）。这"西沟"二字，当即从"西河"二字演变而来。辛亥鼎革之后，这条西沟才逐渐改建为大路。清代一般北京城图上所见西沟北端，始于西直门大街上的红桥（或称横

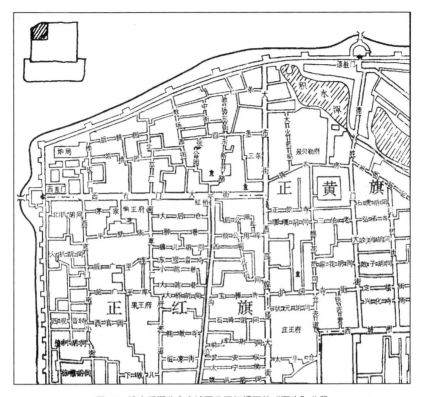

图 17 清中后期北京内城西北隅红桥下的"西沟"北段

桥),可是从红桥以北却不见任何渠道痕迹,就是在极为详细的《乾隆京城全图》上,也是这样。根据作者所见,只有在伦敦英国国家图书馆(原属大英博物馆)舆图部所藏的一幅清代早期的北京城图上,十分明显地绘有从德胜门内积水潭南下的河流,经红桥下与西沟相接,这就显示了最早的高梁河西河的渠道痕迹[1](图 18)。

---

[1] 承 H.C.Darby 师代为联系和英国国家图书馆舆图部主任 Helen Wallis 积极协助,为我提供这幅北京城图照片——整幅和在本文中复印的城内西北隅放大照片一小幅,按该图不注绘制者姓名及绘制年代。全图的城市轮廓及天坛、先农坛的外围形状都不很准确,但所绘河湖水道却较为详细。

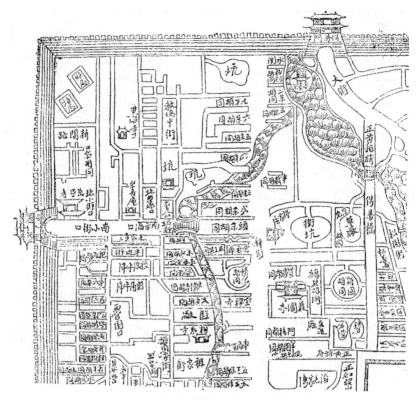

图 18　清初北京内城西北隅红桥下南北水道
（根据英国国家图书馆所藏北京城图西北角部分复制，图中注为"横桥"）

这里还要进一步考虑的是《金史·河渠志》中如下的记载：

> 金都于燕，东去潞水五十里，故为闸以节高良［梁］河、白莲潭诸水，以通山东、河北之粟。

这里所说的白莲潭在哪里？为了节制高梁河白莲潭诸水而修建的水闸又在哪里？这也都是值得探讨的问题。

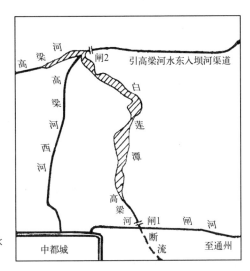

图 19　白莲潭上所建两水闸位置臆想图

据作者所见，姚汉源同志在其《元代以前的高梁河水利》一文中，首先提出白莲潭"实即元代之积水潭"[1]，又说："最初白莲潭应包括今北海、中海部分。"如果是这样，那么白莲潭实际上也就是高梁河河床最宽阔的部分，其建闸节流之处，似乎应设在这一带湖泊下游入闸河处，这样就可以先把高梁河、白莲潭的流水拦蓄在湖中，然后可以根据闸河用水的情况，以时启闭。为了更好地达到这一目的，或许还得在白莲潭上游分高梁河水东入坝河之处另建一闸，以拦截东流之水不入坝河，这样即可充分拦蓄高梁河、白莲潭诸水，又可继续分水入高梁河西河，这都有利于漕船直驶中都城下，姑拟上述两闸的位置略如图19。可惜，原有闸座的遗址早已湮废无存，图19中所示也只是一些可能的推断而已。

---

[1]　姚汉源:《元代以前的高梁河水利》，载水利水电科学研究院《科学研究论文集》第12集，1982年10月，第137页。

总之，金朝兴建中都城后，为了点缀宫苑风景和开凿近郊运河，进行了上述一系列的河湖水系的调整与改造，可以说是已极尽规划设计的能事，工程规模也颇为可观。只是由于当时技术条件的限制，效果并不尽如人意。尽管如此，它对于后来北京的城市建设，影响还是很大的，不容忽视。

三、元大都城的创建及其河湖水系的利用

元朝创建大都城，为今日的北京城奠定了基础，这是首都城市建设史上最重要的事件之一，其创建过程无须在此缕述[1]，现仅就下列三件事，做些进一步的探讨。

（一）大都城创建前对于近郊河渠故道的利用

大都城的创建，兴工于公元1267年，值得注意的是在尚未动工之前，中都旧城东北郊外的坝河故道，已被利用起来，进行漕粮运输。蔡蕃同志在其上述论文中已经指明这一点，其根据是：（1）早在公元1260年以前已建成千斯坝旁的千斯仓，以存储由通州经坝河转运而来的漕粮。千斯仓的位置，应在日后兴建的大都城光熙门南0.5—1公里处。（2）公元1263年郭守敬上言，可以利用"中都旧漕河，权以玉泉水引入行舟"。这"中都旧漕河"并非旧闸河，而是坝河。（3）郭守敬的建议，由宁玉执行完成，事在公元1266年之前。

蔡文又进一步指出，利用坝河行漕，就是在大都建成之后，仍

---

[1] 详见本书拙作《元大都城》。

在进行，并且还曾有大规模的开浚工程。不仅如此，即使在利用旧闸河浚治了通惠河之后，坝河漕运也未放弃。可见有元一代，坝河漕运与通惠河漕运同时并行，这一点也是作者过去所忽略的。

（二）大都城址的选择及其平面设计与河流湖泊的关系

大都新城的创建，与中都旧城的破坏直接有关，按忽必烈于公元 1261 年初到中都旧城时，城内金朝宫阙被毁已四十余年，幸而东北郊外的太宁离宫尚可居住。1267 年决定营建大都新城，太宁宫被指定为新城设计的中心地带，自在情理之中[1]。但更重要的原因乃是中都旧城地表水源有限，为了开凿运河，曾力图开辟新水源，却未能达到预期的效果。因此在选建大都新城时，自然会考虑到如何继续利用坝河以解决新城漕运问题，这在建成后的大都城平面图上是显而易见的。

不过，从大都城的整体规划来分析，控制其平面布局的决定因素，还不是坝河，而是太宁宫以北那一段高粱河上的积水潭。整个大都城在平面设计上的中轴线，正是紧傍积水潭的东岸才确定下来的。中轴线的起点，即在积水潭的东北岸上，也就是全城设计的几何中心。就地筑有"中心之台"作为标志。由于这条中轴线的确定，宫城大内（即日后的紫禁城）的位置也就在太宁宫湖泊东侧相应地确定下来。其次，为了有意突出太宁宫以及琼华岛与瀛洲的历史传统，又在湖泊西岸营建了南北对应的兴圣宫和隆福宫，与湖泊东岸的宫城大内，三足鼎立，从而在规模极其宏伟的宫殿群中，又浮现出一带风景无限优美的苑林，充分显示出规划设计者卓绝的艺术手法和才能。

为了保证这一区湖泊的供水及其水质，设计者切断了其上游与

---

[1] 详见拙作《历史上的北京城》，中国青年出版社，1980 年，第 20—21 页。

积水潭的连接，同时另辟水源，从西郊玉泉山导引清澈的泉水，沿着一条新凿的渠道，分别从湖泊的南北两端，注入湖中。这条渠道在穿过金代所开高梁河西河时，则利用"跨河跳槽"以避免与浊水相混[1]。这条皇家苑林专用的引水渠道，按照历史上宫廷设计的传统，被命名为金水河，当时是"濯手有禁"，悬为明令。这皇家苑林中的湖泊也根据同样的传统，命名为"太液池"。这太液池连同东西两岸的三组宫殿群在内，同属皇家禁地，四面筑有围墙（"萧墙"），也就是后来所谓皇城城墙。皇城外围，还须修筑大城城墙。那么大城四面的城墙位置又是如何确定的呢？

根据已复原的大都城平面图进行分析，十分明显的是大城西墙的位置，刚好在积水潭西岸以外，其间仅容一条顺城街的宽度。紧傍积水潭的东岸，又已确定为全城的南北中轴线。这就说明这积水潭东西两岸之间的宽度稍加延长，便是全城宽度的一半，也就是说东城墙也应该建筑在这同一宽度的地址上，只是由于当时现场上可能有沼泽洼地或其他不利因素，其位置不得不稍向内移，但是这点

---

[1]《元史》卷六四《河渠一》，"金水河"条："至元二十九年二月，中书右丞相马速忽等言；金水河所经运石大河及高梁河西河，俱有跨河跳槽，今已损毁，请新之"。元大都考古队据残存遗址及考古钻探，全面复原了金水河渠道（见《元大都的勘查和发掘》，载《考古》1972年第1期，第19—27页）。较我早年所写《北平金水河考》（见《燕京学报》第30期，1946年6月），做出了进一步的正确论断。最近细加推敲，元大都考古队所复原的金水河，在大都城西墙内的一段南北河道，应是金朝所开"高梁河西河中间一段的旧河槽"。如果这一判断无误，那么根据以上所引《元史·河渠志》的记载，金水河乃是利用"跨河跳槽"越过高梁河西河，而不是完全利用其旧河床。因此金水河在这一带的故道，究竟何在，还要做进一步的探讨。又"运石大河"何在也是一个问题。按大都城初建时，曾"漕西山木石"，史有明文。其运道当即所谓"运石大河"，估计是利用车箱渠故道又加疏浚，所漕西山木石，应即顺流而下，可经高梁河直运琼华岛下。如果这一估计不错，则金水河流经"跨河跳槽"以渡过运石大河处，当位于距离高梁河上源西南不远的地方（图20）。最近又看到姚汉源同志的《金大都的金水河》（水利水电科学院水利史研究室，打字油印本，1984年12月）一文，对高梁河西河及修建"跨河跳槽"的地点另有解说，可供参考。总之，这一问题还有待进一步研究。

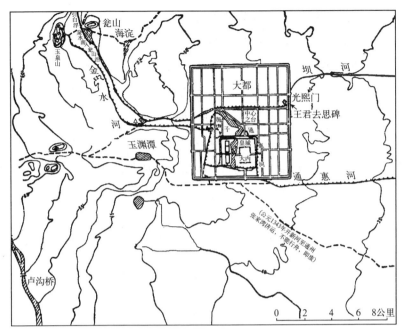

图 20　元大都城的规划设计与河湖水道的关系
△ 疑"跨河跳槽"处，疑为初建大都城时重开旧渠以漕西山木石（即所谓"运石大河"）

差距如果不细加测量，也是不容易被觉察的。至于南北两面城墙的位置，则是根据从先已确定的全城几何中心，沿中轴线向南，在皇城南墙与旧中都城北墙之间的适当地点，选定南墙的位置，然后以同等的距离，选定北城墙的位置。结果就构成了大都城南北略长的长方形轮廓。在全城南部，紧傍中轴线的西侧，有一带湖泊南北连属；从湖泊的北岸向东，又有一条历史悠久的引水渠道横贯东西。同时大都城外，还绕以宽阔的护城河，于是大都城的平面布局，就在这些河湖水系的"网络"上浮现出来。此外，更重要的是大都城的这一空间布局在意识形态里所体现的主题思想，因为不在本文讨论范围之内，这里就不再涉及了（图 20）。

北京历代城市建设中的河湖水系及其利用 | 117

(三)通惠河的开凿以及环城通航的设想

论述大都城址的选择及其平面设计与河流湖泊的关系,而不提通惠河的开凿,就等于从一个人的躯体中抽掉了他的大动脉。通惠河等于是向大都城内输送血液的大动脉,对于大都城这个封建统治中心的稳定和发展来说,是至关重要的。

负责开凿通惠河的是杰出的科学家郭守敬。根据他的建议,放弃了过去为运河开辟水源的一切做法,改从北山下白浮泉顺着平缓下降的地形,西折东转,迂回南流;经瓮山泊,沿旧渠道下注高梁河,流入大都城内积水潭。然后再从积水潭东岸开凿的新渠道,绕经皇城东墙外南下,出大城南墙,转而东南流,与金朝所开闸河故道相接,并重加浚治,更置水闸。始工于公元1292年春,完成于1293年秋。于是由通州转来的运河粮船,可以溯流而上,直泊大都城内积水潭,这也就是我国最初的南北大运河上最北的一段。

关于通惠河的源流以及闸坝设置的细节,此不具论。但是需要补充说明的是郭守敬的计划,并不止于通惠河的开凿,他还想增置水闸,利用大都护城河和坝河,开辟环城航道,可惜未能实行[1]。元代末季又曾在通惠河之南另开新运河,东至通州张家湾入潞水,亦未能收到预期的效果,即废(参见第87页图12)。

总之,元建大都城,对于河湖水系的利用,既总结了历史上的经验教训,又有超越前人的新贡献。这里应该着重指出一点,即在历史上的北京城,从蓟城起源的旧城址,转移到大都城所选择的新城址,实际上就是从西湖(莲花池)水系,转移到高梁河水系,两

---

[1]《元史》卷一六四,郭守敬本传称:在开凿通惠河成功之后,"守敬又言,于澄清闸稍东,引水与北坝河接,且立闸丽正门西,令舟楫得环城往来,志不就而罢。"按澄清闸原名海子闸,在城内万宁桥下,万宁桥即今地安门外石桥。

者的距离虽然很近，各自的水系也很细小，关系却至为重要。大都城平面规划的主要设计者刘秉忠与调整大都河渠水道并开发新水源的主持者郭守敬，原是师生，他们并肩工作，在北京城的建设史上，留下了不朽的功勋，都是值得永久纪念的杰出人才。

四、明清两代北京城市平面布局的演变与河流水道的变迁

明代前期在元大都城的基础上改建北京城，进一步发展了它的主题思想，达到了一种新的艺术高度。其后又加筑外城，遂使北京城的整体格局最后定型。清朝相继建都北京，全部沿用明城，未做任何更动，一直保留到解放前夕。这座北京城集我国历代封建国都规划设计的大成，在世界城市建筑史上，也占有重要地位，得到西方一些城市规划学者的高度评价[1]。但是在河湖水系的利用上，明朝施工颇多失策。清朝中叶，在郊区水源的整理上虽然有所建树，而城区水道却日益湮废。现将明清两代京城内外主要河渠水道的重大变化，分述如下。

（一）明代北京城改建中的河湖水道

明初建都南京（1368），同年出兵北伐，攻下大都，改名北平。为了便于防守，遂将城内北部比较空旷的部分放弃，另在坝河上游引水渠道和积水潭上游一段的南岸，也就是现在安定门和德胜门东西一线上，新建北城墙，遂将积水潭上游一段隔在城外。当时工事仓促，地物未得彻底清除，即被填筑在新墙之内[2]。例如1952年在安定门东

---

〔1〕 见拙作《论北京旧城的改造》，载《城市规划》1983年第1期，已收入本书。
〔2〕 解放后拆除北京城墙时，发现被填筑在城墙之内的若干建筑遗址和遗物，详见元大都考古队：《元大都的勘查和发掘》，载《考古》1972年第1期。

侧发现砌在城墙内的元大都"京畿都漕运使王君去思碑"[1]即是其一（图20）。该碑当建立在京畿都漕运使的衙署之内，其地必去元代漕渠不远，这也可以作为佐证之一，说明此碑北侧的旧水道，本系坝河上游的漕渠。明初改建北城墙，即是有计划地利用这段漕渠，作为北墙外的护城河。因此，这段水道的性质就完全改变了。与此同时又新设了北城墙的水关，即德胜门西水关，并将积水潭最上游的一段隔在城外，因此全城的西北隅遂成斜角。

公元1403年明永乐帝计划迁都北平，改称北京。随即着手修建北京宫殿城池，其后又多营造。其中影响城内河流水道最严重的，是在东、西、北三面展拓皇城，通惠河上游的一段，遂被包入皇城之内，从此漕船再没有驶入积水潭的可能，积水潭的名称也逐渐为什刹海所代替。此时，通惠河上源的白浮泉引水渠道也早已断流，汇聚了一亩泉和玉泉山诸泉的瓮山泊，就成了城内供水的唯一来源。因此，金水河故道也就逐渐湮废。皇城内的太液池又恢复了通连什刹海的故道。总之，城内的水系在废堕中。唯一可称道的是太液池南端一个新湖的开凿，从此太液池又称"三海"，新凿之湖为南海，其北为中海，过金鳌玉蝀桥（今北海大石桥）为北海。又从北海北口东岸开渠引水南下，入紫禁城为内金水河；南海东岸开渠引水经承天门（今天安门）前，东入旧运河，为外金水河。绕紫禁城又新凿护城河，掘起的泥土与挖掘南海的泥土，在紫禁城北堆筑景山，其中峰所在，适当全城中轴线上，标志着北京内城的几何中心（图21）。

明朝中叶加筑外城，同时开凿了外城东、西、南三面护城河，

---

[1] 张宁：《关于京畿都漕运使王君去思碑》，载《首都博物馆丛刊》1983年第2期。按碑石发现于雍和宫西北侧明初所筑城墙之内，记述元朝末年京畿都漕运使王德常在职期间的政绩及大都漕运情况。所记当时京城漕运统辖54仓，共165人，岁出纳粮以百万计。

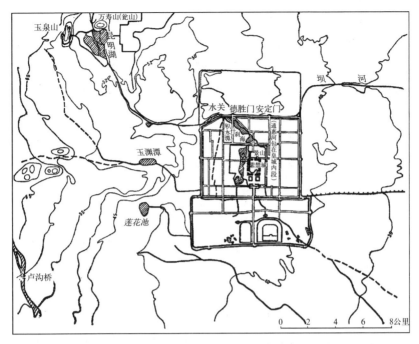

图 21　明清北京城的定型与城郊主要水道的变迁

与内城护城河相互通连。应该附带说明的是从元大都兴建时起，即已注意到城内明渠暗沟的排水系统，明清两代续有修建，详见拙作《明清北京城》第四节"北京城的排水系统"[1]，本文从略。

（二）清代北京西郊水源的整理

有清一代在北京城市建设中的主要成就，不在城内，而在城外。最重要的就是西郊海淀附近大规模的园林建设，其中涉及一个关键性的问题，就是水源的开发。

在北京历代的城市建设史上，单从水源的开发和利用来说，明

---

[1]　已收入本书。

朝不仅毫无建树，而且难于守成。到了清朝乾隆年间，为了兼顾城内湖泊河渠和西郊园林的用水，才被迫考虑开辟新水源。鉴于前代从永定河以及白浮泉引水的困难，遂舍远就近，舍难就易，只是企图把西郊一带的泉水汇集起来，以供导引。经过周密的设计，决定扩大瓮山泊，在其东岸以外的低洼地带，另建新堤，作为一条拦水大坝，用以拦蓄上游泉水。因将扩大后的瓮山泊改称昆明湖。原来瓮山泊东岸的龙王庙，也就变成了昆明湖中的一个小岛。昆明湖的东堤下以及南北两端，各建水闸一处，平时三闸关闭，上游源源不绝的泉水，汇集湖中，可以把湖水拦蓄到最高水位，以备引用。如果城内用水，则提南闸放水南流。如果海淀园林包括附近"御稻田"用水，则提东闸放水东下。如遇湖水因大雨或山洪而暴涨，则提北闸放水入清河。总之，三闸可按客观需要以时启闭，这样昆明湖实际上就成为北京郊区所出现的第一个人工水库。为了补充湖水的来源，除了湖区以内的泉水外，还将西山卧佛寺附近以及碧云寺和香山诸泉，利用特制的引水石槽汇聚在山脚下四王府村的广润庙内石砌水池中，然后再从水池继续利用石槽引水东下，直到玉泉山，汇玉泉山诸泉，东注昆明湖。只是从广润庙东至玉泉山的 2 公里间，地形下降的坡度较大，乃架引水石槽于逐渐加高的长墙上，以便引水自流到玉泉山麓（图22，该图系根据1936年的实地考察所绘制的《西郊引水石槽复原图》所制）。整个工事，颇具匠心，工程规模虽然不大，已尽郊区引水之能事。到了清朝末季，政治腐败，国是日非，终于遭受了1860年和1900年帝国主义侵略军的两次入侵，西郊园林惨遭劫掠摧毁，昆明湖上游的引水渠道亦未幸免。解放初期尚有部分残存的引水石槽，历历在目，今已荡然无存。遗迹的泯灭，使前人煞费苦心的经营，无复踪迹可见，这也是很可惜的。

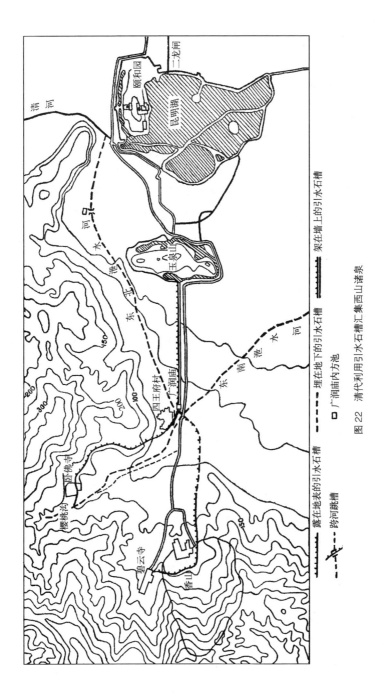

图 22 清代利用引水石槽汇集西山诸泉

五、结论

回顾历史上北京城市建设中关于河湖水系的开发利用,足以说明北京地理环境中水的要素,对于北京城的发展,至关重要。

在北京城的早期发展中,城市的功能有限,对于地表水源的要求不多,最重要的也只是农田灌溉需要开渠引水。其后,由于社会经济和政治形势的发展,北京城逐渐上升为封建时代全国政治中心之后,城市功能渐趋复杂化,对于地表水的要求也就与日俱增。这时首先需要保证的是皇家宫苑用水,二是漕粮运河的用水。为了解决这两项主要的用水问题,历代封建统治者可以说是用尽心机。而这一客观上的迫切要求,也确实给予一些杰出的城市设计者和水利专家如刘秉忠、郭守敬等以显示其才能的机会。但是由于社会条件和技术水平的限制,历代工事,虽有创新,难于守成。最后一次开辟新水源的大事,也只不过是导引近郊流泉,把原来一个水量有限的小湖瓮山泊,改造成一个具有水库作用的昆明湖。其工事规模虽然有限,却也反映出渴望解决水源问题的苦心。可是没有料到,在北京水源开发史上这最后一次重要的工事,在最足以显示其设计特点的上游一带,如今也已无丝毫踪迹可寻。作为全国最重要的历史文化名城,它所拥有的具有重要意义的,亦即直接关系到它的历史发展,而且独具特色的遗址,本来是可以维修和利用的,至少也是可以作为历史的见证,用以说明劳动人民在改造北京城自然环境的过程中所显示的智慧和才能。计不出此,而任其摧毁泯灭,实在可惜。然而,这还只不过是一个小小的例子而已。

新中国成立以来,在北京城市建设上最有远见和最重大的成就,从地理环境的改造来说,就是官厅水库和密云水库的兴建。这两项工程继承了历史上为北京城开辟新水源的迫切任务,取得了前人所无法完成——甚至是不敢设想的新成就。实际上，这样有计划地、高瞻远瞩地利用自然、改造自然，正是我国已经胜利进入社会主义新时代的重要标志。如此丰沛的新水源，如果充分考虑到北京城市的性质和特点，而善加利用，本来是可以满足城市发展中的要求的，但是现在摆在面前的严酷事实是：北京城市用水日益感到困难，不仅地表水源供应不足，地下潜水也已过分开采。现在市郊的平地流泉几乎湮废殆尽，就连有名的玉泉山诸泉，据说也已远不是过去那种喷发趵突的样子，至于七百年前郭守敬精心导引作为大运河最上源的昌平白浮泉，解放初期尚有清澈的流水从龙口中湍湍流出，现在已是空余废墟，满目蒿莱，完全是一片废堕荒落景象。至于北京城内的河湖水道，也有处理不当甚至已被有意填废的地方，其中最突出的，就是随着旧日城墙的拆除，把内城东西和南护城河也一律盖板改为暗河。其次，在北京城市建设史上起了重要作用的积水潭，无论是在旧城以内的部分（如什刹海前海西南边上的小湖），还是旧城墙外的部分（如德胜门外以西的太平湖），都已先后被填塞。这都极不利于城市环境的改善和美化。分别看来，这些事件似乎都是城市建设中的细节末端，但是从总体来看，这些对于水体"蚕食"的现象不加禁止，是极不利于首都城市的全面发展的。

党的十一届三中全会以后，党中央书记处提出有关首都建设方针的四项指示，其中之一就是"要把北京变成全国环境最清洁、最卫生、最优美的第一流城市，也是世界上比较好的城市"。可是城内和近郊有些河湖水面被有计划地填埋，却是与这一指示背道而驰的，这就不能不引起重视了。

1985年2月28日于北京大学燕南园

附 记

此稿写成已三年有半，因故延迟至今，始得付印。现在，蔡蕃同志已有专著《北京古运河与城市供水研究》于 1987 年 10 月由北京出版社出版发行，正如该书内容提要所说，这是"从水利科技角度出发，对历史上北京的漕运和城市供排水等方面取得的成就与教训进行较为系统的研究和探讨"。也是我所见到的有关这一问题的最佳著作。三年半以前我写这篇文章，也是因为看了蔡蕃同志关于元代坝河的研究而有所启发才下笔的。现在他的专著既已出版，这篇小文似乎可以不必再付印了。但是个别细节还可略作补充说明，如文中图 18 所复制的英国国家图书馆所藏北京城图西北隅部分，明确画出了西直门内红桥（横桥）向北直通德胜门水关以内积水潭的河道，可供《北京古运河与城市供水研究》第 180 页的《明万历中北京水道示意图》加以参考。又该书第 175 页对于《元史·河渠志》"金水河所经运石大河及高梁河西河，俱有跨河跳槽"的记载，应如何理解，尚未完全论定，本文中也暂备一说，可留待继续研究。

最后还应该说明的是，此文重点在于说明河湖水道在北京城市规划建设上的关系，当仍有参考价值。

1988 年 6 月 25 日

原载《环境变迁研究》第二、三合辑，
北京燕山出版社，1989 年

本次自《奋蹄集》选出

1936 年秋，作者等人曾拍摄西山至玉泉山引水石槽及河道桥梁的照片多幅，现在这些遗迹都已消失，兹选录其中六幅如下（图 23）：

甲　广润庙内石砌水池
广润庙故址在今万安公墓（李大钊墓所在地）旱河路北口与玉泉山路相交处，已无遗迹可见。原有庙门北向

乙　广润庙水池内石雕龙头
作者用长竿探入龙头

丙　广润庙上游为保护引水石槽而开挖之泄水河石砌南岸

丁　作者访问广润庙迤北四王府村老人李二

二人坐在村西侧、自卧佛寺樱桃沟至广润庙之引水石槽上。上覆石条，略高于地面。老人称儿时尚见流水入广润庙

戊　广润庙东至玉泉山残存的砖石所砌长墙

墙体破坏，引水石槽倾倒地上

己　长墙东部，二墙平行修建，设有门洞，便于南北通行

墙上引水石槽倒地上

图23　西山至玉泉山引水石槽及河道桥梁照片六幅（1936年秋摄）

北京海淀附近的地形、水道与聚落[*]

海淀在北京西北约 8 公里，正当京颐公路（北京至颐和园即万寿山所在）上，人口约一万二千余，是首都西北郊最大的市镇。

海淀东南，地势高亢，聚落稀少。自北京西直门外西郊公园以西之白石桥，一直到海淀镇的东南端，南北约 5 公里，举目所见，正是华北平原的典型景色（图 24）。

海淀正北以及西北一带，地势低下，是旧日园林散布的区域。燕京大学西南一隅与海淀北部互相毗连的地方，正是旧日园林中开辟最早的一部分。京颐公路从东南而西北，斜贯海淀镇的中心。凡是经由这条公路向北来的，一出海淀镇的北口，即见地形突然下降，如在釜底，田塍错列，溪流潆洄，顿呈江南景象。数里以外有万寿山、玉泉山平地浮起，其后更有西山蜿蜒，如屏如障。南北一镇之隔，地理景观，迥然不同。

海淀地方的发展，是与北京城的建都有着极其密切的关系。特别是从明朝末叶到清朝中期，海淀附近园林的开辟，更是因为地近统治中心的缘故。在人民首都的都市计划中，这一带地方被划定为

---

[*] 本文是根据 1950 年秋季在清华大学营建系市镇计划组及北京市人民政府都市计划委员会所作报告改作的，写成于 1951 年 5 月。文中提到的许多地名已有了变化，如燕京大学旧址，是今天北京大学所在，这里都未作改动，只在图 27 中改写为北京大学。

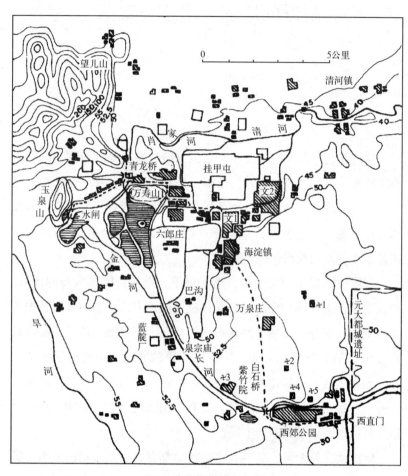

图 24　海淀附近聚落分布略图
（空白方格聚落名称见图 26）

文 1　燕京大学　　　　　文 2　清华大学
卍 1　觉生寺（大钟寺）　卍 2　大慧寺（大佛寺）　卍 3　万寿寺
卍 4　五塔寺　　　　　　卍 5　极乐寺

文化教育区，它前途的发展，不但为全市人民所注意，而且要为全国人民所关心。因此在这着手建设的初期，我们有把这一带地方的地理条件和它的发展过程做一番研究的必要。本文的讨论，从地形与水道入手。

一、海淀附近的地形

（一）海淀台地

海淀镇平均海拔 50 米[1]，东南高而西北低。海拔 50 米的等高线，即自东北而西南，斜贯镇之中心（图 24）。这条 50 米的等高线在海淀附近一带具有重要意义。大体说来，50 米以上的高地在北京西直门外长河（也叫御河或玉河）右岸（即东北岸）向北伸出，状如手掌（只有正东一块为元朝大都城的城濠所割裂）。其东、西、北三面之地，都在 50 米以下；只有正南偏西一面，地势高仰，隔长河与首都西郊 50 米以上的平原连成一片。这状如手掌的 50 米以上的高地，可以定名为"海淀台地"。其最高之处，在海淀镇以南台地的西半，平均高达 52 米以上。这 52 米以上的较高地带与长河左岸（即西南岸）同一高度的区域，在地形上的连属，甚为显明。其后因凿河引水，乃将此两处高地的连属部分，斩为两段。斩断的地方，就是万寿寺前的长河河道。这一段河道，两岸高峻，形如峡谷，和上下游岸平水浅的情形极不相同[2]。因此，长河在万寿寺前的一段，上自蓝

---

[1] 本文所用海拔高度及所附地形图，皆以前顺直水利委员会实测五万分之一《顺直地形图》及万分之一蓝图为根据。其水平点系自大沽标准面起算，约比平均海平面低 1.3 米。
[2] 其西 1 公里余，另有一斩断地带，因与本文无直接关系，故略而不论。

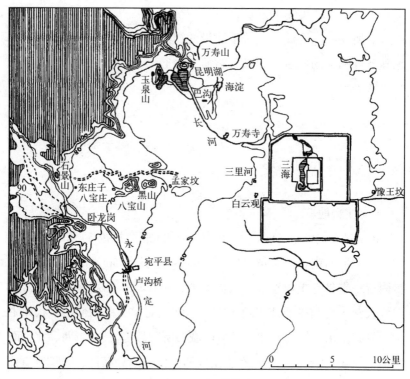

图25　北京近郊地形

靛厂，下至白石桥，即可视为"海淀台地"的南界（图24）。

　　以上所谓"海淀台地"，实在是古代永定河冲积扇的一部分。这古代冲积扇自石景山与卧龙岗之间开始向东发展（图25），西郊八宝山、黑山以及北京城都正好在这古代冲积扇的背脊之上。自石景山至八宝山，平均每3公里地形下降10米；八宝山以东至北京城，则平均每6公里地形下降10米。例如石景山东南1.5公里之东庄子海拔为80米，正东3公里至八宝山西麓之八宝庄，其海拔降为70米。八宝山西麓至黑山东麓相距约3公里，70米的等高线绕行于其间。又自黑山东麓东去约半公里为孟家坟，其地海拔为60

米，再东约 7 公里至北京城西三里河，地形又下降至 50 米。由此更东约 10 公里至北京城东豫王坟，地形始又下降 10 米（海拔 40 米）。北京城即在此 50 米与 40 米两条等高线之间，这在本文所附《北京近郊地形》（图 25）里，可以看得十分清楚。图中所示间隔 10 米的诸条等高线，大体上都作弧形排列，并无甚大出入。其中出入最大的，要算那条 50 米的等高线。50 米的等高线在卢沟桥南的一段，沿永定河两岸向南突出甚多，这和永定河在最近一千年中的冲积有关。其在西直门外以北的一段，又向北方突出甚多，这就是上文所说状如手掌的"海淀台地"。海淀台地所以成此突出之状，其主要原因不在于台地本身的冲积，实由于其西方有一带低地衬托所致。这一带低地因适当海淀镇西南巴沟村的周围，故可命名为"巴沟低地"。巴沟低地的形成，实与海淀台地向北突出之状，有不可分离的关系，所以应当在这里一起讨论。

（二）巴沟低地

巴沟低地的西面以昆明湖与长河的东堤为界，其东则以陡峻的斜坡与海淀台地造成显明的对照。在海淀镇北口所见西北一带突然下降的低地，就是巴沟低地的下游。

巴沟村在海淀镇西南约 2 公里，海拔 49 米。由此向北，地形逐步下降，至海淀镇西，其平均海拔降至 47.5 米，亦即在海淀镇平均海拔以下约 2.5 米。设想此巴沟低地如可垫起 2.5 米，那么海淀台地即可与长河及昆明湖以西 50 米以上之平原连成一个平面，不复有向北突出的形状。因此，欲知海淀台地的形成，也须同时研究巴沟低地的形成；而巴沟低地的形成，又与附近水道有不可分离的关系。所以在讨论了海淀附近的地形之后，还应当进一步讨论海淀附近的水道。

二、海淀附近的水道

海淀附近的水道，可以分为两系：一是玉泉山水系，一是万泉庄水系。玉泉山水系南流的一支，即昆明湖以下的长河，在蓝靛厂东与北流的万泉庄水系的上源相去不过1公里，而两水南北，各自分流，实为最可注意的现象。现在为方便起见，将以上两水系分别讨论如下。

（一）玉泉山水系

玉泉山水系，源出玉泉山下诸泉，其总出水量，在冬季雨少的时候每分钟约计120立方米，如在夏季雨多的时候，约可两倍于此[1]。诸泉所出的水总汇于玉泉山东相去约1.5公里的昆明湖，其间地形约自海拔52米下降至50米，当中有分水闸一座以司蓄泄[2]。但在此闸以东，昆明湖西垣之外，另有支渠一道分水北流，经青龙桥下，流为肖家河。肖家河又东经圆明园之后，名曰清河，其下游合温榆河以入白河，这可说是玉泉山水系的北支（图24）。但是青龙桥下设有板闸，以节流水。在普通情形下，板闸以内的水位较之桥北河床经常高出至少2米，因之下泄之水，其声隆隆。假使青龙桥下的闸板全部提起，那么昆明湖的水位就会立刻下降，这是十分显明的。

玉泉山诸泉之水既总汇于昆明湖，因此乃形成一片碧波浩荡的大水面，其总面积约达130公顷。万寿山峙立于湖之北岸，石栏环绕，楼阁叠起，湖光山色，分外清丽。清末以来总称颐和园，是首都西北郊的第一名胜。

---

[1]《北平市河道整理计划》，1934年9月，第11—18页。
[2] 此闸已由北京市人民政府卫生工程局于1950年改建。

昆明湖的水主要由东南角绣漪桥下流注长河[1]，以入北京城，是城内河湖系统主要给水的来源。假使长河断流，水不入城，那么今天北京城内风景中心的三海必将枯竭（图25）。因此，从地理上来说，昆明湖不但是近郊的一大名胜，同时还是北京城最可宝贵的水库。青龙桥下之不能启闸放水，其原因就是要提高昆明湖的水位，使之可以畅流入城。

昆明湖东岸，长堤峻固，除用三合土修筑之外，复加石工，与西岸土堤相较，迥然不同。其原因在于东堤之外，地形陡然下降，其地面的平均海拔为48米，常在堤内普通水位以下至少1米。其间有二龙闸等泄水外出，以为堤外稻田灌溉之用。同时二龙闸外泄之水，另分一支，合颐和园大宫门前由后山湖南放之水，合而东流，经马厂桥下北入圆明园，为旧日园内给水的主要来源。其下流也与清河相汇（园内水道至为纷歧，未能在本文所附诸图中表示，其详可参见1936年实测《圆明、长春、万春园遗址形势图》）。

昆明湖强固东堤的修筑，其目的即在于提高昆明湖的水位。因昆明湖所在之处，正是玉泉山诸水的下游，其地西高而东低，成一陡降的斜坡。因此只要加高东岸，湖内的储水量就可增加，同时东南入城的水流也可加强（北岸有万寿山为天然堤障）。

其实，不但昆明湖的东岸特别高固，就是蓝靛厂以上长河的东岸，也是特别高固。设非如此，也不容易使长河的水畅流入城。因为长河以东，即是巴沟低地，其地面的平均高度，也在长河普通水位以下，因此在这一段长河东岸之下，也设有闸口数道放水东下，以灌溉巴沟低地西部的稻田，其末流又与万泉庄水系相合，转而北

---

[1] 另有支河一道，名曰金河，自玉泉山外高水湖（今已辟为稻田）绕行颐和园西墙之外，直注长河（图24）。

注,经燕京、清华两大学之间,北入清河(图24)。

以上可说是今日玉泉山水系的概况。但是其中有一点必须指明的,就是玉泉山水系这种分流的情形,完全是人工改造的结果,而不是原始水道的本来面目。其最显明的证据,除去人工修筑的昆明湖东堤以及长河东堤之外,还有一点,就是上文所说万寿寺前长河河道的开凿。假使此段河道不加开凿,那么昆明湖水纵有强固的东堤以提高其水位,也断无向东南流以入北京城的可能。为什么呢?因为这一段河道所开凿的地带,其平均海拔高达52米以上,而昆明湖东堤的平均高度刚足海拔50米,其普通水位犹在此下1米。就是玉泉山前分水闸所在之处,其海拔也只有51米,还在万寿寺前高地平均高度之下约1米。由此可见万寿寺前长河河道的开凿,乃是人工改造玉泉山水系的一个重要措施。假使这一段的河道不开,那么今日所谓玉泉山南系的水,势必全部流向东北,以入清河。今日清河上有清河镇,在海淀东北约6公里。由清河镇至玉泉山的距离与由西直门外白石桥至玉泉山的距离,约略相等。但白石桥海拔在50米以上,而清河镇尚不足40米,水性就下,凡今日海淀一带未经堤工阻障之水,或昆明湖及长河东堤泄出之水,必然流向东北直注清河,乃是显而易见的事;而长河之东南流,以入北京城,反属极不自然(图24,图25)。

讨论至此,就引出了两个极有兴趣的问题:万寿寺前的长河河道究竟是什么时候开凿的?其开凿的动机又如何?这都是北京历史地理上极其重要的问题,这里虽不能详细讨论,也当略加说明。但在说明之前,必须补充一点,即万寿寺以东,海淀台地南界之下,原有小河一道,其上源当出今紫竹院前的小湖(其中有泉),下游就是白石桥以下长河的河道(图24)。证以郦道元的《水经注》,这一道小河就是古代有名的高粱河⟨1⟩。西直门外以北长河之上有桥曰高亮桥，按"亮"当作"梁"，就是从这道古河而得名。

古代高粱河的下游，在北京今城尚未建址以前——即元忽必烈（世祖）至元四年（1267）以前——就业已流经今日北京内城什刹海与北海所在之地，就其下降之势，积成沼泽与湖泊。到了整整八百年前——即金完颜亮（海陵王）天德三年（1152）——金朝建都北京的时候，其城尚在今日内城的西南方，大致即相当于今日外城的西部。当时还没有"北京"的名称，通常叫做"燕京"，号称"中都"，是因袭了辽朝的"南京"城而加以扩建的。中都既建之后，完颜雍（世宗）更征用劳动人民于城北高粱河上，就其原有的湖泊，加以开凿与整理，开辟为近郊一大风景中心，并建离宫于其旁，号曰太宁宫，这就是今日北海公园的前身⟨2⟩。当时太宁宫和中都城的关系，可与晚清颐和园和北京城的关系相比拟。

根据间接史料的推证，可以知道万寿寺前长河河道最初的开凿，就是在太宁离宫修建的时候⟨3⟩。其原因在于高粱河小，给水不足，因此只有开凿新河，导引玉泉山水转而东南，用以接济高粱河的上源，结果就接近了长河河道的形势。到了元朝初年，更以太宁离宫为设计的中心，创建了今日北京内城的前身大都城⟨4⟩。当时水利大家郭守敬导引昌平县白浮村神山泉⟨5⟩以下之水，西转而南，汇于瓮山泊（即今昆明湖的前身），然后用金人所开故渠，导水入

⟨1⟩ 《水经注》卷十三，四部备要本，页二二。
⟨2⟩ 事在大定十九年（1179），见《日下旧闻考》卷二九，页十七。
⟨3⟩ 详见侯仁之：《北平金水河考》，载《燕京学报》第30期，1946年6月。
⟨4⟩ 筑城在元忽必烈（世祖）至元四年（1267），曰大都城。明初略加改造，先去其北部，又展其南墙，遂成今日北京内城之状。所废北墙遗址，今日依然可见（图24）；南墙故址所在，即今之东西长安街。
⟨5⟩ 神山泉即昌平县城东南白浮村龙王山龙泉寺之泉，出水甚旺。

高梁河,而至于城内积水潭(今什刹海),更穿城至通州,以接白河,名曰通惠河。高梁河之名,从此逐渐湮废。通惠河上游自瓮山泊以下至大都城的一段,就是今日所见的长河河道。至于白浮南下之水,明朝初年业已断流。清朝乾隆初年(十五年至十七年间,1750—1752)又大开瓮山泊,增筑东堤,以广其容水之量,改称昆明湖[1],以至于今。同时绣漪桥下长河东岸的三合土堤,大约也就是这时所筑成的。

根据以上的讨论,可知今日玉泉山水系的分流,完全是过去八百年间历经人工改造的结果,其目的在于杜绝玉泉山水下注东北的自然趋势,转以闸坝堤工挽而东南,以入北京城内。其设计之周详,操纵之自如,可以说是北京近郊以人力改造自然的一个杰作。

(二)万泉庄水系

万泉庄水系导源于万泉庄西南巴沟低地的上游。万泉庄在海淀镇南约 1.5 公里,正当海淀台地最高处的西陂,地势陡然下降。就庄之西口俯瞰巴沟低地,田塍棋布,溪流纵横,较之海淀北口所见,更近乎江南景色(图 24)。

巴沟低地的上游,成一半圆形承水盆地的状态。50 米的等高线环绕在东、西、南三面,唯当中为一南北纵长约 1 公里的土堤所分隔。这道土堤高出地面甚高,连同土堤以北巴沟村以南的环形土丘,以及盆地南端起伏的土岭,都是人工堆积的结果,其目的在于开辟附近的水田。因此巴沟低地上游的半圆形承水盆地状态,主要

---

[1] 瓮山泊原由瓮山而得名,瓮山即今之万寿山,系乾隆十六年所改。昆明湖之命名,疑本于汉长安城西郊之昆明池。昆明池系刘彻(汉武帝)所开《三辅黄图》,丛书集成孙星衍校本,页三八),乾隆刻意模仿刘彻,此其一证。

的还是用人力改造的地形，这是没有疑问的。

不过，这里应当注意的，乃是这一带用人力改造的地形，本来就是一片洼地，其间有若干泉流，平地涌出，中心所在就是泉宗庙附近的地方（图24）。按泉宗庙建于清乾隆三十二年（1767），现在只有土台遗址，指其所在。当时附近诸泉曾经命名的即有二十八个，今多湮塞[1]。唯有自流井出水甚旺，并有长河东堤泄出之水，助长流势。

当附近稻田未经开辟以前，泉宗庙左右的泉水，汇而北流，顺自然的地势，以至海淀镇的西方，从这里更汇合了玉泉山经瓮山泊东来之水（这是就未加人工整理以前的情形而言），东北直趋清河。此种流势，在人工未加整理以前，乃是极其自然的。这样常年经流的结果，遂将今日海淀台地以西的地面，逐渐侵蚀，以后又继以人工的开辟，就成了今天所谓"巴沟低地"的低陷地带；而海淀台地与长河以西同一高度的平原，遂被割裂，同时台地向北突出的形状也就造成了。

当巴沟低地逐渐形成而尚未有大量人工整治之前，其低部排水，极不通畅，常年积成湖泊，附近的地方，也多半沦为沼泽。其后因劳动人民的经营，一方栽植荷花开辟稻田，一方修治沟渠便利疏导，前后历时数百年，卒使不利生产的湖泊沼泽化为京西有名的稻田。

在这前后几百年的创造过程中，万泉庄水系的变化调整，又直接影响到海淀附近聚落的发展，这就是下节所要讨论的问题。

〈1〉 弘历：《万泉庄记》，载《御制文集》第二集卷十，页十二至十四。据本地老人云，泉宗庙诸石材，皆为张作霖拆运至沈阳，以修筑其私人陵墓，当时人称"元帅陵"。

三、海淀附近聚落的发展

欲了解海淀附近聚落的发展,应自海淀镇本身着手。

(一)海淀镇的起源

海淀镇的起源,文献已无可考,但是"海淀"二字的名称早在元朝初叶就已经见于记载了,如王恽《中堂事记》云:

> 中统元年赴开平,三月五日发燕京,宿通玄北郭,六日早憩海店,距京城二十里。[1]

按"海店"即海淀,中统(元忽必烈年号)元年为公元1260年,当时所谓燕京系指金朝所筑的中都城,其后七年(至元四年,1267)始筑大都城,就是今天北京内城的前身。"通玄"是中都城北面正中一门的名称,故址在今西便门外白云观(图25)稍北一带地方,由此北出南口赴开平,海淀正是必经之地,以今日道里计正好是10公里(二十里)。

但主要问题所在,并非海淀一名何时始见记载,而是海淀镇的原始聚落究竟是如何产生的。如果历史的考据不能解决这个问题,那就只有从古代地理的情况中来寻求答案了。

如上文所说,在万泉庄水系以及玉泉山水系未经人工整理以前,今日海淀镇以西巴沟低地的上面,泉水汇聚,积成一带浅湖,其后因劳动人民的整治,渐成荷塘稻田。其最初经营这一带浅湖的农民,必然要选择附近的高地来居住,而今日海淀镇所在处,就是

---

[1]《日下旧闻考》卷三七,页十七至十八引。

一个最理想的地方。因为这里恰好是海淀台地的西陂,地势高亢,便于居住,同时又去湖地甚近,工作来往,都很便利。于是农民一旦在此定居之后,原始聚落遂即生根,成为征服这一带低地的良好据点。海淀以南的万泉庄,虽然也在海淀台地的西陂,但是其西低地,乃是巴沟的上游,水田的开辟比较巴沟下游湖田的整治要晚得多。实际上万泉庄西南至泉宗庙故址一带的水稻,乃是与旱田互相间种的。这一带地形的造成,如上文所说,也是以人力为多,主要是清朝乾隆年间才开凿的,因此万泉庄聚落的起源就比海淀镇为晚,同时低地之上的重要农业聚落如巴沟村、六郎庄,又显然是湖田整治以后才出现的。

  至于低地上原始湖泊的名称,文字记载最早的叫做"丹稜沜",见于元上都路剌史朵里真所撰碑文,明朝中叶此碑犹见于海淀附近的一座古庙中[1],现在已经湮没无存了。但是丹稜沜一名过于典雅,一定不是原来的土名,而是后世文人所杜撰的。例如六郎庄最初见于记载的是牛栏庄,牛栏庄就是一个极好的农村聚落的名称,因为它是写实的,是有意义的,是老百姓自己所起的。但是后世文人嫌它俚俗,不能入诗,就擅自改作柳浪庄。柳浪庄的名字虽然典雅,却不真实,演变至今,竟和附近挂甲屯(原名华家屯)、望儿山(原名百望山)连成一起,编入了杨家将的故事而叫做六郎庄了(图24)[2]。"丹稜沜"既是文人后起的名字,那么它原来的土名到底是什么呢?这实在是一个很有兴味的问题。

  作者相信,丹稜沜最初的土名就是"海淀"。"淀"是华北平原

---

[1] 王嘉谟:《丹稜沜记》(孙承泽:《春明梦余录》卷六五,页二四至二六引,谓出《蓟丘集》)。
[2] 牛栏庄之名,见张爵:《京师五城坊巷胡同集》,求恕斋刻本,页十三;柳浪庄之名见博明:《西斋偶得》,光绪庚子杭州重刻本,页二三。

北部浅湖的通称[1]，"海"字在这里用作形容词，所谓"海淀"，就是说此处之淀其大如海的意思。其后因历代劳动人民不断的经营，海淀湖水的面积愈来愈小，而经营海淀湖的劳动人民的聚落却愈来愈大，结果，这个原本是由湖泊而产生的农业聚落，竟然取湖泊之名而代之，相传既久，人不复知海淀一名的本源，反将"淀"字讹写作"店"或"甸"，皆失其真[2]。明代蒋一葵《长安客话》所记，可以为证：

> 水所聚曰淀。高梁桥西北十里，平地有泉（按此指万泉庄一带之泉），潆洒四出，淙泂草木之间，潴为小溪，凡数十处，北为北海淀，南为南海淀。远树参差，高下攒簇，间以水田，町塍相接，盖神皋之佳丽，郊居之胜选也。北淀之水，来自巴沟，或云巴沟即南淀也。[3]

这真是一段极好的描写。此处所谓"北海淀""南海淀"，都应看作湖泊而非聚落。今天海淀镇上有一条街巷，名字叫做"南海淀"，燕京大学燕南园南天仙庙中有明隆庆六年（1572）碑文，称其地曰"北海淀"[4]。这都是以湖泊名称转化为聚落名称的铁证。

---

[1] 其著名者如东淀、西淀、三角淀、塌河淀等。又旧日北京近畿有"九十九淀"之称，见《风庭扫叶录》(《旧都文物略·河渠关隘略》，页四引)，此不备述。

[2] 其写作"海甸"者，以为古有"郭外曰郊，郊外曰甸"之说。"海甸"因在郊外，故有此称。此处所谓"郊""甸"，皆系指北京今城而言。但早在北京今城未建之前，已有海淀之名，其说不攻自破。

[3] 《长安客话》卷四，页一。又刘侗：《帝京景物略》有类似之文，见卷五，页五二。

[4] 洪业：《勺园图录考》，燕京大学引得特刊之五，页五三。又《日下旧闻考》卷九九，页二十引《五城寺院册》，谓天仙庙在"北海淀"。又二十余年前燕京大学燕南园出土明代吕志伊墓志称葬"北海淀"。

（二）附近园林的开辟与发展

自元至明，海淀二字兼为湖泊与聚落的通称，丹棱沜则是文人间或用于湖泊的别名。其所以有此典雅的别名，正是说明这一带湖泊已经渐渐变成了有闲阶级游览的胜地。其中原因之一就是元朝初年今城建址之后，海淀去都城的距离较前大为缩短，因此城中来游的人也就日益增多。到了明朝更是如此。明人王嘉谟有《海淀望西山》诗，可以为证：

> 西山吾凤好，水竹幸为邻。晴日苍烟在，青苔古树新。
> 雀勤雏尚𪃿，灯报客愁人。岩壑朝将往，丹棱沜可津。[1]

又明代区怀瑞《友人招饮海淀不果往却寄诗》，也说明往时都城中人辄以海淀为郊游邀宴之所，其诗曰：

> 羽扇驱蝇不暂闲，焦烟赤日掩重关。
> 输君匹马城西去，十里荷花海淀还。[2]

诸如此类，多不胜举[3]。洪煨莲先生所著《勺园图录考》汇集最全，考订尤精，可资参考。结果，海淀镇上所见巴沟低地的自然美景，一经都下文人吟咏赞赏之后，官僚地主阶级有钱有势之人，也就追踪而至，于是辟园林、造别墅，海淀附近聚落的发展，由此转入了一个完全不同的新阶段。此等园林别墅之中，最著名的当推李伟的

---

[1] 《帝京景物略》卷五，页五三至五五引。
[2] 朱彝尊：《日下旧闻》卷二二，页七引《游业》。
[3] 洪业：《勺园图录考》。

清华园和米万钟的勺园。

李伟是朱载垕（穆宗）李后的父亲，万历（1573—1620）间封武清侯[1]。于海淀西北巴沟低地的下游，引丹稜沜之水，辟治园林，额曰清华园[2]。当时景物之胜，推为京国第一[3]。清初改建为畅春园[4]，其故址所在就是海淀镇西大街北口所见的一片低地（图26）。现在万泉庄水系就在这里汇合了昆明湖及长河东泄之水，绕经畅春园故址与燕京大学之间，北流东转，经燕京大学的北面和万春园故址的南边，过清华大学，转而北流，以入清河。燕京与清华校园之内的湖泊、河流，就是靠这条小河为给水之源，这主要的是清朝初年整理的结果，大约和明朝末年的流势，相差不多。

米万钟是明万历二十三年进士，官至太仆少卿，擅长书法，与董其昌齐名，时人称"南董北米"[5]。所筑勺园，又在清华园的下游，分丹稜沜余波，凿河浚池。其规模虽不如清华园的宏大，但是布置幽雅，足以过之。所以当时人有"李园壮丽，米园曲折；米园不俗，李园不酸"[6]的说法。后人称道西郊名园的，也常以二园并举，如清永瑆（成哲亲王）《题近光楼诗》有句曰：

---

[1] 《明史》卷三〇〇，李伟本传。
[2] 王嘉谟：《丹稜沜记》及玄烨：《畅春园记》，载《御制文集》第二集卷三三，页十一至十二。
[3] 陶允嘉：《泽农吟稿》："燕中不乏名胜，大抵皆贵珰坟院，位置一律，殊不雅观。惟武清侯海淀别业……缭垣十里，水居其半，叠石为山，岩洞幽窗，渠可运舟，跨以双桥，堤旁俱植花果，牡丹以千计，芍药以万计，京国第一名园也。"（《日下旧闻》卷二二，补遗页一引）又高道素《明水轩日记》："清华园前后重湖，一望漾渺，在都下为名园第一。"（同上，页四引）余尚多不具录，详见《勺园图录考》。
[4] 玄烨：《畅春园记》。
[5] 《明史》卷二八八，董其昌本传。
[6] 明代叶向高语，见《帝京景物略》卷五，页五三引。

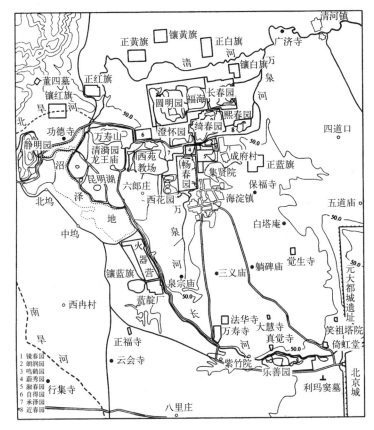

图 26　清中叶海淀附近诸园略图

> 丹稜沜边万泉出，贵家往往分清流。
> 米园李园最森爽，其余琐琐营林丘。[1]

按勺园故址，约当今日燕京大学校园本部的西南隅[2]，而清华园又

---

[1]《怡晋斋集》卷六，家刻本，页十九。
[2]《勺园图录考》，页六一。

是清华大学命名最早的本源[1]。现在两校都已经划入了首都都市计划中所新定的文化教育区之内，连同其他已有的学术文教机关，可以说是为这新定的文化教育区奠定了巩固的基础。

明清易代之际，清华园与勺园都已渐就圮废。到了清朝初年，玄烨（圣祖）又就清华园故址，重加修治，名曰畅春园[2]。自是而后，历经康熙、雍正、乾隆三代前后百余年，海淀附近，名园并起，如圆明园、静明园、清漪园、长春园、万春园、淑春园等（图26，根据《中国营造学社汇刊》第4卷第2期《清中叶西郊诸园位置图》改绘），或是皇家的离宫别馆，或是宗室大臣的赐园，可以说是达到了空前极盛的时代。而清朝鼎盛时期，物力所萃，尤在圆明园。按圆明园初创于康熙间，在畅春园之北，是胤禛（世宗）的赐园[3]。弘历（高宗）继位后，又大事增修，更别筑万春园、长春园于其东，完全连成一片，建筑规模，登峰造极；工程的浩大，且在城内宫廷之上。环绕诸园的周围，又有八旗营房（图26）及包衣三旗的建立，海淀以北数里以内，几乎都成禁地。乾隆时起，圆明园不再是单纯的游憩之所，转而成为经常听政的地方，因此每逢于园中早朝，诸大臣皆须从城内出西直门或德胜门直趋海淀，或竟于海淀私置公馆别墅，海淀镇的繁华因此达于极点[4]。

（三）诸园的焚毁与海淀镇的衰落

乾隆五十八年（1793）英国第一次派遣使臣马戛尔尼（George

---

[1] 清华大学校园本部在清中叶为近春园、熙春园之地（图27），清末改称清华园，其名虽本于李伟清华园，而地非其旧。
[2] 玄烨：《畅春园记》。
[3] 胤禛：《圆明园记》，《御制文集》第五集，页十三至十四。
[4] 《天咫偶闻》卷九，光绪丁未甘棠转舍刻本，页十二。

Macartney）到京，也曾在圆明园朝觐清帝，当时所住就是勺园的故址，不过已经改名叫做弘雅园了。嘉庆六年（1801）又改称集贤院，是汉、满文职各衙门堂官的公寓[1]。此后不久，清室统治，逐渐衰微，而欧西帝国主义的势力则正在抬头。道光二十年（1840）鸦片战争之后，我国主权横被摧残。二十年后，咸丰十年（1860），英法帝国主义者更借口兴衅，组成联军，从北塘登陆，经由通州，绕道北京西北，直扑圆明园，先大事掳掠，又以炮火毁之，这座举世的名园，竟然付之一炬，附近一带的园囿官房，无一幸免。现在燕京大学以北清华大学以西所见广袤各数里的一片丘陵废墟，就是它的遗址（包括长春园、万春园在内）。有些历史学家以为圆明园的焚毁实在是导因于集贤院，因为英法联军的通事巴夏礼（Harry Parkes）等被俘之后，曾经一度囚禁在这里，以后敌人为了报复，才把诸园焚毁[2]。但是无论如何，帝国主义者侵略中国、摧残文物的罪行，我们是永远不能忘记的。

西郊诸园被毁之后，海淀镇的繁华，顿成过眼云烟。震钧曾经写道：

> 海甸……自庚申（咸丰十年，1860）秋御园被毁，翠辇不来，湖上诸园及甸镇长街，日就零落，旧日士大夫居第多在灯龙库一带，朱门碧瓦，累栋连甍，与城中无异，后渐见颓，无复旧时王谢燕矣。[3]

---

[1]《嘉庆东华录》卷十一，"六年五月癸卯"条。
[2]《勺园图录考》，页六二。
[3]《天咫偶闻》卷九，页十二。

从此以后，一直到解放之前，前后将近百年，海淀镇可说是都在没落凋零中。而附近各营旗的残破，更是不堪设想。其实，根本的原因并不完全在于西郊园林的被毁，而是整个的旧中国都在没落衰亡中，海淀镇的凋零不过是其中一个小小的写照而已。

四、海淀的未来

总结以上的讨论，可以知道海淀镇的起源，本是一个农业聚落，其日后的发达，实在是由于附近一带园林的开辟。而这一带园林的开辟，又与地形水道息息相关。因此，我们可以得到一个重要的结论，即海淀附近旧日园林散布的区域，都在50米等高线以下，因为旧日园林之中，无不有人工湖泊的点缀，而此等人工湖泊的给水，又无不仰赖于玉泉山诸泉及万泉庄诸泉。但是诸泉汇聚的上游，正当海拔50米上下的地方，所以附近园林的开辟，就只能在此高度以下，而不能在此高度以上（图26）。

如上文所说，海淀镇正当海淀台地的西陂，面临巴沟低地，50米的等高线，自东北而西南，斜贯镇之中心，这一线之隔，因与水源高度相等，遂成为附近一带土地利用以及聚落发展上的重要分界。换句话说，就是旧日园林与水田都在海淀西北巴沟低地及其下游，墓地与旱田则都在海淀东南台地的上面。只因旱田的生产不及水田，所以台地上的农业聚落，远不如低地上的或是台地与低地之间的农业聚落发达；相反地，因为台地去都城较近，同时又是郊区主要路线所穿行的地方（如京颐公路一直都是自北京西直门至旧日各园以及西山一带的一条大路），因而转为旧日墓地与庙宇散布的区域，前者主要的代表如明朝宰相李东阳墓（在大慧寺西），清朝孔王坟（在白石桥西北）、五座坟（在今农业科学研究所之西）；后者有名的是极乐寺、万寿寺、真觉寺（即五塔寺）、大慧寺（即大佛寺）与觉生寺（即大钟寺）等（图24）〈1〉。

旧日园林是封建统治阶级优游享乐的地方，不惜以劳动人民的血汗，开湖泊、筑丘陵，创造人为地形，以与自然相媲美。但是这种地方，原本就是低地，地下水位去地面甚近，每当雨季，潮湿不堪，实在不是良好的建筑区域。例如燕京、清华两大学的校园本部，风景虽然幽美，然而各大建筑之有地下室者，每到夏季，常为水浸，必须用人工排除，所费甚大。固然，这样的困难都可用现代工程技术来克服，但是一般低地上的住宅，也因为夏季半年过于潮湿，纵然没有水浸的危险，仍然是不够高爽，如燕京大学的蔚秀园、朗润园、镜春园，清华大学的北院、西院、工字厅等教职员住宅区，都有此弊。反之，台地之上虽然不能开河引水，辟治园林，却是没有卑湿之患，如燕京大学的燕南园、燕东园，清华大学的新林院、胜因院等住宅区都是（图27）。燕南园、燕东园、新林院、胜因院这四处地方，正当海淀台地的北陂，其平均高度与两校校园本部相比较，虽然不过3—4米之差，但是在居住上的适宜程度，就远非后者所能及。

自中央人民政府建都北京以来，一切建设计划，都在迅速开展。北京市人民政府都市计划委员会就是负责规划首都建设的中心机构，在所拟的总体规划中，海淀附近业经指定为文化教育区，其范围大约是北至清河，南至长河，东至元朝土城以西，西至颐和园以东。本文所谓海淀台地、巴沟低地，都在其中，而海淀镇正好是

〈1〉按觉生寺虽不在今日重要路线之上，但在往昔却为自德胜门赴海淀诸园时所必经（图24，图26）。

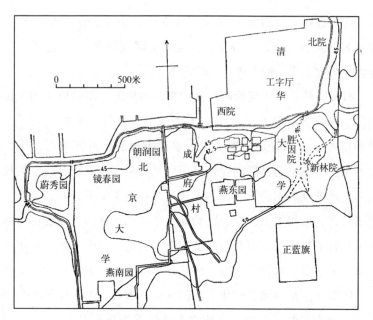

图 27　北大清华校园地形略图

它的中心。在这个广大的范围以内,以风景论,自然首推旧日园林散布的低地,但是以建筑条件论,当以海淀台地为第一。海淀台地虽然为旧日园林设计所不取,却正合乎今日建筑的需要。

人民首都文化教育区的初步建设业已兴工了,海淀镇的重新规划已是刻不容缓,谨以此文奉献于负责规划新海淀镇以及一切关心首都建设的同志们。

原载《地理学报》第 18 卷第 1、2 期合刊,1951 年 6 月
本次自《历史地理学的理论与实践》选出

明陵的水文[*]

首都西面及西北面的山地区，是许多名胜所在的地方，明十三陵是这许多名胜中的一处。夏季一到，首都人民常常结队来游，在丛山环抱翠冈起伏之间，或者是在古老的山陵建筑的台地上，到处可以找到野外露营的好地方。春秋佳日，前来作一日之游的也常常络绎不绝。这一区名胜的特点，不仅在于它有明代帝王的一些巨大的陵寝建筑，同时也很富有地理上的趣味。它的东、西、北三面，峰峦耸立，如屏如障，只有正南一面开向北京城所在的平原，而且就在这开口之处，恰好有两座小山，东西并列，把这一带陵域封闭起来，形成了方圆将近40平方公里的一个小盆地。东边一座小山名叫龙山，西边一座小山名叫虎山。从北京来的大路，正是从这两山之间前进的（图28）。

明陵地区，水源缺乏，在山麓地带虽有流泉散布，但为数不多，水量也很有限，例如其中最大的，要算昭陵背后翠屏山下的九龙泉。泉水出石灰岩隙中，其上岩层壁立如墙，不可攀登；其下泉水沿山麓台地流注山涧沙砾层中，部分转为潜流。台地之上农民引泉水灌溉，有菜畦果园，林木葱茏，风景也很幽静优美。可惜泉水流量不大，估计每秒还不足半立方米，加之个别地点还有渗漏的情

---

[*] 原题《明十三陵》，经编者删节后，改为今题。

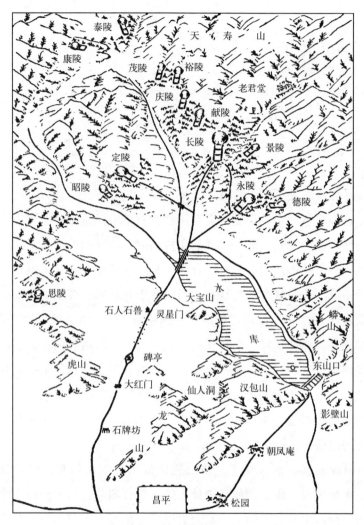

图 28 十三陵水库位置图

况（石灰岩中常有缝隙漏水），这就使得一部分流水又入地中。明嘉靖中，曾就喷泉所在，凿石为龙头，水出其中，潴为方池，池上建亭，名曰"翠泽亭"，其旁有馆舍数间，史书上有"峭壁清流、茂林幽馆"的描写，但是现在这一切都已荡然无存了。

从另一方面来看，每当雨季，溪涧流水暴涨，这时十三陵盆地上所患的又不是水少而是水多。十三陵盆地的受水区域连周围山地包括在内，大约有200多平方公里，凡是这200多平方公里以内的雨水，都要经过许许多多急流湍涧，最后汇集在十三陵盆地上，终于形成了一条波涛汹涌的洪流，自西北而东南，斜穿盆地中心，向东山口以下的山峡奔腾而去。在流水特别大的时候，还要发出十分雄壮的澎湃之声，如万马怒吼，震荡着附近的山陵。每年雨季之后，盆地中心的旱河流水常常可以持续三四个月，有时入冬之后还不断流。

　　这样雨季山水的暴发，形成了极大的侵蚀力量，这只要看看十三陵盆地中心的荒凉景象，也就可以明白了。从龙凤门以内一直到长陵台地之间，地形陡然下陷，犹如一个宽广的河谷，谷内沙砾遍地，卵石累累，特别是在旱河的河床上，到处可以看到大块的漂石，如果沿着河床走上去，漂石愈来愈大，数量也愈来愈多，这都是侵蚀正在剧烈地进行着的征象。到长陵去的大路，必须横渡河谷，在河谷以内的旱河河床上，有两座古代石桥的残基，说明了河水冲刷的力量。现在的大路，只好绕过石桥残基，从河身中径直穿过，这一段路面，完全用水泥铺成，两边竖立水泥柱子，作为栏杆，可以稍稍减杀水势和拦阻较大的卵石下行。因此下大雨以后要到十三陵去，汽车就必须从湍流中驶过。在水流过大时，汽车渡河还有一定的危险。有一次某校满载同学的大卡车，强渡湍流，几乎酿成大祸。

　　从地形的演化来看，在地质史的近期，十三陵盆地曾被大量沉积物所填充，形成一片平坦的小平原，其后，雨季洪水逐渐在盆地中心的沉积层中挖掘出一条河床，向今日东山口方向流去，日久天长，遂冲刷成今日盆地中心的宽广河谷。在东山口以下的山峡中有两岸对称高 20 余米的台地，十分有力地说明了这是河流切割的残余。

自然，在这一过程中，人为的对于这一带山林的破坏，也大大加强了流水侵蚀的力量。早期森林砍伐的情况，很难查考，但是从十三陵兴建以来这一带林木的破坏，却有了十分可靠的记载，例如清初爱国学者顾炎武，在他几次亲到十三陵之后曾经写道："自大红门以内，苍松翠柏，无虑数十万株，今剪伐尽矣。"(《昌平山水记》) 这是多么严重的破坏! 假如这数十万株苍松翠柏一直保留到今天，那么今日所见荒凉残破的明陵盆地还不是要变成了一片汪洋绿海？

现在为了制止水土流失的严重情况，陵域以内已经实行封山育林，这是十分必要的。此外还可利用十三陵盆地修筑水库，只要盆地岩层不致大量漏水，那么就可以在东山口以下的山峡中修筑一道长约半公里余的拦河坝，并把龙山和虎山左右的几处平缓地段加以封闭，这就足以把雨季山洪连同四季不绝的泉流，一齐拦蓄在盆地里，积成一个人工湖泊。它的面积小可两三倍于万寿山的昆明湖，大可超过五倍。湖水深处可以达到一二十米。现在孤立于盆地上的小山，那时也就变成了浮在湖面上的小岛。这里应该附带提到的是东山口内，河谷中间，有一座巍然耸立的小山，名叫平台山，洪水暴涨的时候，这座小山正当中流。从构造上来看，它原本与西边山麓相连，后因流水冲击，竟把中间岩石较软的联系部分打断，终于形成了一个孤立的小山。现在每当雨季之后，立足在小山顶上，可以看到十三陵盆地上的狂涛怒浪，滚滚而来，极是壮观。明朝中叶尝在山顶建立圆亭一座，绕以玉石栏杆。现在只剩下乱草丛中一块完整的镌工精美的汉白玉石刻，往年繁华已成过眼云烟。如果十三陵盆地将来可以变成一片湖泊，那么这座小山，也一定会变为一个十分出色的小岛。

总之，假如修筑水库的意见能够成为事实，明陵一带也将成为首都附近一个消夏胜地和风景中心。我们可以想象，在翠山环抱之间，一片湖水，平远浩荡。在湖水沿岸的山麓台地上，除去古代陵殿之外，还将有若干疗养所、休息站或其他公共建筑物，点缀其间。湖岸浅滩可以开辟为广大的游泳场，辽阔浩瀚的水面上也可供无数游艇荡漾。这是一幅可能出现的美丽的远景。

原载《旅行家》1955 年第 8 期

附　记

1955 年秋我写这篇小文时，曾提出了两个建议：第一是利用十三陵盆地修筑水库，那时主要着眼点还在于点缀风景，后来十三陵水库动工修建，则首先是为了农田灌溉、发展生产。第二是希望长陵地宫可以打开，而当时还只能根据前人旧图草拟一幅《方城及地宫剖面示意图》。后来定陵的地宫（玄宫）作为试点首先被打开了，其构筑的宏伟，实出想象之外，由此可见十三陵（思陵应是例外）地下建筑工程的巨大。现在还有待于陆续开发。从这些地下宫殿的建筑中可以充分看出当时建筑艺术的水平以及劳动人民所付出的巨大代价。又我国古代建筑多系木构，而这些地下宫殿，则全系石工，为古建筑物独备一格，也是值得重视的。

记于 1962 年 5 月 15 日

本次自《步芳集》选出

从丰沙线到官厅水库

一、风景壮丽的官厅山峡

从西北一方进逼北京城郊的山岭，好像是从大平原上竖立起来的天然屏障，要想穿越它是十分困难的。这一带山岭通称西山，是太行山向东北延长的余脉，它的走向大体是自东北到西南。它的主要山峰有妙峰山、马栏鞍、清水尖和髻髻山等，都高达1400—1500米，从东北向西南排列，宛似一条被割断的山脊。实际上在西山初起的时候，这确曾是一条连续不断的山脊，以后由于长期侵蚀的结果，才形成了这一列若断若续的山峰。这些山峰都是由斑岩与砾岩所组成，质地坚硬，很能抵抗风化，所以峰峦耸立，气象峥嵘。从西山再往西去，更高的山峰层出不穷，一直到高达约3500米的小五台山，这就是华北的最高峰了。

华北有名的永定河，恰好从西北向东南穿过西山，大部分与地层走向相直交，并在马栏鞍与清水尖当中，把西山的主要山脊切断。它西北入山之口叫做官厅，东南出山之口叫做三家店。从官厅到三家店沿河长约110公里，永定河曲折盘旋在这一百多公里的崇山峻岭之间，形成了时而窄时而宽的一条山峡，这就是有名的官厅山峡。

官厅山峡的风景很是壮丽，在巍峨山峦的萦回之间，永定河的河床盘旋出没。有的地方山崖壁立，仰天一线；有的地方峰回流转，波浪翻腾。在湍滩出现之处，激流奔啸，有如万山齐鸣，但是在峡谷开阔的阶地上，偶尔也有一两处荒山野村，又显得格外寂静安闲。山峡的形势从青白口以上一直到官厅最为壮观，这一带山岭都由硅质灰岩构成，峰峦最为峻峭，峡谷两岸也都是悬崖绝壁，最深的地方可达数百米。在个别地方的岩层，暴露得十分显明，一层一层地累积，有如砖城百仞，这是中生代以前深海沉积的结果。

永定河何以能在万山丛中开辟出这样一条峡谷，似乎很难理解，但是从地质史的演变来看，这却是容易说明的。地质学家告诉我们，当第三纪（新生代）后半，在西山因地动而逐渐隆起之时，永定河的河床已经因侵蚀作用而形成。到了第三纪末与第四纪初，又有拗褶作用发生，西山继续隆起，侵蚀下切的力量因而加强，只因地动的速度很慢，所以永定河的河床仍能保持着它原来的故道，把缓慢隆起中的山岭下切成今日所见的峡谷。正是沿着这条峡谷，丰沙线为京包铁路干线开辟了穿越西山的捷径，同时也是从北京到官厅水库最为方便的一条道路（图29）。

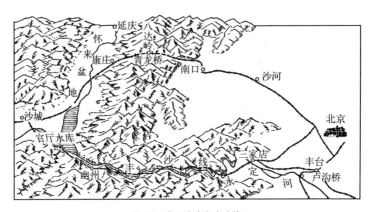

图29 官厅水库和丰沙线

二、穿越崇山峻岭的丰沙线

丰沙线从北京近郊的铁路会合点丰台开始，经三家店进入西山，然后就紧紧沿着永定河所开辟的官厅山峡前进。出峡之后，绕过官厅水库的西岸到沙城与京包铁路接轨，全长 105 公里。1953 年春季动工，本年"七一"提前完成。

在丰沙线没有修筑以前，京包铁路是唯一穿越北京西北山地区的铁路线。这条铁路具有重大的经济意义，特别是从集宁分轨自二连一直到乌兰巴托的国际路线的修筑以及京包铁路本身继续向西方的延长，越发增加了这条干线的重要性。但是这条干线从北京到沙城之间，必须穿越有名的南口峡谷与八达岭。这一段虽然只有二十几公里，而坡度极大，严重地限制了京包线的运输量，更难完成它今后日益繁重的运输任务。为此中央人民政府决定修建丰沙线，以分担京包铁路北京到沙城段的运输量，它的运输能力可以提高至京包线南口到八达岭一段的三倍。这样就保证了首都与广大西北地区日益繁重的铁路运输。

但是丰沙线的建筑工程却是非常艰巨的，过去京包铁路未能选择这一段路线，原因正在这里。全线 105 公里，共凿隧道 65 孔，火车行驶平均每公里就要穿过 270 米的隧道，到目前为止，这要算我国铁路中隧道最密的一条，其中第 16 号隧道长达 2500 米，也是目前我国铁路隧道最长的一座。这条铁路不但要穿过崇山峻岭，还要跨越无数的山沟和溪涧，并往复数次渡过永定河，全线大小桥梁 60 余座，平均每 20 米就有桥涵 1 米，每公里就要填挖土石 5 万余方。工程的浩大，可想而知。

现在我们乘坐这条路线的火车前进，沿着永定河的峡谷，曲折盘旋在崇山峻岭之间，时而峡谷开朗，喜见阳光普照；时而悬崖绝壁，近迫眉睫。车窗中不时闪现出一幅奇丽的景色，但是不等你定睛观看，它又迅速地收敛起来。特别是当火车行驶在陡崖峭壁的一瞬间，偶尔下望，如临万丈深渊，这一突然出现的危险景象，是很难不令人惊心动魄的。但是，无论在什么情况下，火车都在安全平稳地奔驰前进，它那有规律的迅速转动着的车轮的响声，好像奏出了一曲雄壮的音乐，打破了这山峡中亘古以来的寂静。机车汽笛偶尔发出的一声嘹亮长响，在万山丛中回旋荡漾，引起了长久的回响，好像宣布说，人在这里已经做了自然的主人。是的，一个伟大的时代开始了，在我们的国家里，人正在进行着巨大的改造自然的工作。当我们离开官厅山峡的时候，火车就把我们带到了另一个巨大的人力征服自然的工程面前，这就是官厅水库。

三、官厅水库——征服永定河的关键

火车一出官厅山峡，两边的山岭忽然向左右迅速展开，这时出现在我们面前的是一片汪洋浩瀚的水面，一直伸展到遥远的北方的山脚。眼前这种平远浩荡的景象，和我们刚刚离开的那种悬崖绝壁的山峡形势，形成了强烈的对照，并且在每一个旅行者的心里留下了不可磨灭的印象。

这一片汪洋浩瀚的水面所占据的地方，原本属于怀来盆地（因盆地中的怀来城而得名）。周围有群山环绕，当中一片广阔平坦的地带，形势天然。永定河从西北一隅流入盆地，然后沿着盆地西南面的山麓前进，最后汇合了盆地上另外一条从东北来的小河——妫水河，就在官厅附近，泻入山峡。官厅以上是广阔的盆地，以下是狭长的山峡，有人把这儿的地形比作一只漏斗，倒也十分形似。现在我们正是利用这一优越的地形，就在这只漏斗形的管口上，筑起一道高45米、长290米的拦河坝，把波涛汹涌的永定河的洪水截拦在怀来盆地上，形成一个巨大的水库，它的面积可以达到230平方公里，可以储水22.7亿立方米。这是我国目前所建立的最大的一个水库，也是我们征服顽劣不驯的永定河的关键。

永定河在华北为害很大，仅次于黄河，所以曾叫做小黄河。又因为它携带泥沙很多，浊流滚滚，所以也曾叫做浑河；河道过去自三家店出山，一泻而入大平原，常常纵横徘徊，泛滥为灾，同时也严重地威胁着北京城的安全。清朝初年为了巩固河防，保卫京城，曾大事修治，并给它改名叫做永定河。实际上也是只有其名，而无其实，只能代表一种愿望而已。

永定河的为害，主要在于它的洪水暴涨暴落，来去无常。根据官厅地方近年以来有限的水文记录，我们知道同在夏季，永定河的流量最小的时候每秒钟只有一二立方米，仅大于泉流。但是一遇暴雨集中，山洪下降，就会立刻增加到几千倍。例如1939年7月的一次大水，官厅地区的洪水峰就曾达到4000立方米/秒（即每秒钟有4000立方米的水流过河槽）。洪水的来势不但猛烈异常，而且退走得也很迅速。只需8个小时，汹涌奔腾的洪水就可冲出110公里迂回曲折的山峡，然后倾泻于华北大平原上，每每酿成极大的灾害。我们要想驯服永定河，首先在于控制它的来去无常的洪水，而官厅水库正是为了这一目的而设计的。

现在我们立足在官厅水库的拦河坝上，面对着这一片平远浩瀚的水面，在重山环抱之中，呈现出一种前所未有的宁静气象。回过头来，顺着官厅山峡望去，在幽暗深邃的巉崖绝壁之间，我们仿佛还可以听到过去永定河的狂涛怒浪在这里的奔腾咆哮，但是现在它再也不足以威吓我们了。我们所站立的是何等坚强、雄壮而朴质的

图 30　刚完工的官厅水库拦河坝

一个巨大建筑物啊！这是苏联专家、中国技术人员和成千上万的劳动人民的无比的智慧和力量所共同创造的，是我们千百年来向永定河进行斗争而取得了最后胜利的标志（图 30）。

在拦河坝西端的山崖下，开凿了一条将近 500 米的输水道，上游进水的地方，设有进水塔，塔内安装了八个用油压启闭的高压闸门，可以按照要求调节流量，放水入官厅山峡。在下游出水的地方，又有修筑坚固的静水池，可以防止流水对坝址的冲刷和破坏。在拦河坝的东端，沿山坡设有溢洪道，长达 400 多米，等于水库的"太平门"，在上游流量过大、输水道泄流不及时，可以通过溢洪道帮助宣泄，以保障拦河坝的安全，在全部工程尚未完工的时候，水库就已经对永定河的洪水起到了拦蓄的作用。从今以后，永定河的下游不但再不会像过去那样遭受洪水的威胁，而且可以希望得到足够的水量进行灌溉，改善航行。同时，北京这个一向缺乏地上水源的大城市，也可以获得一定的水源，开辟运河，美化市区，并供给日益发展中的工业上的用水。最后还应该提到，官厅水库水电站的建筑工程，正在沿着拦河坝以下的东面山坡顺利进行，预计本年年底就可发电,那时我们也将因为获得充足的电源而使首都的工业更加发展,首都的生活更加繁荣,首都每年五一、十一夜晚的天安门及其广场更加辉煌灿烂!

我们打破了西山的重岭叠嶂,制服了顽劣不驯的永定河,然而这还只是我们征服大自然的开始。在我们祖国辽阔而广大的土地上,我们要征服一切自然的威胁,要"让高山低头,让河水让路",要把祖国的大地改造成"锦绣河山"。

原载《旅行家》1955年第11期

本次自《步芳集》选出

北京城最早的水库昆明湖

昆明湖和万寿山，总称颐和园，是首都西北郊一大名胜。住在北京而没有到过颐和园的人，恐怕是很少的；到过颐和园而不为昆明湖这一片浩瀚的水面所吸引的就更少了。

昆明湖在风和日丽的时节，很像西山脚下天工琢磨的一面镜子，附近山色倒映入湖，凭空增加了无限深邃和静穆的气氛。但是一遇大风，在这一片和平柔静的水面上，又会立刻掀起狂波怒浪，拍打在石条修砌的岸边上，吐出雪白的浪花，又使人觉得有些懔然可畏。仔细想想，颐和园的美，正在于这湖光山色，相互辉映。站在万寿山的众香界，俯瞰昆明湖漭沆浩浩，自然有心旷神怡的感觉；荡舟在昆明湖里，仰望万寿山殿台楼阁，凌空直上，又好像是一个超然出尘的仙境。总之，这一山一湖，一个平远浩瀚，一个巍然耸起，这两种截然不同的情景，都构成了一幅极其优美和谐的图画。以上种种，最好还是留给画家去描绘，这里只想谈谈昆明湖的古往今来。

昆明湖原称西湖，又叫瓮山泊，是因瓮山而得名。瓮山就是原来万寿山的名称。清乾隆初年在这里辟治园林，改瓮山为万寿山，扩大原来的瓮山泊为昆明湖。万寿山和昆明湖，在当时总称为清漪园，1860年曾遭英法侵略军的破坏，1888年重建之后，这才改称为颐和园。

昆明湖的扩大，在北京水利开发的历史上，占有重要地位。北京自建立为封建帝王的统治中心以后，对于水源的要求，大大增加。为了点缀风景，辟治苑林固然要用水；为了开凿运河以便输送华北以及江南的漕粮到北京，就更需要用水。但是北京城内缺乏水源，金元两朝都企图从永定河引水到北京。只是由于永定河流量极不稳定，携带泥沙又多，屡次导引，未能成功，于是只好从西北郊的泉水打算盘。西北郊泉水最盛的，首推玉泉山和瓮山诸泉。但是这里的泉水在汇为瓮山泊后，按着天然地形，径向东北流入清河，和位在东南方的北京城并无关系。金朝时候，最初开凿了一条人工渠道，把瓮山泊的水引向北京城（时称中都）。但是水量有限，作用不大。到了元朝，在改建北京城后（时称大都），著名的大科学家郭守敬，经过实地勘查，修筑了一道长约五十里的大堤，名叫白浮堰，把昌平城东南七里神山（今称凤凰山）下的白浮泉（今称龙泉，附近有白府村），引向西流，沿着西北一带山麓，汇合了所有的山泉，绕过今望儿山下，引入瓮山泊，然后再沿今人工所开的长河流往北京城，并穿过城内直达通州，以接北运河。于是江南漕船，可以溯流而上，直达北京，因而起名叫做通惠河。这是旧日引用西北泉水规模最大的一次，可惜到了明朝初年，白浮堰年久失修，昌平泉水再难导引。终明一代，只靠了瓮山泊一处水源接济漕运，自然是很勉强的（图31）。

清初经过几十年的休养生息，到了乾隆时候，这才集中力量来整顿西北郊的水源，根本措施就是开拓瓮山泊。瓮山泊原来面积只有现在昆明湖的三分之一，这次开拓，沿东西两岸大为扩展，而东岸特深。现在昆明湖中有一小岛，俗称龙王庙，其东通过十七孔桥与东岸遥遥相接。这一岛一桥，为湖面生色不少。其实这龙王庙所在正是瓮山泊未拓以前的东堤，东堤向北一直延伸到现在排云殿

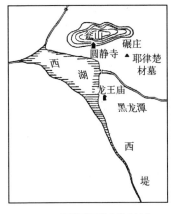
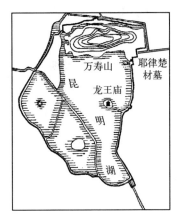

图31　明代的西湖（瓮山泊）　　　图32　乾隆时期开凿后的昆明湖

（明时为圆静寺）的前面，这在明朝游人的笔记里，是可以参考印证的。岛上原来确实有一龙王庙，也是明朝所建，乾隆年间开拓东岸，龙王庙未便迁移，因此干脆就把庙址所在的这一块地方，留作一处孤岛，庙宇也重修一番，改称广润灵雨祠，并在庙西加筑涵虚堂，庙东修起十七孔桥，遂成为湖上一景。这次扩大湖面，主要是为了储蓄从玉泉山以及西山因地势下注的流泉，同时又修筑了坚固的东堤，障水不使东下，起了拦水坝的作用，并提高了湖中水位，这样就使得从湖的南端导入北京城的流水更加畅通。经过这一次整顿，北京城的水源，一时得到了解决，昆明湖也就成为北京城最早出现的一座人工水库（图32）。

现在看来，昆明湖作为一个风景区，自有可取，但是作为解决北京水源的措施来说，已经远远不能满足今日的需要。作为人民的首都和一个正在迅速成长中的现代化的工业基地，今天北京城的用水，何啻百倍于往昔？永定河引水工程完工以来，平均每日所能供给首都的用水，已远非昆明湖所能比拟。正在修建中的密云水库不久还要以远为丰沛的水量，源源接济北京城，而且昆明湖也将因密云水库的供水更加扩大，到那时，昆明湖这座古老的水库必将以崭新的面貌呈现在我们面前。

原载《前线》半月刊 1959 年第 16 期，
原题《昆明湖的变迁》本次自《步芳集》选出

踪迹高梁河

一

想了解北京城古今水系的演变,高梁河是个关键。

在地理上,高梁河是条微不足道的小水,但是一千七百年来,史不绝书。简单说来,它和旧日北京城址的迁移很有关系,也是解放以前几百年间北京城地表供水的唯一来源。比如,往大里讲,元、明、清三代南北大运河的上源就是高梁河,凭了高梁河的给水,每年数百万石的漕粮,才有可能从江南一直水运到北京城下,借以巩固北京作为全国统治中心的经济基础;往小里说,旧日北京城内皇家苑林的点缀、内外护城河的环流以及主要下水道的洗涤,也无不取水于高梁河。即使远在北京尚未成长为全国政治中心以前,高梁河也已是近郊农田水利的凭借。总之,根据现有文字的记载,自魏、晋以降,北京城市的发展,都和高梁河有着血肉相连的关系。

唯其如此,高梁河的屡经导引,乃成为无可避免的事实。高梁河的上源,原在今紫竹院公园。但是,最早有一个时期,经过一段人工渠道(车箱渠)的开凿,现在永定河的流水,滚滚来注。后来,又经过另外一段人工渠道(长河或称玉河)的开凿,原来不相连接的昆明湖转而成为它的上源。至于它的下游,还在今城尚未奠址之前,就被当时的一条运河所中断。随后,中游一段,又逐渐没入城区，因此古时旧迹，日益湮废，演变至今，竟无故道可寻。幸而靠了近年地下的发现，才能追踪古道，略复旧迹。所以，现在未经人工改造的高粱河，已经很难辨认，它的上源既被引长，下游又遭废弃。更重要的是元朝初年，更在它的中游兴建了一座大都城，也就是今日北京城最初的前身。以后经历明、清两代，河道又有改变。到了现在，就是"高粱河"三个字，也渐渐被人遗忘，只剩下西直门外以北的高粱桥，还保留着它的名字。不过明清以来，就是连这座桥的名字，也常被讹称为"高亮"或"高郎"，这是很不应该的。

饮水思源，旧日的北京城是大大受惠于高粱河的，所以溯其源流，穷其演变，乃是我们的责任，也是探讨北京城市发展时所绝对不能忽略的。以上所记，仅仅是个梗概，具体情节，还须续作专题讨论。须记得："高粱河水碧弯环，半入春城半绕山。"(《石门遗稿》)读起来很明白，也很有诗意，但是认真追踪源流，辨析故道，却是大费周折的（图33）。

原载《北京日报》1961年9月14日

二

从北京西直门一直向西走，过了动物园，就是白石桥。白石桥下自西而东的一条小河，原是高粱河，不过现在人们不再称它作高粱河，因为它的上源和下游，都已经有了很大改变，这在上文已经提到，但是篇幅所限，语焉不详。现在要问的是没有改变过的高粱河，到底是什么样？这首先应该从文字记载中去探讨。

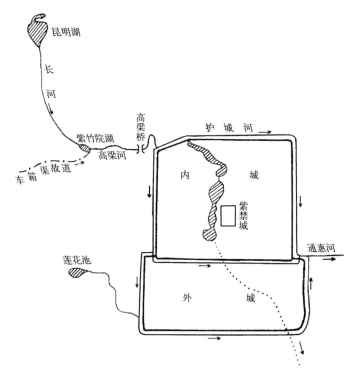

图33　1949年以前北京城郊古今水道示意图

关于高梁河的文字记载是很早的。去今一千数百年以前，就有好几种有关的文献，因为被《水经注》这部古代地理名著所引用，所以才得保留到今天。其中有已佚的古籍，有失传的碑刻，有流行的谚语，再加上《水经注》作者郦道元自己的记述，真是不一而足。小小一条高梁河，竟有这许多年代久远的记载可资参考，自然可贵。但是这些记载，在记述古代高梁河的源流时，又常常互相抵触，使人困惑难解。例如关于高梁河的上源，有的说"源出蓟城（北京城前身）西北平地"（《水经注》卷十三，四部备要本，页二二），有的说源出㶟水（今永定河）（同上，页二十），有的说源出并州（今山西北部）（同上，卷十四，页七），甚至还有的说"高

踪迹高梁河 | 169

梁无上源"(《水经注》卷十三,页二二)。其次,关于高梁河的下游,有的说"㶟水又东南,高梁之水注焉"(同上),有的说"[高梁]水又东至潞河(今北运河),注于鲍丘水(今潮河)"(同上,卷十四,页八),或说"鲍丘水入潞,通得潞河之称矣,高梁水注之"(同上,页七)。诸说如此分歧,郦道元又没有明文交代。为了把它弄明白,前人作过不少努力,清末有名的地理学家杨守敬可以作为代表。他不但写有《水经注疏》,而且还绘有《水经注图》,对于《水经注》的研究,很有贡献。但在高梁河这条小水的理解上,却难令人满意。如在《水经注图》中所见,他惑于高梁河源流诸说的分歧,竟把一条高梁河分作两条水,一条源出蓟城西北平地,下游注于㶟水;一条源出㶟水,下游注于鲍丘水。以为这样就可以调解诸说了。其实不然,问题不但没有解决,反而越弄越复杂。

解决这个问题的关键,在于明辨《水经注》中有关各说所指的高梁河,并非同一时候的高梁河。有的所指是未经人工改造以前的高梁河,有的所指是已经人工改造之后的高梁河,两者根本不同,不能混为一谈。因此,要解决古代高梁河之谜,首先应该复原未经人工改造以前的高梁河——或者说使高梁河的水道还它原始面貌。如果这个问题得到解决,则其他问题都可迎刃而解。

在复原高梁河的原始水道时,《水经注》中如下一段记载,特别重要:

> 㶟水又东南,高梁之水注焉。水出蓟城西北平地,泉流东注,径燕王陵北,又东径蓟城北,又东南流,《魏土地记》曰:蓟东十里有高梁之水者也……(卷十三,页二二)

这里所记,应是高梁河未经人工改造以前的上源,因为它出自平地流泉，所以势极微弱；当时俗谚所谓"高梁无上源"者，正是这个意思，郦道元于此解释说："高梁微涓浅薄，裁足津通，凭借涓流，方成川圳"（卷十三，页二二），这是十分确切的。

依照《水经注》文，高梁河发源之后，向东流经过蓟城之北，转向东南，又经过蓟城之东，相去十里，这是十分清楚的。不清楚的只是蓟城的位置。如果蓟城位置能够确定，那么高梁河的原始水道是不难恢复的。

蓟城就是北京城的前身，关于它的位置，这里不暇多谈。简单地说，《水经注》时代的蓟城，约当今北京外城的西北角，其故址半在今城之内，半在城外。现在西便门外的白云观，正当它的西北隅。

向蓟城故址西北探寻平地流泉，唯一可能是高梁河上源的，只有现今紫竹院湖泊的前身。原始的高梁河水道，自此东注，经过现在的白石桥下，迤逦而东，直到高梁桥，这段河道曲折，虽经历代疏浚，仍然呈现出平原上弯曲河的原始形态。就蓟城故址而论，这正是它的北方，只是附近的燕王陵已无踪影可寻。

自高梁桥而下，河流故道，转向东南，再斜穿现在北京内城的中部和外城的东偏。在外城东偏，可以确定西距蓟城十里的高梁河位置。不过从高梁桥以下到这里的一段河道，元明以来，逐渐没入城区，因此故道久湮，无复遗迹可见。只是出今外城东南隅，经十里河村附近，尚有干河床一道，直趋东南，经过实地勘查，曾怀疑这就是原始高梁河下游的故道，但又苦于没有明文确证。这段干河床东南与今凉水河相连，而凉水河就是古代㶟水的故道，这又和《水经注》所说的"㶟水又东南，高梁之水注焉"，是完全符合的。

一桩偶然的发现，完全解决了这个问题。

1956年春天，永定门外以东安乐林的工地上，有一方唐朝姚子昂的墓志被发现，志称"葬于幽州城东南六里燕台乡之原"，幽州

城就是上文所说的蓟城,因为唐朝幽州的治所,设在蓟城,故有此称。此外,志文中还有这样两句话:

左带梁河,近瞩东流之水;右临城廓,西接燕王之陵。

墓地面南为阳,左东右西。"左带梁河"就是说墓地的东方为高梁河,因为文字对偶的关系,省去了一个"高"字。高梁河由北流向东南,故略称"东流之水"。"右临城廓",就是说墓地的西方为

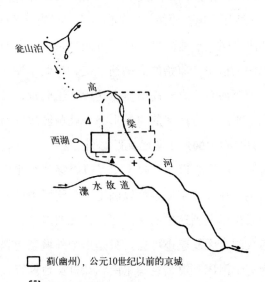

☐ 蓟(幽州),公元10世纪以前的京城

┆ ┆ 明、清北京城

···· 公元10世纪以后所开由瓮山泊(今昆明湖)至高梁河上源的渠道

△ 蓟城西北郊之燕王陵(故址无考)

▲ 蓟城东南郊之燕王陵(金筑中都城时已迁)

＋ 唐代姚子昂墓志出土处

图34 未经人工改造的高梁河示意图

幽州城或称蓟城，至于这里所说的"燕王之陵"，与上述引文中的"燕王陵"有别，故址在蓟城东南郊，去城不远，这是完全可以考订的。

根据以上所述，可以把高梁河的原始水道，全部复原如图34。

正是凭借了这条水道，北京今城所在的地方，远在一千七百年以前就开始了一个大规模的灌溉工事。这件事，在北京城市发展的历史上是不可忽视的，同时，在首都地理环境的改造上更是应该十分重视的。

以上的讨论，难免烦琐，但是不弄清楚高梁河的最初源流，是很难了解它相继而来的变化的。"打破沙锅问到底"，在探求事物的本源上，这不过是起码应该持有的态度，如此而已。

原载《北京日报》1961年10月19日

本次自《奋蹄集》选出

戾陵遏与车箱渠

三国时候，当司马懿杀了曹爽与何晏而自立为魏丞相的第二年（魏齐王曹芳嘉平二年，250），在北京城市发展的历史上，发生了一件极可注意的事件，这就是戾陵遏的建造和车箱渠的开凿。

戾陵遏是一座拦水坝，建造在今日永定河（古灢水）东岸、石景山（古梁山）的山下。车箱渠是一个引水渠，它的开凿，则是把由遏分出的永定河水，平地导流，经过现在八宝山以北，向东偏北，直注于高梁河的上源，如前所述，这就是现在紫竹院公园湖泊的前身。小小一条高梁河，从此承受了永定河水之后，两岸很多地方就被开辟为沟渠纵横的灌区，受益田亩每年多至两千顷。这应该说是北京近郊进行较大规模的人工灌溉而见于历史记载的第一次。

十二年以后，也就是自立为魏相国而心怀叵测的司马昭杀掉嵇康的那一年（魏景元三年，262），戾陵遏又经设计重修，从而取得了更为丰沛的流水注入高梁河，并在高梁河的上游，自西而东增辟了一条水道，直趋潮白河（古潞水），这不但大大增加了灌溉面积，而且沟通了北京城（蓟城）东西两面相去40公里的两大天然河流。这在北京近郊水道网形成的历史上，也是第一次。

此后又过了三十二年，这时三国鼎立的局面已经结束，司马懿的孙子，亦即司马昭的儿子司马炎，早已篡魏建立了晋朝。也就是在晋元康五年（295），戾陵遏年久失修，被洪水冲坏，于是又经动工重建，车箱渠和高粱河沿岸灌区终得恢复。但是，自此以后情况如何，由于记载缺失，反而不很清楚了。大约到了12世纪金朝建都北京（因蓟城扩建，曰中都）之后，才又考虑利用车箱渠引永定河水，直注潮白河，不过这已经不是为了灌溉而是为了漕运，功用就完全不同了。这其间，在6世纪中叶，也就是北齐天统初年，高粱河水也曾被引入温榆河（旧易荆水）以资灌溉，但那时是否仍靠车箱渠取水于永定河，就不得而知了。

总之，戾陵遏和车箱渠的最初修建，在北京城的发展史上是十分值得重视的。这是历史上北京劳动人民有计划地利用自然、改造自然的一个先例。我们得以知道这件事，是因为历次修遏开渠的工事和制度，都被详细地记载下来，并且刻在石碑上，以备后人修守时参考。良法美意，真是值得后人怀念（图35）。

最初倡导这一工事的是在曹魏时代驻兵蓟城、负责防御北边的"征北将军"刘靖，最后领工缮修这一工事的，是刘靖的儿子、晋

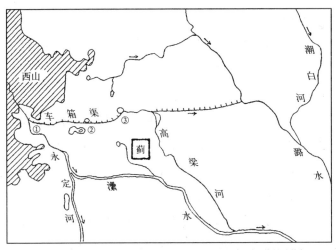

①梁山(今石景山)　②今八宝山　③高粱河上源(今紫竹院湖)

图35　戾陵遏以下车箱渠灌溉干渠示意图

朝"骁骑将军"刘宏。而刘靖的父亲刘馥，又是曹操当权的时候，任职扬州刺史并在开发农田水利上颇有声名的一个人物。史称刘靖"有馥遗风"（《三国志·魏志》卷十五，本传），根据上述故事，也可以说刘宏又"有靖遗风"。看起来，祖孙三代一脉相承，在开发地方农田水利上，都是做过一些好事的人。后人为刘靖所立的石碑，不但记述了他如何在蓟城郊外，亲身跋涉，勘察地形，而且把记载戾陵遏制度的石刻，全部收入碑文，这就是郦道元在《水经注》中所记载的。另外还有一通刘靖碑立在蓟城东门内道左，相当于现在广安门大街以北的地方。但是两碑都早已遗失，确址也就很难详考。前一碑的碑文赖有《水经注》的转载，才得保存到今天。如果原碑湮没在地下，那么将来在这一带大兴土木的时候，也还有被发掘出来的可能。果真如此，那就真正是大可令人兴奋的事了。

在了解到上述故事之后，也就不难明白在《水经注》里所说高梁河源于灅水，出自并州以及其下游既注灅水、又合鲍丘水（潞水）的原因了。这些都是修建了戾陵遏和车箱渠之后的新情况，与前文所述高梁河的原始水道是大不相同的。

最后，附带提到："戾陵遏"之得名，是因为当时叫做"遏"的这个拦水坝，修在石景山（梁山）下，而山上有"戾陵"，因此也就干脆把山下的拦水坝命名为"戾陵遏"了。"戾陵"是汉武帝的儿子刘旦的坟墓。旦曾受封为燕王，驻蓟城，因谋反未成自杀，国除（即取消燕国）。他死后的谥号（即死后所立之号）是"燕刺王"，"刺"就是"暴戾无亲"的意思，因此他死后的坟墓就叫做"戾陵"。现在，山上陵址，早已无存了。

"车箱渠"的命名，史文无稽。或许是因为渠道之深，犹如车箱的意思，也不一定。现在北京西郊八宝山北麓仍有干河床一道，已为大量河光石（卵石）所淤填，这就是古代车箱渠的遗迹。因为元明两朝都曾利用过它，所以也还残留到今天。现在的永定河引水渠（解放后新开），则是在这条干河床的北岸所开凿的，大致相与平行。其主流经钓鱼台至西便门外入护城河。另有支流自双槐树向东北直到紫竹院公园入高梁河故道。其工程之大，为利之溥，是戾陵遏与车箱渠所不能企及的。但是一千七百年以前的人就已经想到如何利用永定河水灌溉近郊农田，这种第一次的大胆设想，是非常可贵的。那时第一和第三两次参加戾陵遏和车箱渠工事而有数字可考的，共计有三千人，单是最后一次改建，用了四万个工作日。如果不是劳动人民胼手胝足，任何改造自然的理想，都是无法实现的。

原载《北京日报》1961年11月2日

本次自《奋蹄集》选出

颐和园话旧

一、瓮山与瓮山泊

颐和园是北京西郊最大的名胜之一,解放以来,经过不断的修葺,湖光山色,面貌一新,成为人民生活欣欣向荣的一个标志。

比起海淀诸园来,颐和园算是后起的。但是论起它的开发过程,历史也很悠久。其次,海淀诸园多是人造山水,而颐和园却独擅天然湖山之胜——这就是昆明湖和万寿山。今天荡舟在波平如镜的昆明湖里,或是登涉在万寿山上亭台楼阁之间,不能不使我们想起这湖山美画的由来。

清朝乾隆初年以前,万寿山原称瓮山,山前一带湖泊就叫瓮山泊。瓮山泊因为地处北京西郊,所以又称西湖。

瓮山的得名相传是因为在山麓曾经掘得一个石瓮,到了明朝嘉靖年间,这个石瓮就遗失了,但是瓮山之名却被保留下来。大约因为长期樵采的关系,明朝人的记载里已经称山上"童童无草木"(《帝京景物略》),又有人凭吊山下元朝丞相耶律楚材的坟墓时有"迢递荒山下,披榛拜古祠"(刘效祖:《瓮山拜耶律祠》)的诗句。可见明朝时候,瓮山上下,确已有些荒凉,但这并不减少山麓水畔的田园野趣。明万历间蒋一葵在《长安客话》里写道:

> 瓮山人家傍山小具亭池，桔槔锄犁，咸置垣下，西湖当前，水田棋布，酷似江南风景。

这里虽然寥寥三五言，倒也描绘出一幅极有情景的图画。所谓"瓮山人家"，当是指山前村落而言。这个小村落，大约有个百来户（见《帝京景物略》），名叫碾庄（见《明一统志》）。清初查慎行有诗句说："瓮山西北巴沟上，指点平桥接碾庄"（见《敬业堂集》），就是指的这里。其位置大约在今乐寿堂左近一带，后来乾隆在这里辟治园林，就干脆把这个村庄给迁掉了。自然，那时老百姓是敢怒而不敢言的。

但是，当时这里的田园景色，最值得称羡的还不在山，而在湖。《宛署杂记》记西湖说：

> 西湖在……玉泉山下，潴而为湖十余里，荷蒲菱芡与夫沙禽水鸟出没隐映于天光云影中，实佳景也。

这一带佳景，一如海淀诸园尚未开辟以前的情况一样，经常是游人流连忘返的地方，他们不但留下很多诗篇，也写下不少游记。例如明朝中叶颇有文名的宰相李东阳在一篇《游西山记》的散文里，就曾经这样写道：

> ［西湖］方十余里，有山趾其涯，曰瓮山。其寺曰圆静寺。左田右湖，近山之境，于是始胜。（《怀麓堂集》）

圆静寺的故址，就是现在排云殿所在的地方。当时从寺前一直向南，有一道大堤，经过现在湖中的龙王庙，直趋蓝靛厂。这条大堤，通称西堤。傍着西堤有一条水渠，把汇集在瓮山泊中的水，一直引向北京城，这就是现在长河的前身。

清初以前的京城游人，如果出西直门，则多半是沿着这条小河经由今天的高梁桥、白石桥、万寿寺、蓝靛厂，然后步上西堤，过龙王庙直到瓮山之下圆静寺前。这条大堤以西就是瓮山泊，大堤以东、碾庄以南，则是水田棋布，与今日玉澜堂前波浪汹涌的情景，迥然不同，所以李东阳的游记称圆静寺前"左田右湖"，就是这个原因。至于宋启明的《长安可游记》所说"瓮山圆静寺，左俯绿畴，右临碧波"，则直可看作是"左田右湖"一语的注脚。说到当时龙王庙，位在西堤之上，其东也只有稻田，而无波涛，当然更没有现在的十七孔桥了。

因为清初以前的游人，多沿西堤前来湖上，因此关于西堤的记载也很不少。所见万历年间名画家李流芳的游记写得就很清楚：

> 出西直门过高梁桥，可十余里，至元君祠（按即今蓝靛厂之碧霞元君祠），折而北，有平堤十里，夹道皆古柳，参差掩映，澄湖百顷，一望渺然，西山匌匌，与波光上下，远见功德寺（按在玉泉山与青龙桥之间）及玉泉亭榭。朱门碧瓦，青林翠障，互相缀发，湖中菰蒲零乱，鸥鹭翩翩，如在江南图画中。（《游西山小记》）

当时在文学流派上以"公安体"见称的袁宗道也尝写道：

> 西湖莲花千亩，以守卫严，故花事特盛。步长堤（按即西堤），息龙王庙，香风绕袖。至功德寺，水渐彴，花亦减矣。

这道西堤的修筑，在北京城水利开发的历史上颇有一些来由，留待下文再谈。至于明人关于西堤的记载还很多，都不外说从西堤上观赏湖山胜景，如何如何美不胜收。只是现在从城里到颐和园的人，都取道海淀，再不走这条老路，这大约从乾隆以后就已如此。但是从蓝靛厂以上，堤身依然坚实高厚，有朝一日把它修复起来，兼作行人大道，那么游人可以从西郊动物园沿长河径赴颐和园。如果长河再经疏浚，那么还可以从紫竹院公园上游万寿寺或附近更为合适的地方，乘游艇直到昆明湖。到那时候，溯流直上，迎面而来的山光水色，溢于眉睫。看起来京颐公路上的沿途风光是无论如何也难于媲美的。这种设想，并非奢望，只要我们掌握了更加丰沛的水源，并且满足了生产上的需要之后，这是不难实现的。

原载《北京日报》1961年6月8日

二、昆明湖的变迁

清乾隆十五年（1750），瓮山改名万寿山，瓮山泊改名昆明湖，但是，从瓮山泊到昆明湖，并不只是名称的改变而已，还包括着湖泊本身的改变。

这湖泊的改变，并不是从乾隆年间才开始的。瓮山泊最早的时候，原是玉泉山和瓮山山麓的一些泉水汇集而成，然后随着自然地势，由瓮山之阳流向东北，这就是清河最初的上源。泊中的水，既不北出青龙桥（今清河上源），也不南通高梁河（今紫竹院以下的长河），和今日昆明湖的情况是迥不相同的。

到了12世纪中叶金朝建都北京（当时称中都或燕京）之后，

才第一次开凿了由瓮山泊南通高粱河上源的人工渠道,这就是今日紫竹院以上长河最初的前身。不过现在的北京城那时还不存在,只有金朝一所离宫,修建在今日北海公园所在的地方,名叫太宁宫。太宁宫的主要建筑都在琼华岛(今白塔山)上,而琼华岛周围的湖水则是靠了高粱河来接济的。因此,金朝开通瓮山泊至高粱河的水道,主要目的就是要把玉泉山以下的泉水引到太宁宫。

13世纪中叶元朝定都北京之后,不但以金朝的太宁离宫为中心,经过详细的规划,建造了一座规模宏伟的新城——大都城;而且远从昌平县引来白浮泉水,西折南转,汇合沿途流水,直注瓮山泊,而后再循金人所开故道,更加疏凿,流到新城。其主要目的是接济漕运,因而命名通惠河。实际上,这就是南北大运河最北一段的上源。当时经营擘画这一工事的,就是元朝科学家郭守敬。正是在这一次工事中,瓮山泊大大改变了它原来的面貌,不但水势顿呈浩渺,而且开始具备了一个水库的作用。当初,金人引导瓮山泊之水南通高粱河,应该已经筑有大堤,否则不足以障水南行。到了元朝,必然又加高加固。这个大堤就是明人记载中所说的西堤。

元明易代之际,白浮水道无人修守,加之明初建都南京,北京也就再没有引水以通漕运的要求。以后永乐重新迁都北京,而白浮泉水早已不通瓮山泊。等到明陵(今所谓十三陵)的陵域被选定后,也就更不能允许有流水横截陵域前方,因此终明一代再没有引用白浮泉水。相反地,当时瓮山泊中的水,转而北流,这就是今日所见青龙桥下的情况。

明朝仅仅依赖玉泉山附近诸泉汇集瓮山泊,流注北京城,因此湖中水势大不如前。清朝乾隆皇帝面对了这一情况,才又决心开浚瓮山泊,尽可能来提高它的蓄水量。这时虽然也未能北引白浮泉水,却把西山碧云寺和卧佛寺附近的泉水,经过石槽的导引,流经玉泉山,汇注昆明湖。昆明湖的面积大为扩展，其中最重要的一个措施，就是把原先瓮山泊东岸的大堤完全毁掉，把湖面再向东开拓，一直到达临近耶律楚材坟墓所在之地，然后沿着开拓后的湖岸，重筑一条新堤，这就是现在昆明湖的东堤。东堤上立有一块昆仑石，刻有乾隆手题的《西堤诗》，诗中有"西堤此日是东堤"一句话，就是这个变化的说明。

当时虽然把旧有的西堤毁掉了，而明人记载中所屡屡提到的堤上龙王庙，却被保留下来，改筑为湖中的一个小岛，并在岛的东岸新建了一座大石桥，势如长虹，直达对岸，这就是现在的十七孔桥。为了美化这个小岛，又仿照黄鹤楼的样式兴建了望蟾阁（今称涵虚堂），阁外还增筑了鉴远堂、月波楼等。至于龙王庙本身，自然也经过一番修缮，并改称广润灵雨祠。但是龙王庙的旧称却始终未废，而且现在大家把整个小岛都叫做龙王庙了。

瓮山泊扩大为昆明湖之后，乾隆颇为扬扬得意，亲笔写了一篇《万寿山昆明湖记》，刻石镌碑立于现在佛香阁以东的转轮藏。记中说"新湖之廓与深两倍于旧"，这大概不错。又说"昔之海甸无水田，今则水田日辟矣"，这却有些不合事实。因为海淀之有水田，由来已久，而清初开辟海淀诸园，旧日水田，多被侵占，其面积不应该说是"日辟"，而应该说是"日减"。碑文所记，如果不是出于乾隆的无知，就是出于他的捏造。

原载《北京日报》1961年6月24日

三、凤凰墩与凤凰楼

现在昆明湖中的龙王庙，如前所述，原是瓮山泊堤岸的遗留。

同样，龙王庙以南的凤凰墩，也是在开拓瓮山泊时有意留在湖中的一个小岛。

凤凰墩位在南湖（昆明湖南半部的通称），过此再往南去，就是昆明湖最南端的绣漪桥。从绣漪桥下流出颐和园墙外的小河，就是长河。乾隆曾出西直门，坐船沿长河直到昆明湖。当时船过绣漪桥，在水波荡漾中首先遇到的就是凤凰墩，为了装点这里的景色，乾隆仿照无锡惠山下黄埠墩的形势，修筑了这个小岛，并在岛上建造了一座高楼，就取名叫做凤凰楼。他在题作《凤凰墩》的一首诗里，就有"渚墩学黄埠，上有凤凰楼"的句子，可以为证。

现在，到昆明湖去的水路既已不通，一般人也很少来游南湖，因此南湖一带是比较冷清的。特别是凤凰墩上的凤凰楼，已遭破坏，现在只有一个后起的亭子，而小岛周围的石岸和雕栏，也都已被摧毁了。

凤凰楼是在什么时候被毁的，不得而知。清光绪十年（1884）已经完稿的《顺天府志》只载凤凰墩而不记有凤凰楼。我们知道，这个时候，恰当圆明园被英、法联军焚毁之后而慈禧尚未重修清漪园并改名为颐和园之前的一个时期。当时万寿山上、昆明湖畔，到处是外国侵略者掠劫破坏的痕迹，有的到今天也还依稀可见；例如，后湖苏州街的败壁、山顶智慧海的残痕、须弥灵境的故址、多宝佛塔旁的废墟，甚至廓如亭亭北铜牛身上的镀金，相传也是在英、法侵略者的掠夺中被刮削剥落的。我想，凤凰楼的被毁，也许是这个时候外国强盗干出来的。可是也有个传说，是道光时有意拆掉的。因为他生女多生子少，而凤凰是女人的象征，于是就下令拆掉，便只有墩而无楼了。

恰巧是在第一、二次鸦片战争之间刊刻行世的《鸿雪因缘图记》却有一幅凤凰墩与凤凰楼的插图，还足以使我们想见它被毁以前的景象。这部书看名字好似绣像小说，实际上却是作者亲身经历和见闻的记载。全书按时间先后分节编排，每节都有插图。其中有一节题为"昆明望春"，写的是嘉庆十四年（1809）春天，作者从绣漪桥旁窥探园中景色，迎面所见，正是凤凰墩与凤凰楼。凤凰楼的背后，还可遥见玉泉山以及耸立山顶的宝塔。真正是远山近景，都在眼前。

书中还有其他若干幅有关北京景物的插图，所绘景物有的现在还依然可见，以实际情况相与比较，可以证明它的描绘是很真实的。但是，也有的今天已不能见，只能从图中得其形象，凤凰楼就是一个例子。

《鸿雪因缘图记》的作者麟庆，是清朝嘉庆、道光年间的人，曾经做过江南河道总督，所著《黄运河口》《河工器具》等书，都有附图，可见他是很重视图说的。

原载《北京日报》1961年7月10日

本次自《奋蹄集》选出

北京地下湮废河道复原图说明书*

作业区北起东西长安街，南至前三门（正阳、崇文、宣武）城墙，南北宽 700 米，东西长 6500 米，面积 4.55 平方公里。

本区地形基本平坦。西部较高（复兴门内地表标高 47.00 米），东部较低（建国门内地表标高 40.80 米）。东西之间在水平距离 6.5 公里内，高程下降 6.2 米，平均比降为 9/10000，地表微微向东倾斜，其间略有起伏。

本区位于永定河第四纪冲积扇的轴部，天然沉积（或称"生土"）都是永定河的冲积物。天然沉积的顶部主要为细砂和砂质黏土。其粒度由西向东逐渐减小。其上覆盖着历史时期堆积的填土和杂土（或称"熟土"），厚度 3—8 米不等。所谓"填土"，系经人为搅动的天然沉积物；所谓"杂土"，则完全是人类活动的产物，如房碴、炉灰、碎砖烂瓦等。

本区内所堆藏的历史时期已废河道纵横交错。已复原者有高粱

---

* 本文为 1965 年作者主持完成的有关北京地下埋藏古河道分布研究的成果之一。该课题是北京市为建国十周年兴建人民大会堂等"十大建筑"时，为排除地下隐患提出来的。作者带领学生在实地考察和审定了大量勘探挖掘资料后，将东西长安街至前三门地区的地下湮废河道复原，并制成模型，附上说明书送展。"文革"中，送展的地下湮废河道模型和资料全部丢失，唯一保留下来的便是此文，由作者指导学生王伟杰完成，刊登于国家科委研究室编辑的《科学研究实验动态》1966 年 2 月 21 日第 737 号上。——编者

河、金口河、大都城南护城河、通惠河及金口新河，分别说明如下。

一、高粱河

高粱河原是一条天然河流，发源于古代蓟城（北京城最早的名称，故址在今广安门附近）西北平地诸泉（今紫竹院公园湖泊的前身），东流经蓟城北，又绕经城东，又东南流，注入灢水（古永定河）。1171年（金大定十一年）开金口河，遂将高粱河自中游截断，导其水转入金口河，从此高粱河下游断流。金口河横截高粱河之处，即湮埋在今北京车站之下。

这里复原的一段高粱河只有700米长，该段河谷宽约30米，深约3米。河底自北向南标高由36米下降到31米，埋深平均为7米。河岸标高由40米下降到38米，埋深平均为4米。因系天然河流，故河道较为弯曲。

该段高粱河河床由砂质黏土组成，河床充填物为砂黏（砂质黏土）填土，近地表为1—2米厚的杂土。

二、金口河与金口新河

金口河（下游又称闸河），乃人工运河。首开于1171年（金大定十一年）。自石景山附近，引永定河水东注，经金中都城北护城河，继续东流，至今通州附近入潮白河，以济漕运。塞于1187年（金大定二十七年）。1266年（元至元三年）复开，1298年（元大德二年）闭闸断流。1342年（元至正二年）又创开新河一道，当年即废。所谓新河，即自元大都丽正门外西南导水东南行，经今北京城东南十里河村，东至通州高丽庄入潮白河，是谓金口新河。

金口河在本区内自西而东长约7公里。该段河床宽约25—30米，深3—4米。河底标高在复兴门内为39.38米，在北京车站为32.50米，平均比降为1/1000，其中以北京医院至北京车站一段比降最大，为6/1000。河底埋藏最深处为8米，最浅处为5.5米，平均为6—7米。河岸标高在复兴门内为43.23米，在北京车站为36.44米，平均比降为1/1000。河岸埋藏最深处为4米，最浅处为2米，平均约3米。

该段金口河开凿在第四纪冲积成因的细砂和砂质黏土中。从复兴门到西单一段为细砂，西单到建国门一段为砂质黏土。总的趋势是由西至东沉积物的粒度逐渐变小，这与冲积扇上沉积物的粒度变化规律完全相符。金口河河床的充填物为砂黏填土。砂黏填土不但充满了河床，而且掩盖了河岸，其厚度约为2—5米。近地表为杂土，厚度平均为3米。

三、元大都城南护城河

该河当系公元1267年（元至元四年）始建大都城时所凿，1419年（明永乐十七年）拓北京南城墙时开始湮废。

河长约7公里，宽约25—30米，深约3米。河底西端标高为40.47米，东端为36.36米，平均比降为5.9/10000。河底埋藏最深处为9米，最浅处为4米，平均为7米。河岸西端标高为40.47米，东端标高为36.86米，埋藏最深处为5米，最浅处为2米，平均为3.5—4米。

河床全部开凿在第四纪冲积砂质黏土层中。该层次西部较薄，东部较厚，结构密实，系饱和的含水层。河床充填物为砂黏填土，西部厚，平均4.5米；东部薄，平均2米。近地表为杂土，西部薄，约2—3米；东部厚，约3—4米。总之，填土薄处则杂土厚，反之亦然。

四、通惠河

元代运河，竣工于公元1292年（元至元二十九年）。上源引昌平白浮泉，西转南流。汇玉泉山水入瓮山泊（昆明湖前身），东南注高梁河。下流经大都城内积水潭（什刹海前身），绕经大内以东，出大都城南水门，转而东南流，注入金口河故道。

通惠河在本区内的一段，长约1600米。河底标高在43.00—45.00米之间。河床开凿在砂质黏土层中，其充填物为砂黏填土或杂土。

该段河道，元代设有船闸两对四座，即文明上闸和文明下闸以及魏村上闸和魏村下闸。据钻孔资料，在台基厂对外贸易部家属宿舍大楼之下，发现闸座遗址一处，以道里推算，当是文明下闸。该闸系砖木结构，砖砌体厚度由1.07米至3.72米不等；松木板层厚为1—2米，已腐烂。自文明下闸而下，通惠河故道当沿今船板胡同南侧东南流入金口河（图36，图37和图38）。

以上五条河道在作业区以内部分，皆已表示于18世纪北京城万分之一的平面图上，其中金口河与通惠河的某些段落，还须补充钻点加以核实。又金口河与大都城南护城河在本区内延伸较长，关系较大，都作有纵剖面图及西、中、东三段的横剖面图。

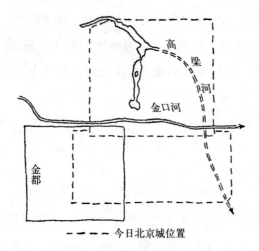

图 36 金代北京城区河道示意图

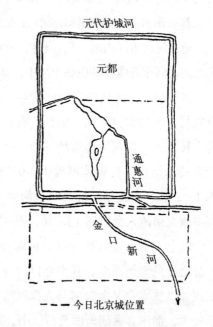

图 37 元代北京城区河道示意图

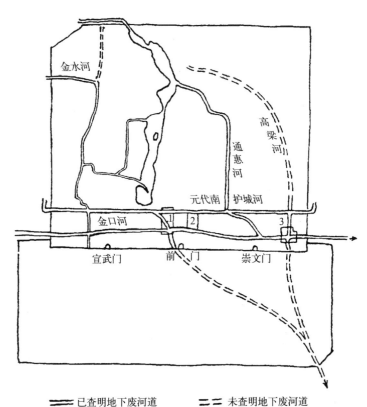

=== 已查明地下废河道   = = 未查明地下废河道

1 人民大会堂 2 革命历史博物馆 3 北京火车站

图 38 今日北京城区地下废河道示意图

1965 年 8 月

规划、设计与改造

元大都城[*]

一、大都城城址的选择

(一) 从金中都城到元大都城

元大都城兴建之前,在北京城原始聚落的旧址上,经历了长期的发展,已经有一个大城兴建起来,这就是金朝的中都城。

金中都城周三十七里余[(1)],近正方形,故址略当今北京市宣武区西部的大半。只是北城垣在今西城区的南界以内,北距复兴门大街约一里。皇城偏在大城内的西部,故址在今广安门以南(图39)。皇城之内又有宫城。金自完颜亮天德三年(1152)建都于此,至完颜珣贞祐二年(1214)为逃避蒙古族的频频威胁而迁都汴梁(今开封),其间中都城作为金朝的国都共历六十余年,这也是北京城在历史上作为封建王朝统治中心的开始。

金朝迁都汴梁的第二年(蒙古太祖成吉思汗十年,1215),中都城即为蒙古兵所破,改称燕京。当时蒙古统治者无意在此建都,城内宫阙,尽遭焚毁。此后又四十五年,元世祖忽必烈初到燕京

---

[*] 本文是作者为中国科学院自然科学史研究所主编的《中国建筑技术史》(科学出版社,1985年)"城市建设工程"一章所写专题之一的原稿。
〈1〉 实测周长18690米,见阎文儒:《金中都》,载《文物》1959年第9期。

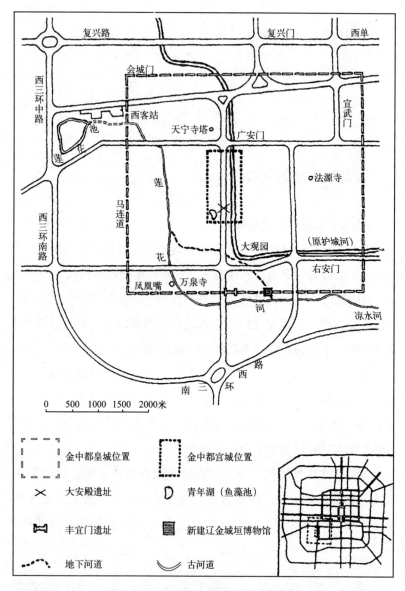

图 39 西南三环路以内金中都遗址示意图

（中统元年，1260），虽有意驻守，而旧日宫殿已成废墟[1]。其后四年（中统五年，又改至元元年，1264），从刘秉忠议，决定建都燕京，仍称中都，并计划营建城池宫室。但是又过了三年，竟又作出放弃中都旧城的决定，并于东北郊外，另建新城，仍称中都。又四年（至元九年，1272），正式以"元"为国号，并改中都为大都[2]，从此中都旧城渐趋衰落。

（二）元大都城城址的选择

从中都旧址的放弃到大都新址的选择，前后数年之间，踌躇不决，其间必然经过反复的考虑。最后还是放弃旧址，另建新城。旧址被放弃的原因不难理解，因为昔日宫阙已成废墟，但是为什么一定要选择大都城这一新址，由于史文缺载，无从得到直接的说明。只是从一些间接而零散的纪事中，可以断定，当时选择大都城的新址，主要是因为这里有比较丰沛的水源，包括大面积的湖泊与清澈的泉流，既为新宫的建设保证了优美的环境，又为新城的水运提供了有利的条件，这些都是中都旧城所难于比拟的。这里姑举两事，作为证明。

第一，中都旧城东北郊外，原有一带湖泊沼泽，经过劳动人民的长期经营，逐渐开辟为一个富有生产价值的风景区。金朝统治者在中都城建立了行政中心之后，又利用东北郊外这片风景区进一步开浚湖泊，在靠近湖泊的东岸，积土为岛，命名琼华岛[3]。又以琼

---

[1]《元史》卷一六〇，王磐本传称，元世祖忽必烈初到中都，"时宫阙未建，朝仪未立，凡遇称贺，臣庶杂至帐殿前，执法者患其喧扰，不能禁"。
[2] 以上参见《元史》之《世祖本纪》、《地理志》及刘秉忠本传。
[3] 元时地方故老相传，琼华岛为金人所筑。传说中虽夹杂一些神话，但浚治湖泊，堆筑岛屿的事是可信的。详见陶宗仪：《辍耕录》卷一，"万岁山"条。

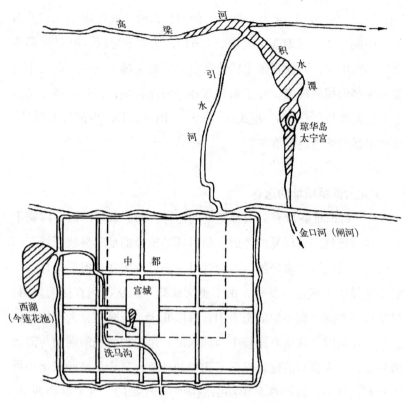

图 40　金中都及太宁宫附近河湖水道示意图
▭ 辽南京（燕京）城址，金中都三面扩大了辽南京城址

华岛为中心，兴建离宫，叫做太宁宫[1]（图 40）。13 世纪初，蒙古兵破中都，城内宫室焚毁，地处郊外的太宁宫幸得保全。因此，中统元年（1260）忽必烈初到中都，据《元史·世祖本纪》所载，他并没有住在城内，而是"驻跸燕京近郊"。实际上这个"近郊"的

---

〔1〕 太宁宫的兴建在金世宗大定十九年（1179）。见《日下旧闻考》卷二九。按太宁宫亦称大宁宫，后又曾改称寿安宫、万宁宫。

住处，就是以琼华岛为中心的太宁离宫[1]。至元四年决定另建新都，正是选择了太宁宫的湖泊为中心，在湖泊的东西两岸，分别布置了三组宫殿。宫殿位置确定之后，才开始规划大都城。

第二，中都旧城作为金王朝的统治中心，始终未能圆满解决的一个问题就是漕运。所谓漕运，就是要把统治范围内所聚敛的农田赋税中的一部分食粮，通过河道运输，集中到都城，以供应封建帝王的消费，及其庞大官僚机构的开支。金朝的统治范围，限于淮河、秦岭以北的部分地区，漕粮主要来自华北平原，经由今卫河、滏阳、滹沱、子牙、大清诸河，汇集到今天津附近，然后再由白河（当时称潞水）逆流而上至通州[2]。当时漕粮的数字，每年少则数十万石，多则百余万石，不靠水运，很难完成。但是从通州西至中都约五十里，并无天然河流可以通航，只能开凿人工运河，却又遇到极大困难。因为中都城平均海拔高出通州约20米，白河之水不能西引，必须在中都一端寻找水源。中都城的地表供水，主要来自今北京城西南郊的莲花池，但莲花池水源有限，供应中都城内宫廷苑林的用水虽然有余，却远远不能满足运河用水的需要。金朝初年，只是利用中都东北郊外的高粱河，从中游开渠引水东至通州，沿渠筑闸节水，以济漕运，叫做闸河。但是高粱河也是一条小河，发源于今紫竹院公园，水量有限。大约就在此时，开始凿通了从今昆明湖通向今紫竹院公园的渠道。不过昆明湖在当时也是一个小湖，名叫瓮山泊，供水本来有限，因此济漕也很不利。最后，仍

〈1〉琼华岛上堆土成山，山上有仁智殿、广寒殿等建筑。中统三年初修琼华岛，见《辍耕录》，"万岁山"条。至元元年再修。至元二年，供忽必烈饮宴时储酒用的玉瓮"渎山大玉海"雕成，转年为忽必烈专用的"五山珍御榻"也制成，都由忽必烈命令放在琼华岛广寒殿中，以上俱见《元史·世祖本纪》。由此可知，当时忽必烈在"燕京近郊"的住所，即是太宁宫中的广寒殿。
〈2〉《金史》卷二七《河渠志》，"漕运"条。

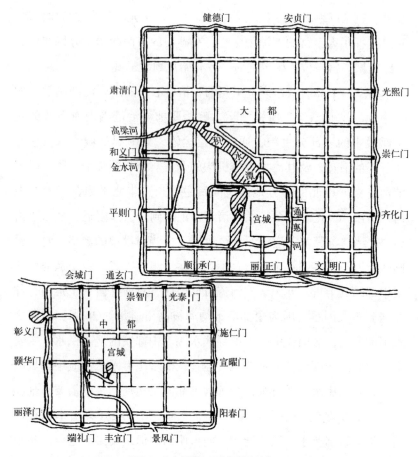

图 41 金中都城和元大都城城址位置图

然只好靠陆运把集中在通州的漕粮,转运中都,每年所费很大。当时也曾从今石景山下开渠引永定河水东下,经中都北护城河东注闸河,叫做金口河。只是由于河床坡度过陡,水大则易于冲决,水小又不能行船,因此开凿之后,旋即废弃。总之,金朝一代,中都漕运始终未能顺利解决。这个问题在蒙古统治者准备迁都到这里时,不能不加以充分考虑。这里特别值得注意的是在忽必烈初到中都后的第二年，亦即中统三年，当时一位卓越的水利工程专家郭守敬，就曾提出改造中都旧闸河，别引玉泉山水以通漕的计划[1]。现在根据地形判断，当时导引玉泉山水济漕，也只有通过瓮山泊和高梁河，下接闸河。其故道所经，正在太宁宫附近。因此，至元四年决定选择以太宁宫的湖泊为中心而规划新都时，也必然会考虑到同时解决水上运输的问题。因此根据水道源流来看，从中都旧城迁移到大都新城，实际上也就是把城址从莲花池水系迁移到高梁河水系上来。这一点，是在揭示大都城城址的选择和城市建设的特点时，所必须充分注意的（图40，图41）。

二、大都城的平面设计

（一）皇城设计的中心

元大都城的平面设计，是密切结合地方特点来进行的。如上所述，大都城城址的选择，首先是考虑到以湖泊为中心的宫殿建筑的布局，在湖泊的东岸兴建宫城，也叫"大内"。湖泊的西岸，另建南北两组宫殿，南为隆福宫，北为兴圣宫，分别为皇室所居。三宫鼎立，中间的湖泊按照传统被命名为太液池。太液池中的琼华岛，也改称万岁山。万岁山以南，另有一个小岛叫做圆坻，也叫瀛洲，有长二百尺的白玉石桥直通万岁山。小岛上建有仪天殿，这就是现在北海大桥东端团城的前身。从圆坻建木桥接连太液池的东西两岸，从而在三组宫殿之间，建立了联系的中心。并以此为出发点，环绕三宫修建皇城，或称萧墙，也叫红门阑马墙。皇城之外再建大

---

[1]《续资治通鉴》卷一七七，"宋景定三年（蒙古中统三年）秋七月及八月"条。

城（即外郭城）⟨1⟩。

（二）大城设计的中心

这里值得注意的是皇城设计的中心，并不就是大城设计的中心，因为皇城偏在大城南部的西半，而大城的设计，从城市平面图上加以分析，则显然是以太液池东岸的宫城为中心而开始的。宫城中心恰好位于全城的中轴线上，从而十分有力地突出了宫城的位置，显示了这个封建王朝统治中心的重要地位。宫城的位置既已确定，然后沿宫城的中心线向北延伸，在太液池上游另一处叫做积水潭的大湖东北岸，选定了全城平面布局的中心。在这个中心点上树立了一个石刻的测量标志，题为"中心之台"，在台东十五步，约合 23 米处，又建立了一座中心阁。其位置相当于现在北京城内鼓楼所在的地方⟨2⟩。在城市设计的同时，把实测的全城中心作了明确的标志，在历代城市规划中，还没有先例，这也反映了当时对精确的测量技术用在城市建设上的极大重视。

从中心台向南采取了恰好包括皇城在内的一段距离作为半径，来确定大城南北两面城墙的位置。同时又从中心台向西恰好包括了积水潭在内的一段距离作为半径，来确定大城东西两面城墙的位置，只是东墙位置向内稍加收缩。因此，大都城的东墙去中心台的距离较西墙为近，这一点除非经过仔细比较，是不容易觉察的。

⟨1⟩ 元建大都城，先从筑宫殿开始。参见赵翼：《廿二史劄记》卷二七，"元筑燕京"条。
⟨2⟩ 中国社会科学院考古研究所徐苹芳同志根据钞本元代熊梦祥《析津志辑佚》（北京古籍出版社，1983年）第104页，抄示如下一条："中心台在中心阁西十五步，其台方幅一亩，以墙缭绕，正南有石碑，刻曰'中心之台'，实都中东南西北四方之中心，在原庙之前。"原庙所指即大天寿万宁寺。

由于上述布局的结果，大都城的宫城虽然是建立在全城的中轴线上，却又偏在大城的南部。这在我国历代封建都城的设计中，别具一格，其主要原因，就是为了要充分利用当地的湖泊与河流。这也说明了对于城市水源的重视。关于这一点，下文还要结合城内渠道与运河的开凿，再作进一步的阐述。

（三）城市街道坊巷的布局

大都城的中心点与外郭城四至的确定，对于整个城市街道坊巷的布局，起了决定性的作用。经过勘测，外郭城周长28600米，南北略长，呈长方形。南墙在今北京城东西长安街的南侧，北墙在今德胜门与安定门以北五里，尚有残余的遗迹可见。东墙与西墙分别和今东直门与西直门各在南北一条垂直线上。北面城门两座，东曰安贞、西曰健德。其余三面各有三门。东面三门自北而南曰光熙、崇仁（相当于今东直门）、齐化（相当于今朝阳门），西面三门自北而南曰肃清、和义（相当于今西直门）、平则（相当于今阜成门）。南面三门，正中曰丽正、东曰文明、西曰顺承。

每座城门以内都有一条笔直的干道，两座城门之间，除少数例外，也都加辟干道一条。这些干道纵横交错，连同顺城街在内，全城共有南北干道和东西干道各九条。其中丽正门内的干道，越过宫城中央，向北直抵中心台前，正是沿着全城的中轴线开辟出来的。从中心台向西，沿着积水潭的东北岸，又开辟了全城唯一的一条斜街，从而为棋盘式的干道布局，增添了一点变化。

上述纵横交错的干道，在城市的坊巷结构中起着不同的作用。其中占主导地位的是南北向的干道。因为全城的次要街道或称胡同，基本上都是沿南北干道的东西两侧平行排列的。干道宽约25

米,胡同宽只6—7米[1]。今天北京城内有些街道和胡同,仍然保持着元代的旧迹,例如从东四(牌楼)一条到东四(牌楼)十二条平行排列的胡同,就是最典型的一例。城市居民的住宅,集中分布在各条胡同的南北两侧,这样就使得每家住宅都可以建立起坐北朝南的主要住房。这一设计,显然是考虑到了北京气候的特点。北京地居中纬,又是季风影响十分显著的地方。这里冬季严寒干燥,多西北风,夏季炎热多雨,又以东南风为主。因此无论是冬季防寒和利用日照取暖,还是夏季便于通风和采光,都以坐北向南的住房为最相宜。所以从这一点来看,大都城城市街巷的布局,根据当时的生活条件来说,是合理的、科学的。

在全城的南北干道中,只有一条由于位置特殊,有着不同于一般干道的作用,这就是丽正门内沿着全城中轴线开辟的那条中心干道。关于这条干道,下文另作叙述。

大都城内萧墙(皇城)以外的居民区,又被划分为五十坊,坊各有门,门上署有坊名[2]。这些坊的划分并不是建筑设计上分区的单位,而是行政管理上的地段名称,因此是直属左右警巡院管辖的。这与唐以前的坊制名同实异。例如隋唐长安城内的一百一十坊,每坊各有围墙封闭,等于是大城之内又套筑了若干小城。大都城内不建坊墙,而是以街道作为主要界限,是开敞的布置。

各坊占地面积大小不一,与住宅用地的分配关系不大。当时直接关系到住宅用地分配的,还是坊内的胡同。按大都初建成时,凡

---

[1] 中国科学院考古研究所、北京市文物管理处元大都考古队:《元大都的勘查和发掘》,载《考古》1972年第1期。
[2] 取《易经》"大衍五十"之义,全城定为五十坊,坊名是由翰林学士虞集拟定的,详见《日下旧闻考》卷三七、三八引《元一统志》及《析津志》。王璞子:《元大都平面规划述略》有考证,并有大都城内各坊分布图,载《故宫博物院院刊》1960年第2期。

是从中都旧城迁居新城的住户,用地大小是有严格规定的,而且富户和有官职的人家可以优先迁入。《元史·世祖本纪》就是这样记载的,至元二十二年二月,壬戌,"诏旧城居民之迁京城者,以资高及居职者为先,仍定制以地八亩为一分。其或地过八亩及力不能作室者,皆不得冒据,听民作室"。这一规定,显然是为了要保持新城的市容。八亩一份的住宅用地,根据两条标准胡同之间的面积来计算,可以大致求得其分布情况。例如自东四(牌楼)三条胡同与四条胡同之间,从西口到东口正好占地八十亩[1],适可分配住户十家。

(四)市场的分布

大都城内市场的分布,也主要是决定于街道的布局和交通条件,与坊制没有关系,这一点与隋唐长安城也是有区别的。长安城的商业,集中在东、西两市,而大都城的市肆则分布在全城[2]。但是主要市肆集中在三处:一处在积水潭东北岸的斜街,正当中心台以西地区,就叫做斜街市,属日中坊,是全城商业最繁华的地方。坊名"日中",即是取"日中为市"的意思[3]。一处在今西四(牌楼)附近,名为羊角市,是羊市、马市、牛市、骆驼市、驴骡市集中分布

---

[1] 元代一尺约合 0.308 米,五尺为一步,一步合 1.54 米。元大都城市设计所用长度,皆以步为单位。胡同与胡同之间的距离为五十步,合 77 米,但这是根据从第一条胡同的路中心至次一条胡同的路中心来计算的。如果去掉胡同本身六步的宽度,则两条胡同之间实际占用的距离为四十四步,合 63.36 米,这与北京内城现存的平行胡同之间的距离是符合的。如以两条胡同之间实占距离四十四步长为准,宽亦截为四十四步,那么这一方块中,约占地八亩。见赵正之:《元大都平面规划复原的研究》(未刊稿)。
[2] 详见《日下旧闻考》所引《析津志》及《洪武北平图经志书》。王璞子:《元大都城平面规划述略》(《故宫博物院院刊》1960 年第 2 期)一文将各市名称、位置列表,一目了然,可供参考。
[3] 《元一统志》,"日中坊地当市中"。

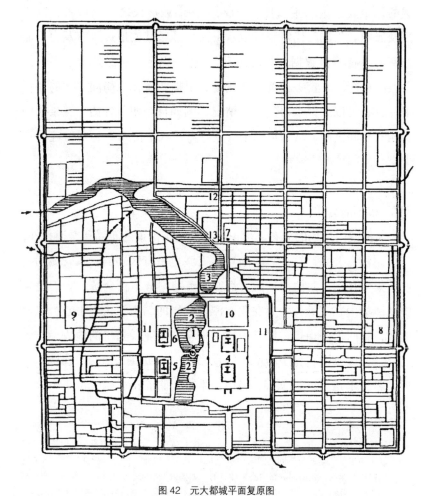

图 42 元大都城平面复原图
（本图以《北京历史地图集》元大都图为底图）
1. 琼华岛　2. 太液池　3. 积水潭　4. 大内　5. 隆福宫　6. 兴圣宫　7. 中心台
8. 太庙　9. 社稷坛　10. 御园　11. 萧墙　12. 钟楼　13. 鼓楼

的地方。还有一处在今东四（牌楼）西南，叫做旧枢密院角市，在明照坊内。这三处主要商业中心，一在东城适中的地方，一在西城适中的地方，都是街道的要冲。第三处在北城，由于紧靠积水潭，而积水潭又是当时新开凿的南北大运河的终点，水运便利，因此成为商业荟萃的一大中心。从以上居民住宅的分布以及市场的布局中，也可以看出大都城的平面设计，是经过了周密而细致的考虑的（图42）。

三、大都城的宫城与宫阙布局

（一）宫城和主要宫殿

在元大都城的平面设计中，宫阙的布局占有最重要的地位。宫阙的主体是太液池东岸的宫城（大内），这是封建王朝的统治中心。至于太液池西岸的隆福宫和兴圣宫，只算是宫城的附属部分。这里主要讨论的是作为宫阙主体的宫城，也就是后来所说的紫禁城。

根据《辍耕录》的记载，宫城

> 东西四百八十步，南北六百十五步，高三十五尺，砖甃。……分六门，正南曰崇天……左右趓楼二。……阙上两观皆三趓楼。连趓楼东西庑各五间。……诸宫门皆金铺、朱户、丹楹、藻绘、彤壁、琉璃瓦饰檐脊。崇天之左曰星拱……崇天之右曰云从，制度如星拱。东曰东华……西曰西华，制如东华。北曰厚载……深高如西华。角楼四，据宫城之四隅，皆三趓楼，琉璃瓦饰檐脊。[1]

---

[1]《辍耕录》卷二一，"宫阙制度"条。

这里所记宫城阙门以及四隅角楼的规格形制，和今日所见明清紫禁城极相近似，只有些局部的差异[1]。

元宫城的故址，也和后日的紫禁城在南北界限上稍有不同。根据实地勘查，元宫南门（崇天门）相当于今太和殿的位置，北门（厚载门）在今景山公园少年宫南侧。东华门与西华门则和现在同一名称的两门各在南北一条垂直线上，只是具体位置不同。现在的东、西华门偏在宫城南部，而元代的东、西华门则适在当中，略与太液池中的圆坻东西相值[2]。复原后的元宫城四至，南北长约1000米，东西宽约740米，与《辍耕录》所记步数，经过折算，基本相符[3]。如果与大都城内标准胡同的尺度相比较，宫城南北的长度，约为十二条胡同的距离，东西的宽度，约为十条胡同的距离[4]。从这里也可以看到，大都城在平面设计中是以精密测量为基础的。

在宫城四至确定以后，可进而就宫城内的宫殿布局，略作叙述（图43）。

元宫城内的主要建筑，分作南北两组。南组以大明殿为主体。大明殿"乃登极、正旦、寿节会朝之正衙"[5]，殿址正好选建在宫城的中心线——也就是全城的中轴线上。"殿基高可十（一作五）尺，前为殿陛，纳为三级，绕置龙凤白石阑。阑下（一作外）每楯（一作柱）压以鳌头，虚出阑外，四绕于殿。"[6]这和现在所见太和殿的

---

[1] 例如崇天门的形制应是模仿唐宋宫城的"五凤楼"。明清紫禁城的午门，是保留到现在的一种典型。只是现在午门两旁，没有像这里所记的星拱、云从二门。
[2] 详见《元大都的勘查和发掘》。勘查中还发现了厚载门故址的夯土基础，因而可以确定其位置。
[3] 《辍耕录》记元宫城东西四百八十步，折合739.2米，南北六百五十步，折合947.1米。
[4] 据赵正之推算，见《元大都平面规划复原的研究》（未刊稿）。
[5] 《辍耕录》卷二一，"宫阙制度"条。
[6] 萧洵：《故宫遗录》。

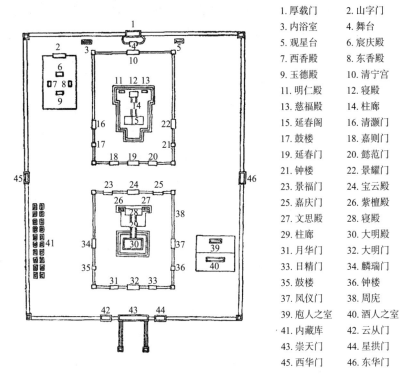

图 43 元大都宫城平面示意图
（参考朱偰：《元宫城图》，载《元大都宫殿图考》，商务印书馆，1936年）

殿基十分相似。殿后有柱廊，直通寝殿。寝殿东西，又有两殿左右对称，与大明殿合成"工"字形。大明殿四面绕以周庑，共120间，南北狭长，略呈长方形。四隅有角楼。东西庑中间偏南各建有钟楼（又称文楼）与鼓楼（又称武楼）。北庑正中又有一殿，适在寝殿之后。周庑共开七门，南面三门，正中大明门，为南区宫殿的正门。北面二门，东西各一门。"凡诸宫周庑，并用丹楹、彤壁、藻绘、琉璃瓦饰檐脊。"[1]

---

[1]《辍耕录》卷二一，"宫阙制度"条。

北组宫殿以延春阁作主体，为后廷。整个后廷的平面设计以及建筑形制与前朝基本一致。只是周庑172间，较前朝周庑多出52间，应是增长了东西两庑，形成更为明显的长方形。北庑不设门，也与前朝有别。

大明殿和延春阁这两组主要宫殿，都是在"殿"与"宫"之间，加筑一道柱廊，构成"工"字形。殿内布置富于蒙古族"毡帐"的色彩，凡属木构露明的部分都用织造物加以遮盖，壁衣、地毡也广泛使用。这些都是元代宫廷建筑上比较明显的特点[1]。

在前朝与后廷的两组宫殿之间，有横贯宫城的街道，东出东华门直通皇城东门朝阳桥（即枢密院桥）。西出西华门，稍向北折，然后西转，过木桥至圆坻仪天殿。在整个平面构图上具有平衡稳定的感觉。

整个宫城的平面布局，在前后周庑以内，严格遵循轴线对称的原则，着重突出的是奠址在高大白石台基上的大明殿和延春阁。规模宏伟，布局谨严。这种宫殿建筑的形制，虽然有模仿宋金两朝宫阙制度的明显迹象，但也有了一些进一步的发展，特别值得注意的是宫城前面宫廷广场的新变化。

（二）宫廷广场——传统位置的迁移

在我国封建都城的规划设计中，宫廷广场已经以比较规整的形式，出现在隋唐长安城和洛阳城的宫城前方。其后在宋汴梁城和金中都城的宫城前方，也都布置了宫廷广场。不过在形式上又有

---

[1] 建筑工程部建筑科学研究院建筑理论及历史研究室中国建筑史编辑委员会：《中国建筑简史》，中国工业出版社，1962年，第一册第107页。

了新发展，逐步从单纯平行于宫城的横街（如长安、洛阳）[1]或是垂直于宫门的纵街（如汴梁）[2]，演变而为宫城正前方一个复合式的"T"字形广场，并在广场的左右两侧，增建了两列千步廊[3]。广场的形式尽管在不断发展中，但是广场的位置一直是处于宫城正门的前方，并无变化。其目的就是要通过一带开阔的空间，来显示帝王宫阙的庄严与壮丽，从而给人以"九天阊阖"的感觉。同时也是企图借此以限制庶民百姓接近宫城，使宫城门禁也显得更加森严。可是在大都城的设计中，却把宫廷广场的位置，从传统的宫城正门前方，迁移到皇城正门的前方来。这不能不说是一个极大的变化。产生这一变化的原因，除去设计者的主观意图之外，还要看到当时一些客观条件的限制。在设计程序上，首先是以太液池为中心，来决定宫城和隆福、兴圣二宫的位置，然后再环绕太液池及其东西两岸的宫殿，兴筑皇城。因此宫城正门与皇城正门之间的距离，就受到了限制。在这一情况下，与其把宫廷广场按照旧传统继续布置在宫城正门以外，还不如迁移到皇城正门之外更为适宜。而这一迁移的结果，又进一步加强了从大城正门到宫城正门之间在建筑上的层次和序列，从而使宫阙的位置更加突出，门禁也更加森严。元大都的宫廷广场，在位置上的这一变化，确实是突破了唐宋以来的旧传统，开创了一个新格局。

（三）宫城以外的御苑和宫殿

宫城之北有御苑，南起厚载门以北，北至今地安门内，西临太

---

[1] 见徐松：《唐两京城坊考》卷一，及附图。
[2] 见孟元老：《东京梦华录》卷二，"御街"条。
[3] 范成大：《揽辔录》。

液池。御苑四面筑有垣墙，共开十五个门[1]。太液池东岸宫阙、御苑的分布，大体如此。至于太液池西岸两宫的分布，略述如下。

出宫城西华门，北折西转至木桥，桥长一百二十尺，阔二十二尺。过桥为仪天殿，建在圆坻上。圆坻西又一木桥，桥长四百七十尺，阔如东桥[2]，直临通衢。通衢之北，紧傍太液池西岸为兴圣宫，附有后苑。通衢之南为隆福宫，附有前苑。兴圣宫正殿兴圣殿与隆福宫正殿光天殿，都有柱廊寝殿，寝殿左右也各有东西暖殿，形制与宫城正殿近似，而尺度较为狭小。只是光天殿的周庑172间，与宫城延春阁周庑同大，四隅亦有角楼。兴圣宫则只有夹垣，内垣相当于周庑，但无角楼[3]。

隆福宫原为太子宫，后为太后所居，另筑太子宫于西偏，此不具述。

最后应该补充叙述的是元代最重要的一处宫苑，即太液池中的万寿山。

万寿山或称为万岁山，即金代太宁宫的琼华岛。大都城未建之前，即已着手修建琼华岛，至元八年正式更名万寿山，而琼华一名始终不废。岛南岸有白玉石桥，长二百余尺，正南直抵圆坻仪天殿。东岸又一石桥，长七十六尺，而桥面之宽竟达四十一尺半，因为桥上半为石渠，作为东岸金水河的渡槽，引水至岛上，然后"转机运斡"，汲水至万寿山顶，喷出石龙口，最后仍流注太液池。山顶旧有广寒殿，重加修缮。山上又有仁智殿、荷叶殿、方壶亭、瀛洲亭等。"山皆叠玲珑石为之，峰峦隐映，松桧隆郁，秀若天成。"[4]登上万寿

---

[1]《辍耕录》卷二一："厚载北为御苑，外周垣红门十有五。"
[2] 两木桥结构，详见《辍耕录》。到明代，东桥所在处填为平地，西桥改建为石桥。
[3] 以上皆见《辍耕录》卷二一，"宫阙制度"条。
[4] 以上皆见《辍耕录》卷二一，"宫阙制度"条。

山顶，可以俯瞰大都全城。这里是全城的制高点，也是自然风景的中心，在整个宫殿区的布局中，是占有重要地位的。

四、大都城河湖水系的利用与改造

（一）大都城的平面设计与河湖水系的利用

大都城宫殿位置的选择既与太液池有密切关系，同时全城的平面设计，也是结合河湖水系的调整而进行的。大都城的主要设计人是刘秉忠[1]。早在决定兴建大都城以前五年，郭守敬曾建议利用玉泉山水引入高梁河。下注旧闸河以通漕运，实际上这件事也是与大都城城址的选择直接有关的。郭守敬专长水利工程和天文历算，精于测量，又自幼从学于刘秉忠[2]。因此可以设想在规划兴建大都城的工作上，刘秉忠和郭守敬是互有联系的。关于这一点，虽无明文记载，但是从大都城的平面设计与河流湖泊的关系中，也可以窥见一斑。

第一，大都城中的积水潭，当时也叫海子，是高梁河上的一带天然湖泊，其水面远较太液池为大。大都城未建之前，积水潭原是太液池的上游。在大都城的规划中，是有计划地在积水潭与太液池之间，填筑起一条东西大道，以便利东西之间的来往，从而人为地隔断了两者之间的联系[3]。

---

[1]《元史》卷一五七，刘秉忠本传。
[2]《元史》卷一六四，郭守敬本传。
[3] 最初当是以土堤隔断，在土堤上开辟东西大道，但是大道南北两侧，都有水浸，很不牢固，如《元史》卷六四《河渠一》就有如下一段记载："至治三年（1323）三月，大都河道提举司言：'海子南岸东西道路，当两城要冲，金水河浸润于其上（南），海子风浪冲啮于其下（北），且道狭，不时溃陷泥泞，车马艰于往来，若以石砌之，实永久之计也。'泰定元年（1324）四月，工部应副工物，七月兴工，八月工毕。"（着重点为本文作者加）

第二，大都城创建之时，在中心台正南、积水潭东岸表示全城中轴线的南北大道上，建有万宁桥（也就是现在地安门外大街上的石桥），桥下有新开的渠道，引水自积水潭东出南转，傍皇城（萧墙）东墙外南下，流出大都城，这就是后来被命名为"通惠河"的一段。在这条渠道未开之前，原始的高梁河故道，当自积水潭东出，然后转向东南，注入金朝的旧闸河。以后由于大都城的兴建，有意把高梁河的故道填塞[1]，并以万宁桥下新开的渠道，代替高梁河的故道。这又是改造原始河流的一例。

第三，在大都城内的西部开凿金水河，直接从玉泉山下引水，自和义门（今西直门）南水关入城[2]，曲折南下，转至皇城西南隅外，分为两支。一支北流，傍皇城西墙，绕过西北城角，转至皇城北墙外，折而向南，入皇城，注太液池。另一支正东入皇城，经隆福宫前，注太液池。然后又从太液池对岸东引，经灵星门内周桥下，又东出皇城东墙，与东墙外新开渠道相汇。按金水河一名不始于元，王三聘《古今事物考》谓："帝王阙内置金水河，表天河银汉之义也，自周有之。"[3]金水河上的周桥（或作州桥）一名，也同样是传统的旧称。由此可见大都城内金水河的开凿，是与宫阙的规划密切联系在一起的。

这里需要说明的是在大都城未建之前，郭守敬原曾建议引玉泉山水以通漕。在决定兴建大都城后，出于宫阙规划的要求，这才另开金水河，引玉泉山水直入皇城。当时济漕用水如何解决，史无明

---

[1] 原始高梁河的这一段故道，湮埋在今日北京东城的地下，大约从地安门外大街的石桥附近，经过东四一带，从北京站所在处，流向东南。确切位置，有待勘查。
[2] 和义门南水关旧址，在今西直门南120多米处，是拆除西城墙时发现的。见元大都考古队：《元大都的勘查和发掘》，《考古》1972年第1期。
[3] 《古今事物考》卷一，国学基本丛书本，页八。

文,估计当是继续引用瓮山泊水,下注高梁河,经和义门北水关流入城内积水潭,因此新开的金水河与瓮山泊以下济运的旧渠道,在大都城外,各有固定河槽[1],并分别从和义门南北两个水关入城。金水河完全是为宫廷苑林用水而开凿,老百姓不得汲用,因此在元初"金水河濯手有禁"[2],是悬为明令的。

以上三事,足以说明在大都城初建之时,是充分考虑了当地河湖水系的分布,从而进行了有计划的利用与改造,这是值得注意的。

大都城从至元四年(1267)开始兴建,到二十二年(1285)全部建成[3],共历时十八年。

(二)白浮泉的导引与通惠河的开凿

在大都城的修建期间,为了便于把长江下游的漕粮北运,已经着手沟通南北运道。首先开凿了济州河(至元二十年)[4],大都全部建成后四年(至元二十六年)又开凿会通河[5],初步沟通了南北河运,使江南漕船可以直达通州,转入大都。但是大都城自兴建以来,用水量大增,专靠玉泉山及瓮山泊两处水源,已感不足。特别

---

[1] 金水河有与其他水道相遇处,皆用"跨河跳槽",横越其他水道之上。《元史》卷六四《河渠一》,"金水河"条有如下一段,可以为证:"至元二十九年二月,中书右丞相马速忽等言,金水河所经运石大河及高梁河西河,俱有跨河跳槽,今已损毁,请新之。是年六月兴工,明年二月工毕。"按至元二十九年,正是郭守敬动工开凿通惠河之时,而金水河道已有损坏,可见金水河是早在兴建大都城时开凿的。
[2] 《元史》卷六四《河渠一》,"隆福宫前河"条:"英宗至治二年五月奉敕云:昔在世祖时,金水河濯手有禁。"
[3] 至元四年正月决定营大都,八年二月筑宫城,九年五月建东西华门、左右掖门。十年十月建正殿、寝殿、周庑等。十一年正月宫阙告成。二十二年六月修完大都城。以上均见《元史·世祖本纪》。
[4] 济州河即利用古泗水运道加以改进,使漕船由淮入泗,由泗入汶,然后经大清河至利津入海。沿海到直沽(今天津),入白(今北运河)到通州,转运大都。
[5] 会通河系由汶水开渠北引,经东平至临清,接御河(今卫河),过直沽北上。这样就避免了绕行海道。

是为接济日益增加的漕运，必须设法开辟新水源。为此，郭守敬亲自踏勘了大都城西北沿山地区的泉流水道，进行了精密的地形测量，发现大都城西北六十里外的神山（今凤凰山）下有白浮泉，出水甚旺，其地稍高于大都，可以开渠导引至大都城中，只是中间隔有沙河与清河河谷，地势低于大都。于是郭守敬决定首先引白浮泉水西行，从上游绕过两河谷地，然后循西山山麓转而东南，沿着平缓的坡降，并汇集傍山泉流，开渠筑堰，名曰白浮堰，导水入瓮山泊。又从瓮山泊浚治旧渠道，从和义门北水关入大都城，汇入积水潭，从而为大都城开辟了前所未有的新水源。其下游从积水潭出万宁桥，沿皇城东墙外南下出丽正门东水关，转而东南至文明门外，与旧闸河相接。据实地勘查，皇城东北角外的河道宽约27.5米[1]。郭守敬为了节制流水，还在沿河建立了新闸。在计划分水或坡度较大的河段上，设置上下双闸，交替启闭，以调剂水量，便于漕船通行，其作用和现代船闸是一样的。各闸名称和位置如下：

（1）广源闸

在城西瓮山泊引水渠下游。今紫竹院公园西北、万寿寺前有水闸，即建在广源闸旧址上。

（2）西城闸（后改称会川闸），有上下二闸。

上闸在和义门外西北一里，相当于今西直门外高梁桥所在之处。

下闸在和义门西三步。

这对上下闸，不为通航，而是为了分水入城和分水入护城河。

（3）朝宗闸，有上下二闸。

上闸在万亿库南百步。

下闸去上闸百步。

---

[1] 元大都考古队：《元大都的勘查和发掘》，载《考古》1972年第1期。

万亿库在和义门北水门以内，高梁河北岸，靠近大都城西城墙[1]。

（4）海子闸（后改称澄清闸），在城内万宁桥下。

（5）文明闸，有上下二闸。

上闸在丽正门水关东南，相当于今正义路北口稍东。

下闸在文明门西南一里，遗址在今台基厂二条胡同中间，深埋地下，已被发现。

（6）魏村闸（后改称惠和闸），有上下闸。

上闸在文明门东南一里。

下闸在上闸东一里。

（7）籍东闸（后改称庆丰闸），有上下二闸。

在大都城东南王家庄。

（8）郊亭闸（后改称平津闸），有上下二闸。

在大都城东南二十五里银王庄。

（9）杨尹闸（后改称溥济闸），有上下二闸。

在大都城东南三十里[2]。

（10）通州闸（后改称通流闸），有上下二闸。

---

[1]《元史》卷六四《河渠一》依次列举各闸，但是把朝宗闸排在最后，其位置似乎已在通州以南，这是错误的。按朝宗上闸既在"万亿库南百步"，而万亿库实在和义门北水门以内高梁河北岸，靠近大都城西墙。这是由徐苹芳同志考定的。现将徐苹芳同志抄示的证据，照录如下："一、'会川闸二，在西水门外，水由北方入城，万亿库泓渟，东出钞纸坊。'（钞本《析津志》，'河闸'条）二、'高梁河……由和义门北水门入钞纸坊泓渟，逶迤自东坝流出。'（同上）三、'无名桥……万亿库东二。'（同上，'桥梁'条）四、'高梁河桥自西来流于东，入万亿桥，过钞纸坊下闸。'（同上）钞纸坊即钞纸局，近年修地铁时，在今新街口豁口外（原太平湖公园内）发现了危素写的《钞纸局题名碑》，可以确定钞纸局即在今新街口豁口外西北。此点确定后，万亿库在和义门北水门内，钞纸坊之西……位置大体无误。'泓渟'是指高梁河入城后进入一个水泡子内，这和我们钻探的情况是一致的，万亿库正在这个水泡子的北岸。"

[2]《元史》卷六四《河渠一》把杨尹闸排在通州以下，也是错误的。今通县城西八里桥附近，有杨宅（闸）村，村西南有地名曰普济，这里应即杨尹闸故址所在。

元大都城 | 217

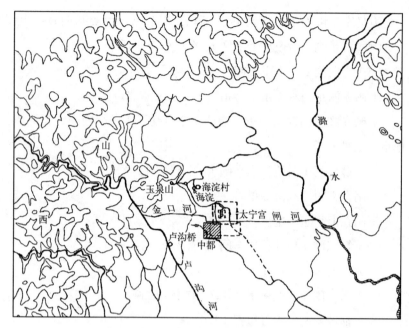

图44　金中都城近郊河湖水道略图

上闸在通州西门外。

下闸在通州南门外。

新闸河从白浮泉引水处算起，下至通州高丽庄入白河（今北运河）处，当时实测总长一百六十四里一百四十步。至元二十九年春动工，转年秋全部完工⟨1⟩。河运畅通，南来船舶，结队停泊在积水潭上。当时正值忽必烈从上都归来⟨2⟩，"过积水潭，见舳舻蔽水，大悦"，遂命名曰通惠河⟨3⟩（图44，图45）。

⟨1⟩ 详见《元史》之《世祖本纪》《河渠志》及郭守敬本传。按各闸初建皆用木闸，武宗至大四年（1311）改用砖石，泰定四年（1327）改建完成。

⟨2⟩ 上都城建于蒙古宪宗六年（1256），忽必烈命刘秉忠设计建造。中统元年名开平府，五年建为上都。见《元史·地理志》。

⟨3⟩ 《元史》卷一六四，郭守敬本传。

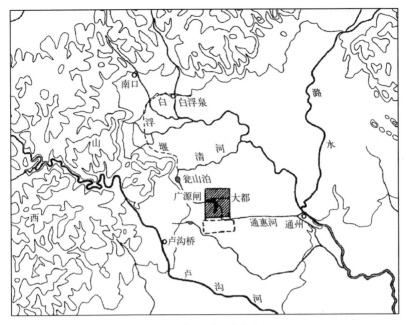

图 45　元大都城近郊河湖水道略图

通惠河的开凿成功,关键在于取得了白浮泉的新水源。这是大都城中利用和改造河湖水系的一个创举,在北京城的城市建设史上也是一件大事。此后郭守敬又建议在海子闸稍东引水斜向东北,与大都城东郊的北坝河相接,直至通州城北汇温榆河入白河。另外还建议在丽正门西的护城河上建闸,这样就可以调节水流,使舟楫在护城河上环航大都城[1]。可惜这两个建议,都未见诸实行。

(三)大都城内的排水沟渠

在大都城的建设中,不仅充分利用了地上水源开渠引水,而

---

[1]《元史》卷一六四,郭守敬本传。

且修建了明渠暗沟以便泄洪和排污。可惜的是这些排水沟渠的分布，已经深埋地下，难以复原其全貌。只是在个别地点，有局部的发现。例如现在旧鼓楼大街北段，大石桥胡同东口，解放前尚有长约六尺的石材数块，半埋于路面之下。相传其处旧有石栏，可以确证为元代旧物，下有沟渠，早已湮废，不复有遗迹可见。又如在今西四（牌楼）附近的地下，发现有石条砌筑的明渠，渠宽1米，深1.65米，在通过平则门大街（今阜内大街）时，顶部覆盖了石条。渠内石壁上还留有当时工匠凿刻的字迹"致和元年五月，石匠刘三"[1]。按"致和"为元泰定帝年号，元年为公元1328年，时在大都城修完已经三十余年，可能是重修时凿刻的。由此推测，大都城内沿着主要的南北大街，都应有排水干渠。干渠两旁，还应有相与垂直的暗沟。干渠的排水方向，与大都城内自北而南的地形坡度完全一致。这些明渠暗沟的铺设，应是与大都城的平面设计同时规划的。

五、大都城的城墙建筑[2]

（一）土筑城墙与城门的木构门洞

　　大都城的北面城墙以及东、西两面城墙的北段，在解放后尚有残余的地面遗迹可见，足以证明大都城墙全部用夯土筑成。经实地勘测，城墙基部宽达24米，为了加固城墙，在夯土中使用了"永定柱"（竖柱）和"纴木"（横木）。城墙因系土筑，收分很大。根

---

[1] 元大都考古队：《元大都的勘查和发掘》，载《考古》1972年第1期。
[2] 本节除个别标有出处者外，都是根据《元大都的勘查和发掘》一文的有关部分写成。

据发掘部分的实测推算，它的基宽、高和顶宽的比例为3∶2∶1。城墙顶部中心顺城墙方向，设有半圆形瓦管，这是解放后拆除北京西城墙时，在明清城顶三合土之下发现的。这样设置的瓦管显然是排泄雨水的措施，是避免城墙顶部雨水冲刷城壁的一种方法。土城城壁蓑以芦苇[1]，《析津志》有记载说：

> 世祖筑城已周，乃于文明门外向东五里立苇场，收苇以蓑城，每岁收百万，以苇排编，自下砌上，恐致摧塌。[2]

这不但证明了大都城墙确实是蓑以苇衣的，而且记载了蓑城的做法。尽管有预防雨水冲刷的这些措施，土城本身还是要经常修葺，据《元史》诸帝本纪，从世祖至元九年到顺帝至正十年，前后八十年间，有关都城修缮的记录，多至十五六次，役军数目，动以万计，足见劳费是很大的[3]。

大都城的四隅都建有巨大的角楼。城墙的外侧相隔同等距离建有加强防御的"马面"，也就是后日所说的墩台。城墙以外又绕以护城河。

大都城十一个城门，各有城门一重，门外有木制吊桥跨护城河上。到元朝末年，才在各城门外加筑瓮城[4]。根据对大都城北部东西两座城门——即光熙门与健德门的基址进行钻探的结果，表明城门地基夯筑坚固，并有大量木炭屑和烧土的堆积层，是城门建筑被

---

[1]《元文类》卷四一"经世大典政典工役"条称，在兴建大都城时，"军之役土木者，率以筑都城、皇城，建郊庙、社稷、宫殿……余则建佛寺……砍苇被城上"（石印本，页三六上）。
[2]《日下旧闻考》卷三八引。
[3] 以上参见王璞子：《元大都城平面规划述略》，载《故宫博物院院刊》1960年第2期。
[4]《元史》卷四五《顺帝八》，至正十九年（1359）事。

火焚烧的残余,由此可以推断城门建筑仍是唐宋以来的"过梁式"木构门洞,即门洞两壁排立木柱,木柱上再搭架梁、枋、椽、板,门洞上都作扁梯形,如《清明上河图》所见木构城门洞式样。

(二)元末加筑瓮城和创建砖券门洞

元朝末年,农民起义风起云涌,至正十八年(1358),有一支农民起义军直捣大都城郊,封建统治者惊慌失措,遂下令赶筑大都十一个城门的瓮城,以加强防御,妄图负隅顽抗。1969年夏拆除西直门箭楼时,发现了包筑在明初加筑的瓮城和箭楼内的元末瓮城城门遗址。城门的残存高度约22米,门洞长9.92米,宽4.62米,内券高6.68米,外券高4.56米。木质板门和门额、立颊(门框)等部分,在明初填筑时均已拆除,只留下两侧的门砧石,门砧石上的铁"鹅台"(即承门轴的半圆形铁球)还保存完整,这和宋代李诫《营造法式》所记大型板门的铁"鹅台"形制相同。这座城门的建筑,是从唐宋以来"过梁式"木构式门发展到明清砖券城门的过渡形式。砖券只用四层券而不用伏(券为竖砖、伏为丁砖),四层券中仅一个半券的券脚落在砖墩台上,说明当时的起券技术尚未完全成熟。城楼为地堡式,两侧各有小耳室,是进入城楼的梯道。城楼面阔三间,进深三间,除当心间四柱为明柱外,其他各柱都是暗柱。暗柱有很大的"侧脚"(上部向内倾斜),柱下安地栿,柱间用斜撑。四周墙壁收分显著。城楼地面铺砖,当心间靠近西壁的台阶下有并列的水窝两个。每个水窝用有五个水眼的石箅子做成,其下为一砖砌水池,水池外又砌有流水沟,这是为防御用火攻城门时的一种灭火设备,提供了我国建筑史上前所未见的一例。当时以砖券门洞代替木构"过梁式"门洞,也显然是为了防御火攻的。

（三）城墙的排水涵洞

大都城城墙初建之时，就已经考虑到城内排水的问题，这和城内下水道网的铺设，都应该是预先经过测量和街道的布局同时设计的。经实地勘查，曾在大都城东墙中段和西墙北段的夯土墙基下，发现了两处残存的石砌排水涵洞，从底部尚可见涵洞的结构情况。涵洞的底和两壁都用石板铺砌，顶部用砖起券。洞身宽2.5米，长20米左右，石壁高1.22米。涵洞内外侧各用石铺砌出6.5米长的出入水口。整个涵洞的石底略向外作倾斜。涵洞的中心部位装有一排断面呈菱形的铁栅棍，栅棍间的距离为10—15厘米。石板接缝处勾抹白灰，并平打了很多"铁锭"。涵洞的地基满打"地钉"（木橛），在"地钉"的榫卯上横铺数条"衬石枋"（横木），然后即将地钉榫卯间掺用碎砖石块夯实，并灌以泥浆。在此基础之上，铺砌涵洞底石及两壁。整个涵洞的做法，与《营造法式》所记"卷輂水窗"的做法完全一致。特别是满用"铁锭"、满打"地钉"和横铺"衬石枋"等做法，是宋元以来常见的形式。这就进一步说明元初修建大都城时的官式石工做法，仍继承了北宋以来的传统。

六、结语

蒙古族起于朔漠，1215年南下攻占金朝中都城，迫使金室南迁。1234年终于灭亡了金朝。1279年又灭了偏处江南的南宋，从而结束了一百多年南北对峙的分裂局面。在这期间，蒙古政权内部原有的停留在奴隶制下的政治经济因素，对于已经进入封建社会高度发展的广大中原地区，产生了极大的破坏作用。在这一急剧变化的形势下，加上中原地区南北各族人民的抗蒙斗争，迫使蒙古统治集团内部发生分化。早在1260年,以忽必烈为代表的一派反对守旧,主张采用"汉法",向封建社会跃进。顽固守旧的一派,则主张坚守"祖宗旧法",企图维持落后的统治方式。结果两派之间爆发了长达四年的内战。忽必烈一派在取得了初步胜利之后,把统治中心从蒙古高原上,迁到金朝的故都——中都城。随后创建大都,并正式建立了元朝。

大都城的创建,也是忽必烈抗拒内部顽固势力,实行政治革新的一个重要步骤。他毅然打破自成吉思汗以来所实行的逐级裂土分封的旧制,确立了中央集权。大都城就是作为一个统一的、多民族的中央集权封建国家的政治军事中心而被建立起来。在城市的规划和建筑上,同样是采用"汉法"的。当时负责建筑工事的,虽然也有来自中亚和尼泊尔的匠师如大食人也黑迭儿[1],并引进了个别域外的建筑技巧和形式[2],但城市的总体规划和宫殿建筑的一般工程做法,还都是继承了北宋以来的传统而有所发展,其中在总体规划上最为突出的一点,即大都城的平面布局,力求体现古代《考工记》一书中所描述的"前朝后市,左祖右社"的原则,又结合地方特点,做了进一步的发挥。在大都城南部的中央,利用湖泊为中心,布置了三足鼎立的宫殿群,然后绕以皇城。皇城以北、积水潭的对面,是以商业集中而命名的日中坊。太庙和社稷坛,则分别布置在皇城左右两侧,接近于东西两面大城城墙。但是这一布局的结果,竟使大都城的南半部,截然分割为东西两城,两城之间的联系,必须绕道皇城的南北两端,来往极为不便。这是迁就为帝王服

---

[1] 欧阳玄:《圭斋文集》卷九,《马合马沙碑》。
[2] 如建筑上的盝顶殿、棕毛殿、维吾尔殿等。又色彩绚丽的黄、绿、蓝、青以及白色琉璃材料,在元宫中也大量使用。元代设有宫廷制造局,部分工匠来自当时亚洲一些国家,因此建筑装饰和器物色彩大为丰富。参见《中国建筑简史》,第一册第107页。

务的传统设计,而严重影响城市生活的一例[1]。至于在宫殿建筑的艺术上最值得注意的要算大量石工的应用,础碣墀陛,雕镂精美,其他如宫中陈设的奇器、建筑小品以及桥梁阑楯,凡用石材处,也都显示了高度的建筑艺术[2]。当时有名的石工如杨琼、王浩,都参加了大都城的营建,他们都是来自太行山下曲阳县的民间石匠。特别是杨琼,出身世代石工,技艺超绝,为我国建筑工程上的石雕艺术做出了卓越的贡献。这一方面又是应该肯定的。

本次自北京大学院士文库《侯仁之文集》选出

---

[1] 这对后日北京城的改造,遗留下一大难题,直到今天,仍未彻底解决。尽管皇城早已拆除,北海大桥也已畅通无阻,但是故宫和三海,仍是东西两城地面交通的障碍。看来只有开凿地下铁道,才能解决这个问题。
[2] 详见《辍耕录》及《故宫遗录》的描写。

明清北京城[*]

明北京城是在元大都城的基础上加以改造和扩建而成,并为清朝所沿用,不同的是城内宫阙与河湖水道又经历了很大的变化,与元时情况已大不相同。

一、从元大都城到明清北京城城址的变迁

(一)大都旧城南北城墙的迁建

明初建都南京,洪武元年(1368)大举北伐,攻下元大都,改称北平。元朝末代统治集团退走蒙古高原,伺机南下。明朝驻军为了便于防守,遂将大都城内比较空旷的北部放弃,并在其南五里另筑新墙,仍然只设两个北门,东曰安定、西曰德胜。同时又分别改称东墙的崇仁门与西墙的和义门为东直门与西直门。

到了永乐元年(1403),改北平为北京,四年着手营建北京宫殿城池。十八年(1420)宫阙告成,正式迁都北京。在此前一年,又把北京南城墙向南推移了二里,仍开三门,名称如旧。正统元年

---

[*] 本文是作者为中国科学院自然科学史研究所主编的《中国建筑技术史》(科学出版社,1985年)"城市建设工程"一章所写专题之一的原稿。

（1436）开始修建九门城楼，四年完工，遂改称丽正门为正阳门、文明门为崇文门、顺承门为宣武门。同时又把东西城墙的齐化门与平则门，分别改称为朝阳门与阜成门[1]。九门名称保留至今，这就是旧日所说的北京内城。

（二）外城的修建

到了明朝中叶，由于蒙古族的骑兵多次南下，甚至迫近北京城郊，进行扰掠，遂屡有加筑外郭城的建议[2]。直到嘉靖三十二年（1553），终于筑成了包围南郊一面的外罗城，也就是旧日所说的北京外城。原议环绕京城四面，一律加筑外垣，由于物力所限，只修成了正南一面[3]，因为正南一面不仅有永乐迁都时已经建成的天坛和山川坛（先农坛），而且也是居民稠密的地区，特别是正阳门和宣武门外的关厢，接近中都旧城。当初中都旧城中未能迁入大都新城的居民，后来逐渐向大都南门外移动，集中居住在丽正门与顺承门关厢一带。永乐间展拓北京南墙，遂将南郊一部分居民圈入城中。但仍有大部居民隔在新筑的南墙之外。嘉靖间增建外垣时，既无力大兴土木，就只好先把环抱南郊的城墙修建起来。结果就使得北京城在平面图上构成了一个特有的"凸"字形轮廓。只是这包入的居民区，多是曲折狭小的街巷，有的且形成为通向正阳门外的一些斜街，都是逐渐发展起来的，从未经过规划，与内城比较，是有明显差别的。其中只有一条东西向的干道，即现在的广安门内大

---

[1] 以上参见明《成祖实录》、《明史·地理志》及清光绪《顺天府志》卷一，"城池"条。
[2] 如成化八年（1472）蒋贵议筑外郭城，见《明史》本传。嘉靖二十一年（1542）毛伯温又议筑外城。三十二年（1553）朱伯辰继续请建外城，见《顺天府志》卷一，引《明典汇》。
[3] 详见明《世宗实录》。

街。这条大街原是旧中都城内贯穿东西的通衢,所以还显得比较宽阔。至于内城街道,较元时情况无大变化。只是在一些街巷胡同的内部,出现了逐步分割的现象,因而形成了一些不规则的小街、小巷和小胡同。

这里可以附带提到北京城内坊的变化。

明初迁都北京之前,城内共分三十三坊。迁都以后又加筑外城,或称南城。内城二十九坊,外城七坊,合计三十六坊,分属东、西、南(即外城)、北、中五城管辖。到了清朝,内外城共分十坊[1],实际上已逐渐失去最初设坊的意义了。

(三)砖砌城墙

明朝前期,曾逐步把北京内城的土城墙全部用砖包砌[2],因而使城墙断面上下宽度的比例大为缩小[3]。城门洞也完全改为砖砌筒壳,这说明制砖业已有了较大的发展。又城门外面护城河上的木桥,在正统初年修建城楼时也都改建为石桥。两石桥间各有水闸,护城河水自城西北隅分水环城,历九桥九闸,从城东南隅入通惠河。此后城墙城门等曾屡经修葺,并多次加砖包砌。

明中叶加筑外罗城,开始即用砖砌,并开挖护城河,自西便门外分内城护城河水,环绕外城,从东便门以东流入通惠河。

---

[1] 朱一新:《京师坊巷志稿》卷上篇首,及卷下"旧坊附"条。
[2] 洪武初首先用砖包砌城墙外面,正统间又包砌了城墙内侧。
[3] 清代城垣做法,规定城墙断面上下宽度约为3∶2。见《大清会典》及《城垣做法册式》。

二、北京紫禁城的兴筑和皇城的扩建

（一）紫禁城和皇城城址的移动

明初攻占元大都，在缩减北城的同时，又废弃了元宫城。永乐四年（1406）开始兴筑北京宫殿，十五年（1417）加速营造，十八年（1420）基本竣工，此后仍续有修建。当时首先完成的是紫禁城。紫禁城沿用元朝大内的旧址而稍向南移，周围加凿护城河，一律用条石砌岸，俗称筒子河。随后又展拓了旧皇城的南、北、东三面，从而扩大了紫禁城与皇城之间的距离。

明代整个宫阙虽然利用了元朝大内的旧址，但它的规划设计却是以南京宫殿为蓝本而进行的[1]，不过它的规模更加宏伟，布局更加严整。清朝继续沿用明朝宫阙，对建筑物大都进行了重修或改建，并且续有增建。

（二）紫禁城和主要宫殿

紫禁城南北长 960 米，东西宽 760 米。东西两墙的位置，仍同元大内旧址，只是南北两墙分别向南推移了近 400 米和近 500 米。紫禁城正南面的午门，正当元皇城灵星门的旧址。午门内金水桥，也就是元代的周桥。金水桥北新建皇极门（原称奉天门）。皇极门内，在元大内崇天门直到大明门的旧址上，先建成皇极殿（原称奉天殿），后又建成中极殿和建极殿，是为外朝三大殿（图 46）。后经屡次重修，至清初始改名太和殿、中和殿、保和殿。其后为内廷后三殿，奠基在元大明殿的旧址上，叫做乾清宫、交泰殿、坤宁宫，三殿名称，清朝沿用不变。

〈1〉 清光绪《顺天府志》卷三，《明故宫考》。

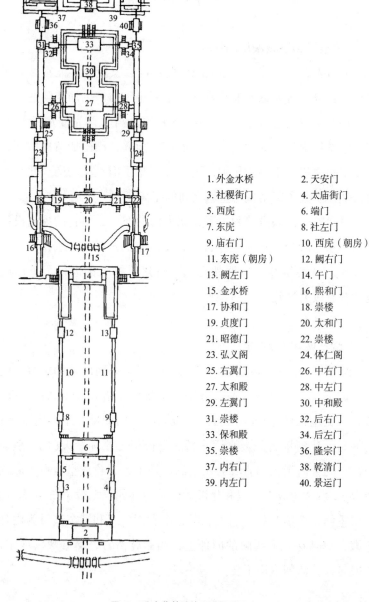

图46 北京紫禁城外三殿平面图

1. 外金水桥　　2. 天安门
3. 社稷街门　　4. 太庙街门
5. 西庑　　　　6. 端门
7. 东庑　　　　8. 社左门
9. 庙右门　　　10. 西庑（朝房）
11. 东庑（朝房）12. 阙右门
13. 阙左门　　　14. 午门
15. 金水桥　　　16. 熙和门
17. 协和门　　　18. 崇楼
19. 贞度门　　　20. 太和门
21. 昭德门　　　22. 崇楼
23. 弘义阁　　　24. 体仁阁
25. 右翼门　　　26. 中右门
27. 太和殿　　　28. 中左门
29. 左翼门　　　30. 中和殿
31. 崇楼　　　　32. 后右门
33. 保和殿　　　34. 后左门
35. 崇楼　　　　36. 隆宗门
37. 内右门　　　38. 乾清门
39. 内左门　　　40. 景运门

这前后六座大殿，一如元朝大明殿和延春阁一样，正好建筑在全城的中轴线上，占据了最重要的位置。后三殿实际上相当于元朝大内的延春阁。不同的是前后六座大殿虽然分成南北两组，而距离却很近，因此两组宫殿的周庑乃是紧相接连的，这和元时的情况已大不相同。元时前朝大明殿和后宫延春阁两处周庑之间，有横贯东华门与西华门的御道相隔，前朝、后廷之间布局分散。紫禁城在平面设计上，显然有了改进，整个布局更为严整，空间联系上更为紧凑，城墙的东西两面，虽仍设有东华门与西华门，不过其位置已南移到东西两墙的南端，这也使得宫城在守卫上更加严密。

（三）宫阙设计的特点

紫禁城北面一门叫做玄武门，清乾隆时改称神武门。出玄武门正北，有人工堆筑的土山，命名为万岁山[1]，俗称煤山，清初改称景山。山上五峰并峙，峰顶各建一亭。正中主峰所在处，正是元朝延春阁的故址，故址之上又堆筑土山，意在压胜前朝，所以又叫做"镇山"。还须指出土山中峰位置的选择，既在全城的中轴线上，又是内城南北两墙的正中间，它以一个人为的制高点，标志了改建以后北京全城的中心。登临山上，足以俯瞰全城。它在整体的宫阙建筑上虽然没有明显的实用价值，却具有突出的象征意义。它企图在一种类似几何图案所具有的严正而又匀称的平面设计上，凭借一个巍然矗立的实体，来显示出这里正是封建帝王统治的中心。

和元朝的宫阙设计相比较，另一个更重要的变化，还在紫禁城的前方。

---

[1]《明宫殿额名》："崇祯七年九月，量万岁山，自山顶至山根斜量二十一丈，折高十四丈七尺。"《顺天府志》卷三，《明故宫考》。

元朝大内的前方空间有限，除去一般衙署如拱辰堂和留守司分列左右外，并无其他重要建筑物。明初展拓南城，紫禁城、皇城和大城的南墙，依次南移，遂使彼此相隔的空间，大为开拓。就利用这开拓了的空间，在紫禁城城南面午门前方、中心御道的左右两侧，布置了太庙和社稷坛两组严格对称的建筑群。在社稷坛以西、元太液池南端，又开凿了南海。这就使得午门与皇城南面承天门之间的整个地段，也纳入了宫阙建筑的总体规划之中，从而使中心御道更加显明、更加突出（图47）。

承天门清初改称天安门，门前开辟了一个完整的"T"字形的宫廷广场，这是继承元大都的旧制又做了进一步的发展，即沿广场的东、西、南三面，修建宫墙，把"T"字形的广场完全封闭起来。东西两翼以及南端突出的一面，各开一门，东曰长安左门，西曰长安右门，正南曰大明门，清初又改称大清门。自大明门内沿东西宫墙的内侧，修建千步廊，至北端，又沿宫墙分别转向东西，中间衬托出砥平如矢的中心御道，从大明门向北直达承天门。

广场两侧的宫墙以外，集中布置了直接为封建王朝服务的衙署。在东侧有宗人府、吏部、户部、礼部、兵部、工部以及鸿胪寺、钦天监等，基本上为清朝所沿用，无大变化。西侧的五军都督府到了清朝，由于兵制的变化，逐渐废弃。

这里应该提到的是清朝乾隆年间，又把天安门前宫廷广场的东西两翼，继续向外延伸，增筑了与皇城南墙平行的宫墙，把长安左、右门外大街的各一段，分别包入广场两翼。东西两端增设新门，进一步加强了广场的封闭程度。实际上这已是唐宋以来宫廷广场逐步发展的最后形式。

广场南端保留了一段横街，作为东西城来往的孔道，叫做棋盘街，这里也是商贾荟萃的地方，一直到清朝末年，情况无大变化。

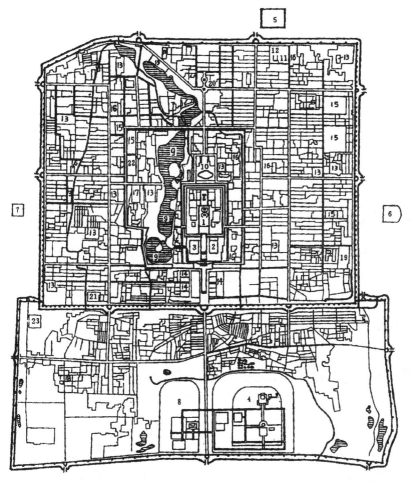

图47 明清北京城图
(根据《中国建筑简史》，第一册第183—184页)
1.宫殿 2.太庙 3.社稷坛 4.天坛 5.地坛 6.日坛 7.月坛 8.先农坛 9.西苑 10.景山 11.文庙 12.国子监 13.诸王公主府 14.衙门 15.仓库 16.佛寺 17.道观 18.伊斯兰教礼拜寺 19.贡院 20.钟、鼓楼 21.象房 22.天主教堂 23.营房

明清北京城 | 233

穿过棋盘街，就是正阳门。从正阳门向南有笔直大道穿过东西并列的天坛和山川坛之间，直抵外城南面正中的永定门。这是北京内城中心御道的延长部分，也是全城中轴线的明显标志。这条中轴线，从永定门算起，向北穿越紫禁城的正中心和景山中峰，最后止于清初重建的鼓楼与钟楼，全长近8公里。这是明清北京城在平面设计上最为突出的一点。紫禁城内的前朝、后廷六座大殿，是封建皇帝统治的中心，占据了这条中轴线上最重要的部位。出入紫禁城的南北御道，也正是沿着这条中轴线修建的。从正阳门内循御道北上，要依次通过大清门、天安门、端门、午门和太和门，然后到达太和殿，中间要穿越六个大小不同、形制各异的封闭空间，总长1700米。在这段御道上特别显著的是天安门、午门和太和殿，这三座建筑物是整个建筑群艺术处理上的三个高潮。可以对照一幅复原的平面图，作身临其境的设想：从正阳门北上，经过比较矮小的大清门，随即进入"T"字形的宫廷广场。广场南部收缩在东西两列低矮单调的千步廊之间，形成了一条狭长的通道。广场北部向左、右两翼迅速展开，有豁然开朗的感觉。越过这段开阔的空间，屹立着庄严壮丽的天安门，门前点缀着汉白玉的石桥和华表，这是第一个高潮。进入天安门，迎面而来的是端门，中间距离较短，是一个近似方形的院落，整个气氛顿觉收敛。端门以内，在左、右两列朝房之间，又展开一段比较狭长深远的空间，一直引向第二个高潮，这就是体形宏伟、轮廓多变的午门。从午门到太和门之间，空间宽度突然加大，院落也显得大为开阔。院落中心的御道上又出现了汉白玉石桥，这是整个布局开始发生变化的征兆。果然一进太和门，最后一个高潮终于出现在眼前。这里是一个正方形广阔而开朗的庭院，两侧有崇楼高阁，峙立左右，正面是巍然屹立在须弥座台基上的太和殿。太和殿面阔63.96米，进深37.17米，高26.92米，在全部宫殿建筑中，体积最大，造型雄伟，气势凝重。整个庭院，气象森严。实际上，太和殿后面的五座大殿，与太和殿一样也都建筑在须弥座台基上。前三殿和后三殿各为一组，每组台基的平面都呈"工"字形。不同的是前三殿的台基格外宽广高大，共分三级，总高 8.13 米，每级都绕以亭亭玉立的白石栏杆。栏杆和踏跺布满精致的浮雕，每一栏杆下面又有排泄雨水的石雕螭首向外探出。全部石筑台基，自上至下都是精雕细刻，呈现出雍容华贵的气象。后三殿的须弥座台基，只有一级，尺度也较小，但同样绕以雕刻精细的白石栏杆。至于这六座主要大殿以外的其他次要宫殿，全部排列在东西廊庑之外，基本上保持着左右对称的原则。所有宫殿建筑，从建筑规模直到屋顶形式，都有严格的等级区别。例如殿宇的开间，明代以九间为最尊贵，清代增加到十一间，以下按七、五、三等数递减。屋顶以重檐庑殿为最高等级，依次而下为重檐歇山、单檐庑殿、单檐歇山、悬山等。紫禁城里的建筑物，就是这样按照其使用性质和所在位置的不同，来采用各种屋顶形式和决定房屋间数。这不仅起了区别主次的作用，也体现了统一与变化的手法，使整个宫廷建筑在严谨中仍含有一定的变化[1]（图46，图47）。

总之，明清北京城的建造，正是企图以宫殿建筑的平面布局和造型，来宣扬封建帝王"唯我独尊"这个主题的一个突出的典型。但是它的造型雄伟而瑰丽的建筑物，却是我国古代匠师的杰作，是劳动人民血汗的结晶，是现存规模最大、最完整的我国古代建筑艺术的宝贵遗产，是应该十分重视并加以保护的。

---

[1] 以上参考建筑工程部建筑科学研究院建筑理论及历史研究室中国建筑史编辑委员会主编：《中国建筑简史》第一册，《明清北京城》。

三、北京城水源的枯竭和补救的措施

（一）原有水道系统的破坏

明初改建北京城，虽然在全城的平面设计和宫阙的总体规划上，进一步发挥了为封建帝王服务的主题思想，取得了明显的效果，但是另一方面却严重地破坏了旧有的水道系统，完全截断了城内的水上交通，以致每年平均四百万石的漕粮和随船北运的江南百货，无法直接运入城中。造成这一情况的直接原因，是由于皇城的北墙和东墙向外推移的结果，把原在墙外的一段通惠河故道包入城中，同时由于展筑大城南墙，又把元大都城文明门外的一段通惠河故道，也包入北京内城之中。这样就等于把通惠河的最上游完全截断，从此江南的船只再也不能停泊在积水潭上。积水潭东北岸上的斜街一带（日中坊），本是元朝最繁华的商业区，到了明朝也就无复当年盛况。积水潭本身也日益淤垫，湖面也逐渐缩小起来[1]。

其次，元朝大都城内通惠河的上源，从和义门北水关引水入城，宫廷御苑专用的金水河，从和义门南水关引水入城，两者分流，各不相干。直到皇城东南隅外，金水河才与通惠河合流。明初改建大城北墙，从西直门（元和义门）以北斜向东北，穿过积水潭上游水面最窄的一处，转向正东，新建了德胜门与安定门，并在德胜门西修建水关，作为引水入城的唯一孔道。金水河上游从此断流，只是在积水潭南端重开沟通太液池（北海）的渠道，因此明代的金水河，只剩下太液池下游的一小段，即从太液池南端新凿的南海，引水东下，绕过皇城门前，注入通惠河，别称外金水河。另外

---

[1] 积水潭的主要部分，明时称为海子，又叫什刹海，不仅湖面已大为缩小，而且开始有水稻的种植，说明淤垫日甚。只是德胜门内大街以西的部分，仍叫积水潭，因北岸有净业寺，所以又叫净业湖。见清光绪《顺天府志·京师志》水道部分。

又从太液池北端（北海）东岸开渠引水，经景山西墙外，南入紫禁城，下游与外金水河合流，叫做内金水河。

上述情况说明，从元大都到明北京，不仅城墙旧址屡有迁移，就是城内的河流水道，也有了很大的变化。导致这一变化的根本原因，就是水源的枯竭。

（二）白浮泉水源的断绝

元初筑堰导引白浮泉水，流注大都城内积水潭以济漕运，这是北京自建城以来解决水源问题的一大创举，已如上述。其次由于开辟了白浮泉的新水源，才有可能另凿金水河，把玉泉山的泉水直接引入大都城内，专供宫廷园林用水的需要。但是到了明朝初年，因为建都南京，已无转漕北上的必要，以致运道失修，白浮断流，北京城内开始呈现出水源枯竭的现象。积水潭的大量淤积，也就是从这时开始的。

比至永乐年间迁都北京，漕运问题又重新提到日程上来。最初为了转运江南木材，曾有重浚白浮故道的建议，但是后来由于昌平城北兴建皇陵，白浮泉水的导引必须流经陵域的前方，才能自流入城，而堪舆家以为于地脉不利，以致重引白浮泉水以济漕运的计划，终未能见诸实行[1]。结果，终明一代，只是专靠玉泉山水流经瓮山泊，下注城内积水潭，然后分流，一支入太液池，又引出为内外金水河，以供应宫廷及园林点缀的用水；一支进入皇城，沿东墙内侧径直南下，出正阳门以东水关，入内城南护城河，然后流出东便门，汇入通惠河故道以接济漕运。只因水量有限，济漕无效，通惠河故道也逐渐淤塞。后经屡次开浚，仍然不能通漕，主要原因还

---

〔1〕 明成化七年杨鼎、乔毅奏疏，见《宪宗实录》。

是由于通惠河河床比降较大，只从疏浚下游用力，不从开源着想，其不能奏效，原是理所当然的。因此明代漕粮，仍是先由水运集中到通州，然后再从通州陆运到北京，等于是又回到了通惠河未开以前的情况，这不能不说是一种倒退。

（三）昆明湖的开凿

清初京城水道稍有改进，康熙年间（1662—1722）仍利用通惠河加以疏导，并开浚内城东护城河，接引部分小型粮船从东直门外大通桥下，直达朝阳门与东直门外交纳入仓。不过水源问题仍旧未得解决。这时西郊海淀一带，自明朝中叶以来，纷纷辟治园林，利用有利的地形，导引流泉，浚治湖泊，水量的消耗与日俱增。其中如畅春园（在明朝为清华园）、圆明园，都是规模宏大、水面开阔的名园，至于用水的来源，除去海淀附近万泉庄一些细小的平地泉流之外，主要的还是依赖玉泉山与瓮山泊的水源。因此通惠河上游不只是来源未辟，而且是日益分流。一直到乾隆年间（1736—1795），为了进一步辟治园林，同时解决济漕用水的问题，这才在北京西郊山麓一带，进行了一系列整理水源的工作。首先是利用瓮山地形，建置苑林；其次为增添苑林景色，又把瓮山前的小湖（即瓮山泊，明代又叫西湖或西湖景、七里泊），大加开浚，加筑东堤，拦蓄玉泉山东流之水，形成一片水面汪洋。瓮山由此改名万寿山，扩大了的湖泊也改名叫做昆明湖。这样，就形成了北京近郊一个兼有湖山之胜的风景中心。同时，这个湖泊经过改造之后，坚固高峻的东堤，起了拦水大坝的作用，使玉泉山东流之水，逐渐储满昆明湖中，从而提高了湖水水位，并在湖的南端引水入城的渠道口上，修建水闸，调节流量，有效地保证了通惠河上游的供水源源不绝。另外还可分出一部分流水，为海淀附近增辟园林和灌溉稻田之用。

经过这番调整之后，昆明湖表面上形成了一个优美的风景中心，而实际上却起了作为北京城水库的作用。在北京城市发展的过程里，为了解决水源问题而进行的长期斗争中，人工水库的设计这还是第一次，其规模虽然不大，却是值得重视的。

正是因为有了这样一个范围不大的小水库，西山山麓的若干细小泉流，才得被囊括而尽，一齐被汇聚到昆明湖中。当时曾用长达十里的石凿水槽，把西山卧佛寺与碧云寺附近的几处山泉，导引至玉泉山下，同注昆明湖，使涓滴之水，都能为济漕通运和点缀园林之用。可见用心之苦，这也反映出水源枯竭的严重情况。明清两朝对于北京近郊水源的开发和利用，至此达于极点。

四、北京城的排水系统

（一）主要的排水渠道和街道沟渠

明清北京城内的排水系统，同样是在元大都城的基础上发展起来，可惜的是对于大都城内以排水为主的明渠暗沟，记载不多。到了明朝，有关的记载增多起来。《明史·河渠志》称：正统四年（1439）"设正阳门外减水河，并疏城内沟渠"。可见城内沟渠已早有铺设。按正统四年是大规模修建北京城门门楼、大城四隅角楼，以及深浚城濠和改建桥闸最后完工的一年，护城濠的作用，不仅是一种防御工事，也是城内在上游供水和在下游排洪泄污的干道。德胜门西水关是从护城濠供水入城的上游，前三门外的护城濠，则是城内主要沟渠排洪泄污的下游。

城内主要沟渠，见于记载者有下列数条：

1. 大明濠，或称河漕：从西直门大街上的横桥（或称虹桥、红桥、洪桥）南下，直到南城墙下的象房桥，经宣武门西水关入南护城濠。

2. 东沟与西沟：分别从西长安街南下，然后汇合为一，继续向南至化石桥，经宣武门东水关入南护城濠。

3. 东长安街御河桥下沟渠，上接积水潭，为通惠河故道，下经正阳门东水关入南护城濠。这些沟渠都是顺自然地势自北而南的明沟，其中尤以大明濠与通惠河故道为最重要。此外，全城大小街道大都有相与平行的支沟。《明会典》有记载说：成化六年（1470）"令皇城周围及东西长安街，并京城内外大小街道沟渠，不许官民人等作践掘坑及侵占"[1]。可见街道沟渠的分布，是很普遍的。

这里所谓"京城内外大小街道沟渠"，当是包括了前三门外的一带地方。这一带地方早在外城修筑之前已有民居，大小街道多系逐渐发展起来的，事先未经规划，因此所有沟渠的分布，当不如前三门以内的普遍。至于跨越街道之间的主要排水渠道，也有三条：

1. 龙须沟：从山川坛（先农坛）西北隅外的一大苇塘东流，穿过正阳门大街的天桥和天坛的北侧，又绕至天坛东面，曲折蜿蜒，经左安门西水关入外城南护城濠。这大约是在永乐年间兴建天坛与山川坛时，利用原有的低洼地带疏导而成。龙须沟一名，是后来才见于记载的。

2. 虎坊桥明沟：从宣武门以东护城濠南岸的响闸开始，南经虎坊桥至山川坛西北隅外的苇塘。

3. 正阳门东南三里河：正统初年修浚护城濠时，从正阳门以东护城濠南岸开渠，东南经三里河，下游入龙须沟。

外城这三条主要沟渠，都直接或间接起着排泄前三门护城濠余

---

[1]《明会典》卷二〇〇。

涨的作用，实际上是内城排水系统的一部分。

到了清朝，北京内外城的沟渠又有增加。最主要的是内城沿东西城墙内侧，各开明沟一条。西城墙内侧的一条，从西直门经阜成门至城西南隅的太平湖；东城墙内侧的一条，上源从安定门以东北城墙内侧开始，至城东北隅转而南下，沿东城墙内侧，经东直门、朝阳门，直到城东南隅与泡子河相接。泡子河乃是元朝通惠河残存的一段。当时泡子河与太平湖都有"水库"之称，因为两者都是消纳雨潦的去处。泡子河的积水，可由崇文门内东水关排入护城濠。

外城增辟的主要沟渠，一是三里河以东从大石桥至广渠门内的明沟，一是崇文门东南横亘东西的花市街明沟。这两条明沟在下游汇合后，北入东便门内护城濠。这一带的沟渠，显然是居民区逐渐扩展到这里之后，才开始形成的。

根据清光绪《会典事例》所记，乾隆五十二年（1787）北京内城"大沟三万五百三十三丈"，"小巷各沟九万八千一百余丈"[1]，其中绝大部分当为埋设地下的暗沟网。至于外城则缺乏统计数字，难以比较。总之，外城沟渠必少于内城，分布情况亦不如内城之普遍。

（二）紫禁城的排水系统

紫禁城内的沟渠自成一独立系统，除埋设地下的暗沟网外，有明渠一条，即内金水河。

内金水河从紫禁城北筒子河西端涵洞引水入城，沿西墙内侧向南，曲折东转，经武英殿前，穿过午门内金水桥下，绕至文华殿后，又东折南转，经东华门内，出紫禁城东南涵洞，注南筒子河。其下游从筒子河东南闸口，流经太庙东墙外南流，汇入外金水河。

---

[1] 清光绪《会典事例》卷九三四。

这条内金水河在紫禁城内蜿蜒曲折的形势，与明初着手兴建但未完工即行中止的凤阳中都城，如出一辙[1]。这就提供了一个重要线索，说明永乐初年改建北京城，除去南京城的宫阙制度外，还另有一个蓝本，这就是凤阳的中都城。这条金水河的开凿，不仅为了点缀宫廷，更重要的是它在设计上的实际用途。其一是：为了给紫禁城内消防提供水源，其二是为了在暴雨之后赖以排泄紫禁城内的洪潦，实际上这后一项作用更为重要。因为整个紫禁城内不仅建筑物十分密集，而且所有大小庭院都是普遍用砖墁地，如果没有排泄雨潦的设备，必将引起水灾。历史的事实说明，自紫禁城建城以来的五百多年间，城内火灾虽屡见不鲜，但是因雨潦致灾的记录却不一见。这就说明内金水河以及环绕紫禁城的筒子河，确实起了防洪排潦的作用，从工程设计上来说，是考虑很周密的。

五、结语

明初改建北京城，从城市的平面设计到宫阙的布局，都突出地反映了封建统治者的政治意图。目的在于通过城市建筑，以显示封建帝王的所谓"尊严"及其独裁统治的"权威"。实际上，这时的封建统治，已走向长期发展的最后阶段，并日益暴露其没落的本质。最突出的一点就是穷奢极欲，肆意挥霍，极其贪婪地吸吮着劳动人民的血汗，横征暴敛，残酷剥削。这种情况，在北京城的营建中也充分反映出来，例如永乐十九年北京宫阙基本建成的时候，翰林侍讲邹缉就曾上疏给永乐皇帝说：

---

〔1〕 王剑英：《明中都城考》（初稿），凤阳文化馆油印本，上篇第92页。

> 陛下肇建北京……几二十年，工大费繁，调度甚广……工作之夫，动以百万，终岁供役，不得躬亲田亩。

又讲到滥行征敛宫殿建筑用材的情况说：

> 官吏横征，日甚一日，如前岁买办颜料，本非土产，动科千百，民相率敛钞，购之他所。大青一斤，价至万六千贯。及进纳，又多留难，往复展转，当须二万贯钞，而不足供一柱之用。〈1〉

这真是骇人听闻的数字。又如万历三十七年（1609）重修三大殿，《明史·食货志》记载说：

> 三殿工兴，采楠杉诸木于湖广、四川、贵州，费银九百三十余万两，征诸民间。

只这一项用材耗费，就约合当时八百多万贫苦农民的一年口粮。

到了清朝，滥用于建筑的费用，数目更大。清朝统治者虽然已经继承了前明的全部宫殿，却又在西郊大兴土木，营建离宫别馆。从畅春园、圆明园开始，一直到玉泉山静明园、香山静宜园，最后又在帝国主义侵略者所焚毁的万寿山清漪园的废墟上修建颐和园，前后历时二百余年，工程的浩繁，费用的巨大，还在紫禁城之上。

从五百多年前紫禁城开始兴建时起，到鸦片战争中国开始沦为半殖民地半封建社会的前夕，只根据有文字记载的规模较大的农民

〈1〉《明史》卷一六四，邹缉本传。

反抗，就在百次以上。其间曾有两次农民起义军打进了紫禁城。一次是崇祯十七年（1644）李自成率领的起义大军推翻了明王朝，一次是嘉庆十八年（1813）北京近郊起义的农民军，以自己的果敢行动宣告了封建统治末日的即将来临。

延续了两千多年的封建王朝的统治，1911年在武装起义的枪炮声中最后崩溃了。北京城作为封建王朝统治中心的旧时代从此结束。

本次自北京大学院士文库《侯仁之文集》选出

北京旧城平面设计的改造

北京旧城从一开始就是按照一个完整的平面设计进行营建的。它具有突出的特点和风格,在世界城市建筑史上也占有重要地位。

最早的北京城,从古代的蓟城,一直到金朝的中都城,前后两千年间,都是在今莲花池以东同一原始聚落的基础上逐渐发展起来的。城市的范围虽然不断扩大,但是原来的城址始终没有改变。这一城址的选择和莲花池以及由莲花池发源的一条小河——可以统称为莲花池水系,是有密切关系的[1]。这一问题不在本文范围之内,这里可以略而不论。

到了13世纪60年代,当元朝决定迁都北京的时候,终于放弃了莲花池水系上历代相沿的旧址,另在它的东北郊外选择新址,重建新城。这就是北京旧城最初的前身,也就是历史上名闻中外的大都城[2]。

---

[1] 关于现在莲花池的记载,最早见于北魏郦道元(465或472—527)的《水经注》,当时名叫"西湖",是蓟城西郊的风景区。从西湖发源的一条小河,古称洗马沟,现在叫做莲花池河。郦道元关于"西湖"有如下的描写:"湖东西二里,南北三里,盖燕之旧池也。绿水澄澹,川亭望远,亦为游瞩之胜所也。"明清以来的学者往往把这个"西湖"当作现在昆明湖,这是完全错误的。详见侯仁之:《〈水经注·㶟水注〉选释》,中国科学院地理研究所编辑《中国古代地理名著选读》第一辑,科学出版社,1959年。

[2] 在中世纪的欧洲文献上叫做Khanbaliq(或作Khanbalik,Cambaluc等),意即可汗之城。Khanbaliq之名,首见于意大利人马可·波罗(Marco Polo)的游记。(转下页)

大都城的奠基，主要是利用高梁河水系上的一区湖泊作为重新设计的中心，这样，北京城的城址就从莲花池水系转移到高梁河水系上来。这一转移，在城市建设上具有重大意义，因为莲花池水系虽然满足了北京城初期发展的需要，但是随着社会经济的发展和北京作为一个名副其实的全国政治中心的形成，莲花池有限的水源，已经远远不能供应多方面城市用水的要求。不过当时首先考虑的，还是为了宫廷用水和园林的点缀。因为在此以前，当金朝营建中都城的时候（图48），东北郊外高梁河上的这一区湖泊，就已经被开发为一个风景中心了，随后又在这里兴建了一座离宫，名叫太宁宫（后改称寿安宫、万宁宫）。这太宁宫的主要部分，就包括了现在北海公园的琼华岛（白塔山）以及团城附近一带地方。至于环绕着琼华岛的湖泊，即后来所说的太液池，也只包括现在的北海与中海，南海尚未开凿。新建大都城的宫城，位于太液池东岸，另在太液池西岸，又分别建立了隆福宫（南）与兴圣宫（北）。三宫鼎立，今日团城所在之处，叫做圆坻或称瀛洲，也就是三宫之间通过一带长桥（木桥）相互联系的中心，或许这里也就是当时进行设计的出发点。三组宫殿，连同太液池在内，绕以周垣，是为皇城。皇城之外，又加筑了大城。皇城位于大城南部的中央，宫城的中心则恰好布置在全城的中轴线上。这条中轴线通过一条南北垂直的大道而明确地表现出来。它的南端从大城南墙正中的丽正门开始，北端止于皇城以北大天寿万宁寺内的中心阁。这中心阁代表了全城的几何中

（接上页）他在公元1275年，也就是大都初建后数年来到这里，后来在游记中对于大都城的平面设计，极为称赞，他曾描写说："全城中划地为方形，划线整齐，建筑房舍。每方足以建筑大屋，连同庭院园囿而有余。……方地周围皆是美丽道路，行人由斯往来。全城地面规划有如棋盘，其美善之极，未可宣言。"（沙海昂注、冯承钧译：《马可·波罗行纪》第二卷，商务印书馆，1936年，第七章第338—339页注7，引剌木学本）

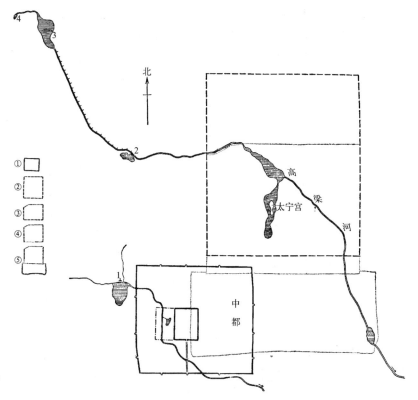

图48 金中都城、太宁宫及附近河湖水系示意图（附金以后的城址变迁）

图例：1.莲花池前身，《水经注》曰"西湖"，下游称"洗马沟"
2.紫竹院公园内湖泊前身 3.昆明湖前身 4.玉泉山流泉
⊥⊥⊥⊥⊥ 金朝所开引水渠，今长河前身

方框：① 金中都城（1153—1215）古城址上最后一城（宫城西苑范围未确定）
② 元大都城（1267—1368）新城址上最初一城
③ 明初北平城（1368—1420）
④ 明中叶以前的北京城
⑤ 明中叶以后到解放以前的北京城（1553—1949）

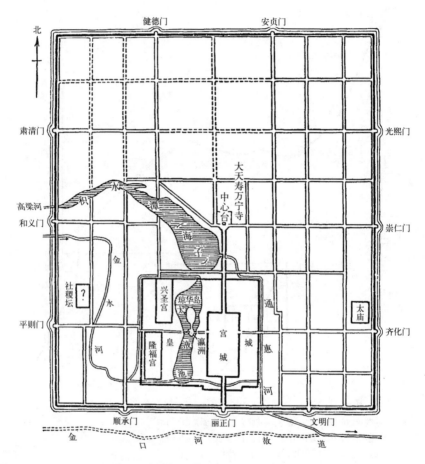

图 49　元大都城平面设计示意图（土筑城垣）
根据元大都考古队：《元大都示意图》缩简，并填注：
（1）假定之社稷坛位置；
（2）已有钻探资料尚未正式绘图的街道，用双虚线表示；
（3）护城河

心，环绕中心阁的周围一带又是全城商业最集中的地区。至于全城真正的几何中心，尚在中心阁稍西，原有刻石镌"中心之台"四个大字[1]，这是元大都城在平面设计上所树立的最重要的测量标志，可惜久已亡佚（图49）。

过去对大都城的形制以及城内河湖水系的分布，虽然经过多人的研究，也仅能得其大略，而且多有错误[2]。只是从1964年以来，由于中国科学院考古研究所和北京市文物管理处结合城市建设进行了实地勘察和发掘之后，才终于使元大都城的平面图得以如实复原[3]，从而为研究北京旧城的平面设计及其演变，提供了确实可靠的科学依据。

大都城这一平面设计的重要意义，在于它第一次把一个古代关于营造封建国都的理想设计，结合实际的地理特点，在最近似的程度上，创造性地体现了出来。这个理想的设计，见于《周礼·考工记》，大意是说：都城的营造，作正方形，每边长九里，各有三门。城中有纵横垂直交错的宽广大道各九条。在城内的左方（东部）建筑太庙，右方（西部）建筑社稷坛。前面（南部）是朝廷，后面

---

[1] 中国科学院考古研究所徐苹芳同志根据钞本元《析津志》，抄示如下一条："中心台在中心阁西十五步，其台方幅一亩，以墙缭绕，正南有石碑，刻曰'中心之台'，实都中东南西北四方之中也，在原庙之前。"并加按语说："此条《日下旧闻考》卷五四引，但漏去'西十五步'的'西'字，及'在原庙之前'一句，致方位不清。'十五步'，约折合23米左右。"
[2] 历来研究大都城的写作，都以为全城设计上的中轴线，即今日旧鼓楼大街的南北垂直线。我在《历史上的北京城》（中国青年出版社，1962年）一书中也是这样写的。后承徐苹芳同志指出，元大都城的中轴线也就是明清北京城的中轴线。过去认为明初改建大都城，才把全城中轴线向东移至现在钟鼓楼的南北垂直线上，这是错误的。又关于元大都城内金水河的故道，我曾假定它是从和义门南向东直注太液池，也是错误的。1965年徐苹芳同志经过实地钻探，第一次确定了它的位置，见下注《元大都示意图》。
[3] 《元大都示意图》，见中国科学院考古研究所、北京市文物管理处元大都考古队：《元大都的勘查和发掘》，载《考古》1972年第1期。

北京旧城平面设计的改造 | 249

（北部）是商业中心〈1〉。这个理想的设计，强调了城市布局的方正和规整，并把"朝廷"即宫城，布置在全城最重要的部位上。其次又在宫城的东西两方分别配置了太庙和社稷坛这两组具有封建迷信色彩的建筑群。

这一理想设计，似乎是反映了战国时代封建统治阶级的中央集权制逐渐趋向成熟时期的一种思想，它企图通过建筑艺术的手法来给封建帝王的统治中心以突出表现。说它是一种理想的设计，因为它并不代表当时都城建筑确实存在的普遍形制，而近乎西方城市规划史上所说的"理想城"。根据现在经过考古发掘所已经确切知道的战国都城，如齐临淄、燕下都以及"郑韩故城"，都和这一理想中的设计方案有很大出入〈2〉。

其次，就是在中央集权的统一封建国家出现之后，无论是秦的

〈1〉《周礼·考工记》："匠人营国，方九里，旁三门，国中九经九纬，经涂九轨，左祖右社，面朝后市。"这里所说的"国"，即指都城。按都城之"都"字，在古代系专用名词，因为只有有"宗庙先君之主"（即指太庙）的城邑，才能叫"都"，详见顾炎武：《日知录》卷二二，"都"条。又"社"为土地之神，"稷"为五谷之神，社稷坛就是祭土地与五谷之神的地方。因此"社稷"一词又曾用来象征封建帝王的统治权。

〈2〉参见：（1）《临淄齐国故城钻探实测图》，见群力：《临淄齐国故城勘探纪要》，载《文物》1972年第5期。（2）《燕下都故城址平面图》，见河北省文化局文物工作队：《河北省易县燕下都故城勘察和试掘》，载《考古学报》1965年第1期。（3）《"郑韩故城"遗址重要遗迹分布图》，见河南省新郑县革命委员会文教局：《"郑韩故城"简介》，1972年2月。又郝本性：《新郑"郑韩故城"发现一批战国铜兵器》一文，亦附有"郑韩故城"城址略图，载《文物》1972年第10期。此外经过初步考古勘察的，还有战国时代赵国的都城，亦即在河北省邯郸市的所谓"赵王城"。根据《赵王城实测图》（驹井和爱：《邯郸——战国时代赵都城址的发掘》，《东方考古学丛刊》乙种第四册，1954年），其城垣遗址呈正方形，又明显地存在着一条设计上的中轴线。中轴线的南半有类似宫殿建筑的大规模遗址一处，北半有小规模的遗址三处。这一布局似乎与《考工记》的理想设计，差相近似。但是这个所谓"赵王城"，每边长不足三里，其东面和东北面尚有其他两个小城的城垣残迹相毗连。此外，附近一带，向东北跨越沁河两岸，一直到现在邯郸市的西郊，还有更大范围的城垣遗址，尚未考察清楚。从仅有的地表迹象来看，这所谓"赵王城"，可能只是当时的一个宫城，并不能代表赵国都城的形制。

咸阳，还是汉唐的长安与洛阳，在其平面布局上，也都不见《考工记》理想设计的踪影[1]，只是到了元朝营建大都城的时候，这才第一次把这一理想设计，付诸实现。但也并不是机械地照搬，而是结合这里的地理特点又加以创造性的发展，终于形成了一幅崭新的设计图案[2]。

在这一创造性的发展中，起主导作用的，一是历史继承的因素，一是地理特点的利用，而后者实际上又居于支配地位。所谓历史继承的因素，就是说大都城的城址并不是全无历史凭借任意选择的，而是继承了前人的遗址又加以发展。这里具体所指的就是金朝的离宫（太宁宫）。但是，如上所述，这金朝的离宫也是选择了中都郊外高粱河上的一片湖泊来兴建的。那时还只是把这一片湖泊作为自然风景的点缀。及至大都城在这里奠基的时候，那就不仅仅是为了点缀风景，更重要的是还进一步考虑到城市用水和运河开凿的问题。这就说明当时的城市规划，对于地理条件的选择和利用是颇有远见的。这一事实反映到大都城的平面布局上来，就不能不使《考工记》的理想设计有所变通。

第一，为了平行解决宫苑用水和运河开凿的问题，在原有的基础上又把高粱河水系加以改造。高粱河的天然上源，原在今紫竹院公园。金朝营建中都之后，为了开辟近郊水源，又曾开凿一条引水

---

[1] 汉长安城虽有"面朝后市"的迹象，但其他各点都与《考工记》的理想设计不符。
[2] 大都城内宫城位在南部的中央，宫城正北、中心阁周围地区，则是商业最集中的地方。太庙在宫城以东、齐化门内，社稷坛在宫城以西，故址失考，有人推测在今白塔寺以北，明代朝天宫所在处，尚难确定。这是符合《考工记》"面朝后市，左祖右社"的布置原则。又城内纵横交错的大道，连同顺城街计算在内，也和《考工记》中的九条之数相符。只是城作长方形，而非正方形。北面只有二门，不是三门。按日人村田治郎：《元の大都市计划に就いて》（《关于元大都的都市计划》，《建筑学会论文集》第八号，1938年4月）一文，企图论证大都城的平面设计本于蒙古族"斡耳朵"（宫廷帐篷）布置的形式，实属牵强附会。

渠道，穿过一带平缓的分水岭，把玉泉山和瓮山泊（今昆明湖扩大以前的旧称）的流水，引向今紫竹院公园，从而为天然的高梁河，又增加了一段人工的上源（图48）。另外在大都城的规划中，还特别开凿了一条从玉泉山经和义门（今西直门）南，绕行西城，流入宫苑以专注太液池的新河，根据历史传统，命名金水河。这条金水河因为专供宫苑用水，民间不得汲引。因此元朝初年，"金水河濯手有禁"，悬为明令。至于太液池上游原有的另外一片叫做积水潭的湖泊，从此就被隔断在皇城以外，单独承受了高梁河的上源。同时又从积水潭引水东出，绕行至皇城东北角外，然后紧傍皇城东墙南下，直出大城南墙，与金朝所开金口河的下游故道相汇，转而向东流注潮白河，命名通惠河，也就是日后所谓南北大运河的上游。这样，高梁河下游的原始河道，从此也就没入大都东部的坊市之内而湮废无闻了。

第二，根据《元大都示意图》和上述河湖水系改造的情况，可以明显看出在全城的设计上，河湖水系的导引和宫殿市区的规划是紧密结合在一起的。除去前面已经讲到的有关宫殿布局的各点之外，在这里还应该补充说明的是中心阁位置的选择。中心阁被布置在积水潭的东北岸边，它不仅标志了以中心大道所表示的全城中轴线的顶点，而且还是平分南北两城的中心。在这里十分关键的一个问题，是从中心阁到丽正门这段距离的选择。测以现在的尺度，这段距离，将近4公里。如果再把这段距离缩小，那么皇城与大城之间的空间，势必过于局促；如果加大，全城的南北距离又嫌过长。况且再向南去不远，就是自西而东的金口河故道，故道以南，当时还有中都旧城，这些也都是上述将近4公里的那段距离，不便再向南引的原因。这个距离一旦确定，大都城南北两墙的位置也就定了下来。至于东西两墙的位置，情况比较复杂。从《元大都示意图》

上来看，大都城的西墙正好建筑在积水潭西岸的南北直线上。这样，大都城的西半，也就是从中心阁到西城墙的宽度，显然是由积水潭东西两岸之间的宽度来决定的。如果以同一宽度来决定大都城东墙的位置，那么中心阁就恰好是全城的几何中心了。但实际上中心阁去东墙稍近，去西墙稍远。这大约是因为东墙以外原是一片低洼地带，易于积水，由于这一地形上的限制，或许还有其他一些现在已经难于查考的原因，就只好缩短一些距离，选择了现在的南北一线来建筑东墙了[1]。这一情况，从城市建筑的原则来看，可以作为一个具体实例来说明：规划上的对称，并不一定要求在实际上像几何图案那样的严格对称，根据施工上的具体条件，也是允许有局部的差异的。

　　第三，皇城和大城的形制既已确定，大城城门的位置和坊巷道路的布局，也就有所依据。在这里同样是参照《考工记》的理想设计，布置了棋盘式的干路，经纬交错，显示出规整庄严的气魄。所不同的只是大都城的北墙只有二门，再加上河湖水系的影响，终于在规整的街道系统中，又出现了一些变格。但是这对于城市生活影响不大。影响最大的，还是皇城和积水潭的位置，几乎把全城的大部，分割成东西两半，民间交通来往极为不便。还有大城的北部，由于是机械地决定了北墙的位置，因此靠近北墙一带，颇嫌空旷，终元之世，居民稀少。这又是后来导致缩减北城的一个重要原因。

　　总之，大都城的营建是经过精心规划的，它既继承了古代的理想设计，又因地制宜地加以创造性的发展，作为一个封建帝王的都城，它的总体规划是具有极大特色的。正是在这一基础上，明朝初年决定迁都北京之后，又进行了大规模的改建，进一步发挥了它所

―――――――
〈1〉 关于元大都城东墙位置选择的问题，参考了徐苹芳同志提出的意见。

表达的主题思想，从而取得了更加突出的效果。

明初有计划地改建北京城，始于永乐二年（1404），到永乐十八年（1420）基本完成。此后虽屡有修建，并无根本变动，最重要的也只是加筑了外城而已。这次改建，就是为了从南京迁都到这里。现在"北京"这一名称，也就是从这时才开始的。

在此以前，当明兵最初打下大都城时（洪武元年，1368），为了缩减北城，以利防守，就把大都城的北墙从原来的位置迁移到现在德胜门和安定门的东西一线上来（图50）。这个新墙址的选择，显然是利用了积水潭上水面最窄的地方来横断湖面的，这样就把原来的积水潭截为两半，另在新墙上修建水闸，引水从北面入城。同时新墙的西端，也只能沿着原来湖泊的南岸修建，因而在大城的西北隅形成了一个斜角。当时为什么要采取这条东西线来建筑新墙，不见记载。很可能是因为新墙外面原来就有一条河道，从积水潭引水东注，在减缩北城时就考虑到要利用它稍加开掘作为北护城河，这样就免于动用更大的人力另凿新护城河了。这一推测是否可靠，还有待进一步的考察研究。此后，明朝的统治者因为已在南京建都，迷信于破坏元朝的旧都以杀其"王气"，又把太液池东元代故宫，尽行拆除（当在洪武六年，1373年以前）。以上都是根据军事和政治上的要求所采取的行动，是对大都城的极大破坏。也就是在这段时期内，大都一名曾被改为"北平"。出人意料的是这一时期的破坏，又为后来明朝改建北京城创造了条件。

明朝对北京城的改建，最重要的是在全城的中轴线上，又把元朝中心阁以南的全部建筑物，重新加以规划，并增加了新的内容，从而在全城的平面设计上做出了极为重要的发展。其中特别值得注意的有下列几点：

第一，在元朝宫城的旧基上，稍向南移，建造新宫城，这就是

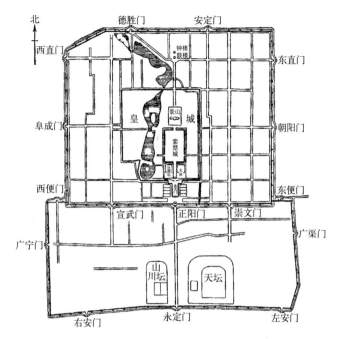

图 50 明北京城平面设计示意图（砖包城垣）
（参考考古研究所：《明北京城复原图》稿）

现在故宫博物院所在地，旧日叫做紫禁城。紫禁城南面正中的午门和北面正中的玄武门（清改神武门），以及城内最主要的宫殿建筑，即象征最高统治中心的前三殿（太和殿、中和殿、保和殿，明曰奉天殿、华盖殿、谨身殿，又改皇极殿、中极殿、建极殿）和后三殿（乾清宫、交泰殿、坤宁宫），一律居中建造在全城的中轴线上。其他次要建筑，则都严格遵守对称排列的原则，配置在中轴线的左右两边。

第二，由于紫禁城的南移，旧日皇城以及大城的南墙，也都逐次南移，从而决定了现在天安门（明曰承天门）和正阳门（前门）在中轴线上的位置。

北京旧城平面设计的改造 | 255

第三，利用午门以外紫禁城和皇城之间新开拓的空间，仿照明初南京城的规划，在中轴线的左右两旁，分别建筑了太庙和社稷坛，仍然保持着"左祖右社"的原意。这样，不但使原来孤立在东西两城的这两大建筑群取得了和紫禁城的直接联系，并且还大大突出了中心大路的分量，增加了从天安门到午门之间的深度。与此同时，又在社稷坛以西也是新拓的空地上开凿南海，扩大了皇城中的水面，增添了自然的风光。

第四，利用承天门和大明门（在正阳门内，清改大清门，解放前叫中华门，已拆除）之间的扩建部分，遵循唐、宋以来的传统，把直接为封建帝王集权统治服务的中央官署，沿着宫廷前方的中轴线，对称排列在东西两边（图51乙）。这一布局，既彻底改变了大都城内元代中央官署的分散情况，又进一步加强了中心大路在延长线上的纵深感。至于大明门和正阳门之间的一小段距离，则有计划地保留下来作为东西两城交通来往的孔道，叫做棋盘街。这一格局一直保持到清朝末叶，只是有些官署名称稍有改变而已。

第五，在相当于元代中心阁的位置上，分别建筑了鼓楼和钟楼，南北相望，作为中轴线的新顶点。另外又在正阳门外以南东西两方互相对称的位置上，建造了天坛（东）和山川坛（西，最初也叫地坛，后来又改称先农坛）。及至嘉靖三十二年（1553）加筑外城之后，全城的中轴线更向南延伸，经过天坛与山川坛之间，直到外城南面正中的永定门。这样全城明显可见的中轴线，南起永定门，北至钟鼓楼，全长几达8公里，这在旧日的城市规划中是极为罕见的。

第六，最后必须提到的是在紫禁城的北面，利用宫城南移后的空间，又沿着全城的中轴线，在距离大城南北两墙的中心点上，堆筑了景山——一个人为的制高点。因此，景山又代替了中心阁在元朝大都城内的位置，从而标志了改建以后北京全城的中心。登临景山之上，足以俯瞰旧日的北京全城。它在全部的宫城建筑上，虽然没有明显的实用价值，却具有突出的象征意义。它企图在一种类似几何图案所具有的严正而又匀称的平面设计上，凭借一个巍然矗立的立体造型来显示出：这里正是封建帝王进行统治的中心。这种从三度空间来考虑城市建筑效果的，大约这还是一个创例。

这里还应该提到的是有明一代，景山还被看作是"镇山"，因为它的位置不仅代表全城的中心，同时也正好被布置在元朝宫城北部正中的延春阁旧址上，企图以此来象征前朝的彻底覆亡和自己王朝的长治久安。

除此以外，还有一些次要的变动，这里无须一一列举。同时还有另一方面的情况，不应忽视。事实说明在结合城市规划来考虑河湖水系的利用上，明朝不仅没有新的发展，反而倒退一步。金水河废弃了，积水潭下游的通惠河则因为皇城北面和东面的开拓而被圈入城中，从此也就失去了运河的作用。另外积水潭本身由于豪门大户与湖争地而日益缩小。原在大城以南的金口河故道，也因南城的拓建终被全部湮塞。有明一代，只是部分地开凿了内外两城的护城河，借以引水和排洪。从此以后一直到清朝末叶，北京城的平面布局，基本上固定下来，再没有发生什么大变化。

根据以上的分析，可以看到北京旧城从元朝的奠基，到明朝的改建，都是按照封建统治者的政治意图而计划的，并且是根据同一主题，逐步加以发展，终于达到了在封建社会的城市建筑史上可以说是登峰造极的程度。这个主题就是企图通过平面布局和建筑物的造型，来体现封建帝王的所谓尊严，也正是在这个意义上，北京旧城在封建时代一切都城的设计中，算是最为突出的一个典型[1]。

然而历史发展的客观规律是不可抗拒的，在我国延续了两千多年的封建王朝终于被推翻，祖国得到了解放。这种惊天动地的变化，终于使古老的北京城，也恢复了青春，从而揭开了它历史发展的新纪元。

解放以来，在党和政府为无产阶级政治服务、为工农业生产服务、为劳动人民服务的城市建设方针的指导下，在城市规划和市政建设的广大工人和技术干部的积极努力下，以及在全市和全国人民的亲切关注与热情支援下，古老的北京城经历了十分深刻的、多方面的重大变化，而且这一变化随着社会主义革命的日益深入和社会主义建设事业的日益高涨，还在继续发展中。到目前为止，我们已经看到北京这个在长期封建社会中逐渐形成的全国最大的消费城市，已经逐步建设成为一个社会主义的生产城市，这是社会主义经济蓬勃发展的必然结果。这个在性质上带有根本意义的变化，反映在城市面貌上，首先是城郊新工业区的出现。相继而来的就是新住宅区和文化福利与市政设施的大规模兴建，还有旧日所形成的破烂房屋与阴暗卑湿的居住地区的逐步改造。在这里，又充分体现了社

---

[1] 北京旧城的这一特点，在欧美建筑学和城市规划学界，早已引起注意。例如欧洲著名建筑学家法国 Le Corbusier 早在 20 年代在所著《未来的城市》(*Urbanisme*，巴黎，1924 年。英译本 *The City of the Future*，纽约，1930 年)一书中，就整页翻印了北京旧城的一幅平面图，作为典型，并加以说明，以示推崇。又如美国的环境与城市规划学者 E.A.Gutkind 在 1955 年的一篇专题论文中 ("Our World from the Air: Conflict and Adaptation"，《空中所见我们的世界：矛盾与适应》，见 W.L.Thomas 主编：*Man's*, *Role in Changing the Face of the Earth*，《人类在改造大地面貌中的作用》，芝加哥大学出版社，1958 年)，也整页翻印了北京旧城的一幅航空照片，包括从景山沿中轴线直到永定门的全景，紫禁城是俯瞰的中心。在说明中，他指出："紫禁城大约是唯一的完全按照一种典型理想而建造的建筑工事。"

会主义制度下，党和政府对于劳动人民的深切关怀。尤其引人注目的是，新中国成立以来北京作为人民的首都，它在城市建设上所反映出来的伟大的社会主义新时代的精神面貌和思想内容。凡是亲眼目睹这一切新景象的人，有谁不为之欢欣鼓舞而且感到自豪的呢？但是要深入理解这一切，而不只是停留在一些表面的印象上，那就需要进一步了解它的历史发展和它的变化过程。因为只有这样才能更好地认识它的现状，才能更深刻地理解在旧城的改造上所取得的决定性的进展。在某种意义上来说，北京旧城的经营缔造，也正是我国古代建筑艺术的一种集中表现。它代表了封建社会时期在统治阶级垄断生产资料的前提下，利用了极大的人力物力，在不断发展的过程中所陆续完成的一种规模宏伟的建筑工程。在它的平面设计以及宫殿建筑的配置和造型上，它体现了封建统治阶级的政治要求和意识形态。但是从整个建筑工程来说，特别是在许多重要建筑物的精严结构和艺术加工上，它却是劳动人民所直接创造的，这就充分显示了我国古代劳动人民非凡的智慧和才能，以及他们在当时的科学技术上所达到的高超水平。它的宫殿庙坛以及苑林名胜，既是千千万万劳动人民的血汗和智慧的结晶，同时又是反动统治阶级为了自己的生活享受和权力欲望而进行残酷剥削和恣意挥霍的典型。为此，我们既不能把它当作纯粹的艺术宝库而原封不动地保留下来，也不能把它简单地看作封建帝王的遗存而一律加以摒弃。毛泽东同志说：

> 中国的长期封建社会中，创造了灿烂的古代文化。清理古代文化的发展过程，剔除其封建性的糟粕，吸收其民主性的精华，是发展民族新文化提高民族自信心的必要条件；但是决不能无批判地兼收并蓄。必须将古代封建统治阶级的一切腐朽的

东西和古代优秀的人民文化即多少带有民主性和革命性的东西区别开来。[1]

这同样是在改造北京旧城的过程中，所遵守的原则。也正是根据这一原则，才能更好地认识新中国成立以来北京城日新月异的新面貌，以及它所反映的社会主义新时代的思想内容。关于这一点，天安门及其广场的改造，就是一个最好的说明。

天安门原是旧日皇城的正南门，当初经手建造天安门的劳动人民，赋予它如此庄严壮丽的形象，既稳重又辉煌，充分体现了我国古代建筑艺术的特色。封建帝王把这样一座巨大的建筑物摆在这里，只是为了显示帝王之居的尊严和华贵。至于那些真正胼手胝足建造天安门的劳动人民，过去却从来不许跨越这个城门一步，天安门只属于封建帝王个人所有。但是随着北京城的解放，天安门这座古老的建筑终于回到了它的真正创造者——劳动人民的怀抱。1949年10月1日，毛泽东同志正是在天安门上向全世界庄严地宣告了中华人民共和国的成立。天安门庄严壮丽的形象，出现在中华人民共和国的国徽上。在我国人民的政治生活里，天安门成为全国中心的象征。全国各族人民，都一心向往着天安门、向往着北京城。

在新中国成立十周年的那一天，人们又看到天安门及其广场以全新的面貌呈现在眼前：宏伟、开敞、明朗、辉煌。广场的面积大为扩展，以神奇的速度所完成的庄严雄伟的人民大会堂和中国革命历史博物馆，对称排列在两旁，中心耸立着人民英雄纪念碑。何等宏伟的规模！何等浩瀚的气象！它象征着人民广阔的胸襟，排山倒海的力量（图51甲）。然而这里所显示的还不仅是一种气氛，而且

---

[1]《新民主主义论》，见《毛泽东选集》第二卷，第667—668页。

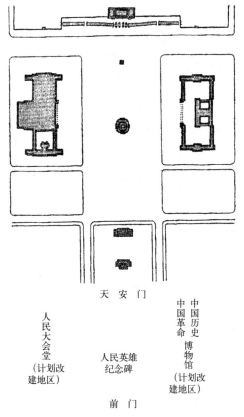

图 51 甲 天安门广场今昔对比图：1959年改建后的天安门广场
（参照《建筑学报》1959年9、10月合期所刊《天安门广场》
一文中《天安门广场改建规划平面图》简化缩绘）

突出地反映着社会主义新时代的政治内容。广场上可以汇集五十万人民群众的队伍进行集体活动；大会堂里可以容纳上万人集会，共同讨论和议决国家大事。这是只有在社会主义制度下才会出现的政治生活的现实。

现在经过改造之后的天安门广场，也正是全城平面布局的中心。对比之下，紫禁城这个在旧日突出于全城中轴线上的古建筑

北京旧城平面设计的改造 | 261

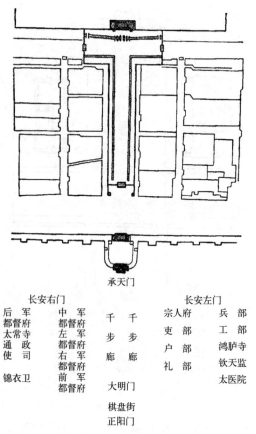

图51 乙　天安门广场今昔对比图：明代承天门及部分中央官署
（参照考古研究所《明北京城复原图》未刊稿缩绘）

群，则已经退居到类似"后院"的次要地位，只有在工作之余，人们可以到这里来，欣赏古代劳动人民用自己的双手所创造出来的这些伟大瑰丽的建筑物和陈列在这里的各种艺术珍品。因此这里已成为一座最具体最生动的阶级教育的大课堂。

除了广场的改造之外，从天安门广场，沿着东西长安街，向东西两方，又开辟了横贯全市的大干路，它的东西两端可以直达通县和石景山。东西长安街经过改造，拆除了封闭天安门广场的东西三座门（在明代为长安左门、长安右门），加宽了路面，开拓了天安门广场东西两翼的远景，使广场上的气象更加波澜壮阔，空间关系更加开敞豁朗。在首都人民的政治活动中，一百五十路纵队的游行队伍，可以沿着长安街从容行进。首都人民群众，可以在长安街两旁热烈欢迎前来我国进行国事访问的友好国家的领导人。它不同于一般的街道，而是担负着与天安门广场同样的政治使命，等于是天安门广场在空间上的扩展和延续。可以相信，今后这里将会有更加壮丽而宏伟的街景，集中显示出首都主要街道的特征。至于从长安街开始继续向东西两方径直延伸的大干路，又彻底扭转了几百年来北京旧城在平面设计上那条南北中轴线的支配地位，从而使新市区的扩建，沿着一条新轴线向东西两方有计划有步骤地发展起来（图52）。这一情况不仅给全市的平面布局带来了根本变化，实际上也是适应了城郊新工业区迅速发展的要求。此外沿着这条新轴线，也更加有利于地理条件的利用。因为从石景山到通县，正是古代永定河洪积冲积扇的背脊，地形自西而东逐渐倾斜，地质基础也随着起了变化。石景山西侧的永定河和通县东郊的潮白河，是分布在北京市区东西两边的两条天然大河，这两条大河，自北出山而后，几乎是平行南下，转而东南，合流入海。北京城就恰好处于这两河之间。自古以来的一个理想，就是要开凿一条人工渠道，从石景山附近引永定河水，穿过北京市区，经通县城下直注潮白河。目的就是要为北京城开辟更为丰沛的水源。可是这个古老的理想，虽然经过多次努力，都失败了。只是解放以后，由于治理永定河的工程获得成功，上述古老的理想才终于成为现实。这就是出现在北京西郊的"永定河引水渠"。不仅如此，潮白河上游的水，也通过"京密引水渠"的开凿，源源流注北京城。这也是在前人设想的基础上，又大

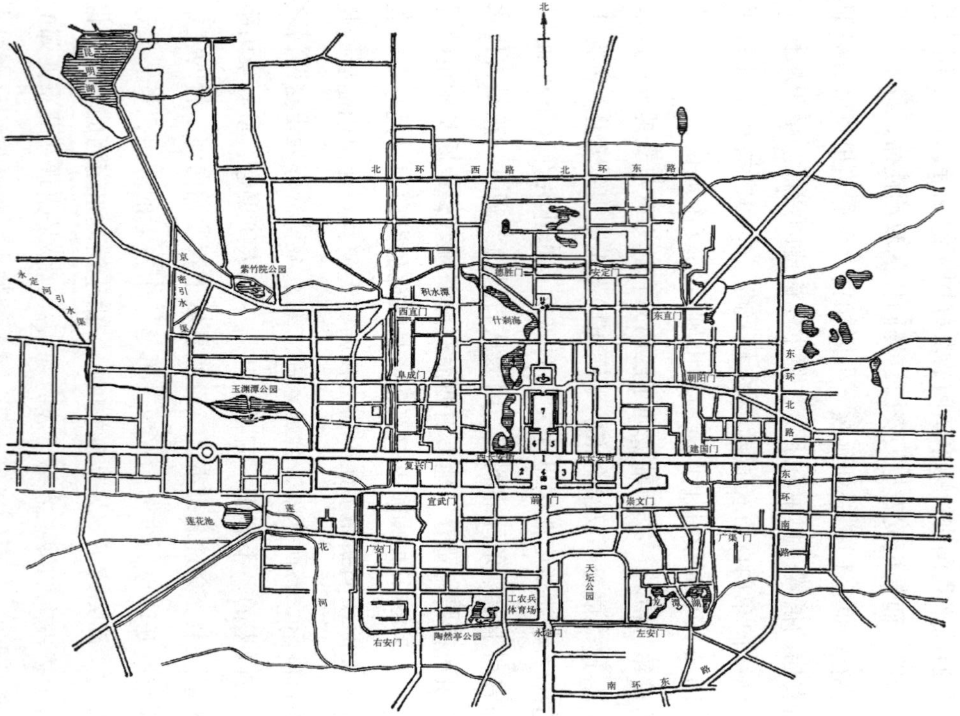

1. 天安门
2. 人民大会堂
3. 中国革命博物馆、中国历史博物馆
4. 人民英雄纪念碑
5. 劳动人民文化宫
6. 中山公园
7. 故宫博物院
8. 景山公园
9. 北海公园
10. 钟楼
11. 鼓楼

图 52 北京旧城的改造示意图
（根据地图出版社《北京市游览图》1972 年第 2 版中的《市区交通图》缩简改绘）

大加以发展，首先把水引向昆明湖，然后又在西郊玉渊潭的上游与"永定河引水渠"相汇，这就形成了首都新市区给水系统的主干。与此同时，紫竹院公园内的湖泊也获得了新水源。在北京旧城的建设上，利用天然的河湖水系加以改造，然后与全城的平面设计纳入一个整体规划之中，这是一个十分值得重视的传统。现在在首都市区的开辟上，这一传统，又得到了创造性的发展，在更大的范围内和更宏伟的规模上，实现了前人所未能实现的理想[1]。打开新的《北京市游览图》，可以清楚地看到，在旧城的西郊，自昆明湖以南新形成的河湖水系，已经与新修建的道路系统，有计划地交织在一起。特别是沿着"京密引水渠"新建的滨河路，更为美化首都的新市容开创了一个良好的先例。尤其值得注意的是玉渊潭这一古老的风景中心[2]，已经得到了很好的利用。只是莲花池一带地方，还有待进一步的规划。其次，在首都东郊的新市区，继续利用了元明以来的通惠河（也就是金代金口河下游故道）作为给水的干渠，对于东郊工业的发展也更为有利。

除了首都东西向新轴线的开辟，也并不排除南北向的传统轴线的进一步改造，因为现在天安门广场的南界和它的附属建筑物尚待规划，和这一规划直接有关的前门（正阳门）大街也有待扩展和改造。所以在这里还为天安门广场的继续营建，留下了广阔的余地，沿着这条传统的中轴线，也必将有更加雄伟、更加壮观的远景出现，它象征着社会主义新时代的欣欣向荣，方兴未艾。这一情况说

〈1〉 关于前人开辟北京水源的各种理想方案及其实施结果，可以参考本书《北京都市发展过程中的水源问题》一文。

〈2〉 按玉渊潭早在金元时代就已经开辟。玉渊潭上旧有玉渊亭，与钓鱼台同是园林胜景（参见明代蒋一葵：《长安客话》卷三《郊西杂记》，"钓鱼台""万柳堂"条）。后来随着这一带园林的荒废，玉渊潭一名逐渐失传。解放后，经过初步浚治之后，才恢复了它的旧称。

明：我们现在还只是处于北京旧城彻底改造的起点，而不是结尾。瞻望未来，无限美好的远景，还有待于辛勤创造。

最后还须讲到，由于首都生产建设和交通运输的迅速发展，旧日的城墙，在文化大革命期间，终于被全部拆除，中心市区已经突破了旧城圈，从而使旧北京城的古老格局，彻底改观。这一事实又充分反映了社会主义经济的成长和劳动人民日常生活的要求。中心市区拓建之后，为了便利郊区的联系，减少市内运输量的负担，围绕旧城之外，修建了环路。在环路以内基本上保留着"棋盘式"的道路系统，只是着重地开拓了联系东西两城的干路，打破了北京旧城东西之间的半隔绝状态。另外，在旧日的内外城之间，由于城墙的拆除，又加筑了一条宽阔的新干路，从而分担了过去集中在东西长安街上的交通运输量。至于北海大桥的改建，更是突出地说明了继承与发展的关系，要算是推陈出新的改建工程中很有意义的一个典型。按北海大桥的前身，在元代为木桥，明代改建石桥，两旁栏楯，都是白石镌镂。东西两端有牌楼对峙，东曰"玉蝀"，西曰"金鳌"，因此这座石桥又曾叫"金鳌玉蝀桥"。走在这座石桥上，南瞻北望，在平远浩瀚的水面上，浮现出远山近树、亭台楼榭，自然与人工的美交相辉映，这在现代大都市中，是极为罕见的奇丽景色。封建时代，这里本是宫苑中的禁地，非但劳动人民不得涉足，就是出入宫廷直接效忠于封建帝王的显官大吏，非经特许，也不能任意通行。解放以来，随着城市的发展，交通频繁，这座旧日的石桥，已经不能适应现代生活的要求。为了解决这个问题，决定改造旧桥，在原有的基础上，把桥身放宽，引路提高，桥上除去广阔的车行道外，又沿着左右两边保持着传统艺术风格的石栏，增辟了平坦的人行道，既满足了城市交通的要求，又增加了大桥本身雄伟坦荡的气魄。同时，这一改建，也使得团城这个在北京旧城平面设计上占有重要地位的历史古迹，获得了适当的空间而保留下来，不致再像旧日那样成为交通咽喉上的一大障碍。至于旧城圈以外，通向远郊区的交通干线，自然采取了"放射状"的形式，这在整个城市的平面图上，也仍然具有几何图案的严整与和谐。这一点本来是北京旧城在平面设计上的一大特色，只是经过改造之后，它才以新的形式、在新的原则指导下，更加突出地表现出来。

以上只是几个具体的例子，根据个人的一点体会，用来说明：北京城——我国的首都，这个世界上独具特色的城市，它既是古老的，又是新生的，而且正面临着更加光辉灿烂的未来。从研究北京旧城平面设计的改造这一问题上，也可清楚地看到：对待历史文化遗产，只有坚决贯彻批判继承的原则，才能推陈出新，获得更大的发展和创造。

原载《文物》1973年第5期
本次自《历史地理学的理论与实践》选出

论北京旧城的改造

一、问题的提出

新中国成立后,决定重新建都北京,于是北京旧城的改造,开始被提到日程上来。

所谓北京旧城,主要指的是有城墙围绕的城区,习惯上分为内城和外城,总面积合计约 62 平方公里。这个北京旧城是在元朝大都城的基础上,经过明朝的几次改造和清朝的继续维修而后形成的,已有七百多年的历史。解放初期曾考虑过在北京旧城的西部,作为人民的首都,另建新北京城。但是几经研究,还是决定以北京旧城为中心,在历史形成的基础上,建设新的人民首都。这一决定,既包括旧城的改造,又包括旧城之外新市区的扩建。于是北京旧城改造的问题,就成了北京城市建设总体规划中的一个十分重要的问题。这个问题不仅为全国人民所关注,而且引起了国际上许多热情的朋友以及城市规划学者和建筑学家的重视。为什么?

原因很简单,北京旧城不仅是我国城市建筑史上一个杰出的典型,就是在全世界的城市建筑史上也占有极其重要的地位。关于这一点,西方的学者是有很高的评价的,例如欧洲有名的城市规划学家丹麦人罗斯穆森在他所写的《城市与建筑》[1]一书的序文中写道：

> 有非常好的德文和日文的游览指南，对北京城的每一座宫殿和每一处庙坛，都作了详细的介绍，但是对下列一事却只字未提，即整个北京城乃是世界的奇观之一，她匀称而明朗，是一个卓越的纪念物，一个伟大文明的顶峰。

因此，他开卷第一章写的就是北京，标题作"这个城市，一座殿堂"，随即用高度赞扬的口吻说：

> 北京，古老中国的都城，可曾有过一个完整的城市规划的先例，比它更庄严更辉煌的么？

在美国，从1949年到1970年一直负责故都费城（Philadelphia）城市规划卓有贡献因而获得全国城市规划协会荣誉奖的培根，在其巨著《城市设计》[2]一书中，也有专章评论北京旧城的城市规划，开头第一段就是这样写的：

> 在地球表面上，人类最伟大的单项工程可能就是北京城了。这个中国城市是作为封建帝王的住所而设计的，企图表示出这里乃是宇宙的中心。整个城市深深沉浸在仪礼规范和宗教意识之中，现在这些都和我们无关了。虽然如此，它的设计是

---

[1] Steen Eiler Rasmussen：*Towns and Buildings*，丹麦文第一版，1949年；英文译本第一版，1951年；美国麻省理工学院出版社重印本第一版，1969年。
[2] Edmund N.Bacon：*Design of Cities*，维京出版社第一版，1967年；修订再版本，1974年；企鹅丛书大本，1976年；重印本，1978年，1980年。

如此之杰出，这就为今天的城市提供了丰富的思想源泉。

欧美学者如此高度评价北京旧城的平面设计，不外说明从完全不同的历史文化背景上来观察我国具有悠久传统和极大特色的城市建筑时，所发自内心的一种惊讶和仰慕的心情，这是完全可以理解的。那么我们自己又应该怎样来看待这个问题呢？

毫无疑问，北京旧城在我国封建社会时期经过详细规划所营建的一切都城中——包括汉的长安以及隋唐的长安与洛阳——是最为杰出的典型。但是必须指出的是它的杰出之处，就在于它把封建帝王唯我独尊的主题思想，通过城市的平面设计和宫殿庙坛的布局，充分地表现出来，而且达到了一种前所未有的艺术高度。从这一点

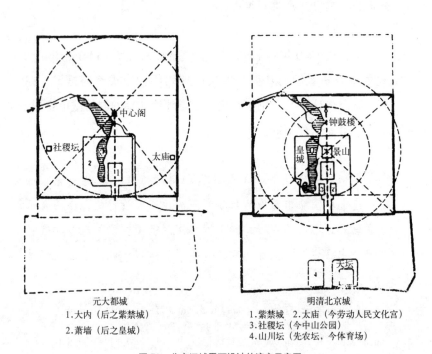

元大都城
1.大内（后之紫禁城）
2.萧墙（后之皇城）

明清北京城
1.紫禁城　2.太庙（今劳动人民文化宫）
3.社稷坛（今中山公园）
4.山川坛（先农坛，今体育场）

图53　北京旧城平面设计的演变示意图

来说，它确实是史无前例的。但是在今天看来，它所表达的这种主题思想和作为新时代的人民首都的要求，却是格格不相入的，是绝对无法调和的（图53）。

怎么办呢？这就为北京旧城的改造，提出了一个最根本最关键性的问题，是我们无法回避的。

二、一个基本原则

明确上述这个问题，是十分必要的。但是也要看到，这个问题所涉及的，首先还不是一个工程技术问题，更重要的乃是一个如何正确对待祖国历史文化遗产的问题。

严格地说，整个北京旧城，也正是祖国历史文化遗产中的一部分，它所以受到国内外专家学者的重视，其原因也正在此。在我国长期的封建社会中，曾经创造了灿烂的古代文化，但是其中既包含着民主性的精华，也包含着封建性的糟粕，决不能无批判地兼容并蓄。全盘加以否定固然是错误的；颂古非今更不可取。最重要的是尊重历史的辩证法的发展，坚持批判继承的原则，吸其精华，弃其糟粕，古为今用，推陈出新，从而创造出我们新时代的新文化。

对待整个祖国的历史文化遗产是如此，对待北京旧城的改造也是一样，这是一个基本的原则，是我们所必须遵循的。新中国成立初期，决定以北京旧城为中心建设新首都，这是完全正确的。否则，就等于割断历史。有人认为三十多年来在北京旧城的改造中，困难重重。例如破旧房屋数量很大，短时期内难以重建；狭小的街巷，迂回曲折，已不能适应今天城市生活的要求；再加上大小工厂企业随地兴建，往往是见缝插针，布局零乱；同时，随着市内人口的不断增加，尽管公共交通有了很大的发展，仍然难免拥挤的现象。诚然这些都是无可否认的事实，然而造成这一事实的原因，也不能完全归咎于沿用北京旧城。即使当初另建新城，也不一定能尽如理想。实际上三十多年来在旧城四郊所扩建的新市区，其建筑面积的总和，已经远远超过了北京旧城，而北京旧城依然具有强烈的吸引力，其原因何在，还不是值得深思的一个问题么？

现在根据1980年中央书记处对于首都建设方针的重要指示，有关部门在总结过去经验的基础上，重新拟定了今后二十年首都城市建设的总体规划，从而为今后包括整个旧城在内的城市建设，提供了一幅令人鼓舞的蓝图。当然这样一个总体规划还要在具体实践中不断地修改，不断地发展，但是总的说来，它已经为今后整个首都的城市建设，提出了一幅具有更多的科学依据的宏伟蓝图，一旦经过中央批准之后，它的实施必将把首都的城市建设推向一个新阶段。我之所以有此信念，就是由于我认为北京旧城改造的规划，是符合上述的基本原则的。

三、两个成功的实例

我提出上述意见，并非全无根据。北京旧城在市容上的新面貌，也是有目共见的，这里也就无须一一列举了。自然在新规划、新建筑中，也还有不少问题值得考虑，例如对于周围环境以及整体布局不加考虑而随地起造高层建筑，以致使原有的具有极大特色的城市立体轮廓，遭受破坏，深为人所不满；至于众多的文物古迹的保护问题，意见就更多了。不少具有重要价值的文物古迹，有的已经被彻底破坏，已是无可挽救；有的还在不断地遭受着侵占和摧残。热心关怀祖国文化遗产的人,为此而奔走呼救,力图说明保护这些文物古迹的重要性。而急于破旧立新的人,又频频指责说:"见古就保",这不是阻碍城市建设的前进么?凡此种种,只有在深入的调查研究和广泛而细致的讨论中,才能逐步取得共同的认识,得到圆满的解决。在这方面我们确实还有大量工作要做,回避这些问题是不可能的,草率从事更不可取。

但是我认为在北京旧城的改造中,最最重要的问题,乃是整个北京旧城在平面设计上所力图表现的那个和今天作为人民首都的要求格格不能相入的主题思想,究竟应该如何处理。如前所述,这才是北京旧城改造中最根本最关键的问题。当然封建帝王早已被打倒了,皇宫所在的紫禁城也早已开放为博物院了,但是为了表现封建帝王唯我独尊的整个城市布局,还仍然完整地保留下来。我们能不能在历史形成的基础上,既保持住北京旧城在格局上独具特色的基本特点,又要经过改造,推陈出新,从而体现出作为新时代的人民首都的一个新的主题思想呢?这个新的主题思想,具体地说就是要表现出人民已经是今天新社会的真正的主人。在这里所看到的不再是封建帝王的唯我独尊,而是人民的权力、人民的尊严、人民的至高无上的地位。

这是可能的么?

三十多年来改造北京旧城的实践,已经清楚地告诉我们这不仅是可能的,而且已经取得了可喜的成就,这里姑举两例,作为说明。

先举一个小例子,这就是北海大石桥的改造。

北海大石桥原名金鳌玉蛛桥,因为桥的两端旧有两座金碧辉煌的牌楼,东西对峙,东曰金鳌,西曰玉蛛,桥亦因此而得名。实际上这两座牌楼,纯属点缀,并无实用。两座牌楼之间的石桥,飞跨北海与中南海之间,势如长虹,倒是一个杰作。特别是立足桥上南瞻北望，在一片浩瀚的水面上，浮现出亭台楼阁，琼岛玉宇。在这里自然与人工的美，融合在一起，波光掩映，有如仙境，这就是封建时代专为帝王精心构筑的皇家园林，庶民百姓自然是不能涉足的。正当桥的东头，就是有名的团城，其地旧称圆坻，也叫瀛洲。团城北连琼华岛，两者的历史都早于北京旧城，都是重要的名胜古迹，共同形成了整个皇家园林的风景中心，同时也就是整个北京旧城最初营建时的设计中心。当时的设计大师，大胆构思，放手利用这一片浩瀚的水面，作为取自大自然的尺度，紧傍它的东岸，布置了规模宏伟的宫殿建筑，也就是现在紫禁城的前身。从此，这一片天然的湖泊，也就获得了历代宫苑中所特有的"太液池"的称号（图54）。这一总的布局，充分显示了一种广阔的眼界、丰富的想象和非凡的艺术手法，是值得称道的。但是也要看到，它的结果，竟使北京旧城在中央部位上的东西交通，完全阻绝。这在封建时代，当然是无须予以考虑的。辛亥革命终于结束了历时两千多年封建王朝的统治，于是旧日皇家的御苑向人民大众开放了，北海大石桥也就变成了东西交通的孔道。之后，随着城市生活的繁荣，这里的交通日益拥挤，再加上团城的阻隔、牌楼的障碍，旧日为封建统治者所专用又兼作园林点缀的金鳌玉蝀桥，已不能适应现代城市生活的要求。

这个矛盾又怎样解决呢？

金鳌、玉蝀两座牌楼的拆除是可以考虑的，但是团城这座具有重要历史文物价值的古建筑却是必须保留的。为了便利交通，曾考虑过在团城以南、跨越中海北部另建新桥与旧日的石桥相平行。这样既能保存了团城和同样具有历史文物价值的石桥，又能使东西来往的行人车辆畅通无阻。但是这一设计的结果，必将使这一极为重要的风景区大受影响，而且旧的石桥也就失去了它固有的功能，变

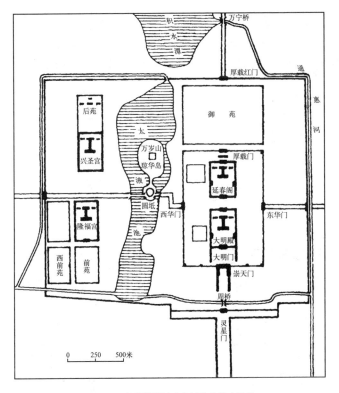

图 54　元大都城萧墙（皇城）内的太液池

成了一个纯粹的点缀品。从总体来看，这是得不偿失的。经过反复研究，最后决定还是利用旧石桥加以扩建，在保持固有风格的前提下，大大展宽了桥的南侧，并且在保留了宽阔平坦的中间车行道的同时，又沿着南北两边的桥栏，增建了人行道，这就在解决交通问题的同时，又为过往游人提供了一个更好的湖上风光的观赏点。虽然东西两座牌楼被拆除了，但是整个石桥所固有的基本特点以及它的艺术造型却被保留下来，而且有了新的发展。同时桥头上的团城，好像是就地北移了的样子，给人以更加舒展、更加壮观的感觉。在整个北京城的改造中，这虽然是一个极小的事例，却足以说

论北京旧城的改造　｜　275

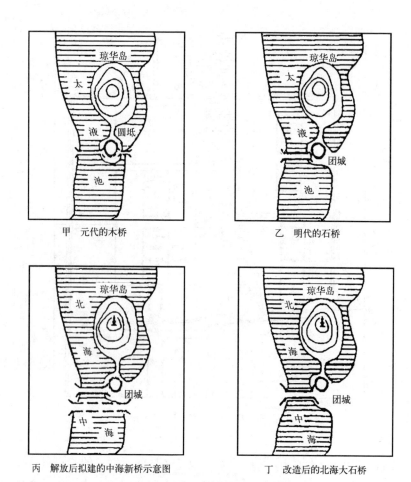

甲 元代的木桥　　　　　　　　乙 明代的石桥

丙 解放后拟建的中海新桥示意图　　丁 改造后的北海大石桥

图55 北海大石桥的过去和现状

明上文所企图阐述的一个基本原则,那就是在历史形成的基础上,取其精华,弃其糟粕,从而达到了古为今用、推陈出新的目的。从某种意义上来说,这也是一种艺术上的创造,是应该予以肯定的(图55)。

下面再举一个比较重要的,也几乎是尽人皆知的例子,即天安门广场的改造。

天安门广场原是紫禁城前面的一个宫廷广场。广场原作"T"字形，北依皇城南墙，正中为天安门（明曰"承天门"）。门前有东西向的横街，街面敞阔，东西各有一门，东曰长安左门，西曰长安右门，现在的东西长安街即因此而得名。横街正中向南，与天安门南北取直，开辟了一条狭长的纵街。纵街南端，也有一门，出门过棋盘街（也叫"天街"）便是正阳门（通称"前门"）。这纵街南端一门的名称屡有改变，明曰大明门，清曰大清门，辛亥鼎革之后，又改称中华门。在纵横两街的三门之间，沿着"T"字形广场的边缘，筑有红墙，红墙内侧又建有连檐通脊的千步廊。明清时代，封建皇帝利用这一封闭严密的宫廷广场，举行盛大庆典，庶民百姓则是严禁入内的。例如皇帝登基，就是在隆重的仪礼中，从天安门上传下诏书，然后颁布天下。其次，也还有一些照章例行的事，在广场上进行。例如国家开科取士，最高一级的考试就在宫中举行，叫做"殿试"，殿试的结果，"金榜"题名，十年寒窗的士子，从此"一登龙门，身价百倍"，高官厚禄，接踵而来。这金榜照例是从天安门下送出长安左门，然后公布于众，因此老百姓又把这长安左门叫做"龙门"。而长安右门则上演着截然相反的把戏，即每年秋季要把胆敢反抗"王法"的重犯，押进门内，判明"正法"。这又好似一入虎口，再难生还。因此老百姓又把这长安右门叫做"虎门"。这龙虎两门的"绰号"，恰好揭露了封建帝王进行反动统治的两手，一是笼络利诱，一是残酷镇压。这两种手法，都在这宫廷广场上充分地表现出来了（图56）。

然而，物极必反，历史的辩证法是不可抗拒的。辛亥革命之后，正是在这个过去严禁庶民百姓进入的地方，却爆发了这古城里自有史以来最伟大的群众运动，这就是1919年的五四运动，它点燃了革命的熊熊火焰。正是由于这个原因，1949年10月1日中华

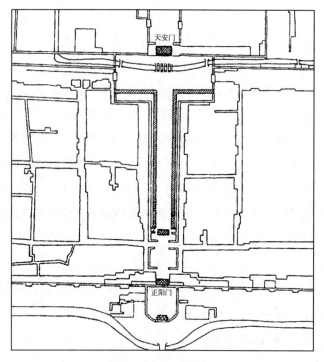

图 56　清代的天安门广场

人民共和国的开国大典决定在这里举行,那是再理想也不过的了。从此,天安门这座凝结着古代劳动人民的心血与才智的建筑物,终于回到了人民自己的手里,并以其特有的庄严壮丽的形象,出现在伟大祖国的国徽上,从而象征着一个古老文明的新生。

可是当时天安门前的广场,还处在三面红墙的包围之中,面积狭小,视野局促,浸沉在欢腾气氛中的绝大多数人民群众,不能直接进入这隆重的开国大典的现场上来,不能不说是一极大的憾事。因此如果说天安门所代表的是古代建筑中的精华,那么限制人民群众进入广场上的三面红墙,就只能说是糟粕了。结果是到了新中国成立十周年的前夕,古老的天安门经过重修,焕然一新,而三面红

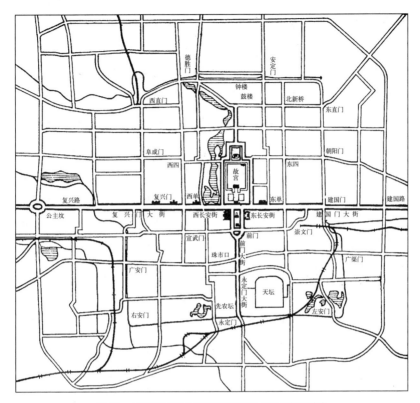

图 57 由天安门广场向东西延伸横贯北京全城的新轴线

墙连同阻碍交通的东西长安门被彻底拆除。于是一个规模雄伟、气象恢宏的人民广场,开始呈现在人们面前。广场西侧是象征着人民至高无上的政治权力的大会堂,东侧是说明了人民——只有人民才是创造历史的动力的中国革命博物馆和历史博物馆,连同广场中央先已建成的人民英雄纪念碑,形成了全国各族人民共同向往的群众活动的中心(图57)。与此同时,作为广场两翼的东西长安街,也经过彻底改造,出现为一条平坦浩荡的林荫大道,向东西延伸,一直到远郊。需要特别指出的是这条林荫大道的形成,在改造北京旧城的平面格局上，起了十分重要的作用。它已经犹如横贯全城（包括新旧市区在内）的一条新轴线，从而使北京旧城那条原本是象征封建帝王统治中心的南北旧轴线，失去了过去它对全城独一无二的控制作用，从而也就失去了它所集中表现的旧城设计中的主题思想。也就是由于这个原因，这条新轴线的开辟以及天安门广场的改造，终于使旧日里雄踞全城之上的紫禁城，在城市的总体格局上已经退居到次要的地位（图57）。1977年随着毛主席纪念堂的建成，天安门广场的南部，因之又有了进一步的改造，旧日作为宫廷前卫的正阳门和天安门，尽管位置依旧，而功能一新，这两座巍峨的建筑物，已经成为新的人民广场南北边界的标志。现在环顾广场的四周，新老建筑物以固有的左右对称的特点和谐地结合在一起，形成为具有极大特色的轮廓线。在这里，通过造型的建筑艺术，可以看到悠久历史的连续不断的发展，同时它也显示出一个新时代的主题思想，已经在旧城改造的过程中开始体现出来。

讲到这里，不妨举个例子来说明改造后的天安门广场，对于一个异国观光的客人，会引起什么样的观感。也正是在新中国成立三十周年的时候，一位日本朋友在集体写作的《三十岁的中国》一书的第三部分、标题为"向二十一世纪迈进"的一节里，有如下的这样一段话：

> 站在天安门广场，举目四望，规模宏伟的建筑群是蔚为壮观的。天安门、人民大会堂、毛主席纪念堂、历史博物馆——这些建筑物尽管建造的年代各不相同，但仔细观察就可发现它们在结构上有共同点，那就是左右对称。若以建筑物的中心线为轴将左右折叠起来，会完全吻合。这种形式虽然有点单调，但在使人感到庄重、稳定这方面，大概是最好的形式了。

作者在这里所描写的，足以说明天安门广场改造后的新气象，就是对一位异国观光的陌生人来说，也是留下了深刻的印象的。

上述大小二例，可以看作是在改造北京旧城的实践中所取得的可喜的成就，是值得大书而特书的。因为这两个完全不同的例子，却同样说明了一个事实，即对于祖国的历史文化遗产，只要严格遵循批判继承的原则，就一定可以达到古为今用、推陈出新的目的，就一定可以创造出新时代的新文化来！

但这并不是说北京旧城的改造到目前已经大功告成了，当然不是这样。如果以此为满足，我们就不能前进了。即使有了最新的北京城市建设的总体规划，这个新的总体规划也得在实践过程中，不断地修改、不断地发展。正是由于这个原因，我还希望再做一点补充的建议，写在下面。

四、一个有待商榷的意见

在北京旧城的改造中，既要考虑到它原有的平面设计的特点，还应该注意到它原有的河湖水系的分布，因为这两者之间犹如血肉相连，是有着密切的关系的。例如北京旧城设计中的最大特点，就是那条南北纵贯全城的中轴线。如前所述，这条中轴线是在元朝创建大都城时就已经确定下来的。到了明朝又继续加以发展，这在下文中还要详加说明。这里应该着重指出的是这条中轴线集中体现了整个旧城平面布局的主题思想，宫城就布置在这条中轴线的最重要的部位上，宫城中最重要的大殿也就正好建筑在这条中轴线上，因此大殿正中封建皇帝的盘龙宝座，也就相应地落在了这条中轴线上。现在要问的是：这条中轴线本身，又是怎样确定下来的呢？

　　关于这个问题，最初的设计者并没有留下任何图纸或文字说明。但是只需把首先在这里选建城址的元大都平面图加以复原，那就不难发现这条中轴线的位置，恰好紧傍当时积水潭的东北岸，而大都城平面设计的几何中心——也就是这条中轴线北端的顶点——就定在积水潭的东北岸，即相当于现在鼓楼所在的位置上。当时在这里建有一座"中心阁"，并在它的西侧，筑台立碑，碑上镌刻了"中心之台"四个大字，这就是在选建城址时进行了精确测量的标志。元朝的宫城"大内"，也就是紫禁城的前身，正是兴建在垂直于"中心之台"的南北轴线上，这个位置又恰当现在北海和中海的东岸，于是这一片烟波浩渺的水面，也就被纳入皇家园林的规划之中，因而命名为"太液池"。由此可见，在北京城的规划史上，早期的积水潭是起着十分重要的作用的。它本来和现在的北海、中海连在一起，都属于高梁河的下游。大都城的设计者为了修筑环卫宫阙的皇城，才把这一片辽阔的水面切割为二：南半部被包围在皇城之内的就是太液池，并另凿人工渠道，把西郊玉泉山的泉水，直接引入其中，因而命名为"金水河"[1]。至于北半部则隔在皇城北墙之外仍叫积水潭，俗称海子，仍为高梁河水所灌注。当时积水潭的面积远过于太液池，它的东西两岸相距3.3公里，为了把整个湖面包入大城之内，当时的设计者就是利用这一湖面宽度作为尺度，从中心台向东西各丈量稍长于3.3公里的距离，从而决定了大都城东西两面城墙的位置。至于南北两面城墙的位置，则是从中心台向南北

---

[1]　自汉、唐以来引水入宫廷的河道，通称金水河，详见拙作《北平金水河考》，载《燕京学报》第30期，1946年6月。当时写作该文，尚未发现南海是明初开凿的证据，金水河在城内的故道也不完全正确，这在解放后所写的有关的论文中，已加改正。

各丈量 3.75 公里的距离来决定的[1]。这个距离不像决定东西两面城墙时那样有个湖面宽度作客观依据，而是主观上选择了从中心台向南包括整个皇城在内的一段距离作为丈量的尺度，从而决定了大都城南面城墙的位置[2]，然后又以同一尺度决定了大都城北面城墙的位置。这样就构成了大都城的长方形轮廓。居于这个长方形大城的心脏部位的是积水潭的主体和太液池。由于积水潭东岸的位置所决定南北垂直线，不仅是宫城大内的中轴线，也同样形成为整个大都城的中轴线。因此可以说积水潭的位置在早期整个城市的布局中，实在是起了关键作用的，它的作用还超过了太液池（图58）。可以设想：如果没有当初的积水潭，难道还会有在设计上具有如此特色的北京旧城么？

还要指出的是积水潭不仅在大都城的平面设计上起了重要作用，而且对大都城的经济繁荣也有直接关系，因为我国历史上有名的以国家漕运为主的南北大运河，它最北的一段，乃是在大都城创建过程中才真正开凿成功的，这就是以积水潭为航运终点的通惠

---

[1] 姚汉源根据文献资料的考订和在二万五千分之一地图上测算的结果，求得元大都城四边城墙的长度如下：东城墙长 15.18 里，合 7.59 公里；西城墙长 15.10 里，合 7.55 公里；南城墙长 13.25 里，合 6.62 公里；北城墙长 13.36 里，合 6.68 公里。见所著《北京古城垣周长及其所用尺度考》（提交于 1982 年 9 月在上海召开的"中国历史地理学术讨论会"的论文）。可见元大都城并非正方形，可能是当时在测量和施工中有微差。又东城墙距"中心之台"比西城墙约近了 200 米，当是为避开低洼地带而稍有收进的结果。

[2] 这个位置不便再向南移，因为南面还有金朝中都城的旧址，也不好再向北移，因为还必须与皇城之间保持一定的距离。最后定下 3.75 公里的这个距离，多少带有主观的判断，而缺乏严格的客观标准。也就是这个原因，在修筑大都南城墙时本应东西取直，可是在今西单以东，正好遇到了古刹双塔庆寿寺，不能正直切穿，只好从南面绕过，因而形成了一个弧形的弯曲。明初迁移南城墙于今正阳门、宣武门一线，故址辟为西长安街，但双塔寺南的一段路面仍成弧形，直到解放后加宽西长安街时，不得不拆除双塔寺，这才最后把路面弧形的弯度取直。

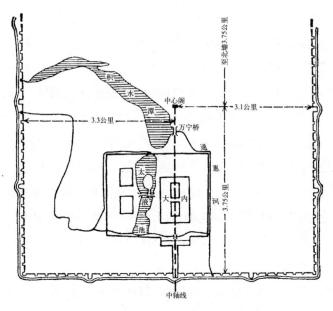

图58　积水潭与元大都城平面设计的关系示意图

河。当时从江南北来的粮船，可以一直停泊在积水潭上，随粮船而来的南货，也源源不断地流入大都。于是中心阁附近以及积水潭东北沿岸的斜街（今鼓楼西大街）一带，就成了全城最繁华的商业区。最初大都城内和皇城以外的地方划分为五十个坊，各坊因地命名。积水潭东北一带因为是商业集中的地方，因此斜街以北的一个坊，取古代"日中为市"的含义，也就定名为"日中坊"了。

在这里应该补充说明的是在大都城内由于湖泊的分布决定了全城中轴线和宫城大内的位置之外，还在皇城左右的东西城下，分别布置了仅次于宫城的两组重要建筑，在左（东）边的是太庙，在右（西）边的是社稷坛。这一布局连同宫城大内和日中坊的位置考虑在一起，正好符合《周礼·考工记》中"匠人营国"这一节所记载的国都布局的基本原则，概括地说就是"面朝、后市、左祖、右社"。《考工记》大约成书于公元前5—前4世纪之间,"匠人营国"这一节所反映的正是为帝王营建国都时的一种理想设计。这个理想设计在我国历代封建王朝的都城建设中,从来没有完全实现过,只有大都城的规划,才第一次把它付诸实施。所不同的是《考工记》中的理想设计,首都应是方城,而大都城则略作长方形,可见大都城的设计者也并没有完全机械地照抄《考工记》,而是结合当地湖泊分布的特点作了创造性的发展。明确了这一点,也就进一步揭示出大都城平面布局的蓝图,可以追溯到距今两千几百年以前的时期,难道世界上还有其他一个城市的规划蓝图,能够有这样深厚的历史渊源么(参见图53)?

明初改建大都,在把大城和宫城城址相继南移之后,又把东西城下的太庙和社稷坛一并迁移到紫禁城前方,中心御道的左右两边,既保持了原有的左祖右社严格对称的形式,又加强了这两组建筑与紫禁城的有机联系,同时还加凿了南海,增加了湖上风光,从这时起才有了"三海"的名称。从南海以及新建紫禁城护城河掘起的泥土,又在紫禁城的正北方堆筑了景山(最初命名为万岁山,俗称煤山)。景山的中峰也正好定在全城的中轴线上,并且标志着改造后的全城的几何中心。此外还遵照古制,在南郊营建了天坛和山川坛(后改称先农坛),这都是对于大都城平面设计的发展。到了明朝中叶加筑外城,遂把天坛和山川坛包入城中,于是这两组建筑之间的南北大道,又恰好相当于内城中轴线向南方的延伸,从而使整个北京城的格局完全定型,这也就是完整地保留到解放前夕的北京旧城(参见图53)。

正是在这一历史发展的背景上,我提出如下一个有待商榷的意见,即旧日的积水潭及其周围地区,究竟应该怎样去进一步地规划和发展。

为了把问题讲清楚,仍得从积水潭的历史变迁说起。

明初攻下大都城,为了便于防卫,首先把北城墙南移了2.5公里,从而在积水潭的最窄狭处,把原有的湖面分割为二:趋向东南方向的宽阔湖面被圈在新建的北城墙内,偏在西北的一段狭长湖面,则被隔在城外。这一段狭长湖面渐渐转向西南,因此沿着这段湖泊南岸新筑的城墙,也就稍稍向内倾斜,遂使改建后的北京内城的西北隅,成为斜角。

这是明初以来,原始的积水潭所遭受的第一次破坏。第二次的破坏则发生在扩大皇城的时候,由于明朝皇城的东墙和北墙向外改建的结果,原来从积水潭东岸引水过今地安门桥、然后沿皇城东墙之外南流的通惠河,遂被圈入新建的皇城之内,从此以后,南来的船泊再也没有驶入积水潭的可能〈1〉。于是积水潭也就永远失去了它在水运上的价值。从此以后直到解放之前,它在整个北京旧城城市布局上的重要价值,再也没有受到过最高当权者的重视。正是由于这个原因,积水潭及其周围一带,以其特有的湖上风光,就开始成了民间游憩的胜地。只是在那时没有任何统一规划的可能,难免有与水争田的情况。于是湖中首先出现了稻田与荷塘,经过长期经营,湖面日益缩小,而达官贵人也相继在沿湖一带营建府第,辟治园林,并引湖水以事点缀。与此同时,梵宫佛刹又纷纷争取近湖地区,进行修建。结果,原来一望无际的水面,竟被分解为三区仅相连属的小湖,自东南而西北,分别叫做什刹前海、什刹后海和什刹西海。不过这什刹西海也还保留了积水潭的旧称,只是远没有当初浩渺无际的景象了。尽管如此,这一带残存的湖区,晚至清末,

---

〈1〉 明初建都南京,南北大运河废弃不用。永乐迁都北京,虽然恢复了南北漕运,并且陆续整理大运河,但在北京城内已不可能恢复元初通惠河的故道。

仍然是都下市民竞相游憩的去处。当时熟悉都城掌故的曼殊、震钧，在所著《天咫偶闻》一书中，有很好的一段描述，值得抄录在这里：

> 自地安门桥以西，皆水局也，东南为十刹海，又西为后海，过德胜门而西为积水潭，实一水也，元人谓之海子，宋袁词所谓"浅碧湖波雪涨，淡黄宫柳烟蒙"者也。然都中人士游踪，多集于十刹海，以其去市最近，故裙屐争趋。长夏夕阴，火伞初敛，柳阴水曲，团扇风前。几席纵横，茶瓜狼藉。玻璃十顷，卷浪溶溶。菡萏一枝，飘香冉冉。想唐代曲江，不过如是。[1]

大家知道，"唐代曲江"指的是唐长安城中东南一隅最有名的风景区，大诗人杜甫在《丽人行》一诗中所描写的"三月三日天气新，长安水边多丽人"的春游盛况，正在这里。清末北京城里的什刹海，毕竟不同于唐代长安城中的曲江，因为曲江也曾是皇帝游幸之处，什刹海则完全是民间的乐园。特别是前海西岸原有南北长堤，自端午至中秋，这里都有临时棚摊，出售风味小吃，并有杂耍、马戏、武术、说唱等就地演出。每年农历七月十五中元夜，在湖上燃放河灯，也是一时盛况。每到隆冬冰冻，又在湖上盛行冰嬉，用木制冰床，载人滑行，热闹非凡。在这里，除广大的劳动人民外，最多也不过是有些豪门子弟、官宦人家混迹其间，更常见的是文人墨客假湖上茶楼酒肆或梵宇古刹，饮宴唱和。直到解放之前，这里仍然不失为平民百姓的游乐场所，这和旧日太液池上的皇家禁园，形成了鲜明的对比（图59）。

〈1〉《天咫偶闻》卷四，清光绪丁未甘棠转舍刻本，页十九上至下。

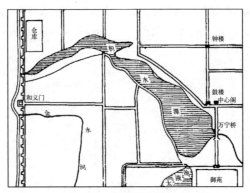

甲　元代的积水潭

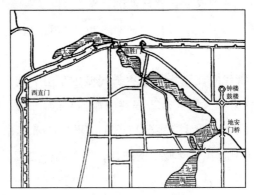

乙　新中国成立前的积水潭

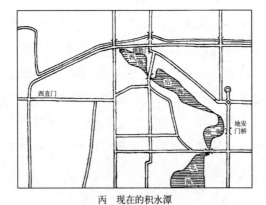

丙　现在的积水潭

图59 从积水潭到什刹海的变迁略图

回顾了上述情况之后，我们不能不提出这样一个问题：过去为反动统治的最高当权者所不屑一顾的地方，现在，在我们人民首都的城市规划中，又应该如何对待它呢？

是要保留它、利用它、发展它呢，还是要废弃它、破坏它、消灭它呢？

这样提出问题，也许是过于尖锐了。其实不然。作为一个举世闻名的历史古城，又是新时代的人民首都，在改造北京旧城的规划中，应该站得尽可能高一些，看得尽可能远一些。一定要在历史形成的基础上，坚持批判继承的原则，力求做到古为今用，推陈出新。在北京旧城的腹地，现在还保留着什刹海这样一区残存的湖泊以及沿湖绿地，考虑它的历史作用和价值，考虑到过去它所具有的强烈的人民性、群众性，还要考虑到它在改造自然环境、美化首都市容上所具有的极大的可能性，以及为广大人民群众创造更广阔、更美好、更富有意义的文化游憩公园的必要性[1]，我们能不能比最初利用太液池和积水潭这一带天然湖泊进行规划设计，从而为今天的北京城奠定了如此良好基础的古代大师们，更富有想象力、更富有创造性呢？我们的建筑学家、园林学家以及从事城市雕塑的艺术家，能不能利用这一区过去为反动统治的最高当权者所不屑一顾，但仍保留着一些可贵的历史文物遗迹的地方，施展他们的智慧和才能，放开手笔，为今天国家的主人创造出比过去的皇家禁园更宏伟、更壮丽、更值得骄傲的，真正居于全城心脏部位的游览胜地呢？当然，最根本最重要的还在于我们首都的人民群众能不能看到在建设首都的伟大工事中，对全国人民以及子孙后代所肩负着的重

---

[1] 现在北京旧城内公园面积有限，节假期间游人激增，例如北海公园在节假日曾达到过日游人数 55.6 万，并曾两次出现因游人过多造成死伤的事故。

大使命和不可推卸的责任。想想当初为迎接新中国成立十周年而扩建天安门广场时，仅仅利用了不到一年的时间，就迁移了那么多的住户，清理了那么大的地基，在原有的狭小的宫廷广场上，创造出那么宏伟的人民广场，兴建了那么庄严壮丽的人民大会堂，难道在今后若干年内就不能把什刹海及其周围地区，按着人民自己的理想和意志去加以改造么？何况现在在这里也已经出现了一些可喜的迹象，例如什刹后海西北岸边上残存的旧日醇王府西花园，因为解放后经过修建改为宋庆龄同志的住所，现在在作为国家名誉主席的宋庆龄同志逝世一周年之际，已定为全国重点文物保护单位正式开放，供群众参观。距此不远，巍然矗立在什刹西海北岸、幸得保全的德胜门箭楼，也经过重修，焕然一新。这些都是在本区之内从破落摧残中被挽救下来又重放光辉的古建筑，并且获得了新的意义，虽属点滴，亦自可喜。但是也要看到，掠过什刹后海遥遥在望的钟鼓楼，亟待抢修，而旧日什刹前海东岸作为古代通惠河上游起点的地安门桥，今天也只剩下残存的石雕桥栏，面临着被沿街建筑吞没的危险，眼见及此，又不免令人心焦。更深感早日拟定旧城改造规划并颁布实行的重要性、迫切性。因此建议在首都建设的规划中，应把什刹海及其周围地区，再做进一步的调查研究，提出详细的规划设计方案，并向人民群众广泛宣传，征求意见。只要人民群众真正地理解了，赞成了，那就没有什么困难不可克服了。人民群众中是蕴藏着极大的智慧和远见以及无限的创造力的。

不久以前，我有机会阅读了一位建筑系的研究生所写的一篇题为《北京六海园林水系的过去、现在与未来》[1]的毕业论文，深有

---

[1] 清华大学建筑系城市规划研究生田国英的硕士论文，文中所谓六海，即指旧日作为皇家园林的北海、中海和南海，以及什刹前海、后海、西海。

所感，因而提出这个有待商榷的意见，希望关心首都城市建设的同志们给以批评和指教。更希望该篇论文，能够早日公开发表，公诸同好，并为今后首都园林的规划建设提供参考。

1982 年 8 月 15 日于北京大学燕南园

原载《城市规划》1983 年第 1 期，本次收入时略有删改

试论北京城市规划建设的两个基本原则[*]

党中央、国务院原则批准《北京城市建设总体规划方案》，同时还做了极为重要的《批复》，在《批复》里讲到北京城的规划和建设时是这样写的："北京是我国的首都，又是历史文化名城，北京的规划和建设要反映出中华民族的历史文化、革命传统和社会主义国家首都的独特风貌。"中央的这一指示是非常明确的，但是，在实际工作中，究竟如何去反映出中华民族的历史文化、革命传统和社会主义国家首都的独特风貌，意见就很不一致，例如"首都的独特风貌"究竟是什么样的？似乎一时很难讲清楚，我认为要认真研究这个问题，必须首先明确以下两个原则：

第一，一定要站在创造社会主义新文化的高度上，来看北京城的规划和建设，特别是北京旧城的改造。不然，就丢掉了大方向。

第二，一定要在北京城的规划和建设中——特别是在旧城的改造中，坚持突出社会主义新时代的主题思想。不然，就要陷于支离破碎，面目全非。

试分别讨论如下。

---

*　本文为作者1985年3月在北京科技发展战略讨论会上的讲话。

一

　　第一个原则,一定要站在创造社会主义新文化的高度上来考虑北京的规划和建设,特别是旧城的改造。为什么?因为在首都占有核心位置的北京旧城,乃是中国历史文化发展的一个集中表现的地方,是一个封建国都的城市建设的典型,它在规划设计上达到了高度的艺术水平。把它的主题思想发挥到那么一个艺术高度,世界建筑学家都不得不承认。但是它是为封建帝王建造的城市,它所极力突出表现的主题思想和它所代表的文化水平,是封建时代的。在我国历史上,封建社会前后相继两千多年,著名的封建王朝的首都如咸阳、长安、洛阳、开封、杭州、南京和北京,都有其城市建设的规划。城市规划这门学问并不是今天才有,从我们的文明发展来讲,最初的城市规划有专门论述问世的,可以上溯到公元前5世纪。那个时候,全国还没有统一,是春秋五霸、战国七雄分裂的时代。那时就出现了一种期待着"大一统"的思想,在"大一统"的局面下,就得有一个统治的中心城市,也就是一个真正的发号施令的中心——国都。在当时,这是一种先进的思想。那么国都的城市建设应该是什么样子?这就是反映在《周礼·考工记》里的理想设计,也就是在每边各长九里、各有三门的方城之内,按照"面朝""后市""左祖""右社"的原则进行设计,这是大家都知道的。《周礼·考工记》所反映的这个原始的典型,在我国历代封建都城的设计上既符合它的原则,同时又充分结合了地方上的地理特点的,只有一个,那就是北京旧城。她是中国文化发展过程中一个具体的、有特定体形的产物,也高度体现了城市建设中的造型艺术,但是它所集中表现的是封建帝王"普天之下,唯我独尊"的主题思想,和今天的时代要求是格格不入的。怎么办?这在解放初期是有不同意见的。最后决定以旧城为中心，在历史形成的基础上，改造旧城，在旧城以外扩建新市区，这就是我们今天所走的道路。这个问题实际上就是如何继承和发展历史文化遗产的问题。从北京城来说是这样，从整个人类文化来说也是一样。不能割断历史，不能持虚无主义的态度把过去一笔抹杀；也不能毫无选择地继承过去，唯一的道路就是坚持马列主义对历史文化批判继承的原则。列宁在《青年团的任务》里讲到了创造无产阶级文化的问题，大意是说无产阶级的文化不是从天上掉下来的，也不是从什么人的脑袋里想出来的。他说如果是这样，那就是"胡说"。他说"只有确切地了解人类全部发展过程所创造的文化，只有对这种文化加以改造，才能建设无产阶级的文化"。毛泽东同志用纯粹的中国语言论述了这同一个原则。概括地说，就是对历史文化遗产，要弃其糟粕，取其精华，古为今用，推陈出新，然后发展创造出新时代的新文化。整个人类文化的继承发展是这样，那么，北京旧城既是中国历史文化长期发展的一个具有典型意义的城市，是历史文化遗产的一个极为重要的部分，不是也应该按照这同一原则去进行改造么？不过在这里首先遇到的一个问题就是在北京旧城的规划和建设上，究竟哪些是精华？哪些是糟粕？哪些要保留，要继承？哪些要摒弃，要改造？此外中国还有一句老话，就是"化腐朽为神奇"，这就是艺术的创造。现在看来，即便是糟粕的东西，能不能"化腐朽为神奇"，创造出新时代的新文化来？总之，我个人的意见是一定要站在创造社会主义新文化的高度上高瞻远瞩、统筹全局，一定要充分意识到，我们所面临的创造社会主义新文化的新时期，离开这个总体思想，就会迷失方向。

或许有人要问我们面临着这么多和这么具体而复杂的现实问题，讲这些抽象的原则有什么用啊？那么举一个具体例子来做个说明吧。北京旧城的城墙是精华，还是糟粕？是要存，还是要废？北京解放后，在50年代北京市人民代表大会的一次会议上，这是有争论的，我同意当时梁思成教授的意见是主张保存和改造北京旧城墙并加以利用的，可是遭到驳斥。后来了解到这个城墙的存废问题还被看作是个"立场问题"，可是我还是想不通，后来城墙还是被拆掉了。可是现在呢？吸取了北京拆除城墙的经验教训，西安城的旧城墙最近又重加修复了。当初在人民代表大会上我说中国有个万里长城，举世闻名；北京有完整的旧城墙，在建筑上和它的历史意义上，也是很值得重视的。瑞典一位著名的东方美术史家喜仁龙（Osvald Siren）早在解放前就曾来北京，十分详细地考察了北京的旧城墙和每个城门，做了很详细的记录和研究，出版了一部大书就叫《北京的城墙与城门》（*The Walls and Gates of Peking*）（1985年燕山出版社出版中译本），附有很多的照片，还有些城门的平面与剖面图。这部书一共只出售了800部，每一部用钢笔都签上号码，北京大学图书馆有一部，是善本书，不能外借。我很有幸早年在伦敦的旧书店里买到了一部。现在城墙拆掉了，这本书就更加可贵了。更有意思的是现在北京城墙虽然已不存在，可是万里长城在北京市区内已经作为"爱我中华"的象征，受到社会上热情广泛的赞助，已经开始被选段修复起来。应该想到在历史上修建万里长城不是被看作一项"苛政"么？"孟姜女哭长城"的故事不就是这样流传下来的么？而今时代不同了，过去在封建社会时期，万里长城是民族矛盾不可调和的产物。可是在社会主义新时代，我们这个多民族的国家已经团结成为一个和平友爱的大家庭。而自古以来各个民族的劳动人民就是一家，历史上由千千万万劳动人民的心血凝结而成的这一举世无比的伟大建筑物，现在已经成为中华民族复兴的象征。社会主义新时代可以"化干戈为玉帛"，可以把旧日的战场化为今天的锦绣河山，这不是"化腐朽为神奇"了么？

我讲这个例子，并不是说我今天还主张在规划建设城市时仍然要修城墙。不是这样。不错，城墙是中国旧时代城市建设的一个重要标志。在今天，我不仅不主张修建新城墙，还希望有那么一天，在城市里的一些围墙，除去有特殊历史意义的以外，都能拆除，特别是圈有广阔的绿地或优美风景的个别单位、个别部门的围墙，都能拆除，好把为少数人而"禁闭"起来的好风光"解放"出来，使过往的行人都能沿途欣赏。例如就以北京大学的校墙来说吧，从海淀镇以北，沿着去颐和园的公路，把大路两边北京大学校园的围墙都打开，使校园里有名的古代园林的风貌展现出来供一切过往行人欣赏，该是多么好啊！可是现在还不能拆，这个原因大家都明白，这里就不谈了。又如在北大校园北边，隔着一条马路就是圆明园的遗址，我们主张保护这个惨遭帝国主义摧毁的大型古典园林，作为一处广阔的遗址公园。为了保护这个遗址，我曾提出"以水为纲，以木为本"的原则，就是恢复它的河湖水系，并广植花木进行绿化，任人游憩其间，并不主张修建围墙。但是不行，现在还得重建部分围墙。解放以来，有些大机关、大单位有了地皮，要进行建设，也常常是先建起围墙，在各自的围墙之内进行规划建设，"各自为政"。又如北大和清华这两所大学，原来就各有校墙，而且近在毗邻。可是在校园建设上，清华搞清华的，北大搞北大的。解放之初，本来想把中关村一带规划为"文教区"，因此，在北大和清华旁边的中关村又新建了中国科学院。这新建的中关村科学院可没有围墙，如果规划得好，并且考虑到在布局上和清华、北大的关系，并和两校协商，统筹全局，本来是可以形成为北京的新的文化中心的。封建时代北京城的文化中心在琉璃厂，现在琉璃厂正在翻修一新，但是不足以代表新中国新北京的新文化中心。我来开会以前，人民大学有同志要我呼吁一下，要在中关村一带，借助于这里的智力基础，规划出一个"科学城"。实际上科学城的名字在这里已经叫出来了。自从中国科学院在这里开始兴建以来，已经三十年了。三十多年前，中关村附近一带还是一大片农田，三十多年来搞到现在这个样子，真是令人沮丧。日本的筑波科学城的兴建，据说也是三十来年，看看那里是什么样子。我们是社会主义国家，是计划经济，怎么能够相形见绌？！这个问题是应该很好地研究一下的。

以上我举了几个例子来说明为什么我们一定要站在创造社会主义新文化的高度上，才能在北京城的规划建设上——特别是在旧城的改造上，努力做到符合中央书记处和国务院《批复》的原则和精神。

二

第二个原则，我要讲的是在北京城的规划和建设中——特别是在旧城的改造中，一定要突出新的主题思想，不能零敲碎打。只有这样才能真正反映中华民族的历史文化，反映革命传统，反映社会主义国家首都的独特风貌。什么叫做"主题思想"？怎样表现一个主题思想？主题思想就是你要企图表达的最重要的、最核心的思想。写一篇文章要有个主题思想，作一首诗，画一幅画也要各有其主题思想。好的文章、好的诗画，都是用自己的艺术手法把其主题思想表达到了最高的程度。那么，规划建设一个城市，也要有它的主题思想么？我认为这和写一篇文章，作一首诗，画一幅画是一样的。不同的只是表现的艺术手法不一样就是了。例如北京旧城就有个主题思想，而且通过规划和建筑把它的主题思想表达到了一种极高的艺术高度。那个主题思想，上面已经讲到了，就是封建帝王的"普天之下，唯我独尊"，这是体现封建国都的主题思想，用建造城市来发展到那样一个艺术高度，在任何国家封建时代的历史上都是没有前例的。

我想举两个例子来说明这一点。

欧洲一位有名的建筑学家、城市规划学家、丹麦人罗斯穆森（Steen Eiler Rasmussen），他在北京解放那一年写了一本书，是用丹麦文写的，1951年译成英文，我看到的是1969年美国麻省理工学院的重印本，全书讲的是世界的城市与建筑，头一章写的就是北京，而且在序中也特别提到了北京。他写道："有非常好的德文和日文的游览指南，对北京城每一座宫殿和每一处庙坛，都作了详细的介绍，但是对下列一点，却只字未提，即整个北京城乃是世界的奇观之一。她［的平面布局］匀称而明朗，是一个卓越的纪念物，［象征着］一个伟大文明的顶峰。"他是这样高度评价了北京旧城的规划设计的。不过他说北京旧城的规划建设象征着"一个伟大文明的顶峰"这句话就有点问题了，因为如果说"顶峰"，那我们就不能前进了，就到头了。我们的文化发展并没有到头，封建社会是到头了，但现在我们是在开创社会主义的新时代，我们要继续前进。

另一个例子是美国的故都费城城市规划的主持人培根，他也是从我们解放那年开始一直任职到1970年，为改造旧城功绩卓著，在国际上也享有盛名。他写了一部大书《城市设计》，已多次重印，我所有的是1980年版。书中有一章讲北京，开头的一段是这样写的："在地球表面上，人类最伟大的单项工程可能就是北京城了。这个中国城市是作为封建帝王的住所而设计的，企图表示出这里乃是宇宙的中心。"是啊，初建时是这样设计的。明朝改建北京城，堆筑景山中峰作为新的几何中心。元朝大都城的全城几何中心在今天鼓楼所在的"中心之台"。从全城的几何中心垂直向南,是纵贯全城的中轴线。整个紫禁城就建在这条中轴线上,皇帝的宝座也就正好坐落在这条全城的中轴线上,企图说这里是主宰宇宙的中心,唯我独尊的封建帝王就在这里发号施令。他接着又写道:"整个城市深深沉浸在仪礼规范和宗教意识之中。"这指的是太庙和社稷坛以及天坛和先农坛等。最后他说:"现在这些都和我们无关了,虽然如此,它的(平面)设计是如此之杰出,这就为今天的城市(建设)提供了丰富的思想源泉。"他对北京旧城的规划设计十分推崇,同时也指出它是作为封建帝王的统治中心而建造的,有些东西现在已过时了。

那么现在怎么办?如果北京旧城不是规划得这么杰出,改造它是比较容易的。最重要的是如何改造它那已经腐朽了的主题思想,并赋予她一个新的主题思想。那么,新的主题思想又是什么呢?我认为今天要体现中央《批复》的精神,首先就必须明确这一点。我觉得北京旧城改造的这个问题是需要全面地、认真地加以考虑的。不是东一点、西一点零敲碎打,也不只是保留一个又一个的古建筑的问题。可以这样讲,整个北京旧城,就是一个历史文物的综合体。是不是都要保护下来?是不是"见古就保"?不是这样,如果是这样就不能前进了。像前面我所说的那样,我们要批判地继承,要弃其糟粕,取其精华,还要古为今用,推陈出新。例如天安门广场的改造就是成功的一例。体现出一个新的主题思想,显示出人民已经成为自己国家的主人。因此,这个具有悠久历史背景的广场,也就成为全国人民政治活动的中心。

从政治上考虑天安门广场的改造是成功的,它体现了人民群众的力量、智慧和尊严。另外,是不是还应该考虑在旧城的改造中,如何从人民群众公共的文化生活上来更充分地、更突出地显示出社会主义人民首都的独特风貌呢？我认为自明清以来，一直到解放之前在北京城里自然发展起来最富有人民性的地方，只有两处，一处是天桥及其附近一带地方，一处就是什刹海周围。现在，作为人民的首都，我们正是应该为丰富广大人民群众的文化生活着想，在这一带富有人民性的历史传统的地方，尽早着手分阶段地做出一个长远的规划。如果这样的规划能够实现，也就进一步在历史形成的基础上改造了北京旧城，进一步发展了社会主义人民首都新的主题思想。

总之，我想：一定要站在一个新的主题思想的指导之下，来规划建设北京城——特别是对北京旧城的改造。不能零敲碎打，只顾今天，不看明天；只顾局部，不看全局。要站得高、看得远，要看到是在一个历史悠久、文化灿烂的国土上正在开创一个社会主义新时代，因此就要求既能反映具有自己特色的历史文化，又能反映革命传统，还能反映社会主义首都的独特风貌。现在请大家从这窗子往外看一看，有些建筑就不代表北京城的独特风貌，不代表社会主义首都的独特风貌，丢掉了自己的精华，去拣拾西方的糟粕！现在北京城的建设已经引起世界上有知识有远见的人们注意了。

我举个例子，美国一位有名的建筑学家、麻省理工学院的凯文·林奇（Kevin Lynch）教授写过一本有关城市规划设计的造型理论的书（*Good City Form*，1984年8月有新版问世）。第一章就讲了在城市建筑史上城市造型的价值问题。他从古代的城市讲起，回顾了一些历史上不同时代的城市，每一个时代的城市都反映出时代的特色。最后，他说现在世界上又出现了一个新的社会制度，就是社会主义。社会主义城市应该是什么面貌啊？他说社会主义社会的城市是为了适应这个新的社会制度的要求和情况而建造的，但是目前还没有看到适当的典型。在苏联和东欧，已经建造了许多新城市，改造了许多旧城市。但是，这些城市和西方资本主义国家的城市十分相似，或许只有一点差别，即不像西方城市那样，由于阶级的差别造成大资本家的居住区和贫民窟之间的那种隔离。在古巴和中国是否有具新面貌的城市正在出现，还须拭目以待。这"拭目以待"就是他的原话。我认为这就是现在摆在我们面前的课题。我想北京城首先应该呈现出足以反映具有自己特色的社会主义新时代的人民首都的新面貌，使举世人民有目共睹。

我提出以上两个原则，也只是供参考。为了达到我们的目的，就必须对党中央和国务院在《批复》中所提出的原则和精神，有个共同的理解和认识，然后才能共同努力，求其实现。

本次自《侯仁之燕园问学集》选出，
并根据作者在1987年的校改稿作了删改

试论北京城市规划建设中的三个里程碑

一

"不了解北京城的过去,就无法认识北京城的现在,当然也就不可能预测北京城的未来。城市的发展是一个连续的过程,过去、现在和未来处在同一时间之链上。"[1]北京是举世闻名的历史文化名城,它的规划建设有着深厚的历史文化渊源。特别是经过元明两代在新选择的城址上,充分利用河湖水系的有利条件,根据自古以来我国关于都城建设一脉相承的规划特点,又加以不断的更新和改造,终于在空间结构上完成了内外两城紧相毗连的"凸"字形轮廓,中间贯以自北而南的中轴线,北起鼓楼与钟楼,南至全城正南方的永定门,长近8公里。这一内外两城有机结合的空间结构,一直完整地保留到1949年新中国的成立。

新中国重新建都北京,根据时代的要求,相继进行了以旧城为核心的城市规划和建设。从全城的空间结构上来看,最重要的,也是首先进行的就是天安门广场的扩建,把旧日封闭式的宫廷广场,转变为恢宏开阔的城市广场。同时又将广场两翼的东西长安街加以拓宽和延长,有如一条东西横轴线与旧日自北而南的纵轴线交会在

---

[1] 朱文一:《空间·符号·城市》,中国建筑工业出版社,1993年,第167页。

天安门广场上。

其后随着旧日城墙的拆除，又开始进行了二环路、三环路和四环路的设计。这些环路从构图上自然导致旧城内南北中轴线向外的延伸，这在早期的城市规划图上已经充分显示出来。旧城中轴的南延长线，已有从永定门通向南苑大红门的路基作为依据。至于旧城中轴的北延长线，则无所依据。因为从钟鼓楼到北二环，完全为民居所阻隔，这与元大都城初建立时就打破历史传统不设正北门有直接关系。越过这一带民居再向正北方延伸，也同样是无所依据的，其间也还有重要建筑的阻隔。所以这条全城中轴的北延长线、除去旧城墙内的一段外，直到 1990 年为了迎接第 11 届亚运会的召开，这才开始打通，以与为了同一目的也正在开辟中的北四环路相接，其北段就是现在的北辰路。当时兴建的亚运会主会场，也就是国家奥林匹克体育中心，就选建在北辰路与北四环相交处的东侧，在其北面隔四环路相望的就是同时兴建的国际会议中心。这里恰处北京旧城的正北方，地域开阔，又去首都机场较近，国际上的来往也比较便捷。因此从地理位置的选择上来说，这次盛大的以"团结、友谊、进步"为号召的国际活动以这里为中心召开，也是很相宜的。实际上也正是由于这次亚运会在北京的胜利召开，以及由此而决定的国家奥林匹克体育中心的建设，才开始使我意识到在北京城的规划建设中，可以称之为"三个里程碑"的设想正在形成中（图60）。试论如下。

第一个里程碑是历史上北京城的中心建筑紫禁城。它的建成至今已有五百七十余年，代表的是封建王朝统治时期北京城市建设的核心，也是中国传统建筑艺术的一大杰作。到今天它依然屹立在全城空间结构的中心，但已不仅仅是中国人民的艺术财富，而且已被列为"世界文化遗产"，享誉全球。

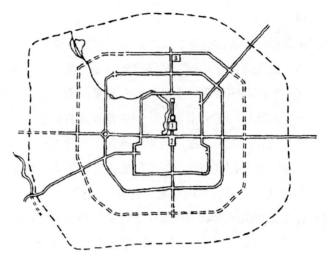

图60 北京城市规划建设中的三个里程碑的初步设想
1.紫禁城（今故宫博物院） 2.天安门广场 3.国家奥林匹克体育中心

第二个里程碑就是新中国成立之后，在北京城的空间结构上，突出地标志着一个新时代已经来临的天安门广场。它赋予具有悠久传统的全城中轴线以崭新的意义，显示出在城市建设上"古为今用，推陈出新"的时代特征，在文化传统上有着承先启后的特殊含义。

第三个里程碑如上所述，最初是由于亚运会的召开和国家奥林匹克体育中心的兴建，才开始显示出北京走向国际性大城市的时代已经到来。我第一次公开提出这一设想，是1991年5月14日在清华大学建筑学院的一次学术报告会上，当时也只是做了口头上的陈述，并没有写出书面的讲稿[1]。

尔今时过三年，面向21世纪的《北京城市总体规划》，继承了50年代以来历次城市总体规划的优良传统，又在改革开放和建立社

---

[1] 朱文一同志有记述，参见朱文一：《城市构图理论探讨》，见《空间·符号·城市》，中国建筑工业出版社，1993年，第248页。

会主义经济体制的新形势下，进一步提出了建设全方位对外开放的现代化国际城市的新目标。其中也包括了"历史文化名城的保护与发展"的重要项目，并且指出"要从整体上考虑历史文化名城的保护，尤其要从城市格局的宏观环境上保护历史文化名城"。

其中首先提出的就是"保护传统城市的中轴线"，并且决定在旧城中轴线的南北延长线上，分别进行下列象征性的规划设计，即"中轴南延长线要体现城市'南大门'形象；中轴北延长线要保留宽广的绿带，在其两侧和北端的公共建筑群作为城市轴线的高潮和终结，突出体现 21 世纪首都的新风貌"（着重号系作者所加）。

这里应该特别注意的是这中轴北延长线的东西两侧，正是国家奥林匹克体育中心和正在兴建的中华民族园所在之地。至于其"北端"，也就是要作为城市轴线的"高潮"和"终结"的所在处，还要建成"突出体现 21 世纪首都新风貌"的公共建筑群。因此，这一区公共建筑群按计划的完成，就真正可以看作是北京城市规划建设中的第三个里程碑了。

总结以上所述，《北京日报》1994 年 4 月 1 日"图解新闻版"为介绍《北京城市总体规划》所刊载的一幅示意图，正好可供参考，转载如下（图 61）。

在这里还可以进一步设想，上文提出的三个里程碑在建筑设计上还是应该各有其时代特征的。例如紫禁城作为第一个里程碑，它那巍峨壮丽的宫阙，就充分显示了皇权时代帝王至上的思想。天安门广场作为第二个里程碑，它在扩大宫廷广场为城市广场的基础上，又融合古今建筑为一体，从而呈现出继往开来的新气象。现在作为第三个里程碑，又处在整个城市空间结构的顶点上，其总面积还将超过旧日的紫禁城，对于这一区公共建筑的总体规划必须早做考虑，更重要的是如何设计和营建方能"突出体现 21 世纪首都的

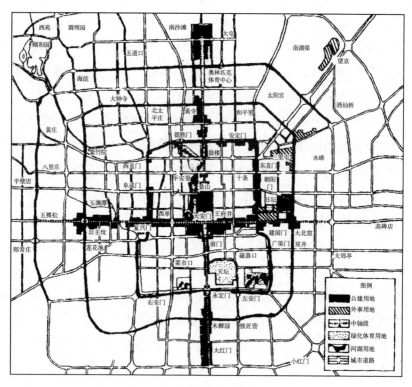

图 61 北京城市中轴线的向北延伸

新风貌",这就为当代建筑学家提出了一个十分重要的新课题。但愿拭目以待,早观厥成。

二

还应该进一步说明的一点,就是在北京城总体规划上这条全城中轴线向正北方的延伸,乃是一反历史传统的新发展,是具有划时代的意义的。

按北京旧城以内原有的中轴线，是元大都初建时所确定的，但是它的历史渊源却由来已久。更重要的是它还集中体现着一种皇权时代的传统思想，即"面南而王"，也就是说皇帝要面向正南来统治天下。这一点在大都城的规划设计中，从一开始就突出地反映出来。

大都城的规划设计，其核心建筑的布局，可以追溯到《周礼·考工记》中"匠人营国"的描述，这是明显易见的；可是大都城四面城墙的设计，却与"匠人营国"的描述大相径庭。分别说明如下。

"匠人营国"关于其核心建筑的布局是这样写的："左祖右社，面朝后市。"对比之下，借助于元大都的略图进行分析，所谓"左祖"，就是大都城内东城墙下的"太庙"；"右社"就是大都城内西城墙下的"社稷坛"；"面朝"所指，相当于大都城内自"中心之台"向正南方延长线上的"大内"，也就是紫禁城的前身；"后市"所指，就是"大内"正北"中心之台"附近一带的市场（图62）。

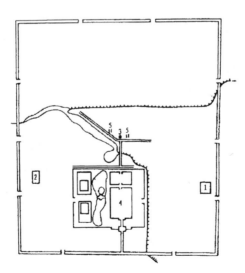

图62 "左祖右社，面朝后市"思想在元大都布局中的体现
1. 太庙　2. 社稷坛　3. 中心之台　4. 大内　5. 市场分布区

试论北京城市规划建设中的三个里程碑 | 307

根据以上的对比，恰好说明"匠人营国"中的"左"就是东，"右"就是西，"后"就是北，只是朝廷所在独称"面朝"，而不称"前"，这是为什么？细加思索，如果把"面朝"二字只是理解为"前有朝廷"，似乎还不甚确切。因为这里的"面"字，含有"前瞻"的意思，也就是说，要居中向正南方望去是朝廷，转身反顾身后的北方，就是市场所在。这里就暗示着以"南"为上的含义。事实上，中国历代都城在规划设计上，其主要宫殿都一律面向正南。继元大都之后，又进一步发展了的明清北京城，更是集中表现了这一点，这就是现在保存完好的紫禁城，以及进一步迁移到紫禁城前方左右两侧的太庙（今劳动人民文化宫）和社稷坛（今中山公园）。

在明确了上述各点之后，再来进一步分析元大都城的总体规划，在城市轮廓和城门设置上，又是如何与"匠人营国"的规制大相径庭的。

按"匠人营国"关于大城的设计是"方九里，旁三门"。而大都城的营建，并非四面等同的正方形，而是南北略长的长方形，而且除去东、西、南三面各有三门外，北面却只有东西两门，正中间却是完全封闭的。这种差异，绝非偶然。

按大都城的平面结构呈长方形，这与充分利用城内从西北转向正南的一带天然湖泊，有直接关系，作者另有专文说明，此不赘言[1]。至于在北面城墙的正中央不设北门，却有悖于"匠人营国"的传统规制，是十分突出的一个问题，应该引起重视。实际上也正是有意识不设北门，因此自北而南作为全城设计依据的中轴线，也只是以全城的"中心之台"为起点向南延伸。正是在这一情况下，明朝初年改建大都城，在首先减缩北城的基础上，又进一步沿着原

---

[1] 侯仁之：《论北京旧城的改造》，载《城市规划》1983年第1期，已收入本书。

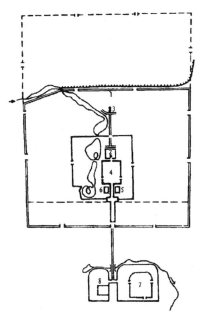

图63 明中叶北京城空间结构的核心部分最后定型,清代继承不变
1.明初改建新建北墙 2.万岁山(景山) 3.钟楼(北)、鼓楼(南) 4.紫禁城
5.太庙 6.社稷坛 7.天坛 8.山川坛(先农坛)

有的中轴线,继续向南开拓,重新堆筑了万岁山(今景山)以代替原来的"中心之台"作为新城设计中心的标志。同时又在万岁山的正南方,继续沿着中轴线新建大内,也就是现在的紫禁城。此外,又将大都东城下的太庙和西城下的社稷坛,分别改建到紫禁城正南方的东西两侧,依然符合"左祖右社"的古制。于是紫禁城内中轴线上兴建起来的前后六座大殿,也就更进一步体现了"面南而王"的传统体制(图63)[1]。

就在上述大城之内核心地区的规划建设完之后,又根据"祭天于

---

[1] 侯仁之:《北京紫禁城在规划设计上的继承与发展》,载《国学研究》第一卷,1993年,已收入本书。

试论北京城市规划建设中的三个里程碑 | 309

南郊"的传统，将全城的中轴线继续向南郊延伸，在越过一条自西而东的小河之后，又分别在东西两侧，兴建了两组皇家建筑群。在东侧的为天坛，在西侧的为山川坛（后改称先农坛）。其后又兴建东、西、南三面城墙，将这两组重要建筑群圈入城内，于是北京始有内外城之分。从此这内外合一的北京城，就成为皇权统治时代最后建成的一座都城，它又进一步体现了传统的意识形态中"面南而王"的思想，并且完整地保存下来，一直到1949年新中国的成立（图63）。

现在只有充分认识到北京这座历史文化名城在其原有的规划建设上所集中体现的主题思想，才能真正体会到今天开辟全城中轴北延长线以及进一步在其北端兴建"突出体现21世纪首都新风貌"的公共建筑群，确实是有着划时代的意义的。

三

最后，还应该说明的是：上文一再强调中国历代宫殿建筑，都始终体现了"面南而王"的传统思想，而且旧日北京城的中轴线一再向南延伸，也同样是这一传统思想的影响。那么这种"面南而王"的传统思想又是如何产生的呢？

关于这个问题的答案，考古学的发现提供了最重要的参考。

70年代初，在河南省偃师县二里头，发掘出至少是早商时期的一处宫殿遗址，其中部，有一明显的夯土台基，高出地面约0.8米，东西长108米，南北宽100米。台基南侧的中央，有门址遗迹，面阔8间。殿堂地居台基中央之北部，有夯土台，土层厚3.1米。殿堂东西长36米，南北宽25米，根据周围柱洞的排列，可以断定该建筑面阔8间，进深3间。基地中央稍北为殿堂遗址，东西长30.4

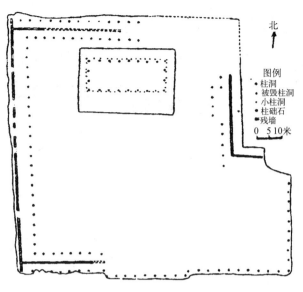

图 64　偃师二里头早商一号宫殿基地平面图

米，南北宽 11.4 米。以殿堂为主的整体结构面向南方，如图 64 所示[1]。根据上述发现制为复原图，则整体宫殿建筑面向正南的特点，就更加显明（图 65）[2]。由此可以设想，中国中原地区自古以来的宫殿建筑就是面向正南方，此后历代相承，莫不如此。因此在意识形态里逐渐派生出所谓"面南而王"的思想。这一特点在中国的中原王朝中、正是历代都城在规划设计上的一大特色。这一特色的形成，和黄河流域的地理环境是有密切关系的。按黄河流域正处于北半球亚热带季风气候最为显著的地区，冬季在亚洲大陆西北内部形成高气压，寒冷强劲的偏北风，袭击着黄河流域中下游，气候严

[1]　中国社会科学院考古研究所二里头工作队：《河南偃师县早商宫殿遗址发掘简报》，载《考古》1974 年第 4 期。按该文所载上述发现共有二处宫殿遗址，另有二号宫殿遗址，在一号宫殿遗址东北约 150 米，规模较小而形制略同。
[2]　中国建筑科学研究院：《中国古建筑》，中国建筑工业出版社，1983 年。

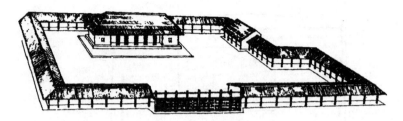

图 65　偃师二里头早商一号宫殿复原图

寒，长达数月。夏季高气压中心转向东南太平洋上，来自南方致雨的季风，又使温度上升，甚至暑气逼人。于是房屋建筑面向正南最为相宜，北侧封闭以御冬季风寒，南侧开设门窗，既便于冬季阳光斜射室内，又有利于夏季空气流通。可以设想，为了适应这一气候特点，从古代起，黄河流域最早的宫殿建筑，如偃师县二里头的考古发现所见，就采取了背北面南的形式。这一特点长期延续下来，相沿成习。到了《周礼·考工记》"匠人营国"的记载中，只要记述"左祖右社，面朝后市"，就足以说明彼此之间的方向，而"面朝"的"面"字在这里就特别重要，它指明了是面向南方，由此终于衍生出意识形态中所谓"面南而王"的传统。按后世的风水学说，就建筑设计面向南方，也有解说。例如宋人张子微在所著《玉髓真经》一书中就曾写道："庙朝宫殿府县治廨，无不向南，盖取向明而治之义。"[1] 元初规划大都城，不设正北门，是否也有风水学说的影响，未见有明文记载，姑不具论。只是追本溯源，黄河流域的地理条件，导致了最初宫殿建筑取向正南，则是十分明显的。

原载《城市规划》1994 年第 6 期
本次自北京大学院士文库《侯仁之文集》选出

---

〔1〕《玉髓真经》卷十九《穴髓摘玄》，明嘉靖刻，清李文田旧校本。

评西方学者论述北京城市规划建设四例

北京作为举世闻名的历史文化名城，长期以来为西方学者所瞩目，一般描述以及专题论著，为数众多，这里只就有关北京城市规划建设的四例，评述如下。

一、关于城址条件的探讨

北京的城址为什么选择在现今所在的这个地方？究竟有哪些有利的条件决定了它的建址？这是个饶有趣味但又不很容易说明的问题。

在我国旧日的文献中，讲到北京地理位置的优越性时，经常有如下的描述："左环沧海，右拥太行，南襟河济，北枕居庸。"但是这样笼统的描述，并不能具体说明北京城在这里建址的原因。最初把这个问题作为现代城市地理学的研究课题提到日程上来的，据个人涉猎所及，当以国际上有名的一位原籍澳大利亚的地理学家泰勒（Griffith Taylor）为最重要。五十多年前泰勒教授曾任教于美国芝加哥大学，并于1941年当选为美国地理学家协会的主席。他在就职的学术讲演中，曾着重讨论了北京城的城址条件问题，他说：

> 北京是在一个辽阔的冲积平原和温和的气候条件下发展起来的一个大城市的佳例。它的发展比起其他城市规模更大、更古老，也更复杂。或许认为这个主要的北方大城市应该在大平原的中心，或者靠近其主要河流，或者在一个滨海的良好港口上发展起来，可是这些条件北京城都不具备……要指明北京之所以超越黄河冲积平原上其他大多数城市而发展起来的任何环境因素是困难的。……看来很清楚的是北京城址的选择，有不可忽视的人为因素。在早期，占卜者认为北京城的城址是特别吉利的，而政治上的原因则是主要的。……早在公元前723年以前，正是由于占卜和政治上的原因，导致了这个城市的诞生，当时它的名称叫做蓟。

他最后的结论是：

> 必须承认北京城址的选择，并不是由于任何明显的环境因素……或许可以认为地处一个环境一致的辽阔大平原上的北京城，正是一个适当的例子来说明，在这种情况下，地理上的分布是带有偶然性的。（以上引文，均见 Annals of the Associaiton of American Geographers, vol. XXXII, 1942）

按我国古代城市确曾有利用占卜来建址的例子，如《尚书·洛诰》所记周公经过占卜来确定最初的洛阳城址，即其一例。北京起源于蓟城，这是事实。但是蓟城的建址，并没有经过占卜的任何记载。蓟城的兴起，有明文可考的是始于周武王十一年所分封的蓟国，时在公元前1045年，去今已有三千余年。与蓟国同时被分封的还有燕国，其故址在今房山区琉璃河乡，北去蓟城，不过百里。

这燕蓟两国都处于古代由华北大平原北上直达北京小平原的唯一的一条南北大道上，因为当时这条大道以东的平原上水网密布，以西又有太行山平地崛起，南来北往都不可行。而蓟城所在又正是这条南北大道的北方尽头。由此再向北去，古代大道开始分歧，因此蓟城正是当时南北交通的枢纽，地理位置十分重要。也正是由于这一有利的地理条件，蓟城才有可能发展起来。其后燕国兼并了蓟国，并且迁都到蓟城。到了东周的战国时代，蓟城已是所谓"海内名都"了。随后，秦始皇结束了战国纷争的局面，创建了中央集权的封建国家之后，历代王朝先后相继，蓟城一直是华北平原北部的重镇和地区行政的中心。公元938年兴起于西辽河上的契丹人南下，取得蓟城，改称南京，又名燕京，是为辽代的陪都，也就是作为进一步南下中原的前进基地。其后，兴起于松花江上的女真人又南下占领燕京，并加以扩建，遂于公元1152年正式迁都，这就是金朝的中都城，也就是北京历史上正式建都之始。相继崛起于北方高原上的蒙古族南下占领中都城之后，为了取得更为丰沛的水源，又于公元1267年在中都东北郊外的一带天然湖泊上，另建新城，这就是元朝正式建都的大都城，从而为今后的北京城奠定了基础。因此可见北京建城的地理因素，在充分考虑其原始状况的前提下是完全可以说明的。

  但是，不能不指出正是泰勒教授才第一次把有关北京城的建址问题，提到现代城市地理学的研究上来进行探讨的。尽管他的结论是错误的，但是明确提出问题，并认真进行探讨，却是值得重视的。应该看到，在科学研究的道路上，有时提出问题比起解决问题，更为重要。而上述问题的探讨，又进一步说明，只有从历史地理学的研究入手，才能得到问题的正确解答。

二、关于城市中轴线的说明

北京城在规划设计上的中轴线，有着悠久的历史渊源，也是中国城市建筑史上十分值得注意的一个问题。在西方学者中对这个问题做了深入研究的，当以美国芝加哥大学另一位学者、原籍英国的卫德礼（Paul Wheatley）教授贡献最大。

卫德礼教授是一位历史地理学家，学识渊博，通晓亚洲数种语言文字，特别是对中国城市历史地理的研究，有其独到之处。他在1971年出版了研究中国古代城市的一部巨著：*The Pivot of the Four Quarters*，可以直译为《四方之极》。实际上，这个英文书名正是作者译自《诗经·商颂·殷武》中"四方之极"这一诗句的，因此原书在英文译名之外也同时用了这四个汉字作为名称。原书第449页照录了《诗经》中这首诗的部分原文：

> 商邑翼翼，四方之极。
> 赫赫厥声，濯濯厥灵。
> 寿考且宁，以保我后生。

这显然是歌颂商朝都城的，其描写也含有重要的在城市建设上的象征意义，而这一点正是卫德礼教授所十分重视的。例如《四方之极》的第五章第一节，就着重讨论了中国古代城市中轴线的设计问题。大意是说中国的典型城市在形态上最为突出的一点，就是其主导方位和中轴线以及近乎正方形的四面高大的城墙。中国一些古代城市的平面图所显示的，大体都是这样一种形式，而在都城的设计上则尤为明显。于是他着重作了如下的论述：

在中国城市中沿着自南而北的主轴线行进的大路，比起任何自东而西的道路都更为重要。沿着这条主轴线的大路，布置了最重要的官方建筑。至于在都城中，所有这些建筑都是面向正南，毫无例外。应该看到在中国城市中这条南北轴线的功能，和欧洲巴洛克式城市中的街景大道是很不相同的。后者的设计使得处于远方尽头处的建筑物在展望中显示其位居中心的重要性。中国城市中的中心大路的重要性，不在于视觉上的突出，而在于其象征意义。实际上它的全部街景永远不可能在同一时间或同一地点呈现在眼前。它并不是由一系列的空间所组成的一个中轴线上的完整街景。这一中轴线的设计，在北京城里被十分突出的显示出来。当沿着这条中心大路行进的时候，迎面而来的似乎是没有尽头的大门、城楼以及城垣的延续。

（见原著第 425 页）

摘录以上这一段，意在说明卫德礼教授已经充分指出了北京城内中轴线的特点以及它在主导方向上必是南北向的。那么它的象征意义又何在呢？试行讨论如下。

北京城中轴线的设计，始于元代大都城，而大都城的平面布局，在我国历代都城的建设中，又和《周礼·考工记》"匠人营国"的描述最为相似。"匠人营国"的中心内容是"左祖右社，面朝后市"，在这里虽然没有明确提出还要有一条中轴线，但这条中轴线是隐然存在的。因为左有太庙（左祖）、右有社稷坛（右社），而左右对称的位置，正说明两者中间必然有一条中轴线。而前方的朝廷（面朝）和后方的市场（后市），也就必然是布置在这条中轴线上。更值得注意的是"匠人营国"的这段描述，在说明主要建筑的相对位置时，用"左""右"以指示东西，用"面""后"以指示南北。或许可以提出这样一个问题：既然以"后"指示北，为什么不用"前"而用"面"以指示南呢？一般在引用"匠人营国"的这段描述时，也常常把"面"字写为"前"字，从实际情况来说，以"前"代"面"并无错误。但是原文用"面"以表示"南"，不仅指明了方向，而且暗示着一个更重要的问题，就是主导方向的含义。这个主导方向，必须是自北而南，而不能是自南而北。也就是说宫殿建筑的设计，必须是面向正南，而不能面向正北。因此宫殿中统治者的"宝座"也就必然是向南，而不是向北了。这一情况相沿到后代，在历代封建王朝的统治时期，登上"宝座""君临天下"的统治者，也就被称为"面南而王"了。这一事实，也就赋予国都设计中的中轴线以特殊的象征意义。也正是中轴线上的这一象征意义，才显示了中国历代都城设计上的最大特点。而这一特点又是在北京城最初的设计上就已经被充分地显示出来。

现在时代不同了，北京城里这条传统的中轴线所固有的象征意义，已经不复存在，但是它在人民首都的总体规划中，仍然占有十分突出的位置，并已开始赋予它以社会主义新时代的象征意义，居中出现在这条中轴线上的天安门广场，就是非常重要的一例。如何继续进行这条中轴线的规划设计，进一步丰富其新时代的象征意义，正是首都的城市建设者所面临的一项十分重要的任务。

在这里应该补充说明的是：我国古代宫殿建筑的设计之所以面向正南，起源甚早。根据考古发现，河南偃师县二里头商代早期遗址中的大型宫殿遗基（详见《考古》1965 年第 5 期）以及湖北黄陂县盘龙城商代两进宫殿遗基（详见《文物》1976 年第 2 期），都足以说明这一点。这种主要建筑面向正南的设计，自然是与所在北温带季风区的地理位置有直接关系。这里在冬季处于西北大陆内部高气压的控制之下，北风严寒凛冽，日照时间又短；到了夏季，高气压中心转向东南海洋，南风炎热多雨，又是烈日当空。因此，随着季节的变化，为了冬季的避寒采光和夏季的通风降暑，居室设计当以面向正南为上策。最高统治者的宫殿如此，民间的住房其实也是一样。现在北京城里所保留下来的典型四合院的正房，必然是面向正南，也就是这个道理。随着现代设备和建筑条件的发展，居室的方向已不像过去那样受着自然条件的严格限制了，但是北京城里典型的四合院，或大或小，都仍有保留的价值，这也是应当引起重视的问题，这里就不讨论了。

三、关于城市总体设计的评价

对北京城中轴线的讨论，必然要涉及关于北京城总体设计的评价。

自从元朝大都城的兴建开始确定了北京城的中轴线之后，整个城市的平面布局，又经过明朝的继续改造，并且在进一步向南延长其中轴线之后，更加筑了外城，这才使北京城的总体布局最后固定下来，一直完整地保存到新中国成立的时候，这就是现在所说的"北京旧城"。

这个北京旧城的总体设计，在西方的建筑家和城市规划学者中是得到了高度评价的。这里只举一例，略作说明。

正是 1949 年，新中国成立的那一年，著名的丹麦学者罗斯穆森的专著《城市与建筑》一书的丹麦文原本出版，1951 年有英文译本（*Towns and Buildings*）问世。这部书的第一章，就是讲的北京城的总体设计，并且给予了极高的评价。不仅如此，他在全书的序文里，就已经明确地写道：

有极好的德文和日文的旅游指南,提供了关于北京城每一座宫殿和庙坛的详细介绍,但是对下列一事却只字未提,即北京的整个城市,乃是世界一大奇观,它的布局和谐而明朗,是一个卓越的纪念物,一个伟大文明的顶峰。这是必须由我们自己去发现的。

只从这一论断,无须再作书中任何细节的介绍,就足以说明罗斯穆森对于北京旧城的总体设计是十分赞扬的。但是有一点,在用词上也值得考虑,例如把北京在城市建设上的成就,认为是已经达到了"一个伟大文明的顶峰"。这"顶峰"(culmination)一词,就值得商榷,因为既已达到顶峰,那就不能再发展、再前进了。更确切的含义,应该是说北京旧城在封建社会时期、作为国都的设计,从它所表现的"帝王至上"这一主题思想来说,可以称得上是已经达到了"顶峰"。但是历史的车轮永远是滚滚向前的,到了一个新的历史时代,又将有新的"顶峰"出现在人们面前。在作为人民首都的北京城的规划设计上,为了体现社会主义新时代的主题思想,还有新的"顶峰"正在等待我们去攀登,这就是我们所面临的一项重要任务。从整个文化的发展来说,只有充分了解自己的过去,才能创造自己的未来。

四、关于古代规划的现实意义

很可惋惜的是罗斯穆森已经离开了我们,但是另一位对北京旧城的规划设计怀有同样感情的西方学者却依然健在,并且还在最近前来北京出席了"历史名城与现代化建设"的科学讨论会,这就是美国的培根（Edmund N. Bacon）教授。从新中国成立的1949年一直到1970年，培根教授负责主持美国故都费城（Philadelphia）的城市规划建设达二十年之久。由于他重视维修古建筑和力求保持城市的传统风貌而在国际上享有盛誉，并于1971年由美国城市规划家协会授予卓越贡献的荣誉奖。

早在1967年，他的名著《城市设计》（Design of Cities）出版，1974年又有新版问世，这个新版又曾多次重印，流传甚广。就在这部文图并茂的专著中，有专节论述北京旧城的城市规划，并有大幅插图作为说明。这一节的开头一段是这样写的：

> 在地球表面上人类最伟大的个体工事大概要算是北京城了。这个中国城市是作为帝王的居住之地而设计的，意在显示这里乃是宇宙的中心。这个城市深深浸沉在宫廷仪礼和宗教意识之中，现在这一切都和我们无关了。尽管如此，它的规划设计是如此之杰出，仍然为今天的城市提供了丰富的思想宝库。（第244页）

培根教授的这一评论至为重要，他既充分肯定了在封建帝王统治时代北京城在规划设计上的杰出之处，同时又指出它的某些内容已经不能适应新时代的要求，但是它的整体设计仍有重要的参考价值，值得借鉴。培根教授自称他在费城的规划建设工作中，是受了北京城的一些影响的。这也就证明了北京旧城的规划设计仍有它十分重要的现实意义。关键的问题就在于我们如何在保持其特殊风貌的同时进行现代化的建设，从而创造出社会主义新时代的人民首都。

本次自《奋蹄集》选出

天安门广场：从宫廷广场到人民广场的演变和改造[*]

一、天安门广场的回顾——历史上宫廷广场的演变

在首都的城市规划和城市建设中，天安门广场的改造，具有极其明显而深刻的含义，它的改造又具体体现了毛泽东同志关于正确对待祖国文化遗产的重要教导：既不能割断历史，对古代的文化遗产全盘否定，也不能使精华与糟粕兼收并蓄；必须是批判地继承，古为今用，推陈出新。

天安门广场在历史上曾经是一个封建统治者的宫廷广场。宫廷广场很早就出现在我国封建都城的规划设计中，它的演变源远流长。可是今天的天安门广场由于人民首都的建立，已经被根本改造为群众活动的人民广场。回顾历史上宫廷广场的演变过程，对比今昔的变化，将有助于理解解放后在这个广场上所进行的改造工作的深刻意义。

（一）唐长安城与宋汴梁城的宫廷广场：早期宫廷广场的两个实例

唐长安城创建于隋，在我国封建社会前期的都城建设中，是规模最宏伟、布局最严整的一座大城。

---

[*] 本文为作者与吴良镛同志合作，由作者执笔。

长安城东西宽约十九里，南北长约十七里。城内中央的北部，紧连北城墙为皇城。皇城内北半部为宫城，南半部为中央官署以及"太庙"与"社稷"所在地。整个皇城的范围，略当解放前的西安城。

长安城有一条明显的中轴线，城内最重要的中心大道，也就是所谓"御道"，正是沿着这条中轴线修建的。中心大道从宫城南面的承天门开始，向南经过皇城南面的朱雀门，直达大城南面的明德门。城内其他街道，纵横平行交错，划分全城为一百一十坊，形如棋盘。另有独立的商业中心，分列东西，名为东市和西市（图 66）[1]。

这里特别值得注意的是宫城前面有一条特别宽阔，面积约六公顷的横街，东西长五里余，南北宽近半里[2]，东西两端为皇城东西墙所封闭，墙上各开一门，东曰延喜门，西曰安福门。这条横街实际上就是宫城前面的宫廷广场（图 67）[3]。

宫城正面的承天门在广场上居于支配地位，相当于古代的所谓"外朝"，门外建有朝堂。每当元正、冬至，就在这里"陈乐设宴会，赦宥罪"，以示"除旧布新"。此外，在外国使者和宾客前来长

---

[1] 详见马正林：《隋唐长安城》，载《陕西师大学报》（哲学社会科学版）1976 年第 3 期。按隋唐长安城总结了三国时代曹魏邺城的设计经验，又作了进一步的发展。关于邺城规划及平面示意图，见"城乡规划"教材选编小组：《城乡规划》，中国工业出版社，1961 年，上册第 16 页。

[2] 《唐两京城坊考》卷一，"皇城"条，横街东西长五里，一百一十五步，南北宽三百步。据 1959—1962 年中国科学院考古研究所西安唐城发掘队勘测，横街长 2820.3 米，宽度只测得一处，为 220 米，见《唐代长安城考古纪略》，载《考古》1963 年第 11 期。

[3] 皇城之内，横街以南，还有六条狭窄的小横街。至于南北街，除正中的承天门大街外，其东西两边还各有平行的两条较窄的街。这些同样是棋盘式的街道之间，除去左边的"宗庙"（在皇城东南隅）和右边的"社稷"（在皇城西南隅）之外，其余所分布的都是中央官署。详见《唐两京城坊考》卷一，"皇城"条。

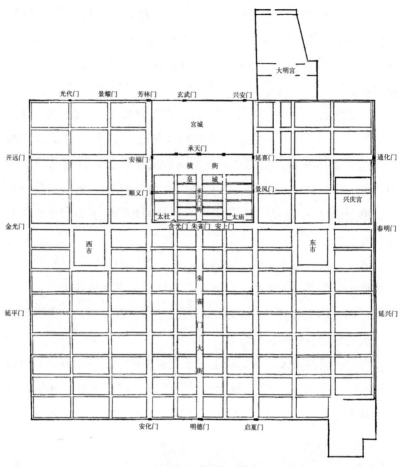

图 66 唐长安城平面略图

安城的时候，封建皇帝也要到承天门"听政"[1]。

这个宫廷广场虽然有多方面的功能，但从它的设计意图来看，主要还是有计划地在宫城正面保留一段开阔的空间，越过这段空

---

[1]《唐两京城坊考》卷一，"宫城"条。按唐代宫廷广场上的重要活动，不限于在承天门，广场东西两端的延喜门和安福门，也都为封建皇帝利用来进行一些不同性质的活动，详见阎文儒：《唐两京城坊补考》(稿本)，"皇城"条。

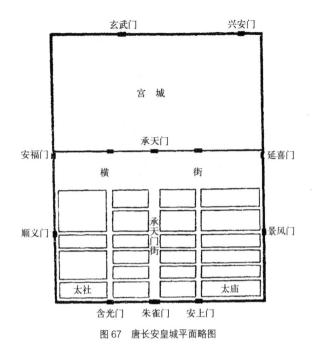

图 67　唐长安皇城平面略图

间,遥望层层宫阙,就更加给人以"九天阊阖"的神秘感觉,借以显示封建统治者的"至高无上"。——在封建时代,这是企图通过建筑手段,来达到愚弄人民、压迫人民的政治目的。

像长安城这样在宫城前方有计划地开辟一条横街作为宫廷广场,乃是早期出现的宫廷广场中比较完整的一种形式。隋唐东都洛阳城的宫廷广场在设计上大致与此相同,只是洛阳的宫城与皇城偏在大城西北隅,与长安是有明显区别的[1]。

北宋汴梁城的宫廷广场,又提供了另外一种形式,这是与整个

---

[1] 隋唐东都洛阳城,其宫城与皇城之相对位置,与长安城相似,中间也有一条较宽的横街。宫城正南门叫做应天门,门外也设有朝堂。只是宫城与皇城均在大城的西北隅,与长安城不同,详见《唐两京城坊考》卷五,"宫城""皇城"条及附图。

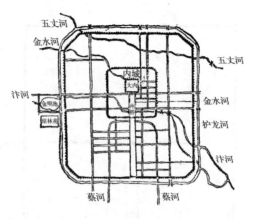

图 68 宋汴梁城平面示意图

汴梁城的城市结构分不开的。汴梁城与长安城不同，它不是按照一个完整的规划建成的，而是在一个旧城的基础上经过多次改造逐步发展起来的。它有内外城三重，中间的原称京城，也叫内城，大约相当于现在的开封城。城内中央偏北有小城，原是唐代节度使的衙署，五代时曾为梁、晋两个小王朝用作宫城。宋初加以改造，仍作宫城，别称大内。环绕内城四面，建有外城，是五代晚期加筑的，宋代屡加重修和扩建，周约五十里（图68）[1]。

汴梁城内主要街道，也是纵横交错，分别直通外城各门，但布局远不如长安城的规整划一。其中最突出的是从宫城南面宣德门，经过内城南面朱雀门，直达外城南面南薰门的中心大道。这条中心大道宽约二百步，又称"御街"（即"御道"）[2]，相当于全城的中轴线。它在宣德门前的一段，实际上也是一个宫廷广场（图69），但和长安城的宫廷广场相比较，颇有一些不同之处。

---

〔1〕李长傅：《开封历史地理》，商务印书馆，1957年，第17—19页。
〔2〕孟元老：《东京梦华录》卷二，"御街"条。

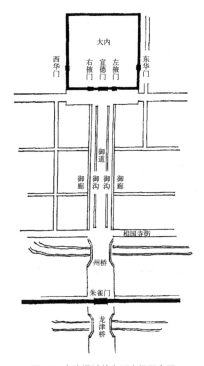

图 69 宋汴梁城的宫廷广场示意图

第一，汴梁城的宫廷广场以南北向的纵街为主〈1〉，而在长安城则以东西向的横街为主。

第二，汴梁城的宫廷广场是半开放的，有中央官署分列在它的两边，直到朱雀门内的州桥为止。这里虽无居民，但御街两旁可以任人行走〈2〉。每逢节日，这里的活动也特别多，任人游观〈3〉。而长安

〈1〉 汴梁城的宫城前面也有一条横街叫做"宣德门楼大街"，但很窄狭，只能看做是广场的附属部分。见《东京梦华录》卷六，"元宵"条。
〈2〉 《东京梦华录》卷二，"宣德楼前省府宫宇"条："宣德楼前，左南廊对左掖门，为明堂颁朔布政府。秘书省，右南廊对右掖门，近东则两府八位，西则尚书省。御街大内前南去，左则景灵东宫，右则西宫。……西宫南则御廊权子，至州桥投西大街……街北都亭驿……御街一直南去，过州桥，两边皆居民。"
〈3〉 详见《东京梦华录》卷六，"元宵"条以下各条。

城的宫廷广场，则是严格封闭的，节日的活动也比较少。

第三，汴梁城的御街两旁，向北正对宣德门的左右掖门，建有东西两列千步廊，又称"御廊"[1]。宫廷广场上之有千步廊，就是从这里开始的。长安城的宫廷广场上，除去朝堂外不见有其他辅助建筑。

第四，北宋末期汴梁城的宫廷广场上增加了绿化。先是在东西千步廊内，各设立黑漆杈子和朱漆杈子两列，以限行人；然后在杈子内分别用砖石甃砌"御沟水"两条，水中植荷，沿岸植桃李梨杏，开辟花圃[2]。长安城的宫廷广场上则不见有绿化的记载。

汴梁城中宫廷广场的这些特点，乃是因为它从旧城街道上演变而来，与长安城有计划的设计不同。更重要的是由于社会经济的进一步发展，汴梁城里商业的繁荣又超过了长安。长安城里的商业集中在东西两市，汴梁城里的市肆则分散于全城，甚至御街两旁的千步廊上，同样"许市人买卖其间"[3]。

唐长安城和宋汴梁城的宫廷广场在形式上虽然不同，但广场的主要功能却是一样的。

（二）金中都城与元大都城宫廷广场的进一步演变

金中都城和元大都城都在北京城的发展史上占有重要地位。金中都城是在北京城原始聚落的旧址上发展起来的最后一座大城，而元大都城则是在一个新址上为后来的北京城奠定了最初的基础。另

---

[1] 详见《东京梦华录》卷六，"元宵"条以下各条。按长安城内亦有千步廊，唯不在宫廷广场上，而在宫城之内。宫城内东北隅有"南北千步廊"，西北隅有"东西千步廊"。详见《唐两京城坊考》卷一，"宫城"条。

[2]《唐两京城坊考》卷二，"御街"条。

[3]《唐两京城坊考》卷二，"御街"条。

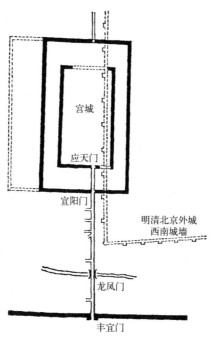

图70　金中都城中心部分示意图

一方面，金中都城的宫阙制度主要仿自汴梁并略有发展，而元大都城则在规划设计中重新安排了宫廷广场的位置，从而打破了旧传统，开创了新局面。因此，在宫廷广场的演变过程中，金中都城和元大都城也是占有重要地位的。

金中都城袭用辽代旧城又加以改造和扩建。城凡三重，一如汴梁。大城周三十七里余[1]，故址略当今北京市宣武区西部的大半。皇城在今广安门以南，为长方形小城。皇城之内又有宫城。宫城南门叫做应天门，从应天门向南出皇城南面的宣阳门，直达大城南面的丰宜门，也是相当于全城中轴线的一条御道（图70）[2]。

―――――――――

〈1〉 阎文儒：《金中都》，载《文物》1959年第9期。城周实测为18.690米，合37.38里。
〈2〉 参见《帝京宫阙图》，原载《事林广记》卷二。阎文儒《金中都》一文有局部影图。

沿着这条御道的两边,从应天门前直到宣阳门内,也有两道千步廊,东西并列,各约二百余间[1]。这段御道最为宽广,夹道有水沟两条,沿沟种植了柳树[2],这一点也与汴梁城的宫廷广场相仿佛[3]。不同的是这里的千步廊,南端止于宣阳门内东西两侧的文、武楼。文楼在东,武楼在西。广场上出现这两座东西对称的建筑物,乃是一个新发展。但是,更重要的发展,还在千步廊的北端。在汴梁,东西千步廊的北端,隔横街向北正对宣德门的左右两掖门。可是在中都,由于应天门的左右掖门东西相去一里许[4],因此,东西两列千步廊的北端,在应天门前横街南侧,又分别转向东西各"百许间"[5],直到左右掖门前为止。这一发展的结果,就把宫城前面东西横街的中间一段,有计划地纳入了南北向的广场之内,从而使广场出现了一个"T"字形的新格局,并为日后元大都城宫廷广场的设计,开一先例(图71)。

元大都城是在金中都城东北郊外新选择的城址上经过详细规划而后建造的一座大城,同样有城三重。最外面的大城略呈长方形,

---

[1]《金史》卷二四《地理上》,"中都路"条:"宫城之前廊,东西各二百余间。"
[2] 范成大:《揽辔录》:"东西廊中,驰道甚阔,两旁有沟,沟上植柳。"(丛书集成本,页四下)
[3] 按金完颜亮改建中都,尽力模仿汴梁宫阙。《金图经》称:"亮欲都燕,遣画工写京师(汴梁)宫室制度,阔狭修短,尽以授之左丞相张浩辈按图修之。"(《日下旧闻考》卷二九,页七上引)又《元一统志》卷一,"大都路"条:"天德元年,海陵意欲徙都于燕……乃命左右丞相张浩、张通,左丞蔡松年,调诸路民夫筑燕京,制度如汴……改号中都。"(赵万里校辑本,中华书局,1965年)
[4]《大金国志》卷三三,"燕京制度"条:应天门"东西相去一里许,又各设一门,左曰左掖,右曰右掖"。
[5] 范成大:《揽辔录》:"循西御廊北行,至横道,至东御廊首,转北循檐行,几二百间……将至宫城,廊即东转,又百许间。其西亦有……"(页四下)又《金史》卷二四《地理上》,"中都路"条:"宫城之前廊,东西各二百余间,分为三节,节为一门。将至宫城,东西转各有廊百许间。"

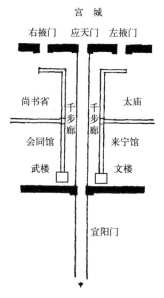

图 71　金中都城宫廷广场示意图

周约五十七里[1]。南墙故址在今北京东西长安街南侧，北墙故址在今德胜门与安定门以北五里余。东西两墙分别与今东直门和西直门同在南北向的垂直线上。中间的皇城，元称萧墙，也叫红门阑马墙[2]，偏在大城南部稍西，宫城则在皇城内的东部。

　　从宫城南面的崇天门，向南经过皇城南面的灵星门，直抵大城南面的丽正门，同样是相当于全城中轴线的御道。这一布局与宋汴梁和金中都的情况极相近似（图72）。值得注意的是宋金以来作为宫廷广场重要标志的千步廊，在这里并不是修建在宫城南门的外

〈1〉 实测周长 28.600 米，见中国科学院考古研究所、北京市文物管理处元大都考古队：《元大都的勘查和发掘》，载《考古》1972年第1期。
〈2〉 萧洵：《故宫遗录》，北京出版社，1963年。

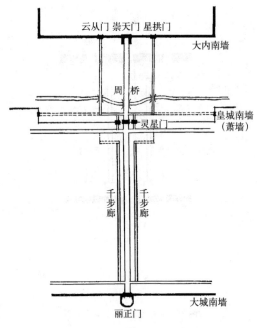

图 72 元大都城宫廷广场示意图

面，而是修建在皇城南门以外，向南直到大城南门以内[1]。这就是说自隋唐以来一直是设在宫城门前的宫廷广场，现在迁移到皇城门前来了，这不能不说是一个极大的变化。

导致这一变化的原因，不在于宫廷广场本身有什么功能上的改变，而在于地理条件和规划意图对于大都城平面设计的影响[2]。其

---

[1]《故宫遗录》："丽正门内曰千步廊，可七百步，建灵星门，门建萧墙。"按"七百步"应作"五百步"，见赵正之：《元大都平面规划复原的研究》（未刊稿）。估计从丽正门内到东西千步廊的起点，还保留了一段空间，以便东西之间的来往。丽正门以东有纸札市、文籍市，以西有穷汉市，见《日下旧闻考》卷三八，页九上至下引《析津志》，由此可以推想丽正门与千步廊起点间，是留有东西通道的。

[2] 元大都城的规划设计，以太液池（今北海与中海，当时南海尚未开凿）为中心，在东岸中部布置宫城，在西岸南部与北部，分别布置隆福宫与兴圣宫。三宫鼎立，是全城设计的出发点。环绕三宫修建皇城，皇城之外绕以大城。大城的中心点（转下页）

结果是宫城南门与皇城南门之间，无法保留一适当空间，因此遂将宫廷广场移至皇城门外。与此相适应，北宋以来开始出现在宫城门外的千步廊，也就同时移到皇城门外来了。

其次，元大都城宫廷广场上的千步廊，还是继承了金中都城千步廊的新格局，即在左右两列南北千步廊的北端，又分别转向东西，最后止于灵星门两侧的左右掖门以外[1]，从而也形成了一个完整的"T"字形的广场[2]。

元大都城的宫廷广场在位置上的新变化，直接为明初南京城以及后来的北京城所因袭，因此，它在宫廷广场的演变过程中，是有着承上启下的作用的。

（三）明清北京城宫廷广场的晚期形式

明清北京城是在元大都城的基础上经过几次改建而后完成的。

（接上页）在皇城以北、积水潭（今什刹海）的东北岸。在这个中心点上建中心台。从中心台向南采取了刚好包括皇城在内的一段距离，以确定大城南墙的位置。又以同样距离确定大城北墙的位置。这段距离的选择不能太短，太短则大城南墙去皇城南墙太近，缺乏适当空间，不足以显示帝王宫阙的深邃。但也不能再向南延长，因为再向南去，靠西部还有中都旧城，旧城北面还有一条东西向的闸河故道，尚未湮没。由于这些用地条件的限制，遂使得从宫城南门到大城门之间的距离，过于局促，因此只好缩小宫城南门与皇城南门之间的距离，以便皇城南门与大城南门之间可以有较大的空间，因此宫廷广场也就迁移到皇城南门以外来。

〈1〉《析津志》："灵星三门外分三道，中千步廊街出丽正门。"（《日下旧闻考》卷三八，页二上引）灵星门有三，出中门为千步廊街，两旁门外，亦各有道。两旁门别无名称，大约是相距很近的缘故。至于崇天门两旁亦有掖门，各去中门百余步，相去较远，故另有名称，东曰星拱门，西曰云从门，详见《故宫遗录》及陶宗仪：《辍耕录》卷二一，"宫阙制度"条。

〈2〉这一点虽未见直接记载，却有旁证可供参考。（1）元大都兴工之前，已建成上都城。两城主要设计人都是刘秉忠，见《元史》本传。在上都宫城门前，即有一东西开阔的宫廷广场，略呈"T"字形，详见贾洲杰：《元上都调查报告》及附图1，载《文物》1977年第5期。（2）明清北京城的宫阙制度，多因袭元大都城，其"T"字形的广场，又有了进一步的发展。

在我国历代封建王朝的都城建设中，通过平面设计以突出表现封建帝王的专制统治，并在建筑艺术上达到了一个新高峰的，明清北京城算是一个典型。这一点，在天安门广场的设计上，也同样地反映出来。

明初建都南京，从南京出兵北伐，在攻下元大都后，改大都为北平。同时又平毁了元故宫，废弃了比较空旷的大都城北部，并改筑北城墙于今德胜门和安定门的东西一线上。其后到永乐元年（1403），以北平为北京，永乐四年（1406）开始筹建宫殿，改造旧城，历时十四年，营建工事基本告成，遂正式迁都北京。

这次营建北京城的主要工事，首先是在元故宫旧址上稍向南移，重建了新宫城，也叫紫禁城。其次是展拓大城的南部，即把大城南墙南移至今正阳门东西一线上[1]。同时，在其旧址稍北，另建皇城南墙。这样，皇城南墙与大城南墙相继南移的结果，两者之间的空间距离，大为开展。就在这开展了的空间上，当时的设计者作出了极其重要的改变。

第一，仿效当时南京城的规划，在宫城南门（午门）前面的东西两侧，分别建立了太庙和社稷坛[2]。这两组建筑群的对称排列，有力地突出了中心御道的地位，加强了从皇城南门到午门之间的深度。皇城南门仿照南京改名承天门，也就是现在的天安门。承天门内加筑端门，从端门到午门的御道两侧，相当于旧制东西千步廊的位置，分别建立六科值房。承天门与端门之间的东西两侧，也增建了宫墙。这一设计的结果，就使得承天门与午门通过对称排列的建

---

〔1〕 这时，金中都故城北墙已废，闸河已湮，因此大城南墙可以南移至正阳门东西一线。

〔2〕 参见《洪武京城图志》所附《皇城图》，影印明弘治重补本。按元大都城的太庙，原在东城齐化门（今朝阳门）内之北；社稷坛原在西城平则门（今阜成门）内之北。两者都是孤立的建筑群，与宫城完全隔绝。

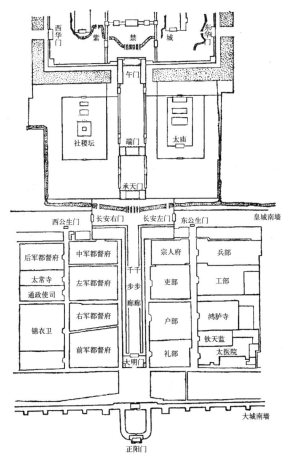

图 73 明北京城午门至正阳门平面图
（根据考古研究所《明北京复原图》绘制）

筑物，联系在一起。因此，承天门的位置虽然相当于皇城正门，实际上又被认为是宫城正面的第一门（图73）[1]。

第二，在承天门外开辟了"T"字形的宫廷广场，名曰"天街"，

---

[1] 刘若愚：《酌中志》卷十七，"大内规制纪略"："紫禁城外向南第一重曰承天门。"

外建宫墙。天街东西两端各建"长安左门"与"长安右门"。自天街向南突出的部分，止于"大明门"。大明门内东西两侧，沿宫墙之内，修建千步廊。这样，大明门也就被看作是皇城南面的正门[1]。

第三，从大明门向南直到大城南面的正阳门之间，保留一段横街，叫做"棋盘天街"，俗称"棋盘街"，是商贾荟萃的中心，十分热闹[2]。

第四，大明门内东西千步廊与宫墙之外，分别建立了直接为宫廷服务的中央官署。这与元大都城不同，而与明南京城如出一辙。

从上述的布局中可以看出明北京城宫廷广场的位置，在形式上虽然是近在大城南门之内，而实际上则仍处于皇城之中。整个广场都是由宫墙和千步廊所封闭，集中分布于两旁的中央官署也都隔在墙外，庶民百姓更是严禁入内。这种封闭的程度，甚至超过了唐长安城。到明中叶，又在大城之南加筑外罗城。在外罗城南面永定门以内的东西两侧，已有永乐时建成的天坛和先农坛两组建筑群。正当这两组建筑群之间的，是从永定门向北直达正阳门的中心大道，这条中心大道也就是全城中轴线的延长部分。

清北京城全部承袭明代之旧，只是把一些城门名称作了更改。例如宫廷广场南端的大明门改称大清门，承天门改称天安门[3]。广

---

[1] 孙承泽：《春明梦余录》卷六，明"皇城……其门凡六：曰大明门、曰长安左门、曰长安右门……"《酌中志》卷十七："皇城外展向南者曰大明门。"蒋一葵：《长安客话》卷一，"长安门"条："进大明门，次为承天之门，天街横亘承天门之前，其左曰东长安门，其右曰西长安门。"其次，关于大明门内千步廊的建置，也缺乏明文记载。但是清北京宫阙全袭明旧，《大清会典》："大清门之内千步廊，东西向，各百有十间。又折而北向，各三十四间，皆联檐通脊。"《清宫史续编》所载，与此相同。
[2] 《长安客话》卷一，"棋盘街"条："大明门前棋盘天街……天下士民工贾各以牒至，云集于斯，肩摩毂击，竟日喧嚣……"
[3] 《日下旧闻考》卷二九："明之承天门，顺治八年重建，改为天安门。"其他大城各门的更名，见同书卷三八，页十二上至十三上引《工部志》。

场上比较重要的一个变化，是乾隆十九年又把长安左、右门外的一段街道，增筑围墙，作为广场两翼的延伸部分，其东西两端，又各增建一门，分别叫做"东三座门"和"西三座门"[1]。这就等于把"T"字形宫廷广场的东西两翼，又向外加以开拓。在开拓部分的南墙上，左右两边各有一门，分别向南通往中央官署区。左曰"东公生门"，右曰"西公生门"，都是明朝旧有的（图74）[2]。这两翼的开拓，形式上是扩大了宫廷广场的范围，实际上是加强了它的封闭程度，严禁庶民百姓接近。这在建筑手段上则是更加突出了空间的序列和层次，更加强调了帝王宫阙的门禁森严。实际上，这一措施恰好说明封建社会末期摇摇欲坠的反动统治，已是朝不保夕，因而不得不采取更加严酷的手段来防范人民，保卫自己。

不仅如此，明清两代的封建统治者，也更多地利用宫廷广场来进行一些活动，借以欺骗人民和滥施淫威。例如从明到清都盛行以科举制度来网罗读书人，为朝廷效忠。实际上这也是引诱士子鄙弃实学、埋首经义的一种愚民政策。那时候，最高一级的国家考试，是在紫禁城的保和殿举行的，所以又叫做"殿试"。殿试完毕后，凡是考取"进士"的，都要在殿上传呼姓名，然后把姓名写在"黄榜"上，捧出午门，放进"龙亭"，用鼓乐导引，经天安门转出长安左门，张挂在临时搭起的"龙棚"里，由名列榜首的"状元"率领看榜，随即由顺天府尹给状元插金花，披红绸，迎接到府衙里饮宴祝贺。这一套把戏，就叫做"金殿传胪"。封建统治者就是这样利用"功名利禄"来笼络士子，诱惑人心，借以巩固自己的统治。

---

[1]《日下旧闻考》卷九，页四上："乾隆十九年于东西长安门外增筑围墙，各设三座门。"
[2]《长安客话》卷一，"长安门"条："东西长安门外有通五府各部处总门，京师市井人谓之孔圣门。或以为本名公生门，并无意义。其有识者，则曰拱辰门之误，近是。"

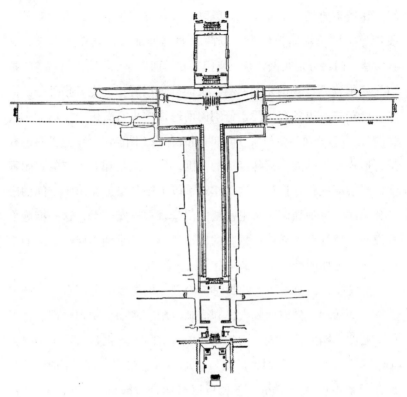

图 74　清北京城天安门广场全景
（据乾隆《京城全图》复绘，增补东西三座门部分）

醉心宦途的士子，一旦黄榜题名，也正是"一登龙门，身价百倍"。因此当时的人就把长安左门叫做"龙门"。

　　与此相反的是封建统治者在长安右门内所玩弄的另一种手法，这就是对被认为是危害王朝统治的"犯人"，实行残酷镇压。当时封建皇帝诏令有关官吏，每年在广场西侧的千步廊旁，分别举行"秋审"和"朝审"，也就是对全国各地已被判死刑的犯人，复审定案，犯人被带入长安右门以后，就等于投身虎口，很难再有活命的可能。因此当时的人，又把长安右门叫做"虎门"。

只举以上两件事，就足以说明封建皇帝对人民群众进行统治的两手，不是笼络利用，就是残酷镇压，正是软刀子和钢刀子并用，牧师与刽子手的职能兼施，而这两手都在宫廷广场上集中表演出来。

此外，明清两代的封建皇帝，为了把自己装扮成高踞人民头上的"真龙天子"，还在天安门前的广场上扮演一些愚弄人民的把戏，其中最突出的，要算是"金凤颁诏"这件事了。当时凡是皇帝"登基"或是"册立"皇后，都被看作是国家的最大庆典，照例要在天安门上举行"颁诏"仪式。"诏书"放在"云盘"里，由礼部尚书从太和殿捧出太和门，又用"龙亭"抬上天安门。这时文武百官和一些冒充老百姓的"耆老"，齐集在金水桥南的广场上，一律朝向天安门跪拜。宣诏官在天安门城楼上"宣诏"后，随即用一个木雕的金凤凰，口衔诏书，从城楼上的正中，徐徐系下，由礼部官员手托"朵云"，接下诏书，置入"龙亭"，抬送广场东侧的礼部，再用黄纸誊写，传送全国各地[1]。

除去上述种种活动之外，封建皇帝还利用建筑艺术形式，来为自己的反动统治服务。例如整个宫廷广场，都保持严格的轴线对称，周围绕以色彩浓郁的红墙，层层封闭。正中央是一条狭长而又笔直的石板大道，一直伸向天安门前。大道东西两边，傍红墙内侧，是联檐通脊的千步廊，一间一间地排列下去，显得有些矮小单调。但是对比之下，矗立在大道尽头横街对面的天安门，就显得格外雄伟、格外壮丽。其目的也是要通过建筑物的低小与高大、简单与豪华在形象上的对比，以及利用中心大道的纵长深远和大道尽头

---

[1] 以上参考赵洛、史树青：《天安门》，北京出版社，1957年。

一带横街的平阔开展这种空间上的突然变化，来显示帝王之居的尊严华贵以及皇权统治的绝对权威。

由此可见，明清时代天安门前的宫廷广场，无论是在规划设计上还是在实际利用上，都更加充分地体现了为封建统治服务的目的，为前代任何封建王朝的宫廷广场所难以比拟。

然而就是在这个宫廷广场上，却留下了这样一个传说：明朝末年农民革命的领袖李自成，率领着浩浩荡荡的起义大军，一路势如破竹，打进北京城。当他胜利冲破大明门，一脚踏上这块庶民百姓不得涉足的禁地时，立刻挽臂引弓，意气风发地向着承天门的匾额，射出了强有力的一箭。这件事发生在承天门前的宫廷广场上，是很不寻常的，这一箭正是代表了广大劳动人民对万恶的封建统治的武器批判，是对封建皇帝权威的挑战。面临着这一挑战的明王朝，顷刻之间，土崩瓦解，末代皇帝朱由检（崇祯），只好仓皇逃出宫城，吊死在煤山（景山）。

明朝如此，清朝也不例外。1911年的辛亥革命，就是在武装起义的枪炮声中，结束了我国历史上历时两千多年的封建王朝。但是宫廷广场的故事，并没有从此结束，一个新的历史篇章，又从这里开始了。

二、天安门广场上燃起了新民主主义革命的熊熊火焰

辛亥革命推翻了最后一个封建王朝之后，天安门前的宫廷广场这块禁地也就被冲开了，并且成为贯通东西两城的交通中心。正是在这个中心广场上，第一次在北京古城里燃起了反帝反封建的熊熊火焰，这就是1919年的五四运动，从此揭开了我国新民主主义革

命的第一幕。

但是，绝不能忘记的是在此以前天安门广场所遭受的帝国主义的摧残和破坏。1900年八国联军入侵北京，这些野蛮强盗为了示威，竟然肆无忌惮地炮轰天安门，这座古老的建筑并没有为炮火所毁，只是正阳门箭楼和广场上的千步廊遭到了破坏和焚烧。昏聩无能的清廷签订了丧权辱国的《辛丑条约》（1901），从此天安门广场以东的中央官署所在地和邻近地区，竟然沦为中国政府无权过问的帝国主义"使馆区"，其中还包括了外国侵略者借以耀武扬威的兵营和操场。事后，天安门广场上的千步廊虽经草草修复，但已经不是原来的面貌了。

辛亥革命后，封闭的天安门广场除去贯通了东西两城的交通之外，还经历了其他一些变化。重修过的千步廊被全部废除（1913），东西外三座门相继被拆掉，广场南端的大清门改称中华门。广场以南正阳门的瓮城也被拆除（1915），并开辟了东西两侧城墙上的出入口，进一步便利了从外城直达天安门广场的交通。这些变化，使得天安门广场的中心位置日益突出（图75）。天安门广场发生了以上的初步变化之后，就成了北京城广大群众举行政治集会的中心场所。自从划时代的五四运动在这里点燃了第一把革命的熊熊火焰之后一直到解放前夕，历次反帝反封建的群众运动，也都是以天安门广场为中心，蓬蓬勃勃地开展起来。在这个旧日的宫廷广场上，一个光荣的革命传统已经迅速成长起来。

正像一切事物都具有两面性一样，历史的回顾充分说明：旧日天安门广场的设计，完全是为封建统治阶级服务的，它的建筑手法与艺术形式，也是完全服从于封建统治阶级的政治目的和政治要求的。但是，另一方面，它又是近代以来人民群众进行革命斗争的场所，具有反帝反封建的光荣革命传统；同时它的主要建筑物——庄

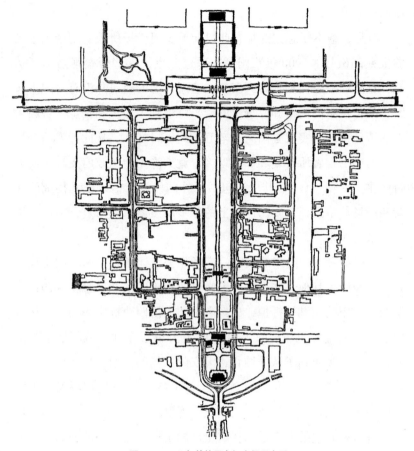

图 75　1949 年前的天安门广场示意图

严壮丽的天安门，又是历史上劳动人民心血的结晶，反映了我国传统建筑艺术高度发展的独特风格，是一份可贵的建筑遗产。旧日天安门广场的这两个方面，就成了解放后既可以充分利用，又必须加以改造的基础[1]。

----

[1]　参考苏则民：《天安门广场改造和规划的经验探讨》，清华大学研究生论文，1965 年。

三、天安门广场的新生

1949年北京城的初秋，秋高气爽，人心欢腾。人们以无限渴望的心情，期待着一个伟大时刻的到来，这就是在东方这片极其辽阔的大地上所出现的第一个真正属于人民的伟大国家的开国大典。

开国大典就选择在古老而又具有光荣革命传统的天安门广场上举行。天安门广场从此获得了新生。它虽然起源于封建时代严禁庶民百姓涉足的宫廷广场，现在由于中国社会发生了翻天覆地的变化，它却成为人民群众庆祝自己伟大节日和显示自己革命力量的场所，这就是历史的辩证法。

就在1949年10月1日这个光辉灿烂的日子，毛泽东同志在天安门上，向全世界庄严宣布中华人民共和国的成立："中国人民站起来了！"

天安门广场的上空升起了第一面五星红旗。随后，五星照耀下的天安门的庄严壮丽的形象，出现在祖国的国徽上，象征着一个古老而伟大的国家获得了新生。

人民赋予天安门以新的生命，从而使它焕发出青春的光辉。但是它所面临的广场，却仍然封闭在旧日的红墙之中，已经远远不能适应广大人民群众在这里进行盛大活动的需要，这就提出了天安门广场进一步改造的问题。精华的部分应该继承发扬，封建的糟粕必须批判扬弃。

实际上是从筹备开国大典的那一天起，就已经开始了对天安门广场的改造和规划工作。封闭着广场的宫墙和长安左、右门首先被拆除，天安门前的观礼台相继修建起来。人民英雄纪念碑在1958年5月全部建成。同年8月，党中央又作出了扩建天安门广场的决定，进一步推动了天安门广场的规划和改造，激发了人民群众无穷无尽的创造力，在前后十个月的时间里，整个天安门广场包括东西长安街的扩建工程，就胜利完成。一个以东西长安街的拓宽部分为两翼的崭新的"T"字形广场出现在我们眼前。广场的面积成倍地扩大了，两座宏伟庄严而且具有民族风格的现代大建筑，人民大会堂和中国革命历史博物馆，出现在广场两侧，从而使广场上开始呈现出空前未有的气势磅礴的新景象。

这种新景象充分显示了社会主义新时代的政治内容：广场上可以同时汇集五十万人民群众进行集体的政治活动，大会堂里可以容纳上万名人民代表共同讨论和决定国家大事。仅是人民大会堂一座建筑物的建筑面积，就比故宫全部有效建筑面积还要大。这是只有在社会主义制度下才能出现的政治生活的现实。

扩建后的天安门广场在整个首都的城市规划中，已经成为平面布局的中心，占据了全城中最重要的地位。对比之下，紫禁城这个在旧日突出于全城中轴线上的古建筑群，则已经退居到类似广场"后院"的次要地位。人们到这里来，欣赏古代劳动人民用自己的双手所创造出来的雄伟瑰丽的建筑物和收藏在这里的各种艺术珍品。

这次具有重大历史意义的天安门广场的扩建，应该追溯到延安时代。那时毛泽东同志曾讲到，革命胜利之后一定要建设一座足以容纳万人的大会堂，使党和国家的领导人能和人民群众的代表坐在一起，商讨国家大事。周恩来同志把它牢记在心，在扩建天安门广场时，终于付诸实现，胜利建成了人民大会堂。周恩来同志在日理万机的繁忙工作中，对广场的规划和每一项建筑物的设计，从指导思想到艺术构思都作了详细指示，从不放松对建筑设计和施工质量的亲切关怀。近如 1970 年天安门城楼重新翻修，周恩来同志对修建方案，包括琉璃的式样、尺寸、建筑色彩，一一细致审定，还亲自接见建筑工人和工

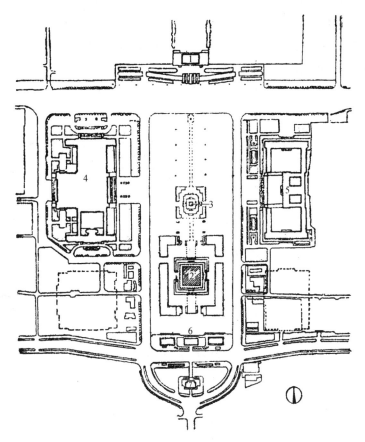

图76 毛主席纪念堂建成时的天安门广场总平面图
1.天安门 2.毛主席纪念堂 3.人民英雄纪念碑 4.人民大会堂
5.中国革命历史博物馆 6.正阳门（前门） 7.箭楼
（采自《建筑学报》1977年第4期）

程技术人员，给人们留下了永难磨灭的回忆。今天，庄严肃穆的毛主席纪念堂，又巍然屹立在天安门广场上（图76）。

在广场的东西两侧、人民大会堂和中国革命历史博物馆的南边，还将有新的宏伟建筑尚待建造，而过去孤立在广场之外的古老的正阳门，则以焕然一新的面貌被组织到广场上来，与庄严壮丽的天安门南北辉映。

可以预料,天安门广场的前景,必将随着我国社会主义建设事业的不断胜利而更加灿烂辉煌。

原载《文物》1977年第9期,原题为《天安门广场礼赞》
本次自《历史地理学的理论与实践》选出,收入时有删节

北京紫禁城在规划设计上的继承与发展

北京紫禁城建成于明永乐十八年（1420），五百七十余年来历经修建，蔚为大观，迄今巍然屹立在北京全城的中轴线上，作为规模宏伟，文物灿烂的故宫博物院，供人参观游览，今且列在联合国教科文组织世界文化遗产名录之中，受到国际上的高度重视，这也是国人所应当引以自豪的。

明初兴建紫禁城，乃是在元宫城"大内"的废墟上又加以改建的。在改建的过程中，既有所继承，又大有发展。这和整个北京城的规划设计，从元到明的递相演变，具有重要的内在联系，只是迄今尚未见系统的说明，仅就个人所见，略述如下。

一、紫禁城是明初在元"大内"的废墟上重新规划设计而后兴建的

明洪武元年（1368）建都南京。同年秋徐达北伐，攻下元大都城，改名北平。大都城的改建从此开始。

元大都城原是经过周密的规划而后兴建的，其最大特点，首先在于结合地理条件，紧傍今什刹海（当时称海子，亦曰积水潭）东岸，确定全城设计的中轴线。中轴线的主导方向，遵照传统规制，

必须是自北而南[1]。为此而选定今鼓楼所在处为全城中轴线之起点，并就地立"中心之台"，建"中心阁"。实际上这也就是大都全城平面设计的几何中心（参见第270页图53）。这条中轴线的选定，从全城平面图上加以分析，十分明显的一点，就是有意识地要选择在太液池（原为天然湖泊的一部分，北与积水潭相接连）东岸，兴建宫城"大内"，同时在太液池西岸，自北而南，分别营建兴圣宫（皇太后宫）和隆福宫（皇太子宫）。这样隔湖相望，就形成鼎足而三的布局，居中联系的正是富有历史意义的瀛洲仪天殿和琼华岛广寒殿。在这一总体布局的四面，绕以萧墙，即后日所谓皇城城墙。萧墙以内就是整个大都城的核心部分。这个核心部分之内占有突出地位的，自然是宫城"大内"，因此"大内"也就占据了全城中轴线上最重要的位置（图77）。

明初攻下大都城，首先缩减居民稀少的城内北部，因而在北墙以内五里利用原有湖泊的上游及其向东引水的漕渠作为护城河，另建新北墙，从而确定了今日安定门与德胜门东西一线的位置。其后，在永乐十七年（1419），又展拓城内南部，在旧城以南近二里处，建起新南墙，也就是今日崇文门、正阳门与宣武门东西一线的位置。

这次扩建南城，上去减缩北城已整整五十年。五十年前减缩北城，原是为了军事防守的便利，是一种消极性的措施。这次扩建南城，却与北京的重新规划有关，是至为重要的。因为早年受封为燕王并且开府北平的朱棣，这时已经君临天下，虽然即位于南京，却一意迁都北来，因此临朝听政之初，即已下令以北平为北京，时在

---

[1] 详见拙作《从北京到华盛顿——城市设计主题思想试探》（原载北京社会科学院《城市问题》1987年第3期，已收入本书）一文中"北京城市设计的主题思想"节，第4—6页。

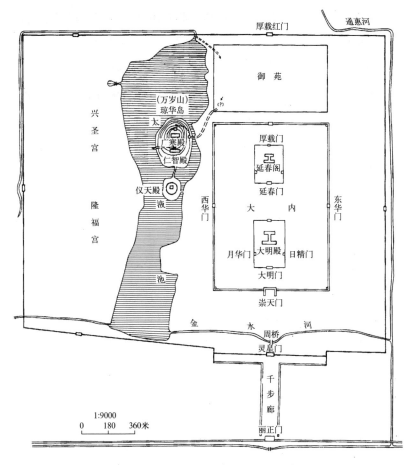

图 77 元大内位置略图

永乐元年（1403）。此后历时十七年，北京新都终于告成。转年，即永乐十八年（1420）正式迁都。这十七年，是从元大都到明北京在城市规划设计上一个极为重要的发展时期。从全城的平面布局来看，元大都以"中心之台"作为全城几何中心的标志，由于北墙的南移已不复存在，因此必须在原有的"中心之台"以南，另行选点建立新的全城几何中心。其次是元朝的"大内"宫阙，自从明初建都南京之后，已成废墟，必须重建。此外还有元大都城在规划设计中，根据《周礼·考工记》"匠人营国"应是"左祖右社"的规定，把太庙和社稷坛，分别布置在东西两面城墙的内侧，去宫城过远，举行祭典十分不便。至少有这三方面的原因，是在重建北京城的规划设计上，所必须予以考虑的。但是在实际的建设中，这三者的规划设计及其实施过程，史无明文。关于这一点，清初康熙就曾有过如下的评语说：

> 遍览明代《实录》，未录实事，即如永乐修京城之处，未记一字。[1]

因此，现在只有根据兴建完成后的北京城，凭借依据考古勘探和间接资料所完成的平面复原图，加以分析，才有可能追溯永乐前期重新对北京城进行规划设计的基本情况，而这一工作又必须从紫禁城的规划设计入手。

二、明紫禁城在规划设计上的继承与发展

明紫禁城是在元"大内"的废墟上经过重新规划设计而后修建的，其中既有继承又有发展，这里首先必须明确的一个问题，就是元"大内"是如何沦为废墟的。

按明初有萧洵《故宫遗录》一书流传于世，有洪武二十九年吴节（伯度）序文，节录如下：

---

〔1〕《清圣祖实录》卷二七三，康熙五十六年八月乙酉。

《故宫遗录》者，庐陵萧洵之所撰也。革命之初，任工部郎中，奉命随大臣至北平毁元旧都，因得遍阅经历，凡门阙楼台殿宇之美丽深邃，阑槛琐窗屏障金碧之流辉，园苑奇花异卉峰石之罗列，高下曲折，以至广寒秘密之所，莫不详具该载，一何盛哉！自近古以来未之有也。观此编者，如身入千门万户，犹登金马，历玉阶，高明华丽，虽天上之清都，海上之蓬瀛，尤不足以喻其境也。[1]

但是萧洵所记，只字未及其遍历元"大内"是何任务，吴节作序虽肯定其任务为"毁元旧都"，而序文之作去"革命之初"，亦即元明易代之际，已二十余年，因此有人怀疑元"大内"之化为废墟，是否确如吴节之所记，只是别无旁证，尚难骤断。而事实上，元"大内"之废堕早在洪武初年，确已见于时人的描述。如宋讷于洪武五年亲临其地，有《壬子秋过元故宫》诗，可以为证[2]，仅摘录其有关诗句如下：

……黄叶西风海子桥，桥头行客吊前朝。……九重门辟人骑马，万岁山空树集鸦。……御桥路坏盘龙石，金水河成饮马沟。……虎卫龙墀人不见，戍兵骑马出萧墙。……

于此可见元大内及其附近一带的荒芜景象。

这里应该补充说明的是洪武三年朱棣晋封为燕王，曾建燕邸即

---

[1]《故宫遗录》（与《北平考》合刊），北京古籍出版社排印本，1980年，第71页。
[2]《西隐集》，见《日下旧闻考》卷三二，北京古籍出版社排印本，1981年，第492—493页引。

燕王府[1]。按此燕邸所在与元大内故址无关。《日下旧闻考》按语有明确记载如下：

> 明初燕邸仍西宫之旧，当即元之隆福、兴圣诸宫遗址，在太液池西。[2]

当时太液池东之元大内已在荒芜中，正是在这种情况下，朱棣即位之后，决定迁都北京，遂有可能在元大内的废墟上重建宫阙，这就是现在的紫禁城[3]。

紫禁城的规划设计绝不是孤立进行的，只是史无明文，难于稽考。现在根据《北京历史地图集》中已复原的"元大都"城图与明"北京城"图[4]，加以简化，作《元大内位置略图》（图77）与《明紫禁城位置略图》（图78），进行比较研究，借以明确两者前后相承之迹，继而探讨紫禁城在规划设计上的指导思想及其实际效果，当是可行的。

如图所示，两相比较，紫禁城的兴建，乃是在元大内故址上又稍向南移，其东西两面城址如旧，仅分别缩减其北段、延长其南端，因而全城形制仍是南北纵长的长方形，并且依旧处于全城中轴线最重要的位置上。其结果之一，就是元代后宫延春阁的故址，已处于紫禁城的北墙之外，因此得以在延春阁的故址上堆筑起万岁山，意在压胜前朝。因此这新筑的万岁山，曾被称作"镇山"，有记载说：

---

[1]《明史》卷一三〇，华云龙本传："建燕邸，增筑北平城，皆其经画。"
[2]《日下旧闻考》卷三三，第494页。
[3]《明史》卷四十《地理一》，"京师"条，记紫禁城竣工于永乐十九年，实际上前一年已建成，并定名为紫禁城。
[4] 侯仁之主编：《北京历史地图集》，北京出版社，1988年，第27—28、31—32页。

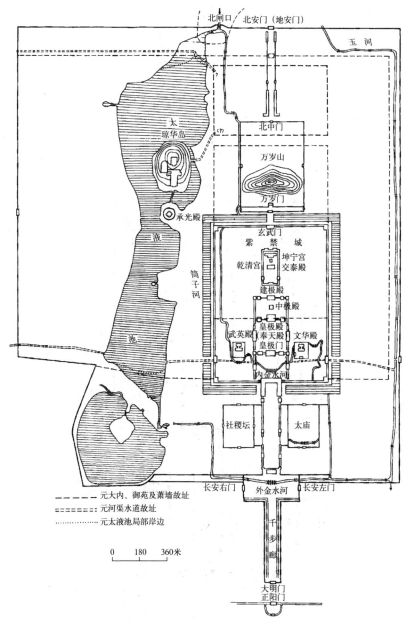

图 78 明紫禁城位置略图

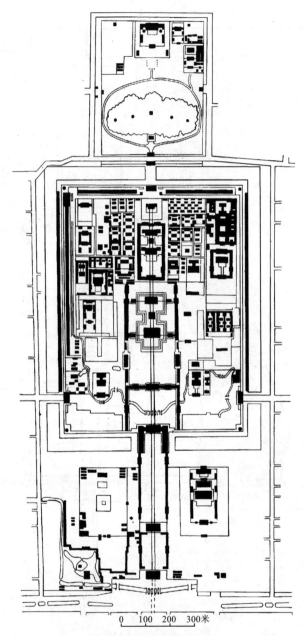

图 79 北京明清宫殿总平面图

> 万岁山……为大内之镇山,高百余丈,周回二里许。⟨1⟩

实际上,这座万岁山也就是今景山,其堆筑在整体北京城的平面设计上,还有更为重要的一项现实意义,因为随着城址的南移,这新筑的万岁山中峰,也就代替了原先大都旧城的"中心之台",而成为北京新城的几何中心。这一措施,显然是经过设计者的深思熟虑,也必然是经过永乐的批准,然后才得以付诸实施的(第270页图53,当时外城尚未修筑)。

此外,紫禁城的南移,还有更加值得注意的一点,就是只有在其南移后的新址上,才有可能在保持其全城中轴线上主要位置的同时,又得以环绕宫城四面,开凿宽阔的护城河,这在元大内的旧址上是不可能的,因为其北部西侧去太液池东岸太近,已无开凿护城河的余地(图78与图79对照)。

其次,由于护城河的开凿,不仅加强了对紫禁城的保卫,更重要的是还可以把护城河的水,从紫禁城的西北隅通过暗渠引入城内,然后傍西墙南流,绕行午门内,转而从东南隅暗渠注入护城河,是即"内金水河"。其下游经太庙东垣外南流与"外金水河"相汇,转而东流入通惠河。这条内金水河的开凿,与自然地形从西北向东南自然倾斜下降约2米的坡度完全符合⟨2⟩,可见开河之前必是经过了地形测量的。

在这里还应该补充说明的是,当时正是利用开凿紫禁城护城河

⟨1⟩ 《西元集》,见《日下旧闻考》卷三五,第550页引。按此山实高十四丈七尺,约合46.67米。
⟨2⟩ 根据1935—1936年北平市政府工务局实测《北平市内外城地形图》(1:5000),景山西门外为47.5米,紫禁城东南隅外侧为45.5米,其间相差2米,今昔地形可能小有变化,但其坡度的总趋势,当无大差异。

的泥土，连同挖掘太液池南端湖泊，即今南海的泥土，才堆筑起万岁山。可以肯定地说上述各项工程设计，都是互为联系、共同规划完成的。至于太液池能够向南开拓，从而扩大了湖面，增添了水上景色，也是由于南面城墙从今东西长安街南侧故址南移到现在前三门东西一线的结果。同时，元代的太庙和社稷坛也就有可能从东西两面城墙的内侧，改建在紫禁城前方左右对称的位置上（图78）。这又显然是北京城在规划设计上的一大发展，从而进一步突出了紫禁城的重要位置。

总之，在上述总体规划设计完成的情况下，自今日之什刹海流注太液池的水，从北闸口分流，经万岁山西墙外，注入紫禁城护城河的这一段渠道，虽有元代引水的故迹可供参考，但其实际意义已大不相同。当初元代在此一带引水，当是经御苑南下，转而从石桥架渡槽至琼华岛上，然后扬水至山顶，绕行广寒殿，又从西侧下注太液池，其目的只是为了观赏玩乐，陶宗仪《辍耕录》记之甚详[1]。明初另开渠道，引水南下，流经紫禁城内为内金水河，是有十分重要的作用的。按北京气候特点之一，是每年雨季降水集中，且常有大暴雨在短时期内下降，势如倾盆。如果排水不畅，极易泛滥成灾。紫禁城内大小建筑连檐接栋，大部分地面又皆由砖石铺设。如遇暴雨集中下降，即可由内金水河排出城外。反之，如遇火灾或其他大量用水之处，内金水河又足以保证流水的源源供应。因此在紫禁城最初利用元大内而进行改建时，决定引水入城，在规划

---

[1] 参见图77《元大内位置略图》。兹节录《辍耕录》所记如下："万岁山在大内西北太液池之阳……其山皆以玲珑石叠垒，峰峦隐映，松桧隆郁，秀若天成。引金水河至其后，转机运斡，汲水至山顶，出石龙口，注方池，伏流至仁智殿后，有石刻蟠龙，昂首喷水仰出，然后由东西流，入于太液池。"（卷一，"万岁山"条）"山之东有石桥，长七十六尺、阔四十一尺半，为石渠载金水，而流于山后以汲于山顶也。"（卷二一，"宫阙制度"条）

设计上，也同样是应该予以充分肯定的。至于内金水河在紫禁城午门内的一段，看来也是利用了元代旧渠故道中的一段，上架石桥五道，既便通行，又增加了庭院设计的艺术效果。

最后应附带指出：现在紫禁城内地面以下排水系统的结构，仍是有待研究的问题。同时如何防止壅塞以保持其畅通无阻，也是应该十分注意的，因为这都与今后故宫博物院的安全防护有关，不可忽视[1]。

原载《国学研究》第一卷，1993年
本次自北京大学院士文库《侯仁之文集》选出

---

[1]《清宫述闻》有记载如下："紫禁城地下暗沟连同内金水河，例应进行疏通，以畅其流。姑举清末《紫禁城内河道工程处奏案档》所载光绪十一年五月乌拉喜崇阿等折为例，录如：'紫禁城内河道，由神武门西地沟引护城河水流入，沿西一带经武英殿前，至太和门前内金水桥下，复流经文渊阁前，至三座门，从銮驾库巽方绕出，共长六百五十丈五尺。凡内廷暗沟出水，皆汇此河。现在河身节节壅塞，沟水不通，实由于此。就目前情形而论，自以挑挖暗沟，宣畅河身为最要。'"见《清宫述闻》，初、续编合编本，紫禁城出版社，1990年，第24页。

从莲花池到后门桥*

莲花池正好在我们首都新建的西站旁边。据我了解,当初西站选址的时候,有些不同的考虑,也曾经想,是否可以利用莲花池,池水近乎干枯,便于进行地下建筑,也没有搬迁问题,很快可以动工,这个问题很值得研究。后来,经过三番五次的考虑之后,建议保留莲花池。现在,就在莲花池的东北岸上终于把西站建设起来了(图80)。

当初在兴工之前,莲花池北岸上还有一个很好的亭子,风景不错。西站兴建了,这是一个很重要的首都的大门,号称"京门",又赶上迎接香港回归,同时兴建京九铁路,对首都意义十分重大,不同于一般的车站,所以这是很值得回忆的一件事情。没有想到,车站建起来了,确实具有城门的形式,我觉得它的象征意义可以肯定。建成之后,我抱着很大的热情去参观,来到莲花池的时候,我发现风景不如从前了。我报喜也报忧,真希望有朝一日莲花池能恢复它的水上景观。现在北京市正在进行中心区水系治理工程,能不能考虑恢复莲花池。

这个地方很重要。追根溯源,它和北京城有血肉相连的关系。

---

* 本文是作者1998年4月24日为北京市委、市政府中心组学习会所做的报告,收入时略有删节。

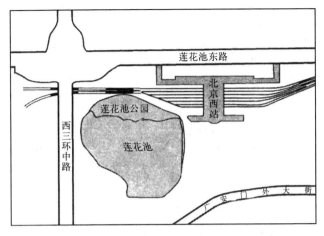

图 80 莲花池复原示意图

几年前，我们纪念北京建城三千零四十年，北京城为什么能够在这里成长，是很值得研究的问题。从水的供应来讲，一个城市的成长，是绝对必须解决的问题，当然，北京城起源的蓟城，是人口比较稀少的一个小城，它的生命来源——水源，就是靠莲花池。关于蓟城最早的记载，还是孔子提出来的，首先见于《礼记》，最初是黄帝之后被封于蓟。到了战国时期，蓟已是燕国的都城。燕国的乐毅伐齐，取得了很大胜利，获得很多战利品，带回蓟城，放在不同的宫殿里。

讲到这个问题，涉及蓟丘。乐毅在《报燕王书》中讲到战利品时还写道："蓟丘之植，植于汶篁。"蓟这个地方有一个高地，这个高地叫做蓟丘，离莲花池很近，这在蓟城选址上是十分重要的。所谓"蓟丘之植，植于汶篁"，大意是说，蓟丘上栽培的植物，是作为战利品从汶水上移来的，这是第一次蓟丘的名称见于记载。到了一千四百多年前，当时的大地理学家郦道元，在他那部大著《水经注》里，特别讲到蓟城。当时的莲花池，在《水经注》里叫西湖，

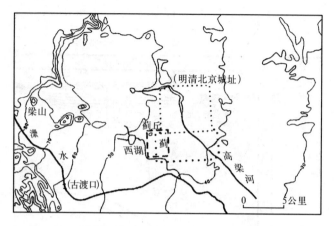

图81 《水经注》所记"蓟城"与"西湖"位置示意图

在蓟城的西侧。蓟丘在城内的西北隅（图81），今天来讲，应该是在白云观的西侧。郦道元说，蓟是因蓟丘而得名。正像齐国的首都叫营丘，鲁国的首都叫曲阜。古代很多平原上的城市是利用比较高的地方兴建的。有一张很重要的地图，民国初年顺直水利委员会实测的北京郊区图，蓟丘在这张图上表现得很明显。

关于西湖，郦道元还有两句话："绿水澄澹，川亭望远，亦为游瞩之胜地也。"这就是说湖水澄清，风景开旷，是一个游览的好去处。简单地说，这个小湖泊，虽然面积有限，但除去供应城市的用水外，还可以游览，这是一个城市很大的特点。

水源和高地只是有利于蓟城成长的局部地理条件。蓟城在地理位置的关系上却更为重要。从现在的地图上看，华北大平原的西边是太行山，在太行山东麓，有一条铁路，沿着太行山自南而北一直到北京。北京正好在自南而北的铁路转向东或者向西和西北的交叉点上（图82）。这个交叉点是怎样形成的？

在古代，华北大平原上，水网密布，南北方向很难通行，所以

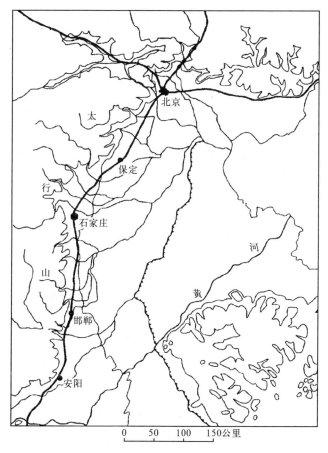

图 82 太行山东麓地形略图

自南而北,大路一定是沿着太行山东麓行进的。穿过太行山的水,自西而东,流入平原,大路经过山口时常常遇河搭桥,后来有名的赵州石桥就是一例。大路自南而北,沿着太行山东麓前进,遇到的最后一条大河相当于现在的永定河,过了河上的渡口,大路开始分歧。设想古代有三个人携手沿着太行山北上,来到卢沟桥所在的渡口上,三人分手,一个向西北,一个向东北,一个向正东,相约明年重新沿着太行山南返。什么地方彼此最不容易错过？就是在渡口上。世界上很多有名的城市就是在渡口上成长的，最典型的是英国的伦敦，中国有兰州、天津、南京、武汉等，都是这样的。可是北京城并没有在渡口上成长，原因是什么呢？这又决定于河流的性质，反映了华北降水的特点，冬季降水很少，夏季又常降暴雨，河流泛滥，这个渡口常常会遭受水灾。如果永定河是一条流量稳定的河流，那么最早的北京城应该在渡口上成长，可是因为气候的特点影响到河流的特性，洪水排斥渡口，过了渡口要找最理想的地方实现大路分歧，就找到了蓟丘，找到了莲花池，简单地说就是这样的道理。所以大路从这里分歧了，一个向西北出南口，一个向东北出古北口，一个向正东去，最远到山海关，转向北方去。

反之，从北而南，也是从不同的方向，集中在蓟丘和莲花池附近然后南下，这就是北京城最初在这里成长的最重要的地理特点（参见第67页图5）。实际上早就有人感觉到北京城的这个地理特点问题很不容易解决。我举一个例子，一位国际上知名的地理学家泰勒，他是澳大利亚人，先在英国进修，先后到美国和加拿大的大学任教，他在芝加哥大学任教授的时候，当选为美国地理学家协会的主席，他的即任讲演就讨论到北京城址起源的问题。他认为这个城市本来应该在平原的中心上成长，可是为什么却在现在的地方成长？他认为是古代占卜的原因，或者是政治原因，没有把这个问题讲清楚。所以这一直是地理学家研究的问题。今天讲莲花池，重要的意义就在这里。

莲花池毕竟是比较小的水源地，可是这个地方，逐渐发展起来了。因为它处于南北交通的重要地段，南北交通往来的关系常常出乎我们的意料之外。在北京小平原的沿山一带，东到平谷的上宅、北埝头，北到南口外的雪山，西到西山，所发现的一些新石器时代的遗址，都是在燕山脚下，然后人的活动逐步向平原中心扩展。这是一万年来，随着气候的变暖，人离开山地进入平原的发展过程。就是因为南北交通的关系，随着形势的发展，最早的蓟城开始成长起来。

近一千年来，首先是北方的少数民族，越过燕山南下建立王朝，头一个是辽，在原来蓟城的旧址上建立了一个陪都叫南京，它不是真正的统治中心，城市没有更大的发展。相继而来的就是金，金在此建立中都，就在原来蓟城的城址上向东、南、西三面加以扩大。中都城扩大的一个重要结果就是把以莲花池为水源的莲花河，包入城中。莲花河流出城的地方，就是前些年新发现的金代南城墙下的水关遗址。今天已把它保存下来，并就地建成一个大的城垣博物馆，定名为辽金城垣博物馆。这是市里兴建的第一个地下博物馆（参见第 196 页图 39）。

这就说明，老的北京城的成长和莲花池的关系至为密切。不仅如此，把河的下游包进城里后，又引河水建造了皇家的御园——同乐园，而且还进一步把同乐园的水引进了宫城里面，形成一个小的湖泊叫鱼藻池，也就是宣武区的青年湖。它曾经被改造成游泳池，现在又加以扩建，保留了一片水色，有碑刻略记其事。

现在的西二环路自北而南正好穿过金宫城的中心。所以在兴建西二环路的时候，金代宫城内大安殿的遗址被发现了，大安殿相当于现在故宫的太和殿，建在全城的中轴线上。旁边就是鱼藻池。这就使我们想到，由于莲花池的存在，影响到一个古代城市的一步步成长，最后扩建为金朝的中都城。这就是北京建都的开始。因此可以说北京城的成长和莲花池的关系至关重要。

现在北京开发水利工程，我殷切希望能够把莲花池尽可能地加以恢复，可以从北方把玉渊潭的水沿着西三环路引下来，注入莲花池。引水完成后，有三点值得注意：

第一，作为"京门"的西站附近，保持开阔的空间，不会被占据。

第二，富有历史渊源的自然风光，出现在号称"京门"的一侧，为历史文化名城增光。

第三，更重要的是，如果给予充分的水源，可使人文、交通荟萃之处的西站小气候得到改善。

我殷切希望，能够考虑这个问题，使莲花池上的历史光彩重新出现在今天。

回顾了历史上的莲花池，再来看今天的后门桥，这就涉及历史上北京城址的重大转移。

金朝之后，又一个北方的少数民族南下中原，首先是蒙古族成吉思汗的骑兵，在公元1215年，从南口下来，占据了中都城，兵争之下，宫殿区完全被毁。又过了四十五年，忽必烈才来到这里，《元史·世祖本纪》上记载，他来到这里之后，住在城外不远的地方，至于什么地方，保密不讲。过了一年，有人造了一个欢宴群臣的玉缸"渎山大玉海"，献给忽必烈。《元史》说，"敕置广寒殿"，广寒殿在什么地方也没有讲。转年，又有一个东西献给他，名为"五山珍御榻"，是送他睡觉的床，"敕置琼华岛广寒殿"。由此知道他没有住在城里，而是住在琼华岛也就是现在北海的白塔山所在的地方。这是什么地方呢？原来金朝建都之后，利用东北郊外一带的湖泊修建的离宫，叫太宁宫，这个离宫距城很近，所以忽必烈来了之后，就住在这里（图83）。经过几年的时间来考虑，究竟是恢复旧城还是另建新城。这时候有两个人起了很重要的作用，一个叫刘秉忠，另一个是他的学生郭守敬。刘秉忠是一个博学多才的人，做过和尚，后来又信仰道教。他在太行山开过馆，教的学生精通天

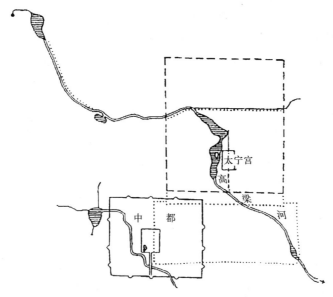

图 83　金中都城东北郊太宁宫位置图
（虚条线和虚点线分别表示相继兴建的元大都城和明清北京城轮廓）

文、地理、水利的都有，其中有一个天文和水利专家，就是郭守敬，他对北京城的水利建设起过重要作用。

他们考虑两个问题：第一，城市规划建设；第二，开辟新水源，中都城已经上升为统治中心，就必须解决一个问题——漕运。在旧中国，帝都之所在，中央的消费，都要靠漕粮的供应，从远方征集粮食，通过河上的运输一直运到都城。金朝扩建中都城，力求开辟新水源，一直没有成功。莲花池水供护城河和园林用水有余，供漕运用水则不足。必须另外开辟水源。忽必烈从蒙古高原来，他住在离宫的琼华岛上，自然会非常欣赏这一片水色，那是蒙古高原上很少有的。考虑到漕运的问题，考虑到建设宫殿的问题，有赖于刘秉忠、郭守敬师生二人的参与，最后决定建大都新城。这个大都城是怎样规划的？如何把原来的离宫规划在城市当中？这就是我要讲的第二个问题，即有关后门桥的问题。

当时，刘秉忠考虑，这个城市的总体规划从哪里开始，才能把琼华岛周围的湖泊也就是今天的北海、中海，保留在城市当中？他考虑的结果，这个新城市中轴线设计的起点就确定下来了，这就是今天后门桥所在的地方（图84）。在桥的西边是当时水面很大的积水潭，也就是现在什刹海的前身，当时面积远比现在的什刹海大，下游就是今天的北海和中海。刘秉忠考虑的结果，是以琼华岛为起点，设计皇帝居住的中心。可是怎么把它纳入全城的平面布局之中，这是很需要考虑的。在儒家思想中，关于都城规划的理想设计，反映在《周礼·考工记》中。根据《考工记》，统治者的都城是一个方城，每边各有三个城门，当中是帝王之所居，隐然之间有一个自北而南的中轴线，两边是对称的。在城市的布局上是"左祖右社，面朝后市"。"左"就是东，为祖庙。"右"是西，为社稷坛。面向的方向是朝廷的宫殿所在，背后是市场，没有涉及河湖水系的问题。刘秉忠既继承了儒家的思想，又有道家思想的影响。体现在城市规划上有一个特点，既要考虑到人的要求，又要考虑到自然条件。有如下的几句话应用很广："人法地，地法天，天法道，道法自然。"意思是天人合一。这在道家思想中非常重要。可是，在儒家的帝都建设上却没有考虑过这个问题。第一次体现到中国都城的建设上，两者兼备的就是大都城。

那么，我们看看，刘秉忠的设计首先考虑的是忽必烈最欣赏的琼华岛。可这儿不能兴建正式宫殿，所以他认为，应该在这一带湖泊的东岸建设宫城。当他在布局的时候，就在今天后门桥的地方，紧挨着现在什刹海的东岸，确定了一条自北而南的中轴线，湖泊的东岸是当时的宫城（图84）。所以，从宫城来讲，和《周礼·考工记》一样，"左祖、右社"，即左有太庙，在东城墙下，右有社稷

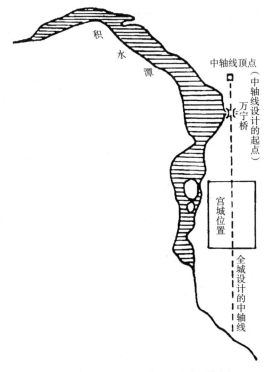

图 84 大都城中轴线的选择与宫城位置的确定

坛,在西城墙下。"面朝、后市",即面向朝廷,在南方;后市就是今天的钟鼓楼一带,当时是全城最重要的市场,这都是合乎儒家思想的。可是,在宫城之西,湖泊的对岸,南有太子宫,北有太后宫,这在《周礼·考工记》上是没有的。把湖泊纳入城市设计的中心,既有自然的山水,又有人工相适应的设计,全城就这样规定下来,总体设计完成了(图85)。

更重要的一点是,金朝的中都城,建立为全国性的统治中心之后,漕运的问题没办法解决,经济基础得不到巩固。所以大都城必须迁移。刘秉忠的学生郭守敬对此起了很重要的作用,他考虑到,

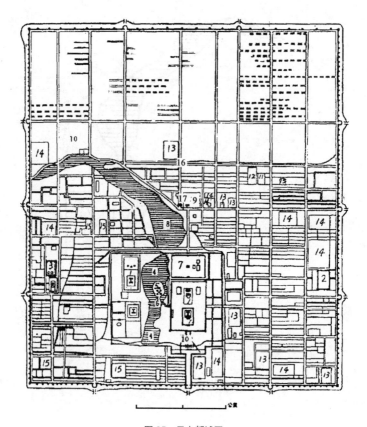

图 85　元大都城图
1.宫殿　2.太庙　3.社稷坛　4.太液池　5.琼华岛（万寿山、万岁山）　6.圆坻（瀛洲）
7.御园　8.积水潭　9.中心阁　10.千步廊　11.文庙　12.国子监　13.衙门　14.仓库
15.寺观、庙宇　16.钟楼　17.鼓楼
（根据《元大都的勘查和发掘》中徐苹芳《元大都城图》复制）

必须为原有的湖泊开辟更为丰沛的水源，这就为今天的北京城的建址奠定了基础。

在金朝中都城的时候，就曾多次想利用永定河的水，自西而东，经过全城，直到通州。通州海拔20多米，到了北京城海拔近50米，再往西到山麓达到了海拔100米左右，地形从西而东坡下来了。可是，永定河的水很不容易控制，多次利用失败。郭守敬鉴于这个问题，在大都城建设的时候，他踏遍了北京小平原的山前地带，精密测量，寻求水源，解决大都城的用水问题。其结果，就是大运河的开凿，驰名中外。

他找到的也就是今天京密引水渠所利用的后一段路线，沿着西山走，只是稍微有点变化。北京小平原三面环山，当中是一块平地，北京城靠近西侧，那是因为南北交通的关系。他考察的结果，发现了昌平城东南几里地有白浮泉，水量丰沛。他决定，要把白浮泉的水引到大都城，但是不能直接向东南引过来，因为中间有沙河和清河。北京城海拔近50米，这两条河的中游都低于40米。他经过精密测量，先将白浮泉水往西引，再沿山转往东南，到了今天的昆明湖，当时叫瓮山泊。然后由瓮山泊开一条渠道下来，在今西直门以北，进入现在所说的什刹海，解决了水的问题。他的测量十分精确，现在在万寿寺以东的长河上，还有郭守敬所建立的第一个水闸，这就是保留得最完整的广源闸。闸建在一个陡坡处，过了闸就是紫竹院的湖泊，所以，水闸位置的选择非常重要（参见第219页图45）。

广源闸下游的水，注入了今天的什刹海，当时叫积水潭，俗称海子，水面比今天大。然后经过后门桥下，当时叫海子桥，正式名称叫万宁桥，桥西侧有澄清闸，控制流量。下流再经过皇城的北墙和东墙之外，直接向南流出城外，转向通州。通州的粮船可直接驶入现在的什刹海。当时忽必烈从北方回来，看见积水潭里满是船舶，十分高兴，命名为通惠河。大都城的建设完成了。大都城规划的起点，严格地讲，就是海子桥，也就是现在的后门桥，因为海子桥的选址决定了全城的中轴线，是紧贴着湖泊的东岸定下来的。

明朝继元之后，改造大都城，首先把城的北部放弃了，因为，元顺帝退回燕山以北之后，蒙古骑兵还随时可以南下，攻夺这个城市。明朝为了防守，就把大都城北部放弃了，北城墙向南移动了约五里。当时这里有一条河，自西向东注入坝河，流向通州。明朝占领了大都城后，仓促之间顺着这条河流南侧兴建了一道城墙，就是现在从德胜门到安定门一线。在德胜门以西，因有一个湖泊，城墙只好绕着湖泊南岸走，所以北京城就缺了西北角。北墙南移是当时的一个很重要的变化。以后又将南墙往南移，从今东西长安街一线，移到现在的前门、宣武门、崇文门一线。随后，又根据祭天于南郊的思想。在一条小河之南，东西对称兴建了天坛和山川坛（先农坛），河上有一座桥，就叫做天桥。最后又加筑了外城的城墙，完整的北京城兴建完成。

明北京城的基本规模一直保留到新中国成立之初（参见233页图47）。就在1949年，欧洲有一位城市建筑学家，丹麦人罗斯穆森，出版了一本书，书名《城市与建筑》，讲世界的城市规划和城市建设。第一章讲的就是北京城，一开始就有这么两句话："北京——历史悠久的中国都城，可曾有过一个完整的城市规划的先例比它更庄严、更辉煌的吗？"在全书的序文中他还高度地评价说："整个北京城，乃是世界的奇观之一，它的平面布局匀称而明朗，是一个卓越的纪念物，一个伟大文明的顶峰。"

我认为这个顶峰应该指的是封建时代的顶峰，他的书正好是1949年出版。他高度评价的是这以前的北京城。可是，这个北京城在建设上也有一个严重的问题，即城内原有的元代大运河再难通航。为什么呢？请看正在拓建的平安大街，于地下工程中发现了明朝皇城北城墙的故址。比起元朝的北城墙有什么分别呢？分别在于它往北推移了，推进到现在北海的北墙一线。元朝的皇城北城墙在哪儿？应该在明皇城北墙的南边，怎么知道的呢？因为元朝的大运河由海子桥流下来，是绕着皇城北墙和东墙的外侧流的，明朝扩建皇城的北墙和东墙，就把这段河道包在城里了。这样一来，明朝扩建皇城的结果，大运河的船再也不能进入北京城了，这是极大的失利。虽然在平面布局上这个城市得到了国际建筑学界的高度评价，但在实际功能上却丢掉了运河上的通航（图86）。

今天在北京城的四面，开辟了二环路、三环路，四环路正在继续兴建。把北京城纳入平面布局的中心，一个最重要的问题就是在总体规划中明确提出保护城市的中轴线，实际上不但保护，而且扩建。这里发生了一个很重要的变化，原来封建王朝时代的中轴线只能向南方发展，宫殿也一律面向正南，历史上中轴线的延长也一直向正南，为什么一定要面向正南？这和北方的气候有直接关系。考古发现，河南偃师二里头殷商早期宫殿遗址，一律面向正南，所以面向正南一直是中国建筑上的一个传统，尤其在中国北方是如此。为什么呢？因为受到气候的影响。黄河流域，是典型的季风气候，冬季受到强烈的西北风的影响，天寒地冻。所以，人们的住宅不开北门，甚至北窗都不开。主要建筑一律面向正南。这个传统在意识形态里产生了"面南而王"的思想，历代封建统治者一定要面向正南统治天下，所以都城设计的中轴线一直向正南发展。现在在北京城的总体规划中已经确定保护北京城原有的中轴线，但做了一个重大的发展，不但向南发展，而且更重要的是，向北一直到现在的北四环路，这在传统的城市规划上，有划时代的意义。北四环之外，按照总体规划，还要形成一个新的建筑中心，象征一个新时代的到来。从南面来说，传统中轴线上的紫禁城作为故宫博物院，被完整地保留下来，而且经联合国教科文组织确定为全世界文化遗产，紫禁城五百多年的建筑，经

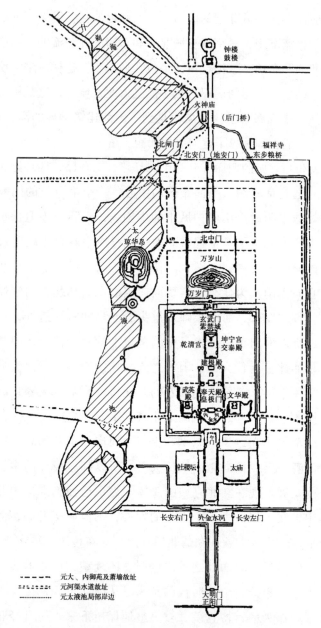

图 86 明代扩建皇城北墙与东墙将通惠河上游一段包入城内

过不断地发展，一直保留到今天，实在是人类极可珍贵的文化遗产。我们感到很自豪。

在全城中轴线上更重要的一件事，就是天安门广场的改造。在明清王朝时代，天安门前是不能让人民百姓通过的，中间是一个"T字形"的宫廷广场，这在乾隆京城图上可以看到。这里严禁人民百姓通过，只有南面一条狭窄的棋盘街允许人民东西来往。辛亥革命以后打破了这个限制，但两边还都是杂乱无章的建筑。到了新中国成立之后，沿着传统中轴线的一个最重要的创造，就是人民大会堂、历史博物馆、革命博物馆，还有毛主席纪念堂的建成。而首先是人民英雄纪念碑的建立。这儿还是原来的地方，但是面积扩大为一个宏阔的广场，广场上人民大会堂一个单体建筑的面积，就超过了整个紫禁城总的建筑面积，但是它的高度不超过天安门，这在当初设计上是极其重要的一点。现在看起来，从广场北面的天安门到南面的前门，本来是进入宫城的一道道关卡，现在成为人民广场上南北界限的标志。古老的建筑和东西两边的现代建筑紧密地配合在一起，既保存了过去，又体现了今天和未来。同时，加上东西长安街的开通，等于在南北中轴线之外又加上了一个东西轴线，两者正好在天安门前相交。站在天安门上，放眼全局，既可回顾过去，更会想到现在和未来。这是非常成功的一点。

我讲这一点的意思是说，紫禁城和天安门广场都在全城的中轴线上，一个完全保留下来，一个有重大的新的发展，说明新时代的到来。可是，后门桥还处在一个极其令人可悲的状态。

后门桥残破凋零的情况我感觉是挺可悲的，它就在中轴线上，而且是中轴线最初设计的起点，也就是靠它决定全城中轴线的，现在已经定为北京市文物保护单位。但是两边的石桥栏已经破损。不仅这样，两边的水面也看不见了，而且用了很大的广告板挡起来。

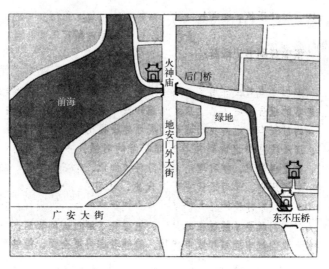

图 87　后门桥地区改造示意图

我说句不好听的话,那是用来遮丑的东西。原来西有风景秀丽的什刹海,东有一溪清流。现在桥下两边,不堪一顾。我大胆地呼吁,今天在贯穿全城中轴线的地方,本来是城市设计的起点,现在却处于这样一个状态。所以,我从莲花池又想到了后门桥。现在随着平安大街的扩建。我想是否可以大胆地考虑一下,南自平安大街向北一直到钟鼓楼的地安门大街,怎么办?这是代表全城中轴线最初设计开始的一段,现在交通拥挤,钟楼两侧通行困难。这条街有没有可能拓宽,桥梁是否也同样拓宽。

这个中轴线太重要了,保护中轴线是保护北京这座历史文化名城的重要内容之一,这在全城的总体规划中已有充分说明,然后把什刹海的水引过后门桥,恢复后门桥下这段河道的水上景观(图 87)。这样一来,全城中轴线最初设计起点的地方会焕然一新。有没有这种可能?我大胆地提出来。因为最近看到市内建设的情况,河湖水系的整理,平安大街的建设,都是令人非常鼓舞的事情。

我刚刚看到今年 4 月 13 日的《建设报》，讲到最近中国和欧盟国家的一些市长召开苏州会议，议题就是如何保护历史文化名城的过去，更好地展望未来。与会的人提出："保护历史城市的真正目的，是提醒人们不要忘记过去，为的是更好地建设未来。"了解过去，正是为了建设未来，这个意义很值得我们思考。特别是像北京这样具有悠久历史的文化名城，哪一个城市能像北京这样三千多年来不断发展，一直到今天，迎来了蓬勃发展的新时代。所以我们市的领导负有重大的任务，使得我们的人民每看到新一步的发展，都受到鼓舞，感到高兴。

本次自《晚晴集》（新世界出版社，2001 年）选出

从北京城市规划南北中轴线的延长看来自民间的"南顶"和"北顶"

在《北京城市总体规划（1991—2010）》中，确定保护和发展城市中轴线，乃是从宏观上保护城市格局和风貌的首要措施〈1〉。这里值得注意的是在中轴线向南延伸的尽头，也就是作为全城"南大门"象征的地方，原来就有一个居民点叫做"南顶村"〈2〉。其次在北延长线的北端，要求突出体现21世纪首都新风貌的新建筑群所在处，原来也有一个居民点，叫做"北顶村"〈3〉。这南顶和北顶二村的命名，由来已久。按在明清两朝，北京近郊的碧霞元君庙，人民群众一律称之为"顶"，详见下文。这里应该注意的是：这南北两处碧霞元君庙最初的选址，分别和原来北京全城中轴线的南北两端遥遥相望。这一特点，绝非偶然。不过这在旧日的文献记载中，都未能查到任何说明。现在从建庙的时间来看，不应早于明朝永乐十八年（1420），因为北京旧城南北中轴线的南端，就是在这一年由于天坛和先农坛最初的建成才开始形成。南顶村的碧霞元君庙，其选址看来应在此年以后，因为从这时起，全城中轴线的南端与南顶村之间的距离已经大为接近，在这里兴建的碧霞元君庙，才便于以南顶见称。其地适当明永乐十二年所

〈1〉 宣祥鎏：《努力创作无愧于伟大时代的建筑艺术》，载《北京日报》1994年8月28日。
〈2〉 北京市测绘院编制：《北京地图集》，测绘出版社，1994年，第34页。又侯仁之主编：《北京历史地图集》，北京出版社，1988年，第57页。
〈3〉 《北京地图集》，第26页。又《北京历史地图集》，第70页。

建南苑"北红门"之外，即其以北。清朝改称北红门曰"大红门"[1]。《日下旧闻考》引《五城寺院册》的记载说：

> 南苑大红门外，有碧霞元君庙。

按这里所谓"大红门外"，即大红门之北。原书又加按语说：

> 大红门外碧霞元君庙，土人呼为南顶。乾隆三十八年发帑重修。[2]

这里只记南顶碧霞元君庙重修之年，未记始建在何年。另外又有关于北顶碧霞元君庙的记载也同样说是"乾隆年间奉敕重修"。可是在此之外又说到庙内有"炉一，明万历年造；钟一，宣德年造"[3]。这就说明该庙的建造年代，可以上溯到宣德年间，即公元1426—1435年之间，其时恰当天坛与先农坛最初兴建之后。

由此可以推想，南北二顶的碧霞元君庙，都是在明朝北京城的中轴线在向正南延伸到天坛和先农坛最初兴建之后才开始建成的，一时还未能找到早于此时的证据，有待继续查考。

这里还有一个问题，即碧霞元君庙何以在民间又以"顶"见称呢？看来这又和碧霞元君在民间的传说有关。传说之一，正如清初学者顾炎武所指出的，碧霞元君乃是泰山之女，说见所著《日知录》[4]，民间碧霞元君建庙之处曰"顶"，可能即是从"泰山之女"派生而

---

[1]《北京历史地图集》，第38页背面，"南苑"。
[2]《日下旧闻考》，北京古籍出版社，1981年，第1523—1524页。
[3]《日下旧闻考》，北京古籍出版社，1981年，第1775页。
[4] 上海古籍出版社，1984年，第1855页。

来[1]。按碧霞元君是道教所信仰的神明之一。道教学者卿希泰写道：

> 明清时之民间秘密宗教，又写有《泰山宝卷》，备述泰山娘娘灵迹，广为传播。[2]

胡道静在为《中国道教》一书所写的序中也曾指出：

> 中国道教是中国的一种具有悠久历史的社会现象，是中国文化的一个不可缺少的有机组成部分。……鲁迅先生说过："中国的根柢全在道教。"（1918年8月20日，《致许寿裳》）按我的理解，这个根柢就是在社会深层之中，在绝大多数民众之中，在中国文化的核心之中。[3]

了解到上述的情况，我想可以认为今天在首都城市建设的总体规划中，为了"历史文化名城的保护和发展"，把历史上纵贯全城的中轴线，向南北分别延伸到原有的南顶村和北顶村，还是很有意义的，也是应该明确指出并充分加以说明的。以上所论，也只是个人从北京文化地理的角度上，力求加以探讨而已，不当之处，希望读者多加指教。

这里还应该附带说明的是：旧日的北京城，不仅有南顶、北顶，还有东顶、西顶以及中顶，合称"五顶"。都是因碧霞元君庙而得名。这一点，在康熙《重修西顶广仁宫》的碑文中，就有一段

---

[1] 震钧在《天咫偶闻》一书中，讲到京西蓝靛厂广仁宫时，另有一说，谓"广仁宫……土人称西顶。盖北方多山，庙必在山极顶，因连类而及，谓庙亦曰'顶'"。北京出版社，1992年，第200页。
[2] 卿希泰主编：《中国道教》第三卷，上海知识出版社，1994年，第108页。
[3] 卿希泰主编：《中国道教》，上海知识出版社，1994年，序。

扼要的说明,择录如下:

> 京城西直门外有西顶,旧建碧霞元君宫……元君初号天妃,宋宣和间始著灵异……下迄元明,代加封号,成、弘而后,祠观尤盛,郭郭之间,五顶环列,西顶其一也。[1]

按文中"成、弘而后",指的是明代成化(1465—1487)和弘治(1488—1505)以后。从这段论述,也可以看到过去的封建帝王,同样是重视民间的传统信仰的。京城周围既有"五顶环列",过去又是人民群众定期向碧霞元君进香和就地开设庙会的地方。孙承泽《天府广记》一书中就有记载,说"都人最重元君祠"[2]。因此封建统治者也就不惜发"内帑"以维修"五顶"了。

现在由于北京城市总体规划已经把纵贯全城的中轴线,向南北两方延长,直到过去的南顶和北顶,因此说明这南北二顶的来历,还是必要的。从某种意义上来说,这也反映了地方民间传统文化之深厚,同样是值得注意的。

1995年2月2日作,20日重订
原载《城市发展研究》1995年第1期

---

[1]《日下旧闻考》,北京古籍出版社,1981年,第1640页。按五顶中,除上文所述南顶、北顶和西顶外,还有东顶和中顶,都因建碧霞元君庙而得名,吴长元《宸垣识略》(北京出版社,1964年)分别记有五顶所在地,其中记东顶在东直门外(第220页),中顶在右安门外草桥北数十武(第232页)。余三顶所在地已见上文。按五顶之中兴建最晚者为中顶,刘侗、于奕正:《帝京景物略》称:"右安门外南十里草桥……天启间建碧霞元君庙其北。"(北京出版社,1963年,第111页)其地偏在城西南郊,也非居中位置,何以得名为中顶,待考。

[2]《天府广记》,北京出版社,1982年,下册第585页。

附　记

顷悉北顶碧霞元君庙，已于1984年列为北京市朝阳区暂存区级保护单位。日前又与北京市文物事业管理局高小龙同志前往南顶村考察，所见当地居民，已难回忆有碧霞元君庙的名称。仅有二老人就地指点说，即在中心大道东侧，原有二牌坊，早已被拆除。按本文上引《日下旧闻考》关于南顶碧霞元君庙的记载，附有按语说：

> 门外二坊，左曰广生、曰长养；右曰群育、曰蕃滋。[1]

足证上述二老人的口头指点是可信的。按北顶在全城中轴北延长线之西侧，南去北京旧城北城根约4500米。南顶在全城中轴南延长线之东侧，北去天坛南墙约4000米。

---

[1]《日下旧闻考》，北京古籍出版社，1981年，第1524页。

海淀镇与北京城

——历史发展过程中的地理关系与文化渊源*

一、海淀镇与北京城在地理上的相互关系源远流长

现在的北京城是从元大都的城址上发展起来的，而元大都又是利用金中都东北郊的离宫开始营建的。实际上还在元大都开始营建[1]之前六年，海淀镇的原始聚落就已经见于记载。当时中都又称燕京，已在蒙古兵占领之下。公元1260年，忽必烈继任为蒙古大汗，即位于滦河上游的开平，建元中统。是年十二月乙巳[2]，忽必烈进驻燕京。中统二年二月，中书省祥定官王恽，随同中书省丞相祃祃等北上赴开平[3]，在所著《中堂事记》一书中，有如下的一段记载：

> 中统二年赴开平，三月五日发燕京，宿通玄北郭，六日早憩海店，距京城二十里。[4]

---

* 本文为作者与岳升阳合著。文中所记的万泉文化公园，今已改名畅春新园。
〔1〕 元大都开始兴建于至元四年（1267）。
〔2〕 合公历为1261年1月14日。
〔3〕 《新元史》卷一八八，王恽本传。
〔4〕 《日下旧闻考》卷三十七，北京古籍出版社，1981年，第589—590页。按原作为中统元年，据《新元史》本传，改为二年。

按"通玄"所指是中都城正北面的通玄门，其地西南距今白云观甚近。白云观西北约二十余里正是今海淀镇所在的一带地方。如果具体加以推断，当时的"海店"，其位置当在今万泉庄以北，相当于旧日所谓南海淀街所在处，近年来已被扩建为苏州街的最北一段。按苏州街的命名，始于乾隆年间（详见下文）。实际上是长期以来逐渐形成的一条南北大道，状如大沟。近年来改建为现代街道时，在路基两旁高地上，发现有战国以至元明时期的遗址遗物，散布其间，足以说明大道的来源已久（图88）。

在这里应补充说明的是，金中都乃是在北京自古以来的原始城址上逐步发展起来的最后一座大城，导致其发展的重要原因之一，正是它有一条自古以来逐渐形成的大道，向北直出古代的居庸关，越过八达岭，直上蒙古高原。这条捷径出中都正北门后的第一站，就是上文所说的"海店"。

公元1267年，也就是元至元四年，开始在中都东北郊外兴建大都，相继建国号曰元。此后，原来从中都北上的大道也就相继东移，终于形成经今清河镇、沙河镇和昌平城，转而西北，出居庸关的道路。因此从元朝而后，最早见于记载的"海店"就失去了它在南北交通上的重要地位，反而以水源见称的"海淀"一名流传下来，一直延续到今天。只有在元大都建成之后，作为湖泊的"海淀"才出现在文人写作中，被命名为"丹稜沜"[1]，但是在民间，未见流传（图89）。

在了解上述情况之后，就可以进一步来讨论"海店"或"海淀"得名的由来，及其与北京城在地理上不断变化中的关系了，现分别讨论如下。

---

〔1〕 关于"丹稜沜"一名详见下文。

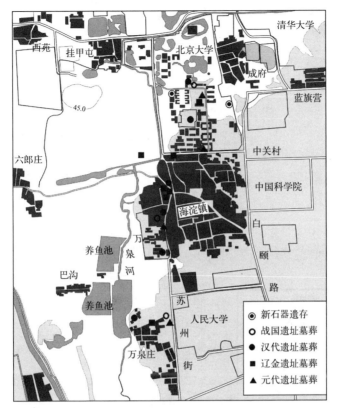

图88 近年来海淀镇苏州街北段（南海淀街）的地下新发现
（据岳升阳《北大燕园的文化埋藏》(《北京大学学报》1998年第3期，第56—62页）绘制）

二、最初见于记载的"海店"来源于以湖泊见称的"海淀"

"海店"相当于现在"南海淀街"所在的地方，正好处于一带高地西北一侧的边缘部分。这片高地海拔在50—52米，可以称之为"海淀台地"。台地上原本是以旱作为主的农耕地带，是华北平原向北方的延伸。再向西去，地形陡然下降至海拔46—47米，自

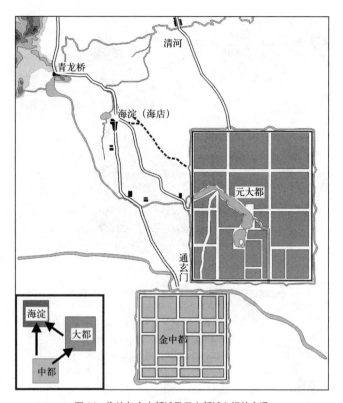

图 89　海淀与金中都城及元大都城之间的交通

南而北逐渐开阔，而且向北逐渐倾斜，泉流水田散布其间，俨然一带江南景色，可称之为"巴沟低地"。这一带低地原是七千至五千年前永定河北去的故道。由此再向西去，地形又逐渐升高，一直延伸到西北一带的丘陵和山麓地带（图 90）。

在了解到上述这一地区的地理情况之后，就不难理解早在今日北京城兴建之前，也就是从旧中都城北上的大道要以"海店"为第一站的原因了。因为这第一站，虽地处台地之上，却旁邻富有江南水上风光的低地，享有水产饮食供应上的便利，而且它距城二十

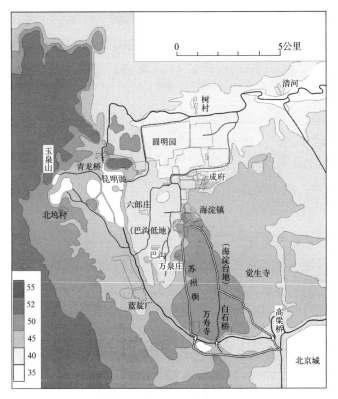

图 90 海淀镇附近地形图

里,正是商旅歇息的理想地点。因此也就把"海淀"改写作"海店"了。可是随着大都城的兴建,北上蒙古高原的大道东移之后,作为交通要道上的"海店"不复存在,而作为水乡"海淀"的名称,却一直被沿用下来,而且日见重要。

三、从元代的"丹稜沜"到明代的"清华园"与"勺园"

元大都较之金中都更接近于海淀,于是海淀的水乡景色日益享誉都下，元代文人甚至美其名曰"丹棱沜"[1]。实际上来自民间的"海淀"一词，作为水泊的俗称，仍然广为流传，且有"南海淀"与"北海淀"之别。明人蒋一葵在《长安客话》一书中有明确的记载：

> 水所聚曰淀。高粱桥西北十里，平地有泉，滮洒四出，淙泪草木之间，潴为小溪，凡数十处，北为北海淀，南为南海淀。远树参差，高下攒簇，间以水田，町塍相接，盖神皋之佳丽，郊居之胜选也。北淀之水来自巴沟，或云巴沟即南淀也。[2]

同时，巴沟以及南海淀、北海淀也就逐渐兼作地方的名称了。

在这里，巴沟作为淀泊的名称，也已见之于记载。所记南海淀、北海淀，也都是水泊的名称。正是由于这一带"町塍相接"的水上风光，才使得这一地区终于形成北京近郊营造园林的好去处。因此明朝中叶以后，以造园艺术闻名于时的清华园与勺园，就在这里相继兴建起来。

清华园是皇戚李伟的别墅，兴建于万历初年，其后约三十年，著名书法家米万钟又自行规划建设勺园于清华园的东侧，隔路相望。孙承泽《春明梦余录》有如下的描述：

> 海淀米太仆园，园仅百亩，一望尽水，长堤大桥，幽亭曲榭，路穷则舟，舟穷则廊，高柳掩之，一望弥际。傍为李戚畹园，钜丽之甚，然游者必称米园焉。[3]

---

[1] 详见明人王嘉谟：《丹棱沜记》；见孙承泽：《春明梦余录》，北京古籍出版社，1992年，下册第1265—1266页。
[2] 蒋一葵：《长安客话》卷四，页十一。
[3] 孙承泽：《春明梦余录》，北京古籍出版社，1992年，第1264—1265页。

实际上清华园乃是勺园来水的上游，其水源不仅来自海淀，而且还有来自西北方瓮山泊的一条小河叫做峿崂河。首先记述了这一情况的，正是唯一记录下丹棱沜这个名称的王嘉谟，他在明万历十一年所写的《丹棱沜记》一文中曾有如下的记述：

> 癸未春三月，余读书海淀，与沜为邻……暇得以游息其间……于是乎记。[1]

现节录其中的部分原文如下：

> 帝京西十五里为海淀，凡二，南则觞于白龙庙，又南五里凑于湖。北斜邻峿崂河。又西五里为瓮山。又五里为青龙桥。河东南流，入于淀之夕阳，延而南者五里，旁与巴沟邻，曰丹棱沜。沜之大以百顷，十亩潴为湖，二十亩沈洒种稻，厥田上上。湖圜而驶，于西可以舟。其地虚敞，面阳有贵人别业在焉……[2]

这一段记述十分重要，可惜有的地名如白龙庙已难考证。有的地名如青龙桁，相沿至今，即青龙桥。有的河流如峿崂河，故道早已消失。尽管如此，仍然对当时清华园与勺园附近一带的地理情况提供了重要的参考。

试以今日地形稍加修订，做明代海淀地区各园与河湖分布图如图91。

---

[1] 孙承泽：《春明梦余录》，北京古籍出版社，1992年，第1266页。
[2] 孙承泽：《春明梦余录》，北京古籍出版社，1992年，第1265页。

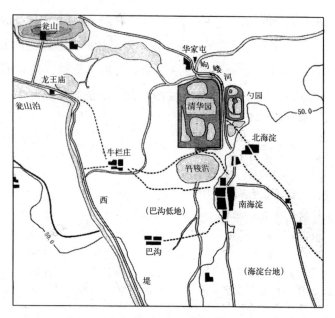

图 91 明代南海淀与北海淀附近园林水系复原图

四、清代"三山五园"的建设与海淀镇的兴起

明末清初易代之际,清华园与勺园逐渐荒落,但是遗址尚存。

清康熙中期,首先在清华园遗址上兴建畅春园。此后,一直到乾隆嘉庆之间,历时百余年,终于在北京城的西北近郊,建成了东西长达二十余里的皇家园林区。其间离宫别馆接踵而起,殿阁楼台遥遥相望。或驻跸,或巡幸,朝仪之盛,比于京华。周围又绕以八旗营房,严事护卫。

这一地区又通称"三山五园"。内容所指,不尽一致。一般说来,首先就是畅春园,其次是圆明园(包括继续兴建的长春园和绮春园在内,绮春园后又改称万春园),再次是万寿山所在的清漪园

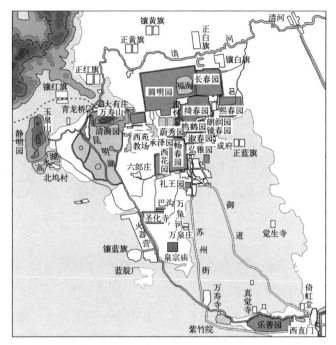

图92　清代中期海淀镇附近皇家园林分布图

（清光绪十四年改称颐和园）、玉泉山所在的静明园和香山所在的静宜园（图92）。

值得注意的是在作为皇家御园的畅春园及圆明园、长春园和绮春园紧相连接处，先后又有若干附属小园林散布其旁，由内务府管辖，作为王公大臣居住的赐园，不得世袭。也有的是作为官府衙署之用，如畅春园东一路之隔的勺园故址，改建为弘雅园，一度作为皇家赐园，其后又改称集贤院，作为诸大臣会集之所。畅春园与绮春园之间有淑春园，绮春园之东又有熙春园散布其间。

总之，"三山五园"以及附属小园林的兴建，在本地区的发展上最值得注意的就是河湖水系的开发和利用。这个问题大体上可以

海淀镇与北京城　｜　389

从下列三个方面来略加说明。首先就是在明代造园的基础上，充分利用巴沟低地上丰沛的泉流，并加以进一步的开发，因而相继出现了万泉河和万泉庄的名称。乾隆年间还就地兴建了泉宗庙。当时由乾隆亲自命名的泉源多达二十八处，并且分别为之刻石立碑以为标志[1]。这就为畅春园以及圆明三园增加了更加丰沛的水源。

其次，在平地泉流之外，更重要的就是扩大瓮山泊为昆明湖，从而引来玉泉山下更为丰沛的水源，时在乾隆十五年（1750）。同时，瓮山也改称万寿山。昆明湖不仅为圆明园提供了丰沛的水源，而且通过长河增加了下注北京城的流量，大有利于海淀地区的生态环境。

还值得注意的是乾隆三十八年（1773），又增建石渠，引西山卧佛寺樱桃沟和碧云寺以及香山诸泉，下注山下四王府村广润庙的石砌水池内。然后由广润庙东至玉泉山，长约2公里，随地形下降，乃架石渠于逐渐升高的长墙之上，用以引水入园，以补充玉泉山下号称"天下第一泉"的流量[2]（参见第123页图22）。

以上各项引水工程的完成，既保证了海淀地区皇家诸园享有丰沛的水源，同时也为这一地区迅速开发起来的稻田荷塘提供了极为有利的条件。正是在本地区不断发展的情况下，海淀镇也就迅速地成长起来。试作简要说明如下。

在"三山五园"的兴建过程中，以畅春园为起点，在其东南一隅的台地上，海淀镇的原始聚落也迅速发展起来，终于形成为从属于皇家园林的服务中心。这是由当时交通条件所决定的。因为当时来自北京城内的主要干道，大都出西直门，或出德胜门，最后合而

---

[1] 详见《日下旧闻考》卷七九，"国朝苑囿"之泉宗庙。
[2] 侯仁之：《北京都市发展过程中的水源问题》，已收入本书。

为一到达畅春园，也就是继续深入"三山五园"的新起点。实际上这就是清初以来海淀镇上南大街和西大街形成的开始。作为南大街起点的标志，就是今天依然存在的双关帝庙[1]。另外在双关帝庙以北，还有一条附属道路，斜向西北，经过北海淀天仙庙[2]可以直达畅春园东邻的弘雅园[3]。

根据以上所述，试作清代北京城至海淀镇的主要交通路线图如下图93。

正是由于上述交通上的关系，海淀镇也就随着"三山五园"的兴建而迅速发展起来，它既是通向皇家园林区的门户，又是为其服务的中心集镇[4]。当时在海淀镇上就有御园的中营副将衙门、畅春园守备卫衙门、中将参将公所等。

雍正、乾隆在位时期，圆明园已成为常年临朝听政的中心，海淀镇也就更加繁盛起来，旧日邻近北海淀的老虎洞东西一条街，终于形成一条繁华的商业街，商号多达百余家，海淀特产"莲花白酒"，闻名京城。震钧在所著《天咫偶闻》一书中曾追记说：

> 海淀，大镇也。自康熙以后，御驾岁岁幸园，而此地益富。王公大臣亦均有园，翰林有澄怀园，六部司员各赁寺院。

---

[1] 黄庄双关帝庙始建于明代，原为隆福庵，初建时西距南海淀尚有一里多路。清代随着海淀镇的扩大，双关帝庙与海淀连为一体，成为海淀南大街亦即海淀斜街入口处的标志物。
[2] 天仙庙在北京大学大南门内以西约百米处，曾有明隆庆六年（1572）碑文记述其地为北海淀，最近已全部拆除。
[3] 明清时期，由京城通往海淀的大道在双关帝庙前出现分途，一条由双关帝庙前向西北通往南海淀，即今之海淀斜街；一条由双关帝庙东侧向北，通往北海淀，今之下洼子至大坑沿斜街即其遗迹。
[4] 例如雍正时期在北京紫禁城内开始建立军机处，在海淀镇上亦设有军机处，其位置就在上述弘雅园改为集贤院以后的南侧，即今北京大学小南门所在处。

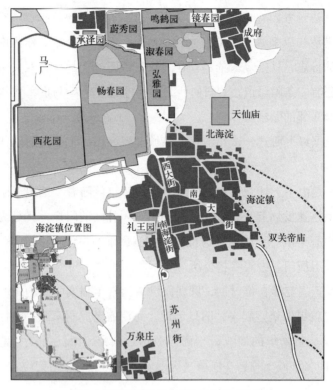

图93 清代北京城至海淀镇的主要交通线路图

> 清晨趋朝者，云集德胜、西直二门外，车马络绎。公事毕，或食公厨，或就食肆。其肆多临河，举网得鱼，付之酒家，致足乐也。……当是时，百货非上者不往，城中所用，乃其次也。[1]

关于当时的士大夫居住区，《天咫偶闻》又有如下记述：

---

[1] 震钧：《天咫偶闻》卷九，北京古籍出版社，1982年，第200页。

旧日士夫居第，多在灯龙库一带，朱门碧瓦，累栋连甍，与城中无异。[1]

灯笼库胡同位于海淀镇中心地区以南，这里曾是南海淀居民点起源的地方。清代随着"三山五园"的兴建，南、北两个海淀居民点也都继续扩展起来连为一体，其中心所在，随着南大街和西大街的形成而北移，于是西大街与北海淀居民点接壤处的老虎洞，逐渐形成繁华的商业区，而南海淀居民点起源处的灯笼库一带，遂逐渐形成达官贵人的居住区。值得注意的是其地西去巴沟低地甚近，举目所见，既富有江南风光，又有西山在望，遂成为海淀镇上良好的居住区。相传最初建在这里的是清太祖二子礼亲王代善后代的礼王园，传至今日就是苏州街上有名的乐家花园所在地。

综上所述，随着清朝前期鼎盛之时"三山五园"的兴建，北京郊外独享盛名的海淀镇，就是这样发展起来的。

五、圆明园惨遭帝国主义侵略者劫掠焚毁导致海淀地区生态环境的破坏

清代乾嘉盛世之后，名扬中外的圆明园竟在1860年首先遭到英法侵略者疯狂的抢劫和纵火焚烧，其他诸园，也受到不同程度的破坏。

这里须补充说明的是在1860—1900年之间，被毁诸园曾有一些修葺，其中最重要的是在光绪十四年（1888）到十八年（1892）

---

[1] 震钧：《天咫偶闻》卷九，北京古籍出版社，1982年，第201页。

间,也就是慈禧作为皇太后掌握大权的时候,为了显示个人的权威和享乐,曾利用海军军饷,将清漪园加以维修,改称颐和园,同时还利用昆明湖下游广源闸附近的万寿寺兴建行宫,既便于沿河行船至昆明湖,又维修了乾隆时代从万寿寺北上,经南海淀至畅春园的道路。实际上当时已经是国事日非,又终于导致了1900年八国联军的入侵北京,"三山五园"再遭破坏。按上述乾隆时代在维修从万寿寺北上畅春园的道路时,曾于寺西设关门,"内有长衢列肆,北达畅春园,为万寿街,居人称为苏州街"[1]。这条苏州街上的建筑,在八国联军入侵后,也尽遭废毁。《天咫偶闻》在记到万寿寺时,就有如下的记述:

> 寺西城关为万寿街,俗称苏州街;两行列肆,全仿苏州。旧传太后喜苏州风景,建此仿之,今已毁尽。[2]

近年来重建万寿寺以北的大路,连接西三环至海淀镇的一段,又恢复了苏州街的名称,因略述其原委如上。

现在回顾海淀镇整个地区,在"三山五园"连续遭到帝国主义侵略者的破坏之后,在生态环境上所带来的一个严重问题就是水源的破坏,兹就其最突出者,略述如下。

首先是樱桃沟以及碧云寺和香山诸泉引水石渠的下游,特别是从四王府东至玉泉山东西2公里间高架墙上的石渠已惨遭摧毁,偌大工事迄今无踪迹可寻。其次是从康熙到乾隆间不断开发的巴沟低地上的万泉河水系,也遭受到严重破坏,例如巴沟上游建有圣化

---

[1]《日下旧闻考》卷七七,北京古籍出版社,1981年,第1292页。
[2] 震钧:《天咫偶闻》卷九,北京古籍出版社,1982年,第200页。

寺，可以乘舟泛游于附近一带河流与稻田之间。乾隆曾有描述自畅春园西花园行舟至圣化寺的诗句，节录如下：

> 万泉十里水云乡，兰若闲寻趁晓凉。
> 两岸绿杨蝉嘒嘒，轻舟满领稻风香。〈1〉

这里所反映的当时巴沟附近地区的水乡景色，而今已无任何遗迹可寻。更重要的是乾隆三十一年（1766）在巴沟低地上分别命名的二十八个泉源〈2〉，也已逐渐湮废。当时兴建的泉宗庙，最后也被全部拆除，只剩下一条仍以"万泉"命名的小河，残存至今。

上述这些引水渠道的变化，竟然不见于任何系统的记述，至于这些变化必然导致海淀地区生态环境的破坏，也是意料中的事。但是时过境迁，详细资料缺乏，已难做具体的分析了。

六、民国时期海淀镇上两座大学校园的建设是园林遗址利用的新起点

民国时期北京城经历了巨大的变化，首先是作为首都仍称北京。1928 年中央政府迁往南京之后，改称北平。其后，从 1937 年 7 月日本侵略军入侵，北平沦陷，直到 1945 年 8 月抗日战争胜利，在此期间，北平城日趋衰落，地处近郊的海淀镇也不例外。特别值

〈1〉《日下旧闻考》卷七八，北京古籍出版社，1981 年，第 1303 页。
〈2〉 乾隆三十二年御制《六月四日诣泉宗庙瞻礼遂奉皇太后游览诗》句首曰："祠建泉宗始昨春。"（《日下旧闻考》卷七九，北京古籍出版社，1981 年，第 1309 页）可知泉宗庙建于乾隆三十一年（1766）。

得注意的是海淀镇以北地区，从畅春园到圆明园之间，原来一些附属于皇家御园的小园林，多已转化为私人所有，一般都处于颓废没落之中。最值得注意的是，恰好是以这类小园林的遗址为起点，两座大学先后兴建起来，这就是清华大学和燕京大学。

清华大学首先作为留美预备学校，是在1911年开始建立的，1912年改称清华学校，其命名来源于所在的清华园。清华园又是从圆明园以东的附属小园林即熙春园和近春园的遗址上相继发展起来的。清华大学的正式命名始于1928年，而清华园一名也同样保存下来。燕京大学为美国教会所创办，是由北京汇文大学、通州协和大学和北京女子协和大学合并而成，原在北京城内，并无统一校址。1920年购地于海淀镇北紧相毗连的旧日小园林，主要包括明代的勺园遗址和清代的淑春园在内。1926年校园本部基本建成，统称燕园。

清华大学正式建校之后，扩建校园，西部与重修后的万春园近在比邻。东部有万泉河的下游自南而北纵贯其间。

燕京大学校园地处万泉河中游，有湖一区，引万泉河水流注湖中，曰"未名湖"，沿湖周围多为冈阜环绕，苍松翠柏，丛生其间。

清华、燕京两校本部建成之后，又各有扩展，直到新中国成立的前夕，两者已是近在比邻。同时在校园景观上又各有特色。清华大学校园水木掩映，平展浩荡；燕京大学校园，湖光塔影，秀丽多姿。当时有人称赞说："清华大学校园像一篇散文，燕京大学校园像一首诗。"两校校园在总体景观上之所以取得如此效果，实在和海淀镇附近万泉河上旧日园林遗址的善加利用，有直接关系，从而提供了有利于环境改造的先例，迄今仍有重要的参考价值。

在这里需要补充说明的是与清华、燕京两校的校园有重要关系的万泉河。如上文所述，自清朝晚期以来，万泉河上游的泉宗庙及附近诸泉已遭人为的破坏，但是仍有涓涓清流，涌出地表。更重要的是还有昆明湖下游的长河上，设有闸口分水东流，部分流水下注万泉河。河水北流至畅春园故址，其四周仍有渠道环绕。燕京大学建校时，曾从畅春园东北隅的渠道中引水东流，经西校门以南的篓兜桥〈1〉下引入校园，或汇注池塘，或蜿蜒曲折流经冈阜丘陵之间，最后下注未名湖，遂形成校园内的风景中心。不幸的是近些年来，这里已经发生了巨大的变化，不仅畅春园四周渠道已不存在，就是现在的万泉河又遭污染。此不多赘，详见下文。

七、人民首都的建立和海淀镇的新机遇，以及"中关村西区"生态环境建设中的主要问题

1949年10月1日中华人民共和国成立，重新建都北京，随即开始进行郊区的规划建设，决定以海淀镇为中心，创建首都文化教育区。海淀镇上近在比邻的燕京大学在1952年与北京大学合并，北大从城里迁来燕园，与清华大学同为首都文化教育区的创建起了重要作用。同年，中国科学院在海淀镇东邻的中关村，开始兴建研究所，逐步加以扩建，终于取得了"科学城"的称号。

文化大革命前后，北大、清华和中国科学院诸所虽然与海淀镇互为近邻，却并无密切联系。但是随着70年代末和80年代初我国改革开放时期的到来，情况开始发生变化，世界新技术革命的浪

〈1〉篓兜桥近在燕大校门以南，相去约30米，横跨大路上。因此燕大校门门牌即定为"篓兜桥1号"，一直沿用到1997年。由于河流改道，大路更名为颐和园路，校门所在，改称"颐和园路5号"。

潮,在这里产生了巨大的影响。一方面得风气之先的知识分子开始走出高楼深院内的研究室、实验室,走上开拓知识经济的第一线,力求将生产、教育和科研紧密结合起来。在这一形势下,中关村的"电子一条街"开始出现。随后海淀区主要领导也开始认识到本地区的智力优势,支持科技人员到电子一条街办企业,大好形势就这样在海淀镇上发展起来。结果,在1986年国家科委立项进行了调查与研究,终于在1988年成立了"北京市新技术产业开发试验区"。

此后又经过十年的调查研究,决定将传统的"海淀镇中心区"改建为"中关村西区",以与其东侧的中国科学院中关村科学城的重新规划相呼应。现在"中关村西区"即将开始建设为国际上重要高新技术产业总部的聚集地和高科技的中央商务区[1],这是非常重要的(图94)。

现在仅就"中关村西区"的生态环境问题提出一些补充意见。

海淀区委领导曾提道:"环境问题是关系全区经济社会长远发展全局的重大问题。"现在仅就"中关村西区"的建设来说,有下列三个问题特别值得注意,请分别讨论如下:

(一)海淀镇上独具特色的自然景观,在"中关村西区"的建设中应该得到继承和发展

海淀镇的地理特点,突出地表现在它原始聚落的起源上,如上文所述,它正好处于东有高地,西有低地,两者紧相连接的微地貌变化上。其间高低之差不过数米。低地上泉水丰沛最宜耕作,高地上便于居住,就近形成聚落。如上文所述,命名为"海淀"的原始聚落,就是因为紧傍原始的"海淀"湖泊而逐渐发展起来的。随着

---

[1]《中关村科技园区建设进入实质运作阶段》,载《北京日报》1999年11月22日。

图94 海淀镇内的"中关村西区"规划范围图

水田的开发，迎来无限江南风光，举目远望，又有西山峰峦如屏如障，终于形成海淀镇上独具特色的自然景观。这一特点原来突出地表现在南海淀街的路西一侧，这是海淀聚落最早形成的地方。到了清朝康熙年间兴建畅春园时，这里就成为王公大臣营建郊居宅园的首选之区。如上文所述，清代的礼王园，相传就选址在这里。及至民国初年，其故址转为同仁堂乐家所有，改称为乐家花园。新中国成立之初，乐家花园西侧下临巴沟低地，万泉河蜿蜒于平畴如画的水田之间，举目远眺，西山在望，依然是独具特色的自然景观，从而提供了良好的人居环境（图95）。

不幸的是到了80年代，海淀镇西下坡的边缘低地上，自南而北、从万泉庄一直到畅春园遗址中部，不但大量建筑物开始密布其

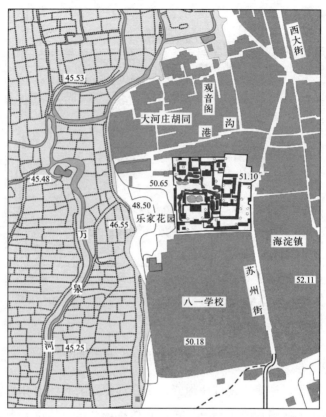

图 95　50 年代的乐家花园与巴沟低地
（据 1954 年 1∶5000 地形图绘制，海淀镇上乐家花园以外建筑从略）

中，还有稻香园和芙蓉里一带高楼崛起。如今来到乐家花园及其南侧的八一中学一带，抬头西望，不仅原有的田园景色不可复见，就是西山风景也被楼群所阻隔。应该看到这一带海淀镇上原有的历史悠久的自然景观，距离正在开发的"中关村西区"，只有图书城一条街和苏州街的最北一段相隔，因此在随着"中关村西区"的开发过程中，如果也能进一步考虑到这一地区在历史发展过程中对海淀镇兴起所具有的重要意义，从而予以规划设计以显示其地方特色，也是有利于"中关村西区"生态环境及其文化内涵的建设的。

值得注意的是，在此以西的巴沟下游低地上，北京市政府"绿树、清水、蓝天"重点工程之一的"万柳工程"，已经开始动工，它的建成，将包括160多公顷"天然风光公园"和77多公顷"绿色天然体育公园"。它的西北方与颐和园的东南部分紧相连接，总面积还超过了颐和园。因为区域内南有万泉庄，北有旧日的六郎庄（历史上又曾改称柳浪庄），因此这处以绿色园林为主的建设项目就命名为"万柳工程"。这项工程的大力开展，也是由于近年来这一地区的生态环境由于不合理的土地利用，屡遭破坏，今后这项工程的顺利完成，必将大有利于"中关村西区"生态环境的建设。为了保证这一重要工程的顺利进行，从全市的规划建设来说，有两个重要问题应予充分考虑。第一是京密引水渠的给水应该得到保证。第二是规划中的西北四环路自东北而西南，斜贯本地区的园林绿地，在工程设计上如何有利于万柳景区，应予以充分考虑。

（二）万泉河截弯取直和严重污染的问题必须重视和及早处理；沿河新辟的"万泉文化公园"应该得到进一步的规划和利用

从万泉庄附近发源，一直沿着海淀台地的西下坡弯转北流的万泉河，在沿河右侧（东侧）群楼兴建的过程中，河道已被截弯取直，两岸又加筑壁立的水泥墙，已经失去了原来河道曲折蜿蜒的自然形态，而且河水污染严重。其下游河床，原来绕经北京大学西墙外，有支渠经篓兜桥下分水东入校园，款款清流，下注未名湖。可是自从上游截弯取直之后，下游河床转而向东，再经北京大学北墙外，东入清华大学校园。但是由于地势低下，北大校园需两级抽水，先抽入校园北墙以内小湖，再由小湖二次抽水南下。流经大小池塘，最后才得流注未名湖，而且已不再是过去的款款清流。现在随着万泉河上游的东侧有"中关村西区"的建设，西侧有"万柳工程"的开发，它的现状如何处理，已是应该尽早解决的问题。其中最惹人反感的，是小河两岸垂直而下的水泥墙。在处理污水来源和恢复其款款清流的同时，可否再做进一步的改造，也是应该考虑的问题。

最近在畅春园遗址中部尚未被占用的空旷地带，新开辟了一处名叫"万泉文化公园"的小公园，面积虽然有限，位置十分重要，因为它所标志的乃是明代清华园和相继兴建的清代畅春园的核心地区。现在，在这一地区的东北隅，还有字迹清晰的"畅春园东北界"的界碑，立在路旁。界碑以南相去不过30米，尚有畅春园

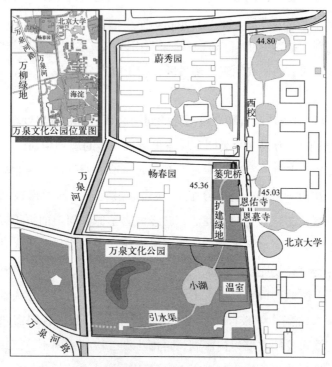

图96　万泉文化公园内引水渠设想示意图

内清雍正年修建的恩佑寺和乾隆年修建的恩慕寺的两处庙门，屹立在那里。这些遗迹遗物的存在，应该使人联想到这里正是有清一代"三山五园"开始兴建的起点，同时又是导致历史上海淀原始聚落开始发迹的重要原因。今天，它又面临着"中关村西区"跨世纪的新发展。因此，继承过去，展望未来，应该在这个小公园里建立一个历史性标志，作为永久的纪念。更重要的是还应该在小公园内自西而东，开渠引水，将治理后的万泉河分流东下，但是这条分流东下的小渠，务求近似自然，下流经过恩佑寺、恩慕寺两座寺门旁一直到"畅春园东北界"碑南侧，然后依照旧址重建篓兜桥，根据原有遗址从桥下引水流注北大校园。这不仅有益于北大校园，而且大有利于"中关村西区"生态环境的改善。与此同时，还应该将恩佑寺、恩慕寺两处庙门周围地区杂乱无章的建筑，尽行拆除，进一步扩大小公园的面积，并使仅存的两处古建筑得到应有的保护（图96）。

（三）圆明园遗址的进一步整治，不仅涉及"中关村西区"生态环境的建设问题，更重要的乃是与包括北大、清华、科学院在内的整个"中关村科技园"核心地区的全面发展有直接关系的问题。因此它的整治已是刻不容缓，势在必行

圆明园惨遭帝国主义入侵者的疯狂劫掠和焚烧，迄今已是一百四十周年。新中国成立之初，已开始考虑到就地建立为遗址公园，力求在整治维修园林遗址的前提下，为人民群众保留一处进行爱国主义教育的实地场所。时至今日，半个世纪已经过去，最初的设想，仍在不断的追求之中。其间的经历，一言难尽。而目前面临的前所未有的新机遇、新形势，已经不能再踌躇不决，失之交臂。

最近得悉，根据市领导的指示，北京市城市规划设计研究院已经多方征求专家学者的意见,在已有的基础上,进一步提出了全面整治圆明园遗址的总体规划,细致入微,还考虑到园址周边地区的整治问题。这是十分重要的工作,殷切希望能早日见诸实施。

作者在这里,仅就目前所见,提出应该尽先考虑解决的一些问题。园内"福海"以东的部分,经过圆明园管理处的部分维修和整建,已经售票开放,姑不具论。"福海"以西部分,是全园最初兴建也是最有重要意义的部分,却在日益荒落和破坏之中。数百家外地人口杂居其间,随意搭建,杂草丛生,污水漫流。原来还有诸多重要建筑遗址和遗迹,历历可见,而今已多遭破坏,甚至湮没在乱草丛中。如此情景如何能令其再继续下去!

首先应该看到,圆明园最初兴建的这一部分,原是最重要和最富有政治意义的建筑群就在这里。例如临朝听政的"正大光明"殿,就在大宫门内"前湖"所在的正前方。"前湖"以北,环绕"后湖",更有以"九州清宴"为主的九座宫殿群,环列在"后湖"周围,并且各有水道通流其间。这"九州清宴"的命名,应是来源于《禹贡》九州,富有一统天下的象征意义。可惜的是这些重要的宫殿遗址,在惨遭破坏之后,现在又全部湮没在草木丛中。周围其他建筑群,亦莫不如此。例如另一处在命名上富有象征意义的"万方安和",原是以巨石砌成的以"卍"字形为基础的大型建筑物,坐落在一片开阔的水面上,现在杂草丛生,已无踪影可见。以此为例,足以说明河湖水系乃是圆明园建筑的基本脉络,人工丘陵和形象各异的建筑点缀其间,构成了一区巧夺天工的人间园林。由此看来,圆明园遗址的清理保护,应"以水为纲,以木为本",只需恢复其河湖水系,清理并保存其尚能确定的建筑遗址,因地制宜,加以绿化,并一一设法加以说明,就足以为人民群众提供一处可以进行爱国主义教育的基地。同时不仅有利于"中关村西区"生态环境的建设，对于整个"中关村科技园"的开发，也是一处富有历史意义的场所。它象征着祖国已经从多灾多难的过去，开始走向光辉向上的未来！

八、结束语

本文只是从历史地理的角度上，阐述了海淀镇起源和发展的地理特点及其与北京城在经济和文化发展上的关系，只是最近随着知识经济新时代的来临，终于促使海淀镇的中心地带，启动了"中关村西区"的新建设，同时也将会为首都北京带来文化上的新内涵。

写到这里，不禁想起在《光明日报》上曾经读过的一篇题作《中关村与未来首都形象》的文章，深有感受，就将其中结尾的一段，择要抄录在这里，作为本文的结束语：

> 首都北京展现在人们面前的是一种多元化的文化。……中关村的崛起，促使我们重新审视现代科学和技术在城市文化建设中的作用，融科技和文化于一体，既将城市视为一种文化的存在，又将理性地对待科学技术，使城市不仅成为人们生息的场所，更是精神的家园。[1]

1999年12月10日于燕园
原连载《北京规划建设》2000年第1—2期
本次自《晚晴集》选出

---

〔1〕 李丽萍、常艳平：《中关村与未来首都形象》，《光明日报》1999年6月2日。

要真实、要发展
——关于城市古建筑遗址的利用与开发问题的一封信

《新建筑》学报编者按：

不久以前，一位香港知名人士提出了在北京城南草桥村建立一座大型文化娱乐中心"大都花城"的设想，向侯仁之教授征求意见。这个"大都花城"初步计划占地一万五千亩，地面建筑以北京古都为蓝本，以恢复北京历代建筑为宗旨；娱乐部分最主要的是引进美国迪士尼乐园的某些项目。

侯仁之教授复信就这个设想提出了他的建议。其基本精神是对待古建筑遗址的利用和开发，应该给人以历史的真实感，而不宜搞假古董；应该继承固有的优良传统，而不宜单纯地、不加分析地模拟过去和模仿外国，以致丧失应该首先发扬的地方特色。

我国许多城市保存有各种类型的古建筑遗址，有的正在考虑加以开发利用以满足日益兴起的旅游事业的需要。我们认为，侯仁之教授信中的意见，虽然是针对首都的一项设计提出的，但具有一定的普遍意义和紧迫性。为此，在征得侯先生的同意后，特发表此信以飨读者。除个别词句因与主旨无关有所删节外，悉存原貌。

××先生：

5月7日来函及《"大都花城"初步设想》（下简称《设想》），都已收到。致谢。只因工作较忙，未能早日奉复，尚乞见谅。

《设想》规模宏丽，内容涉及古今中外，技术先进，构思新奇，作为一处大型文化娱乐中心，为国内前所未有，而且立意于宣扬爱国主义精神，并为社会主义"四化"建设积累资金，自是可贵。如果在上海、广州，特别是在深圳进行这一项建设，或许更为相宜，虽然不必以"大都"为名，仍可设计一座典型的中国古代城市的模型，这样反而可以发挥更大的创造性，不受客观条件的限制。

如果按原《设想》仍以北京为理想地点，是否应进一步考虑到北京的特点，然后根据这一特点，再力求突出设计的主题思想。

北京既是全国的政治中心和文化中心，又是一座历史悠久的古城，而今在社会主义建设的新时代，又青春焕发，朝气蓬勃。它的民风质朴纯厚，又富有坚忍不拔的革新精神和革命传统。北京城的最大魅力，就在这里。它是新中国的缩影，又是全国的"橱窗"。整个城市格局的基调，是严整、和谐、宏伟、壮阔，在继承历史上优良传统的同时，又创造出足以反映时代精神的新面貌。它给人一种强烈的"历史真实感"，同时又启发人们面向未来，展望未来。考虑到这些基本特点，原来的《设想》是否可以改作三个独立的部分，在三个地点，分别进行设计，略述如下：

（一）按原计划与北京市黄土岗农工商联合公司合作，在"花乡路"建设"国家花卉公园"，由北京市人民政府领导进行。

结合当地的历史传统，大规模发展园艺事业。建设"国家花卉公园"，不仅培植北京地区的各种花卉，还要引进全国以及全世界的名花异卉（气候环境条件不同者可以建造人工气候室以求适应），同时进行盆景栽培，经营展销，还要就地兴建我国各种类型的古典园林，既可供游人欣赏，又可兼作拍摄有关题材的电影外景。

最近英国在利物浦城举办第一届"国际园林节"，场地面积约合中国一千三百余亩，有三十个国家参加。各国园林，各有特色。同时在园内还为参加各国分别举办其"国家日"和"国家周"，专门演出这些国家的文艺娱乐节目（或许有电影放映）。在"园林节"期间（5月2日至10月14日），可望吸引游人三百万，门票收入也自可观。其中，中国、美国、日本、印度四国花园，已定为永久性花园，将永久开放，作为国际友谊的象征。"中国园"命名为"燕秀园"，是仿自北海公园静心斋的一部分设计的，表现了我国北方园林的特色。在整个"园林节"场地中心是展览厅和表演厅等（详见1984年5月6日《人民日报》第七版载梁丽娟《春到利物浦》一文）。由于园林节的举行，已经使因海运衰落而日渐萧条的利物浦"容光焕发"，"在市民的心头点燃了希望"。在本年7月2日，我将由美赴英，计划在利物浦停留四天，当抽空前去参观"燕秀园"和整个园林节的展览。

如果在黄土岗兴建一处"国家花卉公园"，其中包括文化娱乐中心，电影艺术家也可以在这里大显身手，只须善加经营，也可大有收入。这不仅有助于首都环境以及市民生活的美化，也可作为在我国举办国际园林节的中心，既有助于国际上的文化艺术交流，也可同样增加外汇收入。

（二）与北京市以及西城区人民政府合作，开辟什刹海历史文化风景区。

同样根据地方传统，开辟这一位于城市心脏地区的历史文化风景区。恢复和发展过去沿湖一带的人民市场和娱乐中心（过去傍前海西岸有荷花市场，有各种小吃茶座，以及表演说唱等，盂兰节放河灯，冬季湖上有冰床游戏）。又沿湖周围还有一些旧日的王府、名刹、建筑和园圃，都应纳入公园范围之内（例如被认为是《红楼梦》中大观园蓝本的恭王府、唐朝奠基的火神庙。近代颇有名声的餐馆烤肉季、会贤堂等等都在这一范围之内）。更重要的是宋庆龄名誉国家主席的纪念馆（原醇王府花园），也紧傍湖边。湖上风景佳丽，掠过辽阔的水面，可以遥见西山，被认为是城内一大风景。又从湖上还可看到钟鼓楼、德胜门箭楼等古建筑，引人遐思。

什刹海这一区湖泊在历史上和北京旧城的规划设计关系十分密切。在今天，它的开发作为国家公园和人民群众的文娱游憩中心，正是人民在这里当家做主的象征。紫禁城以南天安门广场的扩建，在政治上显示了新中国庄严宏伟的形象，紫禁城以北什刹海公园的开辟，在社会生活上则反映了人民群众生机蓬勃和轻松愉快的心情。当初什刹海和现在的北海、中海原是一带天然湖泊（南海则是人工开凿的），其南半部在旧日被圈入皇城之中，改造为皇家园林，从而呈现出高度的造园艺术，至今仍然是北京城内最引人入胜的地方。可是其北半部被隔在旧日皇城之外，在旧中国从来没有受到当权者的重视，没有统一的规划，任其荒废，因此逐渐形成为人民群众游乐玩赏的去处。在旧日的北京城里，这里可以说是最具有人民性、群众性的一带地方，可以与天桥并称。但是它的自然风光，则远非天桥一带可与比拟。现在作为人民首都，把这一区富有人民性、群众性的地方，有计划地开辟为规模宏伟的历史文化风景区，这同样也是具有深刻的政治意义的。关于这一点，这里无暇多叙，如有兴趣，请参见拙作《论北京旧城的改造》（见《城市规划》双月刊，1983年第1期）以及《改造北京旧城要发挥什刹海作用》（见1983年3月20日《北京日报》第二版）。

（三）与北京市以及海淀区人民政府合作，在圆明园遗址以北，修建圆明园模型展览区，利用"声与光"的先进技术，重现历史上圆明园的胜景。

是否可以进一步考虑，完全根据建筑原型和历史事实，利用现代的先进技术，即"声与光"（sound and light）的手段，再现圆明园的胜景及其被毁的实际情况。美国华裔著名建筑学家贝聿铭先生应法国的邀请，在巴黎的卢浮宫前，进行了一项建筑设计，在地面上是一座金字塔形的晶体建筑，地下开辟广大空间，利用"声与光"的技术，重现历史事实，设计新颖并富有教育意义。只因地近卢浮宫前，因此颇有异议。如果把同样的设计思想和技术手段，应用于重现圆明园的胜景及其被毁过程，那么，圆明园遗址北面的广阔地带（将是北京郊区五环路经过的地方）就可以充分利用。至于圆明园遗址本身，必须保留下来，加以彻底修整，因为这里还有着比较完整的园林基础，富有山林野趣，在陵谷起伏，溪涧漾洄之间，又有广阔的水面，豁然开朗，西山峰峦，迫在眉睫，这种自然风光委实难得。在这片辽阔的废墟（五千多亩）上，还散布着若干处重要建筑的遗址，必须全部加以清理，在每处遗址的旁边树立标志和说明，并利用模型或图画显示其被毁前的原状。在意大利罗马城外，古代皇帝有名的哈德良别墅（Hadrian's Villa）即是这样整修保存下来，形成了一处有名的游览区，而圆明园的规模又远过之。

现在，圆明园仅仅是作为一个遗址公园被保留下来，有待逐步加以清理整顿，不可能在原址上重现旧时胜景。上述设计正好可以使游人重见昔日胜景，并可与现有遗址两相对比，既富有历史的真实感，又具有重要的政治意义。电影艺术或许也可以因"声与光"的设计而获得新发展（我完全是外行，姑妄言之）。《火烧圆明园》的影片放映是有一定的时间性的，可是重现圆明园胜景和被毁情况的声光设计，将与圆明园遗址永久并存。因此值得特别重视。先生以导演《火烧圆明园》而享有盛誉，希望能就此设想，予以考虑。

这里所写的只是一时想到的一些初步意见，很不成熟，而且已"离题"太远，聊供参考。如认为尚有参考价值，建议到意大利罗马郊外的哈德良别墅和法国巴黎的卢浮宫现场，进行观摩，并来美国纽约征求贝聿铭先生的意见，想他必会有高明建议，应该参考。我在康奈尔大学和哥伦比亚大学的建筑系、城市规划系认识几位教授对古建筑遗址的保护和利用也颇有研究，如有机会，我也愿作介绍征求他们的意见。令媛在费城学习，不知在哪个大学，专攻哪个学科？费城有名的城市规划专家培根对费城的改造和古建筑的维修贡献很大，享有盛誉，对北京旧城的设计，也有很高的评价（见所著 Design of Cities）。费城的宾夕法尼亚大学建筑系颇有名声，有一位女讲师也是专门研究中国古建筑的。又该城的富兰克林旧居遗址有地下博物馆，即设有专门的电影厅和活动舞台模型设计，重演富兰克林的生平事迹，令媛当已参观过，您如前来一定要去参观一下。

　　承您从北京打来长途电话，要我提意见，不能不竭诚以告。我的建议与《设想》出入颇大，敢以奉闻，也说明我是认真考虑了《设想》之后，才写下了这些极不成熟的意见的。谨此并祝时祺！

　　　　　　　　1984年5月31日于美国康奈尔大学
　　　　　　　　本次自《奋蹄集》选出

从北京到华盛顿
——城市设计主题思想试探

北京和华盛顿是社会制度完全不同的两个国家的首都,但在城市的规划设计上,却各有千秋。从历史的发展来看,北京和华盛顿尽管在开始营建的年代上相去很远,但是在规划设计上,却各有自己深厚的文化历史渊源。北京城原有的规划设计,可以说是封建社会时期我国都城建设的一个杰出典型。华盛顿城中心部分的规划设计,从建国之初开始,就继承了自16世纪"文艺复兴"盛行以来欧洲城市建设的优良传统,堪称资本主义上升时期西方国家都城规划的一个光辉范例。

我国在封建王朝衰落之后,又经历了灾难深重的半殖民地半封建社会,现在已经进入了建设有中国特色的社会主义的新时代。

美国作为一个高度发达的资本主义国家,还在沿着它原有的道路徘徊前进,甚至伸张其势力于域外。

因此,这两个首都作为两个国家历史文化集中表现的地方,在其规划设计上所面临的问题,也就各不相同了。

在过去的规划设计上,北京和华盛顿既有形式上的类似之处,又有本质上的区别和差异。在形式上的类似之处,最突出的一点,就是两者从建城之始就各自选定了一条中轴线作为全城设计的出发点。在本质上的区别和差异,则在于两个城市在其最初的规划设计上,由于社会性质的根本不同,所力图表达的主题思想,也就大不一样了。

一、北京城

（一）今城的建址与城址的演变

北京城原始聚落的起源，距今已有三千多年。早期的城址原在今城的西南部。今城的建设则是去今七百二十年前（1267）才开始的。当时选择了古代高粱河上的一带天然湖泊作为中心进行规划设计，建设新城，这就是元朝的大都城。明朝初年又历经改建，始称北京。到了明朝中叶，也就是公元1553年，又在北京城南加筑外罗城，于是又有北京内城和外城之分，各有城垣环绕，合成"凸"字形，面积约计62平方公里。全城的平面布局，至此定型，并且一直完整地保留到1949年新中国的成立，这就是今天所说的北京旧城。

在北京旧城建设的过程中，城内湖泊的南半部，从一开始就圈入皇城之内，作为皇家苑林的中心部分进行营建，并按照封建传统，命名为太液池。明初又在太液池南端新凿一湖，遂有南海、中海和北海之称，流传至今。至于被隔在皇城以外的原始湖泊的上游，原名积水潭。明朝初年，缩减北城，竟将积水潭的上游部分隔在城外，这就是在十年动乱期间才被填掉的太平湖。保留在城内的部分就是今天的什刹海，习惯上又分别叫做前海、后海和西海。前海的西南隅一部分也已被填为建筑用地。

总之，为北京旧城的建址提供了重要地理条件的原始湖泊，今天虽然已经不是本来的面貌，却仍然占有十分重要的地位，并且已经有贯通南北六海（即南部的南海、中海、北海和北部的前海、后海、西海）的设想，纳入北京城的总体规划之中。为了便于揭示北京旧城城市设计的主题思想，应将北京旧城河湖水系的变迁与城址的演变，作图说明（图97）。

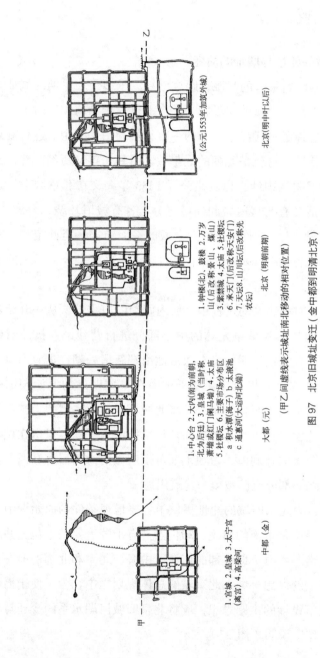

图97 北京旧城址变迁（金中都到明清北京）
（甲乙间虚线表示城址南北移动的相对位置）

（二）城市设计的主题思想

从插图中可以明显地看到北京旧城的轮廓虽然从长方形到"凸"字形经过了几次变化，但是自北而南隐然存在的纵贯全城的中轴线，只有延长，并无改变。实际上这条中轴线，也正是全城平面设计的依据。在内城是如此，在外城也不例外。因为外城城垣未建之前，就先已于1420年兴建了天坛和山川坛（后改称先农坛）这两组建筑。其东西并列的位置，显然是由内城中轴线的延长部分所决定的，后来加筑外城（1553），终于出现了纵贯内外两城长达8公里的新轴线，并且给人一种整体感，好像内外两城是同时设计，一气呵成的。这也显示出"凸"字形的城垣轮廓，比起任何一种矩形轮廓（如元大都和明初北京城的轮廓），更能给人以一种稳定感。正是这种全城平面布局上的特点，从美学观点上引起了西方建筑学家和城市规划学者的无限赞叹。丹麦的罗斯穆森称道说："北京城乃是世界的奇观之一，它的布局匀称而明朗，是一个卓越的纪念物，一个伟大文明的顶峰。"[1]美国的培根又推崇它"可能是地球表面上人类最伟大的个体工程……它的平面设计是如此之杰出，这就为今天的城市建设提供了丰富的可供参考的实例"。同时他还曾用黄蓝两色把这条中轴线连同和它并列的一带湖泊，突出地显示在全城淡灰色的平面图上，给人以十分突出的印象[2]。然而更加值得注意的却是隐然支配着这整个平面设计的主题思想，从其建筑上来说有最重要的两点，须分别加以说明如下：

---

[1] Steen Eiler Rasmussen, *Towns and Buidings*, 1st MIT Press Paperback Edition, 1969, Preface, p.v.
[2] Edmund N.Bacon, *Design of Cities*, Revised Edition 1980, p.244.

1. 城垣建筑与城市设计的关系

根据我国的历史传统，最初的城市，都有城垣，因此"城"这个字有双重含义，既指城市，又指城垣，有时还可用作动词，如《诗·小雅·出车》："城彼朔方"，即指在朔方筑城，而城垣的修筑，又与整个城市的规划设计密切联系在一起。例如，成书于春秋时期（公元前770—前476）的《周礼·考工记》在"匠人营国"一节中，总结了周初以来营建国都的经验，又加以规范化，并做了如下的描述：

> 匠人营国，方九里，旁三门，国中九经九纬，经涂九轨。左祖右社，面朝后市。

这段记载的大意是说：国都的营建，应是一座方城，每边长九里，各有三门。城内纵横大道各九条。左有太庙，右有社稷坛。面向外朝，后为市场。这里不言而喻的是帝王的朝廷位居全城的中央。关于这一点，贺业钜在《〈考工记〉营国制度研究》一书中有所说明，摘录如下：

> 为什么要把宫廷区布置在全城中心，这和周人所崇奉的"择中论"的规划思想是分不开的。"择中论"是中国奴隶社会选择国都位置的规划理论，这种理论认为择天下之中建王"国"（即国都），既便于四方贡献，更有利于控制四方。[1]

这一说明指出了国都设计的理论根据，值得注意。按中国历代都城

〈1〉中国建筑工业出版社，1985年，第55—56页。

的建设，只有元大都城的规划设计和上述"匠人营国"的描述最为近似。这自然与大都城的主要设计人刘秉忠有直接关系。刘秉忠原名侃，是位熟通经史而又务实的学者，曾设坛讲学于太行山中，元代著名天文历算学家、水利学家郭守敬即出其门下。蒙古首领忽必烈入主中原，建立元朝之前，曾命刘侃在今滦河上游闪电河北岸设计兴建开平城（后改称上都，今遗址尚在），深得忽必烈赏识，因赐名秉忠。1260年忽必烈进驻当时金朝中都城，也就是在北京原始聚落上发展起来的最后一座大城，1267年决定在中都城外东北郊一座湖上离宫（太宁宫）的周围，另建大都新城，仍然任命刘秉忠为主要负责人，郭守敬也被推荐参与其事，特别是在河湖水系的利用与大运河的修建上，做出了卓越的贡献。

这里需要指出的是大都城垣，南北纵长，而非正方，与"匠人营国"的规划稍有区别，这显然是由于在全城的平面布局上要充分利用河湖水系的结果。其次是"大内"（相当于后日的紫禁城）的寝宫，并不在全城的正中央，也与"匠人营国"所暗示的不尽一致，而是稍向南移，但是仍然处于全城设计的中轴线上，也是合乎"择中论"的规划思想的。

元大都建成之后直到明中叶北京外城的兴建，其平面布局历经改造，与"匠人营国"所描写的原始形制，已经相去甚远，但是它所体现的基本内容，却依然未变。不仅如此，它所传达的主题思想却更加突出、更加明显。这一主题思想就集中表现在两度延长的全城中轴线上。因此这条全城中轴线的设计和它所集中表现的思想内容，正是本文所应该进一步探讨的核心问题。

2. 全城中轴线设计的含义及其历史文化渊源

北京旧城的中轴线在全城平面布局上的艺术效果，虽然屡为中外规划学家所称道，但是它的含义及其发生和演变的历史文化渊源，还有待进一步阐明。

拙作《论北京旧城的改造》[1]一文已经说明在元朝国号未建以前兴建大都城时，首先在积水潭的东北岸上确定了全城布局的几何中心，就地刻石立碑，命名为"中心之台"，然后以中心台为起点，紧傍积水潭东岸，定下了全城设计的中轴线，从而把宫城"大内"，恰好布置在太液池东岸，也就是中轴线的中间部位上，其结果是大内的前朝大明殿与后宫延春阁，也就占据了全城最重要的位置，这就十分突出地显示了这条中轴线在全城设计上的主题思想，如果用文字来说明，那就是封建帝王的"唯我独尊"。至于宗庙社稷这两组具有象征意义的建筑群，遵照"匠人营国"的原则，相应地布置在大内左右，也就是东西两面城垣的内侧。其后经过明朝的改建，内城的几何中心虽然由原来的中心台南移到景山中峰（也就是元朝延春阁的旧址），宗庙社稷两组建筑也分别移到紫禁城前的左右两侧，结果是全城中轴线在设计上的主题思想，不仅没有减弱，反而加强。特别是随着南郊天坛和山川坛的兴建，中轴线又继续向南延长，终于使得它在全城平面布局上的支配地位更加突出，它所代表的主题思想也就更加显明。

但是在这里必须进一步说明的一个问题，就是在北京旧城平面设计上不断得到发展的中轴线，它的自北而南的垂直走向是怎样确定下来的？这个问题看似简单，实际上却涉及我国都城在规划设计上的一个基本定向的问题，那就是城市布局的主导方向，一定要面向正南。由此而派生出来的一个封建统治者的正统观念，就是所谓"面南而王"。这个"面南而王"的思想，在城市的规划设计上最初体现出来始于何时，没有直接的文献记载可供参考，但至少《周

---

[1]《城市规划》双月刊，1983年第1期。

礼·考工记》的"匠人营国"一节,已经间接说明了当时的城市建设计划,其主导方向必是面向正南。因此在文中讲到国都的平面布局时,只用"左祖"与"右社"以代表宗庙在东,社稷坛在西;只用"面朝"与"后市"以代表"朝廷"在南,市场在北。可以设想,这一既定的主导方向,是早已相沿成习而后遗传下来的。关于这一点,考古发现提供了有力的佐证。迄今所见早商时代的宫殿基址,说明当时的宫殿建筑,都是正面朝南[1]。又商代的宫殿基址中还显示出有两座殿址,不仅坐北朝南,而且前后并列,从规划上判断,应即后代"前朝后寝"的原型[2]。其次,商代都城已发现有略呈方形的四面城垣,但宫殿建筑偏在城内东北部[3]。有计划地把面向正南的宫殿修建在方形城垣的中央——也就是全城的中轴线上,应是到周代才成为定制的,这就是《周礼·考工记》中"匠人营国"所根据的传统原则。其后,到了战国末年,为秦国统一天下提供思想武器的《吕氏春秋·慎势》篇中所谓"古之王者,择天下之中而立国"的"择中论",就是这一历史事实的反映。

上述事实说明,在都城的规划设计上,以面向正南为主导方

---

[1] 河南偃师县二里头夏代遗址的上层,发现迄今所见我国最早的大型宫殿遗基两座,距今至少在三千六七百年以前,其中一座的遗址,略呈正方形,中部偏北处,有一长方台基,根据基址上柱穴的排列,可以复原为一座殿堂,东西长30.4米,南北宽11.4米,殿前为广庭,四周为墙基,墙内有廊庑,大门在基址南墙的中间。详见中国科学院考古研究所洛阳发掘队:《河南偃师县二里头遗址发掘简报》,《考古》1965年第5期。又湖北黄陂县以盘龙城命名的商代中期都城,距今约三千五百年,城内大型宫殿基址两处,也都是面向正南。详见湖北省博物馆、北京大学考古专业盘龙城发掘队:《盘龙城1974年度田野考古纪要》,《文物》1976年第2期。
[2] 详见《盘龙城1974年度田野考古纪要》。
[3] 盘龙城平面略呈方形,中轴线方向为北偏东20度,城垣至1954年仍保存得比较完整。已发现的宫殿基址,在城内东北部,同上注。又郑州所发现的商城中的宫殿基址,也同样是在略呈方形城垣内的东北部,详见河南省博物馆、郑州博物馆:《郑州商代城遗址发掘报告》,《文物资料丛刊》第1辑,文物出版社,1977年。

向,是有很深厚的历史文化渊源的。追求其原因,很显明的是和地处北温带的季风地区有关,这里冬季西北寒风强烈,气候严酷;夏季转以东南风为主,炎热多雨。为了避寒和采光,居室的设计,背北面南最为合理。因此由个体建筑扩大到城市布局,逐渐发展为以面向正南作为整体设计上的主导方向,进而派生出"面南而王"的传统观念,其起源可以上溯至奴隶社会时期,到了封建社会时期,已成定型。从这一点来说,北京作为历史文化名城,它所保存下来的最大的特殊风貌,也正表现在这里。

(三) 旧城改造的一项根本任务及其成就

随着新中国的成立,又重新建都北京,它所面临的一项根本任务,应该是在力求保护这座历史文化名城的特殊风貌的同时,赋予它以新的主题思想,从而反映出新的时代精神。这是极为困难的一件事。在过去三十多年的实践中,虽然出现了一些难以挽救的损失,但是也取得了一定的成就,天安门广场的改造就是一例。

现在天安门广场的前身,原是封建王朝统治时期的一个宫廷广场,三面筑有红墙,沿红墙内侧筑有联檐通脊的千步廊,中间广场呈"T"字形,过去只有炫耀封建帝王无上权威的重大典礼在这里举行,庶民百姓严禁涉足。因此在全城中轴线上所集中表现的封建帝王"唯我独尊"的主题思想,首先在这里显示出来。进入天安门之后,还要穿过层层封闭的空间,才能来到紫禁城内的核心建筑,即雄踞全城之上的前朝三大殿——太和殿、中和殿、保和殿,以及后廷三大宫——乾清宫、交泰殿、坤宁宫(图98)。

1911年的辛亥革命推翻了历时两千多年的封建王朝的统治,天安门前的宫廷广场才得以开放通行,其结果也正是在这里爆发了1919年伟大的五四运动,从而揭开了新民主主义革命的序幕。这是

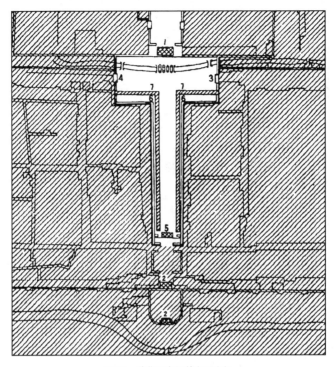

图98 清代天安门前宫廷广场
1.天安门 2.正阳门及其箭楼 3.长安左门
4.长安右门 5.大清门 6.红墙 7.千步廊

发生在北京城里的具有重大意义的历史事件。以此为起点,经历了整整三十年的革命斗争,在中国共产党的领导下,终于迎来了新中国的诞生。1949年10月1日万民欢庆的开国大典,选择在天安门前举行,这一事实本身就开始赋予天安门以崭新的意义,从此这座由历史上劳动人民在被迫服役下所兴建起来的庄严壮丽的古建筑,以全新的含义出现在中华人民共和国的国徽上,象征着一个古老文明的新生。但是旧日严防庶民百姓涉足广场的红墙依然存在,这就严重阻碍了日益增多的人民群众进入广场开展各项有意义的活动。

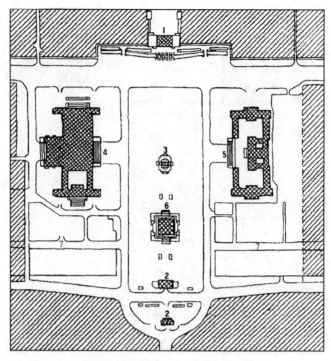

图 99 新中国成立后扩建的天安门广场
1. 天安门 2. 前门（正阳门）及其箭楼 3. 人民英雄纪念碑 4. 人民大会堂
5. 中国革命、历史博物馆 6. 毛主席纪念堂 7. 东、西交民巷

广场的改造，势在必行。为了迎接新中国成立十周年的纪念日，开始对天安门广场进行大规模的改造。旧日的红墙被彻底清除，广场的面积因之大为扩展。又在东西两侧分别兴建起中国历史与中国革命博物馆和代表人民权力中心的人民大会堂。广场中央巍然矗立起人民英雄纪念碑，从此天安门广场开始以崭新的面貌出现在人们面前，其地点依旧而气象一新，它在旧日设计上所力求表达的"帝王至上"的主题思想，已经完全为一个崭新的主题思想所代替，这就是"人民至上"。尽管现在天安门广场尚有若干细节有待改进，但

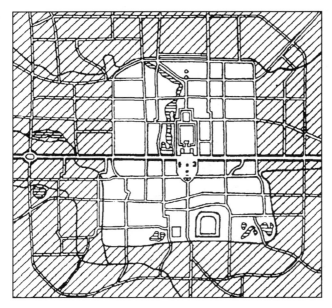

图 100 从天安门广场向东西延伸的林荫大道——东、西长安街

是它的基本格局已定。在旧城原有的中轴线上它所体现出来的新时代的主题思想，是身临广场的任何人都能感受到的，因此应该承认它的改造是成功的（图99）。

不仅如此，随着天安门广场的左右两翼在东西长安街原有的基础上又扩建和延长，从而形成了一条横贯新北京全城的东西轴线，既抵消了那条自北而南的旧轴线在全城布局上独一无二的支配地位，同时也就产生了一种宏观效果，即把旧日全城中心的紫禁城，推移到了类似天安门广场"后院"的位置上，这就更加符合它作为"故宫博物院"的作用，上述的客观效果，从城市的平面布局上来看都是明显可见的。北京城作为全国政治中心的城市特点，已经在改造后的天安门广场上充分显示出来（图100）。

关于北京旧城城市设计的主题思想以及它的改造和发展，就先写到这里。以下想就华盛顿城市设计的主题思想，从比较的观点上，再做些探讨。

二、华盛顿城

（一）城址的选择与城市的初步设计

华盛顿城城址的选择和着手规划是从1791年（清乾隆五十六年）初开始的。当时离美利坚合众国的建国（1783）也只有八年。建国之初，定都问题颇有争议，迟迟难以决定。最后国会授权合众国第一任总统华盛顿选址建城。经过他本人的实地考察，终于选定了现在的城址。地当大西洋海岸中部，位于波托马克河（Potomac River，以下简称波河）与其东岸支流（Eastern Branch，或称Anacostia River，以下简称阿河）之间的三角地带，地形平坦，微有起伏，中央最突出的一个小山丘，当时叫做詹金斯山（Jenkins Hill），周围地界纵横，都属私产。大部分林莽丛生，间有沼泽，尚未完全开垦。两河间三角地带的北部，地形逐渐隆起，有几条小河，顺地形坡度下注，其中主要的一条原名鹅溪（Goose Creek），流经詹金斯山下，西转注入波河。三角地的尖端和西北隅，各有一个小居民点，虽有方格状的街道见于最初测量的地图上，但住户寥寥无几。只有西北角上隔着一条石溪（Rock Creek），遥遥相望的乔治镇（George Town）算是这一地区一个真正的居民点了（图101）。

城址选定之后，经过安德鲁·埃利科特（Andrew Ellicott）的初步测量，即由埃尔·夏尔·朗方（Pierre Charles L'Enfant）负责进行规划设计。朗方是位热情奔放又富有才华的法籍工程师，年

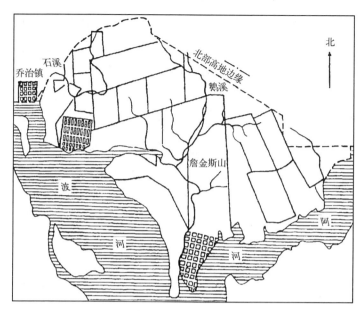

图 101　华盛顿城址初定时私人地产界线

方三十七岁。父亲原是法国凡尔赛的宫廷艺术家，朗方儿时就在那里居住过。年长肄业于他父亲任教的巴黎皇家绘画雕刻学院。1777年朗方和其他的法国志愿人员，远涉重洋来到北美洲，支援英国殖民地人民正在进行的独立战争，在军事工程中，深得当时陆军统帅华盛顿的赏识，并获得少校军衔。1791年初他接受规划首都的任务，以充沛的精力、惊人的速度，在同年8月底完成了他的规划设计，上报华盛顿总统。他在开始工作之初，就一眼看中了詹金斯山，认为这正是联邦政府中心建筑的天然基座，可以称得上是天造地设了。这座中心建筑经过后日的不断营建，就是现在最引人注目的国会大厦（Capitol），詹金斯山的名称也早已为"国会山"所代替。

以国会山为中心，朗方拟定了全城设计的中轴线，西起波河东岸，东至阿河西岸，全长约5.5公里，沿这条中轴线的西段，也就

从北京到华盛顿 | 425

是从国会山以西至当时波河东岸，保留为一条开阔的绿地，供人民群众游息其间，几经规划发展，这就是现在有名的绿茵广场（The Mall）。至于总统府也就是现在"白宫"的选址，并不在中轴线上，而是在绿茵广场西头的北侧（后来又稍向西移到现在的位置），由此南望，视野开阔，可以遥见波河下游的浩瀚水面。至于国会山与总统府之间，则由一条斜向的大道直接连接起来，这就是现在的宾夕法尼亚大街（Pennsylvania Avenue）。自西而东横贯全城的中轴线在全城的平面布局上，显然占有支配地位，预定的绿茵广场，位置尤为突出。至于全城街道系统，纵横交错，或正交，或斜交，交接点上又多布置有大小广场。流经市中心区的鹅溪，其下游注入波河的一段，紧傍预定的绿茵广场的北侧，计划加以渠化，改为直通国会山下的运河，因仿罗马古城中的小河，改名为台伯河（Tiber River）。

全城的规划，南半部以两河为界，北半部以高地边缘为界，现在的华盛顿城，就是在这一规划的基础上不断扩展而逐渐兴建起来的。如果当初没有朗方的设计，也就不会有今天以其中心地区宏伟壮观的空间布局而闻名于世的华盛顿城。因此，现在华盛顿城中心部分，还有人称之为"朗方城"[1]（图102）。

在这里，不妨先将北京旧城与华盛顿城在规划设计的轮廓上做一对比，这或许有助于读者更好地了解以下的讨论。

首先值得注意的有两点：

第一，两者各有一条中轴线。北京旧城的中轴线自北而南，紧

---

[1] 朗方设计的城市蓝图的示意图，还镌刻在从白宫到国会大厦的宾夕法尼亚大街中途一个街心广场的石筑台基上，供人鉴赏。1984年8月6日，华盛顿市长正式宣布这一天为"朗方日"，以志纪念。当时作者适在华盛顿的康奈尔大会研究中心工作，因此得到机会参加这次纪念会，进一步体会到朗方在今天美国首都人民心目中的地位。

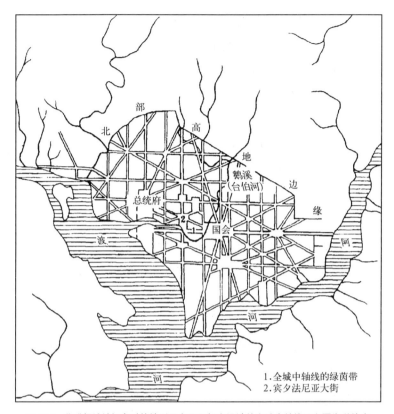

图102 华盛顿城址初定时的地形示意图及朗方设计的全城中轴线及主要街道轮廓

傍一带天然湖泊的东岸。其主导方向如前所述，虽有自然因素的制约，更有深厚的历史文化渊源。华盛顿城的中轴线，自西而东，正好介于两河之间，纯粹是自然条件所决定，不受任何历史文化传统的制约。

第二，北京旧城的规划设计，四面城垣是其有机的组成部分。华盛顿城的规划设计，则完全以河流与高地边缘为界限，没有必要修筑城垣，也没有修筑城垣的传统。实际上在美国就没有一个城市是建有城垣的。

上述区别，虽然只是表面现象，却也反映了我国和西方文化传统上的一些差异。当然更重要的是这一差异在设计的主题思想上也同样地反映出来。北京城在设计上的主题思想，已如上述，在这里仅就华盛顿城在城市设计上的主题思想，试做一些探讨。

（二）城市设计主题思想试探

北京旧城城市设计的主题思想，胚胎于我国奴隶社会的商周时期，到了东周，就以《周礼·考工记》中"匠人营国"的文字描述表达出来。中央集权的封建王朝形成之后，在都城的建设上"帝王至上"的主题思想，曾有过不同形式的表现。及至元朝大都城的兴建，在继承《周礼·考工记》所描述的形制的同时，又结合了地方上河湖水系分布的特点，遂为明清北京城奠定了基础。应该说北京旧城的规划设计乃是我国长达两千多年封建王朝都城建设的最高典型。

华盛顿城市建设的时代背景，和北京旧城完全不同，在探讨其城市设计的主题思想时，应该首先从它建都时期的时代特征讲起。

1. 时代特征及其在城市设计上的初步反映

华盛顿城的建设，是北美洲人民团结起来反抗宗主国英国的殖民统治从而取得了胜利的结果之一，这一斗争由北美殖民地代表召开的大陆会议所通过的《独立宣言》充分表达出来。《独立宣言》宣称：人人生而平等，人民享有生存、自由和谋求幸福的天赋权力不可侵犯等等。在宣言的初稿中，原来还有反对奴隶制的一条，只因南卡罗来纳州（South Carolina）的代表反对而被删去。马克思曾高度评价这一宣言，认为这是"第一个人权宣言"[1]。这时北美正处于资本主义上升时期，《独立宣言》在各阶层的人民群众中得到

---

[1]《马克思恩格斯全集》第16卷，人民出版社，1964年，第20页。

了强烈的反应，包括最受压迫的黑人在内，都卷入了革命斗争的行列，并做出了重要的贡献。

独立战争结束以后，美国统治阶级逐渐感觉到必须进一步巩固本阶级的阶级地位和权力，从而又发起了制宪运动，企图利用宪法作为手段以维护其既得利益。在美利坚合众国正式建国前两年，在费城（全名费拉德尔菲亚，为华盛顿兴建之前的临时都城，因称故都）召开制宪会议，制定联邦共和国宪法，以立法、司法、行政三权分立作为国家机构的组织原则。其后，朗方着手于进行新建首都华盛顿的规划，显然也是本着国家机构三权分立的原则设计的，这在国会大厦、总统府和最高法院三大主要建筑的布局上，明显地反映出来。只是最初设计的最高法院的位置，在今图上已难确指。现在的最高法院，正好建筑在国会大厦的东北方，相去甚近，仍然显示出三权分立的布局思想。

但是朗方设计最突出，也是影响最为深远的一点，就是他确定了以国会山为中心的主轴线，并把主轴线上计划作为绿茵广场的位置固定下来，从而为日后华盛顿城核心地区的发展，奠定了基础。华盛顿城主轴线上的这一段和北京旧城中轴线上从景山到正阳门的一段，在全城布局上的重要性极为相似。但是彼此所反映的在设计上的主题思想，却截然不同。在北京旧城力求突出的是"帝王至上"，在华盛顿城则企图反映的是"人权为主"。因此，两者在空间处理上也就截然不同。前者是严格的封闭型，后者则是完全的开放型。思想内容不同，表达的形式也就因之而异了。

2. 中轴线设计的进一步发展及其主要建筑的客观效果

朗方为华盛顿城的规划所拟定的蓝图以及他所企图表达的主题思想，在相继而来的整整一个世纪中，并没有得到应有的重视，甚至这样一位为华盛顿城的建设做出了如此卓越贡献的人，在生前也没有得到应有的公正待遇。在他临终之前，生活穷困潦倒，死后靠友人的一片土地和资助才得以下葬。直到20世纪初，他的贡献才得到承认，他的遗骸终于在1909年被隆重地迁葬于阿灵顿国家公墓的小山顶上，他所设计的城市蓝图的示意图也被镌刻在他的墓碑上，这是很有意义的一件事。从朗方墓东望，可以隔着波河遥望他所初步规划的中轴线亦即现在的绿茵广场，从林肯纪念堂一直延伸到国会大厦，整个布局上的主要建筑，历历在目，实在没有比这里更好的地方，可以使朗方永远安息了。

在这里，追述一下19世纪的一百年间，发生在国会山以西现在的绿茵广场上的以下几件事，是必要的。

第一，朗方利用台伯河加以渠化，改建为运河直达国会山下的计划，未受重视，结果河道变成了一条藏污纳垢的臭水沟，遂被填废，现在只有一座河边的小闸房在去白宫不远的地方被保留下来，作为当初运河旧址的一个标志。

第二，1847年开始兴建国家博物馆（Smiths-onian Institution），没有充分考虑朗方最初设计的绿茵广场的边界线，竟然侵入了广场界内。后来虽曾议论拆除，结果还是为了保护古建的原因而保留下来。

第三，原定白宫的位置又稍向西移，进行修建，这就是现在白宫所在的地方。

第四，建成了华盛顿纪念塔，只是原定的塔址，基础不够坚实，不得不稍有迁移。新址已不在原设计的全城中轴线上，而是南移了40米，同时也已不在白宫向南垂直延伸的轴线上，而是在其以东120米，但是从视觉上好像它仍然位于中轴线上。

第五，最重要的一个变化，是在全城中轴线西端的南面和波河的东岸，填筑了一片沼泽低地，从而使波河与阿河之间原定全城中轴线的长度，从约5.5公里延伸到7.3公里，同时又利用波河这一

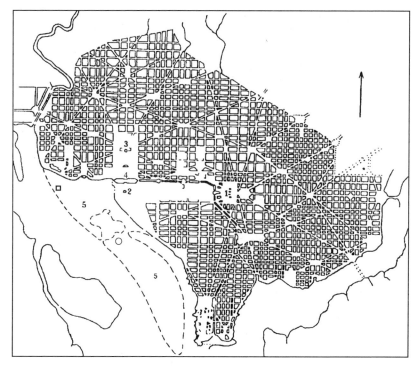

图 103　波河东岸沼泽及浅水区填筑的陆地

--- 表示填筑后的河岸
□ 中轴线在波河东岸的新起点，即日后修建林肯纪念堂的地方
○ 日后修建杰斐逊纪念堂的地方，此图上的白宫位置后来也稍向西移，与杰斐逊纪念堂在一条南北垂直线上
1.国会大厦址　2.原定华盛顿纪念塔址　3.原定白宫址　4.运河　5.波河公园

段宽阔的河床，沿东岸筑起了一个南北狭长的半岛，这就是现在有湖泊点缀其间的波河公园（图103，图104）。

这最后一个变化，对后来全城中轴线上的发展至为重要。1922年正是在中轴线西端所填筑的河边低地上，兴建了林肯纪念堂，明显地标志了全城自西向东的中轴线的起点。华盛顿这条自西而东的中轴线较之北京旧城自北而南的中轴线短了不到1公里。1976年又在纪念堂前狭长的"映像池"北侧，开辟了"宪法公园"作为建国

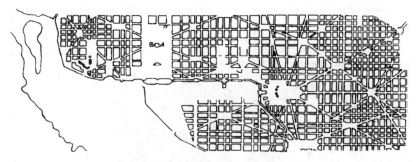

图 104　波河东岸中轴线起点的原始河岸线

二百周年的纪念。

这里应该着重说明的是林肯纪念堂的兴建，不只是进一步发展了朗方最初确定的全城中轴线，而且赋予这条中轴线在设计上所代表的主题思想以新的含义。林肯纪念堂这座白色大理石建筑，造型质朴庄严。从堂前多层白石台阶拾级而上，在殿堂内部广阔的大厅里所能看到的，只有白石雕刻的林肯坐像，屹立在中央，环顾厅内，别无一物，仅在大厅尽处南北两壁宽阔的白石墙面上，镌刻了林肯的两个著名的演讲词，其中之一就有他用来描写重新获得自由的一个政府的六字形容词，即"民有、民治、民享"。因此来到这座殿堂的巡礼者，立足在林肯像前，回首东望，越过中央耸立的华盛顿纪念塔和辽阔的绿茵广场，自然就会把一个人的思路，一直引向白色穹顶的国会大厦，这也会促使人们联想到林肯为美利坚合众国的缔造所做出的重大贡献。

然而应该看到，自从美国的联邦政府成立以来，它在《独立宣言》中所标榜的天赋人权、人人自由平等的理想，不仅没有得到真正实现，内部的矛盾反而日益突出。其中最重要的是北方以雇佣劳动为主的资本主义制度和南方以奴役黑人为主的奴隶制，两者之间的冲突，越来越尖锐。林肯于1860年被选为总统以后，坚决反对奴役黑人，并于1862年9月颁布了《解放黑奴宣言》，当时已经爆发的南北战争，因此而更加激烈。结果北部军队虽然取得了这次战争的最后胜利，可是林肯却在第二次当选为总统（1864年11月）之后，竟于1865年4月遭到了南方奴隶主刽子手的暗杀。

林肯领导的斗争虽然挽救了国家免于分裂，但是种族的歧视继续存在。1866年，也就是林肯被暗杀的第二年，南方的种族主义者还成立了反动的组织"三K党"（Ku-Klux-Klan的简称），对黑人进行残酷的袭击和杀戮。在20世纪内继续为反对种族歧视的黑人牧师小马丁·路德·金（Martin Luther King, Jr.），也曾于1963年8月在林肯纪念堂前有二十万人参加的群众大会上，为纪念《解放黑奴宣言》的签署而发表了他的著名讲演《我有一个梦想》。可是他的"梦想"还远没有实现，而他本人却于1968年4月在田纳西州的孟斐斯城指导黑人工人争取同工同酬的示威中，遭到种族主义者的暗杀！

从象征意义上说，林肯纪念堂兴建在华盛顿全城中轴线的起点上，应该看作是朗方最初所赋予它的天赋人权与这一主题思想的一个发展，可是这始终还是一个远未实现的理想。马克思也曾预言说："林肯来领导自己国家进行解放被奴役种族和改造社会制度的史无前例的战斗，是即将到来的时代的先声。"[1]可是这个"即将到来的时代"，至今还有待美国人民自己去努力争取。这也是无可讳言的事实（图105）。

3. 一个引人进一步思考的问题

1980年春天一个风光明媚的清晨，作者初访华盛顿的林肯纪念堂，印象之深刻以及思想上的感受，至今难忘。其后又曾三次访美，每次途经华盛顿，总要挤出时间前往林肯纪念堂巡礼，重温初

---

[1]《马克思恩格斯全集》第16卷，人民出版社，1964年，第21页。

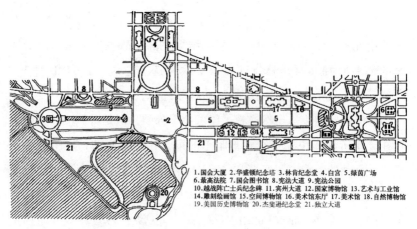

1.国会大厦 2.华盛顿纪念塔 3.林肯纪念堂 4.白宫 5.绿茵广场
6.最高法院 7.国会图书馆 8.宪法大道 9.宪法公园
10.越战阵亡士兵纪念碑 11.宾州大道 12.国家博物馆 13.艺术与工业馆
14.雕刻绘画馆 15.空间博物馆 16.美术馆东厅 17.美术馆 18.自然博物馆
19.美国历史博物馆 20.杰斐逊纪念堂 21.独立大道

图 105　华盛顿城中轴线上的绿茵广场

访的感受。可是 1984 年夏再到华盛顿又访林肯纪念堂时，就在纪念堂前宪法公园的西侧，出乎意外地看到有三个军人一组的雕像出现在草地上，走向前去，才知道这里乃是为第二次世界大战以后美国出兵越南阵亡士兵新建成的纪念碑。纪念碑现场的平面设计，是一个开敞式的"V"字形三角绿地。"V"字形两边以内的绿地，由地面开始向下倾斜，呈坦坡式，逐渐没入地面以下，直到尖端的最深处（图 106）。沿着两边砌成黑色的石壁也就是纪念碑，碑上成排镌刻着侵越战争中 5 万多名阵亡士兵的姓名和军衔。沿着石碑走下去，阵亡者的名字历历在目，自然引起人们的悼亡之感，因而有"哭墙"之称。这"V"字形的两壁，一个向东南直指华盛顿纪念塔，一个向西北直指林肯纪念堂。从工程设计上来说，堪称独出心裁，是一位华裔女青年林樱的杰作[1]。至于其含义，则更加耐人寻味，因为当年美国出兵越南，曾引起国内广大人民群众的反对，被认为是一场非正义的战争。这一阵亡士兵的纪念地，选址在全城中

---

[1] 这是 1982 年应征入选的设计，当时林樱（Maya Lin）尚在耶鲁大学建筑系学习。

图 106　美国越战阵亡士兵纪念碑

轴线的绿茵广场上，沿着其两壁向外的指向看去，华盛顿纪念塔和林肯纪念堂即遥遥在望。这又不能不使人联想到美利坚合众国的缔造者所怀抱的理想与信念，和出兵越南的非正义战争，这两者在性质上的差异，相去何啻天渊。作为一个异国的观光者，在华盛顿城市设计的中轴线上看到这一纪念地时，不能不想到：美国的人民群众为了最终实现其国家缔造者的伟大理想，正不知道还有多少崎岖不平的道路正等待着去跋涉呢。

三、他山之石，可以攻玉——华盛顿城市建设可供借鉴的几例

北京和华盛顿这两个姊妹城市，从建城之初就力求通过全城中

轴线的设计来显示其主题思想,尽管两者的历史背景各不相同,但在力图反映其时代精神这一点上,却是一致的。现在北京和华盛顿的城市建设都已远远超出了最初设计的范围,北京旧城的城垣已被拆除,新市区在旧城郊外迅速扩建起来。但是北京旧城在新的城市建设总体规划中,仍然居于核心地位。华盛顿城的发展也早已超越了东西两河与北部高地边缘的界线向外迅速扩展,但是"朗方城"仍然是全城布局的中心。不过从北京城的建设来说,随着整个社会制度的改革,它所面临的主要问题就和华盛顿大不一样了。当前在北京城的城市规划和建设中,亟须注意的一件事就是如何在继承其优良传统的同时,又能赋予它以新的思想内容,从而反映出一个社会主义新时代的来临。这个问题在全城中轴线的处理上表现得最为敏感,也最为突出。例如天安门广场的改造,在这个意义上来说是成功的;其次,也要考虑到在继承自己优良传统以达到古为今用的目的的同时,还必须积极吸收外国的先进经验,以达到"洋为中用"的目的。应该承认在资本主义国家的城市建设上,确有不少先进的经验,值得我们学习。问题在于区别哪些是真正的先进经验,切忌盲目抄袭,否则有害无益。以华盛顿的城市建设为例,在它的全城中轴线上对所有建筑物的布局及其功能要求,就有可供借鉴的地方。它的国会大厦屹立于中轴线的正中央,城中所有的楼房建筑的高度都不得超过它,它就给整个城市的天际线带来一大特色。从国会大厦向西直到华盛顿纪念塔前的绿茵广场,地势平展,视野辽阔。广场的南北两侧,有博物馆、展览馆等,依次排列,在南侧的有航天空间博物馆、现代艺术展览馆、国家博物馆(内有首都城市规划设计史展览厅)等。在北侧的有美术陈列馆、自然博物馆、美国历史博物馆等。北侧中间退后一方场地,还有一座国家档案馆。在国会大厦的东南侧与高等法院大楼南北并列的,则是举世闻名的国会图书馆及其最近扩建的新馆。在这个全城的心脏部位上，集中表现出华盛顿作为全国政治中心和文化中心的特点，整个布局严正而富有变化，两侧的各大博物馆、展览馆，虽然高度大体一致，而建筑形式各不相同，从国立博物馆红砖碉堡式的古典建筑，到航天空间博物馆的现代设计，各有其时代特征，其中最负盛名的是刚建成不久的美术陈列馆的东厅。这里原是绿茵广场东北角上的一块三角地带而又近在国会山下，地点至为重要，在建筑设计上也最难处理。正是在这里，著名华裔建筑学家贝聿铭显示了他卓越的才能，设计了这座独具一格的建筑物，为广场增辉。

写到这里，又不禁想到上文已经讲过的，新中国成立十周年时扩建天安门广场，同时兴建了人民大会堂和中国历史和革命博物馆，使得天安门广场在体现全国政治中心的同时，也兼有文化中心的象征。但是在设计的当时，北京作为全国的政治中心之外也是全国的文化中心这一特点，还没有得到充分的认识和说明，现在考虑到今后精神文明建设的重大意义和建设北京作为全国文化中心的要求，在全城的规划设计上，应该进一步结合城市平面布局的历史特点来加以考虑。上述华盛顿城中轴线上核心地区的建设，只是仅供参考的一例而已。

原载《城市问题》1987年第3期，略加删改
本次自北京大学院士文集《侯仁之文集》选出

景物溯源

海淀附近地区的开发过程与地名演变[*]

现在全北京市包括海淀区,正在积极开展地名普查工作,这项工作本身的重要意义不需要我讲了。但是我要补充一点,在地理学,特别是历史地理学的研究上,地名常常提供重要线索。我很大胆地提出一些个人看法,供同志们参考。

讲到我们区的地理演变,实在非常频繁。今年春天开全国地名工作会议的时候就曾提到,随着社会的发展,地名也在经常起变化。但是,要了解地名变化的原因,还得看总的背景。讲海淀区地名变化的情况,也要看海淀所在的地方有什么特点,这个镇是怎样成长起来的。所以先让我花一点时间做一个简单的介绍。

"海淀"这两个字作为一个聚落的名称,是什么时候第一次见于文字记载的?我们祖国的文献非常丰富,大概世界上没有任何一个国家像我们国家有这样大量的文献资料。海淀这个名字第一次记载下来,据我所知见于元初王恽的《中堂事记》,离现在已经七百二十年了。七百二十年前的北京城,不在现今这个地方。七百一十三年以前,才选择了今天以"三海"为中心的这个城址,奠定了今天北京城的基础。我们海淀镇是北京市一个区的行政中心,但是历史要比现在的北京城还要早。原来的北京城在哪儿?在

---

[*] 本文为作者1979年11月3日在海淀区地名普查工作会议上的报告。

广安门附近一带。它的起源可以上溯到三千多年以前。那时北京所在的小平原上，有一些原始的小居民点在成长，其中有一个就在今天的广安门白云观和莲花池之间。这个小居民点，由于交通上的枢纽地位，随着社会经济的发展也就迅速成长起来，它最初见于记载的名称叫做蓟，是周朝初年一个诸侯国的统治中心。大约在东周初年，蓟国又为附近的燕国所兼并，遂有燕都蓟城之称。现在京东也有一个蓟县，属天津市管，是唐代以后才有的。古代北京为什么叫蓟？北魏的大地理学家郦道元和北宋的大博物学家沈括都曾有过解释，今天暂不讨论这个问题。

在蓟城的故址上发展起来的最后和最大的一个大城是金朝的中都城。中都城的东北角，在现在宣武门东北不远，北墙由此往西，经今天的复兴门南到今会城门一线。会城门是中都城北墙上三个城门中最西边的一个。城已不在了，但会城门这个名字却保留了下来。会城门以东是通玄门，故址在今白云观以北。当初，出通玄门直奔南口，是自古以来通往蒙古高原的重要大道。出通玄门北行第一站就是海淀。

现在的苏州街，从万寿寺往北一直到海淀的西南口倒座观音庙，古路痕迹很明显。北方的老百姓有句俗话，"多年的大道走成河"。这条大道切入地中，像一条干河床的样子（按新建公路路基填平，已不见旧日干河床地形）。大约七百多年前，出中都城通玄门往北，过今二里沟向西北，就接上这条大道，北行来到海淀，穿过今圆明园故址，经古城一直过龙虎台到南口。以后北京城址东移，去南口的大道也随着东移了。公元1215年，蒙古骑兵从南口下来，也是经过海淀，直捣中都，宫殿被毁。又过了四十五年，也就是到了公元1261年，忽必烈来到中都，没有住在城里，而是住在中都城外的离宫里，也就是今天北海公园的琼华岛上。过了七年，即 1267 年，他决定以今天的北海、中海（当时没有南海）作为中心兴建新城，这就是元朝的大都城。大都南城墙，就是现在东西长安街所在的地方，东西城墙没有变化，北城墙留有遗址，就是现在德胜门外的土城。出大都城北门再去南口，就不经过海淀镇而经过清河镇了。

再说，海淀原本不是聚落的名称。过去有人把"淀"写作"店"或"甸"，都是错误的。原始的"海淀"，只是一处浅湖的名称。华北平原上许多的浅湖，原来统叫做"淀"。"淀"就是浅湖的通称。原来的北京以南一直到天津附近，淀泊很多，晚至明朝还有京津之间"九十九淀"之称。但这些湖泊沼泽，大部分都逐渐消失了。怎么消失的？主要的是人的生产劳动改造了它，变成了农田沃壤。

大家知道，北京平原一带，平均年降雨量是 640 毫米；但是每年的差别很大，70%—80% 又集中在夏季。如果年年有 640 毫米的雨水降下来，年年可庆丰收。实际上不是这样。遇到雨少之年，一年还不到 100 毫米；雨多之年，暴雨集中下降，一天就可有 150—200 毫米。1963 年 8 月 5 日至 9 日，连降大雨，北京郊区闹水灾，北京大学未名湖的水都溢出来了，西校门外去颐和园的大路流水成河，公共汽车停驶，朗润园的住房都成了孤岛。这不是唯一的一次。清光绪十六年六七月间大雨，有记载说：

> 海淀一带一片汪洋，平地水深三尺，房倒屋塌，烟火全无。[金勋：《成府村志》（稿本），藏中国科学院图书馆]

这里顺便提一下，1963 年 8 月初那次大雨刚停，我跑到北大西校门拍摄洪水照片，一回头看见市委书记刘仁同志站在那里。他问我：为什么洪水排不下去？他非常关心校园水情，亲自到现场察看。这事我记得很清楚,也很感动。

海淀所在的地方,淀泊消失了,出现了市镇,这不是孤例。比如,建国门外有一个居民点叫大郊亭,还有个小郊亭。这大小郊亭所在的地方,在一千年以前北宋的时候,还是一片浅湖,叫郊亭淀,《宋史·宋琪传》有记载。现在跑到郊亭在低洼的地方挖地不到一米,淤泥出来了,淀泊已被排干。排干这个淀泊的劳动人民开始在这里居住,进行耕作,才有了大郊亭村、小郊亭村,"淀"字就被省掉了。海淀湖消失之后,出现了海淀镇,可是那个"淀"字没有省掉,因为"淀"字前头只有一个"海"字,双音节词叫起来顺口,所以仍叫海淀,但已不是水泊而是聚落了。

最早的时候,从现在海淀镇的西下坡,一直到六郎庄,就是原始的作为湖泊的海淀。这从地形上就可以作出判断。

从白石桥北来到海淀镇和北大校园南部,是海拔50米等高线以上的一块高地,最高处到52米,我管它叫"海淀台地"。自此以北、以西,地形下降到50米高程以下。昆明湖东岸,是高程50米的大堤。如果大堤一破,六郎庄一带稻田就要被淹了。乘332路公共汽车从中关村到海淀站,一路下降,这个印象大家都会有的。我记得五十年以前第一次来西郊,从西直门出来走高梁桥、护国寺,经过大钟寺北,然后到黄庄进海淀南大街,穿过西大街,一出西大街口,一片浩渺平远的低地突然展现在眼前。当时我有一个直觉:"这里叫海淀,大概是这片低地的关系吧。"平展如画的稻田荷塘,伸展到颐和园的墙外,真是一片江南风光。这块低地我给它起名叫"巴沟低地"。巴沟也是低地上的一个小居民点。海淀台地和巴沟低地形成的原因,这里也来不及讲了。海淀以南,巴沟低地的上游是万泉庄。历史记载这里有众多泉水平地涌出,所以叫万泉庄。泉水汇成一条小河北流,这就是原来海淀湖的上源之一。

海淀附近的昆明湖，原来也是一个小湖，叫瓮山泊。瓮山泊东岸上有个龙王庙。清乾隆年间，把小湖扩大了，改称昆明湖，龙王庙变成了湖中小岛。湖水主要来自玉泉山的泉水，是深层地下水，和万泉庄的泉水不一样。在没有人工渠道开凿之前，玉泉山的水加上巴沟的水，顺着古代永定河的河床故道，流到清河那边去了。低地上排水不畅，积成了原始的海淀湖。湖边农民开辟湖田种稻植荷，很有历史了。湖泊越开辟越小，而开辟这个湖泊的劳动人民的住处越来越大。他们就住在湖边的高地上，日出而作，从高地到低地去劳动；日入而憩，又从低地回到高地上来休息。在这个开发过程中所出现的江南风光，引起了北京城里居民们的注意，特别是北京城迁到现在的城址之后，去海淀很近。城里不少文人学者来这里游览风景，饮酒赋诗。甚至把海淀这个原始的湖泊改称"丹棱沜"，但是老百姓还是叫它海淀。到了明朝中叶以后，海淀的湖上风景越来越引人注意，有的写诗赠送友人说：

输君匹马城西去，十里荷花海淀还。
（区怀瑞：《友人招饮海淀不果往却寄诗》，见《日下旧闻》卷二二引）

甚至有人描写说，这一带地方乃是"神皋之佳丽，郊居之胜选"（蒋一葵：《长安客话》），意思就是说，这里乃是京城郊外风景最优美的地方，是开辟别墅最理想的所在。

当时由于不断开辟的结果，原始的淀泊已经变成南北两个小湖，在南边的一个叫南海淀，北边的一个叫北海淀。南海淀的名字一直保留到今天。也只是作为街巷的名称了，北海淀的名字已经失传。关于北海淀所在地，最后一个最可靠的证据，记在天仙庙里一块明朝隆庆年间的石碑上,称其地为北海淀。天仙庙俗称娘娘庙,现已并入北大校园南墙之内。可惜的是,在十年动乱期间,这块石碑已被搞掉了。北大燕南园内,也曾挖出一块墓碑,说明墓葬之地就是北海淀。

明朝万历年间,迎来了海淀园林开发的新时期。首先是皇亲武清侯李伟,在北海淀开辟了一个规模宏伟的大花园,命名清华园。清华园的故址,在今海淀镇西下坡以北,去颐和园的大路以西。随后,著名书法家米万钟,又在清华园引水的下游开辟了一个幽雅精致的小花园,用"海淀一勺"之意,取名"勺园"。勺园故址,就在北京大学校园南部的西墙之内。后来,虽然有人继续在这一带兴建园林,但是都比不上清华园和勺园。有人曾经写了如下的诗句说:

丹稜沜边万泉出,贵家往往分清流。
米园李园最森爽,其余琐琐营林丘。
(永瑆:《题近光楼诗》,见《诒晋斋集》卷六)

也许并非过分。

到了清朝初年,继达官贵人之后,皇帝也来海淀兴建园林了。康熙首先把清华园改建为畅春园。现在畅春园故址上保存下来的唯一遗物,就是北京大学西校门外以南、大路西侧恩佑寺和恩慕寺的两座庙门了。两寺是雍正和乾隆年间建造的,寺门也已破败不堪(按已重修)。

康熙营建了畅春园之后,又开始为皇子雍正营建圆明园。圆明园兴建的时候,把现场一个叫做后华家屯的居民点强行迁走。后华家屯的南边还有个前华家屯幸而被保留下来,并且被改名叫做挂甲屯。现在的挂甲屯大家都知道,就在去颐和园的大道南边。但是,当初改名的原因没有任何记载，不过事实很明显，乃是有意暗示杨家将的故事。在封建统治时期，民族矛盾不能解决，杨家将的故事，讲的是北宋时期汉族反抗北方契丹族入侵的事，在民间流传很广。杨家将奋战抵抗异族的事迹，并非完全虚构，只是日后传说中"演义"的色彩越来越浓厚。当时的战场，大约在山西省北部。可是到了清朝初年，这杨家将的故事却一直传播到北京城下来了，这显然是反映了汉族排满的情绪，华家屯改称挂甲屯，正好说明了这一事实。

挂甲屯一出现，六郎庄的名字也出来了。查一下文献，这个村子原来也不叫六郎庄，明朝时候这地方叫牛栏庄，是老百姓开辟海淀湖田喂养耕牛的地方，人住在海淀台地上，牲口喂养在低地上。有些文人来海淀游览风光，即景生情，就地写诗，觉得"牛栏"二字不雅，不能入诗，就擅自改为柳浪庄。可是柳浪庄的名称，在民间并未流行。清朝初年，出于排满的情绪，华家屯被改为挂甲屯之后，结合杨六郎挂甲的故事，牛栏庄也就改称六郎庄了，而且故事还在继续发展。六郎庄的名称出现之后，北边还有一个圆锥形的山头，本来叫做百望山，也就改名叫望儿山了。这同样是为了传播杨家将的故事，说这望儿山就是当年佘太君登山遥望，盼儿子杨四郎归来的地方。最初百望山的得名，是因为这个圆锥形的高山，兀立在平原的边际，远走百里之后，仍可在望。这百望山下还有两个小村庄，一个叫东百望村，一个叫西百望村。等到百望山和杨家将的故事联系起来，随着挂甲屯、六郎庄等名称的出现而改名叫做望儿山的时候，山下的两个小村庄也就改称东北旺（望）村和西北旺（望）村了。那么，现在可以问：当时在劳动人民中间广泛传播这种反抗情绪的究竟是谁呢？现在还不太清楚，大家在普查地名的时候，这也是值得注意的一个问题，希望能得到一些线索。

但是，故事并没有到此为止，过望儿山往西走，不到黑龙潭，中途路北有个小村叫亮甲店，传说是杨六郎、杨七郎晾甲的地方。"晾"字现在错写成"亮"字了。亮甲店原来叫什么，未见记载，大概有两家人在那儿开了个小店，可能叫"两家店"吧？

亮甲店往南去还有两个村子，叫做韩家川和南羊坊。关于这两个村子也有个传说，请你们普查地名时看看究竟是怎么回事。传说韩家川的人和南羊坊的人不讲话、不结亲，好像世代不和的样子。现在是不是这样？（下边有人答话：还是有这样的说法）还是有这样的说法，怎么回事呢？地方传说韩家川是辽将韩昌驻兵的地方。辽朝的势力来到北京了，以北京为陪都嘛，在金中都城之前就是辽的陪都，叫南京。但辽史上没有一个韩昌，却有个大将叫韩延寿，和汉朝循吏燕人韩延寿同名，大概老百姓说的韩昌，就是辽将韩延寿。西山里有一个韩延寿墓，过去认为是汉墓，后来经人考察，砖并不是汉砖，那个墓应是辽将韩延寿的墓。

至于南羊坊呢，又传说是杨家将杨七郎驻兵的地方，辽与北宋交兵，一个是入侵中原，一个是保卫中原，因此，后来住在这两个地方的人也对立起来了。其实这些都是无稽之谈，并不可信，不过杨家将的故事在这里传播，可能是有个政治背景的，值得注意。这杨家将的传说，从北京近郊一直散布到南口以内关沟里的"穆桂英点将台"，还有青龙桥的"六郎影"。这样的故事本身，就说明住在这里的劳动人民对入侵者的反抗情绪。他们对传说中举家奋战、保卫中原的杨家将的故事津津乐道，特别是清兵入关以后，就在京城近郊借故大加宣扬，难道是没有一点政治背景吗？这个问题留待大家去考察吧！这里需要再说一次，就是上述这类的民族矛盾，在封建统治时期，是无法解决的；只有在社会主义制度下，全国各个民族才能真正友好相处，亲如兄弟。

从黑龙潭往西就到了白家疃，大家都知道这是曹雪芹这位伟大的作家逝世的地方。他的房子已经不存在了，但从当时人去看望曹雪芹时所详细记载的道路，如何穿过白家疃直到村西头的小石桥，也还依稀可辨。过了石桥不远就是曹雪芹的几间小房。现在房子不在了，石桥还有，只是现在白家疃的东西大街向西展出很远了。白家疃原有个开源寺，寺里有一块石牌，记载这个地方在玉河乡。其他好几个地方，也都有玉河乡这个名称。辽时还从蓟县分置了一个玉河县。玉河县治究竟在哪儿？是个有待考察的问题，普查地名时有可能搞清楚的。白家疃西约十里，还有一个周家巷。周家巷附近地里有一块界碑，碑上说这界碑东南是玉河县。金朝取消了玉河县改为玉河乡了。看来玉河县治，还得向这一带的山南去找。

最后，再回到海淀镇附近一个地名问题作为例子来谈几句。从白石桥北来路过魏公村到海淀，有人问，魏公村的魏公是谁？前几天《北京日报》上讲了是不错的，没有一个魏公。不过这个地名的演变，倒是很有意思的。元初营建大都城后，有新疆维吾尔族的人集居在现在魏公村所在的地方，当时写作畏吾村，后来就讹作魏公村了。魏公村以东大佛寺西南，路旁也有个墓碑，是明代李东阳的坟墓。李东阳对海淀附近的地理情况和风景名胜都很熟悉，他写的西郊游记很有参考价值。后人记载，他的坟墓指明就在畏吾村，大概后人觉得"畏吾"两个字不大好，才改称为"魏公"。十年动乱期间，又曾一度把"魏公"写作"为公"，意思虽好，可是改来改去不见一点原来地名的影子了，总不太好。实际上"魏公"二字也已经完全失掉原意了。

总之地名普查是一件很有意义的工作，对于了解自己的乡土，认识自己的乡土和建设自己的乡土都很有关系。今天，结合海淀的历史地理，讲了几个地名演变的例子，自己的看法也不一定正确，更难免有错误,大胆提出来也是抛砖引玉。希望同志们在地名普查的工作中取得更丰富的成果,回过头来,我再向同志们请教。

原载海淀区人民政府:《海淀区地名录》,1980年

本次自《奋蹄集》选出

记燕园出土文物
——有关地望考证的墓志石

一、明米玉（昆泉）墓志石

1929年夏，燕京大学在开工兴建第二体育馆时，在燕南园西口以西约40米处的一带（在今新建校医院北楼东侧）土丘上取土，发现"明故昭信校尉锦衣卫百户昆泉米公暨配安人马氏墓志石"。其地在明末清初俗称米家坟（《日下旧闻考》卷七九，北京古籍出版社排印本，第4册第1320页）。米玉子万钟于万历四十一年（1613）前后，在海淀村北，辟治勺园，风景佳丽，名盛一时。勺园故址，在我校西墙以内，当今留学生大楼兴建之处。这里是我校校园中开辟最早的风景区，三百多年来历经沧桑，现在已无任何遗迹可见。幸而我校图书馆藏有万钟手绘《勺园修禊图》，以写实手法，描绘园中景物，昔日胜迹，历历可见。这是有关我校园历史的一件珍品，也是园林绘画中的一幅佳作。万钟书法与松江董其昌齐名，号称"南董北米"。当时北京城内宦官势力炙手可热，有求书画于米万钟者，都遭拒绝，虽宦官头子亦不例外，其耿介如此。有记载称米万钟卒，即葬在勺园（《养吉斋丛录》）。其墓当去米玉墓不远，但迄今未有发现。

（本节参考洪业：《勺园图录考》，第1—3页，
燕京大学引得编纂处，1933年）

二、明吕乾斋、吕宇衡墓志石

（一）明故奉政大夫山东按察司佥事乾斋吕公墓志石
（二）明故承事郎山东济南府泰安州新泰路知路宇衡吕公墓志石

两墓志石共四方，二盖为篆书，二志为楷书，镌刻精雅，1925年修建燕南园59号住宅时掘地出土。

吕乾斋名怀健（明弘治己未至嘉靖乙卯，1499—1555），孙宇衡名志伊（明嘉靖戊申至万历辛丑，1548—1601）。两墓志文，虽与史实无大补益，但所记地名，却与北大校园直接有关。志文称吕志伊为先人营葬，"得地北海甸"。从此可证今燕南园一带，在明朝原称"北海甸"。"甸"当作"淀"，也有讹作"店"字的，都是传写失误。按"海淀"本是一区浅湖的名称，现在海淀镇西北一片平畴如画的稻田，就是从古代叫做"海淀"的浅湖中开辟出来的。在长期开发的过程中，湖泊日益缩小，稻田和附近聚落日益扩大。到了明朝中叶，原始的海淀已被分割为南北两个小湖，在这两个小湖东边的高地上逐渐发展起来的两个聚落，也就分别叫做南海淀和北海淀了。后来湖泊终于被全部化为稻田和池沼，而南北两个以湖泊命名的聚落却扩大起来连成一片，这就是海淀镇。现在，海淀镇的西南部分还保留有"南海淀"的街巷名称，可是"北海淀"作为聚落的名称，久已失传，其地难以确指。吕志伊墓志的出土，提供了一个有力的证据，说明今天北大校园的南半部，就是原来的北海淀村所在之地。

志文又称吕怀健墓"在城西畏吾村"，按畏吾村就是现在民族学院旁边的魏公村。魏公村系由畏吾村音转而来，"畏吾"一名始于元朝，《元史》写作"畏兀"，所指即历史上的回鹘族，也就是现在的维吾尔族。元朝创建大都城，奠定了北京城的今址。当时有畏兀族聚居城西北部，因名畏吾村。其后《宛平县志》讹"畏吾"为"魏吴"。地方相传，又从"魏吴"转为"魏公"，将错就错以至于今。明万历十一年（1583）吕志伊卜建北海淀茔地后，又迁其祖父（原葬畏吾村）之墓于此，同见志文。这就是原葬畏吾村的墓志石却在北大校园内出土的原因。志文还曾记道：北海甸"泉壤葱郁"，墓地所在"[厥]土穹窿"。这八个字描写了当时北海淀泉源丰沛、树木丛茂的景象，以及卜葬之处地形高爽的特征，都是写实。

（本节参考洪业：《明吕乾斋、吕宇衡祖孙二墓志铭考》，《燕京学报》第3期，1928年6月）

1979年4月10日于燕南园61号

本次自《奋蹄集》选出

未名湖溯源

一、燕京大学未名湖区为北京市文物保护单位

燕京大学校园又称燕园。1952年经过院系调整，燕京大学与北京大学合并，北大迁来燕园，迄今即将半个世纪，校园本部不断扩大，建筑规模与日俱增，而燕园一名依然见称于时。这与校园最初的建设决定以未名湖为中心是有直接关系的。1990年2月23日北京市人民政府公布"原燕京大学未名湖区"为北京市文物保护单位。同年10月北京市文物事业管理局刻石立碑于未名湖畔，碑文如下：

原燕京大学未名湖区

该区主要建筑有校门、科学实验楼、办公楼、外文楼、图书馆、临湖轩、南北阁、男女生宿舍、水塔及附属园林小品等。整组建筑采用中国传统建筑布局手法，结合原有山形水系，注重空间围合及轴线对应关系，格局完整，区划分明。建筑造型比例严谨，尺度合宜，工艺精致，是中国近代建筑中传统形式与现代功能相结合的一项重要创作，具有很高的环境艺术价值。

石碑选址在未名湖北岸，与屹立在湖南岸悬崖之上的临湖轩遥遥相望。实际上这一湖一轩都是在 1929 年燕京大学建校十周年的庆祝会中才获得命名的[1]。按临湖轩兴建于燕京大学在海淀建校之初，众所周知；未名湖又是如何来历，却是值得进一步探讨的问题。

二、淑春园遗址图中所见未名湖原貌及周围地区的荒芜景象

北京大学迁来燕园之初，《成府村志》作者金勋先生曾以所藏晚清《淑春园遗址图》复写本一幅见赠。图上所见中心湖泊，即今未名湖的原貌。湖中小岛东侧，有一狭小的长方形标志，即今日尚存的石船所在处。

湖泊南岸有一大岛，临湖一面是慈济寺，唯有寺门残存至今。当时大岛的东西两侧在燕大建校时已经填筑为平地，只是其西南一隅形成一小湖，北与大湖一溪相通，保留至今。此小湖西岸上，土山环抱中有大型建筑一处，其地相当于今日临湖轩所在处之西侧。其正前方，庭院开阔，东南一隅之冈阜间有通道。出通道，向正南，即全园正南门，其位置相当于今日校园内俄文楼（燕大时称适楼）所在处。当年淑春园残存的建筑遗址，大体如此（图 107，并参见图 111）。

在识别图中的上述各点之后，还应进一步就淑春园开发的历史略作说明，以便进一步探讨未名湖的来源问题。关于这一点，我在

---

[1]　"临湖轩"命名来自校友谢婉莹（冰心）教授。湖本无名，钱穆教授因即命名曰"未名湖"。详见拙作《燕园史话》，北京大学出版社，1988 年，第 39 页。

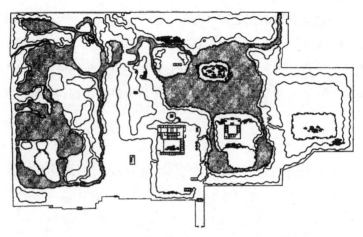

图 107　淑春园遗址图

《燕园史话》中曾误认为是乾隆年间所开凿[1]。最近在探讨海淀镇历史地理的过程中，披览所及，获读在《圆明园》第四集的"园林研究"一栏中曹汛先生所发表的《自怡园》一文，深受启发，终于促使我再做进一步的探讨。

三、从自怡园的兴废，追踪其遗址所在及其与淑春园的关系

《自怡园》一文的第一段，就将该园的兴废作了简明扼要的介绍如下：

> 自怡园为康熙朝武英殿大学士明珠的别墅园。清朝的大学

---

[1]《燕园史话》，北京大学出版社，1988年，第26—27页。

士是当朝一品,相当于宰相,所以自怡园又称明珠相国园。园在海淀东北水磨村,是康熙二十六年著名画家兼造园叠山艺术家叶洮为之设计并建造的。自怡园是当年首屈一指的私家郊野别墅园,是叶洮造园艺术的代表作。园为明珠任相国时所建,其子揆叙自始至终住用于此。揆叙卒于康熙五十六年,雍正二年追发其依附允禩之罪,自怡园被籍没。乾隆年间,其旧址所在疑亦包括尚未尽改的山形水系在内,一并归入长春园,即是长春园的东部万泉河以西一带。[1]

按文中首先指出自怡园选址在"海淀东北水磨村",也就是"乾隆年间一并归入长春园"的地方。这一点却是与原文如下的一段自相矛盾的:

> 康熙二十六年(1687)畅春园建成后,康熙皇帝又把畅春园附近的地段,分赐给皇子皇室、王公贵族们建造园林别墅,显然是为的使他们在扈跸畅春园时能再有一个近便的歇脚休息、居住游赏之地。

根据这段记述进行推断,在畅春园建成后的同年开始兴建的自怡园,应即选址在"畅春园附近的地段",而不可能是日后在乾隆年间才开始兴建的长春园基地范围之内,因为其地实处于畅春园东北方至少是三里的距离之外。那么根据畅春园初建成时的附近地段设想,自怡园的原址,又如何去探求呢?

考虑到畅春园原是在明代清华园的遗址上改建的,其东侧隔路

---

[1] 中国圆明园学会主编:《圆明园》学刊第四集,1986年10月,第224页。

相望的,又有明代米万钟勺园遗址。这勺园遗址也被保留下来,最初改建为弘雅园,作为皇亲贵族的郊居之处,后又改称集贤院[1]。因此有理由相信,最初的自怡园也就应该是在畅春园邻近的地方开始兴建的。曹汛先生《自怡园》一文中所引园主人揆叙以下的诗句,可以为证:"灯火千门盛,郊园近紫宸";"若为邻禁园,便已似深山";"上苑葱茏御气通,趋朝路接野桥东"。这里所谓"紫宸""禁园""上苑"等,指的都是畅春园。

还需要特别指出的是自怡园所以选址要靠近畅春园,而且要在其东北一侧,就是要顺地势从畅春园取得水源。畅春园汇聚了海淀台地西侧巴沟低地上丰沛的水源,而水源又是开辟风景园林的主要条件。自怡园从畅春园取得了丰沛的流水之后,才有可能建设为以河湖取胜的名园。因此当时歌颂自怡园的诗句中就往往把来自畅春园也就是康熙御园的湖水,比作来自"太液池"。姑举二例如下,都是摘录自《自怡园》原文。

波分太液泻如洪,锦石嵯峨上碧空。
直讶生成因地势,不知结构费人工。[2](下略)

忽牵野兴到江湖,沿月扁舟入画图。
几曲波光连太液,千枝灯影散蓬壶。[3](下略)

---

[1] 洪业:《勺园图录考》,燕京大学引得编纂处,1933年,第60—61页。
[2] 《自怡园》原文,节录自明珠之子揆叙:《益戒堂自订诗录》卷一,题作《次韵和他山先生题园居诗八首》,此为其第五首。
[3] 《自怡园》原文,节录自汤右曾:《怀素堂集》卷一五,题作《四月十二日宿恺功都宪别墅,月中放櫂遍游诸胜》。

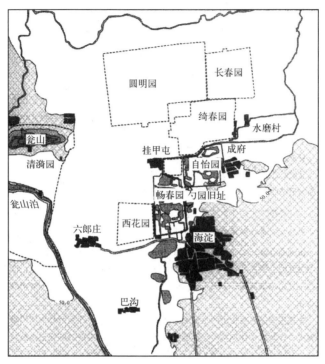

图 108　畅春园与自怡园位置图
（圆明三园始建之前）

以上二诗中的"波分太液泻如洪"和"几曲波光连太液"这两句，难免使人联想起淑春园中的湖泊与湖上景色。因为淑春园正是处于畅春园来水的下游，其间有渠道经过紧相接连的勺园故址，自流入淑春园。同时还应该看到，畅春园的规划设计和自怡园的规划设计，同是出自叶洮一人之手，他必然会考虑到就近引水的问题。因此可以设想，最初的自怡园，就是日后的淑春园，两者同是一地，只是前后的名称不同而已[1]。

---

[1] 淑春园一名的来源还有待考察。

这一设想，也和上文所引《自怡园》一文中所指出的"园在海淀东北水磨村"的说法相符合。

以上的设想，试作略图说明如下（图108）。

四、自怡园与淑春园的先后兴替与圆明三园相继建设的关系

康熙建成畅春园以后，即令大学士明珠就近兴建自怡园已如上述。其后又过了二十二年，也就是康熙四十八年（1709），又在畅春园正北一里半以外的地方，开始兴建圆明园。到了雍正二年（1724），又进一步扩建圆明园。也就是在这一年，如上文所述，"自怡园被籍没"，从此自怡园的名字就很少见于记载，至于其故址所在也就更少有人过问了。只是曹汛先生在上述一文中曾作了如下的推断，他说：

> 从雍正初到乾隆中，时间不算太长，营造长春园的时候，不应该是把自怡园的山形水系完全填平，弄得不留痕迹，而应该是包括在内，加以利用改造。

实际上这是不可能的，因为其地去畅春园太远，已如上述，此不多赘。值得注意的是正是在乾隆中期，也就是在圆明园正东方开始扩建长春园之后，自怡园的名字已经消失，而淑春园的名字却开始见于官方记载，《清会典事例》称：

> 乾隆二十八年奏准圆明园所交淑春园并北楼门外等处水田一

顷二十三亩六分三厘，岁征租银三十九两一钱九分五厘有奇。〈1〉

按同卷乾隆三十一年（1766）条，又载北楼门外水田只一亩七分九厘，可见淑春园的主体在北楼门内。北楼门外面临万泉河东流之水，地段狭窄，而北楼门内以南地域开阔，有更多的土地可以开辟为稻田。实际上这就是自怡园遗址所在。

在这里应该着重指出的是淑春园北楼门外的万泉河，在其南北两岸的继续开发上，产生了极为重要的影响。在河以北，随着长春园的扩建，在其南墙之外一直到万泉河北岸之间也日益开发起来。到了乾隆三十四年（1769），号称"圆明三园"的最后一个绮春园，基本建成，而地处万泉河南岸的淑春园，却很少见于记载。乾隆三十六年（1771）又添建绮春园宫门和朝房等。这时宫门以西相去很近的园内正觉寺也相继完工。到这时候，可以说圆明三园基本告成，前后历时六十余年。在这六十余年间，工事进行，几无宁岁。最重要的是在园址扩建的过程中，开辟新水源已是当务之急，略述如下。

最初圆明园的兴建，水源来自近在园址西南的瓮山泊。长春园开工之后，乃扩大瓮山泊为昆明湖，引来玉泉山下丰沛的泉水汇注其中，时在乾隆十五年（1750）。随后又建石渠导引西山卧佛寺与碧云寺和香山诸泉，汇流而下，以增加玉泉山下诸泉的流量〈2〉。到了绮春园扩建的时候，也有赖于圆明园上游的水，分流下注。其最南一支，终于在畅春园的北墙外与万泉河汇为一流，径直东下，从

〈1〉《清会典事例》，商务印书馆石印小字本，1908年，第1194页。
〈2〉参考《北京历代城市建设中的河湖水系及其利用》（已收入本书）一文的"清代北京西郊水源的整理"一节。

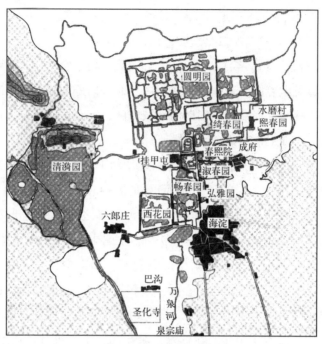

图 109　畅春园与淑春园位置图
（圆明三园及其河湖水系最终建成时期）

而形成圆明三园与畅春园之间的分界线。在这期间，万泉河水系也有了新发展，特别是在乾隆三十二年（1767）兴建了泉宗庙，并进一步开发了附近的泉源之后，水流更加丰沛。从此原本是来源不同的畅春园水系和圆明园水系，终于随着绮春园的兴建而有所沟通，并转而东北，流经水磨村，然后合长春园东流之水，北注清河。图示如图109。

实际上，正是随着绮春园的兴建和南北两个水系的合流，终于迎来了与绮春园隔河相望的南岸出现了园林建设的新发展。乾隆三十八年（1773）十二月，有记载说：

圆明园、绮春园、熙春园、淑春园疏浚河道、桥闸，实销银五万零五百四十一两九钱二分九厘……[1]

　　在这里，淑春园与绮春园和熙春园在园地工程的维修中同见记载[2]，是值得重视的。大约就是在绮春园最后落成的工程中，自怡园东北方水磨村附近原有的水磨，终于被废除，估计其遗址已包括在绮春园东南一隅以内或外侧，不可复见。只有水磨村因为正好处于绮春园的东墙之外，却被保留下来。到了乾隆四十七年（1782），又从淑春园中的北部，也就是靠近万泉河的南岸，划分出一个新园林，名为春熙院[3]。其位置正好和万泉河北岸绮春园中的正觉寺，隔河相望。大约也就是在这时候，与淑春园有重要关系的一件事发生了，这就是乾隆的宠臣和珅得以赐住淑春园[4]，从而开始了在自怡园的旧址上重建新园的事（图110）。

五、圆明三园相继建成后，竟在淑春园中迎来自怡园的昙花一现，更难得有"石舫"写生的原画流传人间

　　和珅赐住淑春园，大约是在他于乾隆四十八年（1783）调任吏部尚书协办大学士和乾隆五十一年（1786）更授以文华殿大学士之间的时候。最后这位权极一时目无法纪的宰相，随着乾隆的去世，

---

[1] 引自杨乃济：《圆明园大事记》，见《圆明园》学刊第四集，1986年10月第34页，上文所引乾隆三十四年和三十六年两条，同出此文。
[2] 熙春园在绮春园之东，今清华大学校园内有遗址。
[3] 春熙院应即今镜春园和朗润园的前身，拙作《燕园史话》第22页，只写了镜春园，未加注朗润园。
[4] 和珅名之为"十笏园"，见昭梿：《啸亭杂录》，商务印书馆铅印本，第163页。

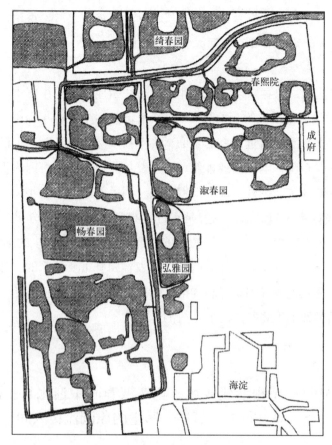

图 110　畅春园、春熙院与淑春园等

立即遭到嘉庆下令逮捕,赐死狱中。事在嘉庆四年(1799)。据此推算,和珅赐住淑春园的时间,大约只有十数年。在这期间,和珅如何利用自怡园的基础进行建设,没有任何材料可供参考。只有在查抄和珅家产的奏折中涉及淑春园时,有如下的记载:全园房屋一千零三间,游廊楼亭三百五十七间[1]。更值得注意的是嘉庆所定

〈1〉 故宫博物院《史料旬刊》第19期,1930年,第190页。

和珅大罪二十款中的第十六条，有如下的一段：

> 将和珅家产查钞……其园寓点缀，竟与圆明园蓬岛瑶台无异。

这里所说的"园寓"，指的就是淑春园与当时圆明园中"蓬岛瑶台"的景物相似，这正是指今天未名湖中的小岛。园中既有岛，必有船。想来当时应是有画舫游荡于湖中，犹如最初查嗣琛在《自怡园看荷》诗中所描写的那样：

> 移山缩地疑神力，拓径开泉总化工。
> 树拥危亭俄出没，湖吞画舫忽西东。[1]（下略）

只是这种自然风貌，从最初的自怡园到重建的淑春园中，犹如昙花一现，一去而不复返了。只是还有一只残存的画舫，仍然留存下来，这就是今天未名湖中的石船。更值得一提的是这只石船原来还是画舫时的原貌，就在和珅掌权的时候，一位英国画家来到淑春园中的现场，为之留下了一幅逼真的写生画。这幅艺术珍品还藏在伦敦的英国博物馆中。我了解到这件事，是在1988年的夏天。当时法国友人法兰西学院院士佩雷菲特（Alain Peyrefitte）为了研究中外关系，再一次前来北京，专门实地考察乾隆五十八年（1793）英国特使马戛尔尼前来中国，先到承德，后来北京朝见乾隆皇帝的事。我曾陪同他在承德避暑山庄考察了两天，随后来到北京[2]。他

---

〔1〕 转引自曹汛《自怡园》一文。
〔2〕 详见下文所记佩雷菲特的法文原著中的"前言"第xiv页，及其中文译本"前言"第11页。

图 111　淑春园石舫

原图注明:"马戛尔尼在北京的住处:石舫(W. 亚历山大)"。按马戛尔尼等人住处在弘雅园(即明代勺园故址),与淑春园一墙之隔,原图注误

原想到北京大学勺园参观,因为这是马戛尔尼及其使团成员曾经居留的地方,当时叫做弘雅园。可惜因事未能如愿,却给我留下了一个信息,讲到马戛尔尼的随行画家曾在园中写生作画的事。一直到他有关此行的专著 *L'Empire Immobile ou Le Choc des Mondes*(中文译本《停滞的帝国——两个世界的撞击》)在 1989 年出版时,我才从附图中看到马戛尔尼随行画家 W. 亚历山大在淑春园中所留下的一幅画舫的写生画,现在复制在这里,作为本文的结尾(图 111)。

正是这幅艺术上的写生画,把今天未名湖中的石船,还它以原来的形象。更重要的是还有一幅燕京大学合并于北京大学前夕的校园本部略图,也一同附在这里(图 112),因为它所代表的,除去南

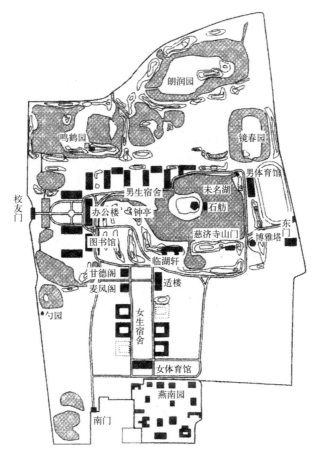

图 112　燕京大学最后的校园本部核心区略图

阁和北阁以南的部分外⟨1⟩,应该就是自怡园的最初范围,而现在的未名湖正是在自怡园最初营建时,经过造园艺术大家叶洮的规划设计而后开凿出来的,算来应该是已有三百一十三年的历史了。

2000 年 5 月 22 日完稿于北京大学燕南园 61 号

⟨1⟩　南阁和北阁在燕京大学时名为麦凤阁和甘德阁。

校后记

本文根据微地貌的分析,将自怡园定位在今未名湖周围,是与有关的文献记载可以相互印证的。按未名湖以南,地形逐渐升高至海淀台地西北一隅的边缘部分,也就是海拔 50 米等高线以上的一带地方。反之,从未名湖向北,地形逐渐下降,直到万泉河南岸,其平均海拔高度已降低至 45 米左右。到了昔日万泉河分支北流的地方,也就是今日水磨村的南边,地形继续下降,实际上这就是原来设置水磨的地方。其地在当年自怡园的东北隅以东,相去甚近。

行文至此,请再引用曹汛先生《自怡园》一文中的一段如下:

> 查慎行《敬业堂诗集》卷一七有《浴罢与实君步入水磨作》。同书同卷又有《雨窗遣兴示恺功》,诗云:"鸡鸣觉村远,水响知石触。"万泉河水流湍急,可触石作响。当地人遂利用水力,推动转磨,水磨村名盖以此也。

这段引文说明自怡园去水磨甚近,是完全正确的。只是原文推论不妥,已见本文以上所述,此不多赘。

在这里还应该附带说明的是,自怡园修建之初,查慎行曾亲临其地,有诗记之,题作《相国明公新筑别业于海淀傍,既度地矣,邀余同游,诗以记之》。其最初两句如下:

> 路指沙堤外,园开海淀东。[1]

---

[1]《敬业堂诗集》卷八,上海古籍出版社,第 216 页。

时在康熙二十六年。可是到了康熙三十二年，他又应约写《自怡园记》一文时，却写道：

> 相国明公之园，在苑西二里。[1]

所谓"苑西"，即畅春园之西，与六年前的"园开海淀东"之说，大有出入。从当时海淀附近的地理情况考虑，后者的说法不足为据。

本文承岳升阳博士绘图，附此致谢。

选自燕京研究院：《燕京学报》新第 10 期，
北京大学出版社，2001 年 5 月
本次自《晚晴集》选出

---

[1]《查慎行选集》，上海古籍出版社，第 520 页。

记米万钟《勺园修禊图》

北京大学图书馆藏明米万钟《勺园修禊图》画卷，为有关校园开发之珍贵文献[1]。今校园本部西垣以内，辟有外宾及外籍留学生居住区，因地当明代勺园遗址，故仍以勺园命名。无奈今昔景物悬殊，图中所见，几乎尽在虚幻缥缈之中。然则考其地望，辨其源流，追踪其来龙去脉，虽已时移世易，而昔日勺园风貌，犹可再现于今日校园之中，是米氏写实旧作之弥足珍贵者，不可无记。

米万钟自署"丁巳三月写勺园修禊图"，时在明万历四十五年，于公元为1617年，去今已三百七十五年。勺园之构筑，当在此以前数年。其地西与武清侯李伟之清华园，隔路相望。李伟跻身贵族，辟治别业踵事增华。万钟清高雅洁，其园林设计自有特色。评者谓：

---

[1] 米万钟字仲诏，明顺天府宛平县人。生年无考，崇祯元年（1628）卒。《明史》卷二八八，附见董其昌传。二人同以书法闻名于时，有"南董北米"之称。米又工于绘画，徐沁《明画录》记："米万钟画山水，细润精工，皴斫幽秀，渲采备极妍洁，自足名家。"（卷四，读画斋丛书本，页八）六十年前，吾师洪业教授喜得万钟手绘《勺园修禊图》，珍藏之于校图书馆，又尽收所及见有关文献，作《勺园图录考》（燕京大学《引得》特刊之五，1933年），有序记其图"为手卷，绢底，高营造尺九寸二分，长九尺零二分。中有虫蛀孔数处，然于图未有损坏。卷上下两端，似于重裱时，曾被减去数分，前后无序跋，不知是否亦于重裱时剪去"。今《国学研究》创刊伊始，有意择我校图书馆入藏珍本图书，分期介绍，以飨读者。首选《勺图修禊图》，精心缩制，便于刊印。又嘱予为记，以与今日校园相印证，予不能辞。然所取材，多自我师《勺园图录考》，其书所录既富，考校尤为谨严，每多卓见绝识。只是证以今地试为图解者，为我师所未及作。拙作亦偶有推论不尽同者，不赘述。

海淀米太仆园，园仅百亩，一望尽水，长堤大桥，幽亭曲榭，路穷则舟，舟穷则廊，高柳掩之，一望弥际。傍为李戚畹园，钜丽之甚，然游者必称米园焉。⟨1⟩

万钟所以自署"勺园"者，意在仅取"海淀一勺"之水⟨2⟩，已足以取胜于园林设计之中。尝自吟曰："绕堤尽是苍烟护，傍舍都将碧水环。"⟨3⟩时人袁中道亦盛赞之曰："到门唯见水，入室尽疑舟。"⟨4⟩因此勺园面积虽仅百亩，而碧波荡漾，清流潆洄，路转景移，似无去处。如以孙国敉《燕都游览志》所记，参照《勺园修禊图》而并读之，直如身临其境。全程南自风烟里过缨云桥，辗转北上以入文水陂，中经勺海堂太乙叶，绕行翠葆楼，北过槎枒渡以止于水榭北堂，沿途曲折前进，无限风光，历历如在目前。关键在于洞察其进程方向，最宜先作园景透视图以为向导。幸得友人青年建筑学者赖德霖欣然命笔，夙愿以偿。因缩制其所作《勺园园景透视图》（图113）并摘录孙国敉《燕都游览志》原文如下，以为披览《勺园修禊图》之参考，俾得心领神会而意境无穷矣。

按孙国敉游勺园，当自东南来，过北海淀，经风烟里，渐入佳境。其略曰：

勺园径曰风烟里。入径乳石磊砢，高柳荫之。南有陂，陂上桥曰缨云……下桥为屏墙，墙上石曰雀浜……折而北为文水陂，跨水有斋，曰定舫。舫西高阜，题曰松风水月。阜断为

⟨1⟩ 孙承泽：《春明梦余录》卷六五，古香斋袖珍本，页二三。
⟨2⟩ 蒋一葵：《长安客话》，北京出版社排印本，1960年，第63页。
⟨3⟩ 清《康熙宛平县志》卷六，页一〇七。
⟨4⟩ 《七夕集米友石勺园》，见《珂雪斋集选》页四六引。

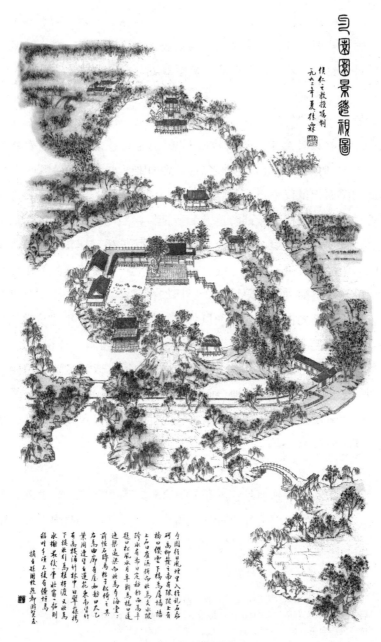

图 113　勺园园景透视图

桥，曰逶迤梁……逾梁而北为勺海堂……堂前怪石蹲焉，栝子松倚之。其右为曲廊，有屋如舫，曰太乙叶，周遭皆白莲花也。东南皆竹，有碑曰林于澨。有高楼涌竹林中，曰翠葆楼……下楼北行为槎枒渡……又北为水榭。最后一堂，北窗一拓，则稻畦千顷，不复有缭垣焉。〈1〉

赖有此文，依其所记方位，《勺园园景透视图》乃得从《勺园修禊图》中脱胎而出。

读图之余，有待商榷者数事，试以园景透视图上之方位为据，分述如下：

（一）勺园西北隅以外有桥梁一座，应是屡见于记载之娄兜桥，只是传写每多变异，如嵝兜桥、篓兜桥、娄兜桥，甚至讹作炉斗桥〈2〉。此桥有关明代勺园之考证，至关重要。明刘侗、于奕正《帝京景物略》有专文记海淀，兼及娄兜桥，节录如下：

水所聚曰淀，高梁桥西北十里，平地出泉焉，滮滮四去……为十余奠潴，北曰北海淀，南曰南海淀……淀南五里，丹棱沜……沜而西，广可舟矣，武清侯李皇亲园之……园中水程十数里，舟莫或不达。……园东西相直，米太仆勺园，百亩耳，望之等深，步焉则等远……西园之北，有桥，曰娄兜桥，一曰西勺。〈3〉

〈1〉 朱彝尊：《日下旧闻》卷二二，页八至九引。
〈2〉 《勺园图录考》，第57页。
〈3〉 北京出版社排印本，1963年，第200—201页。按"丹棱沜"之称较海淀一名为晚出，始见于海淀附近一元朝残碑，盖出于文人墨客所命名。此处所记"淀南五里，丹棱沜"如作"淀南北五里，曰丹棱沜"，庶几原与事实相符。

按此处"海淀"一词所指，为一带水草丛生之浅湖，且有南北之分，显而易见，无可置疑。须加说明者，即同时尚有作为聚落之南北两海淀并存[1]。而勺园所在，正是北海淀[2]。尤可注意者，文中称武清侯李氏园为西园，而"西园之北，有桥，曰娄兜桥"。其位置正当《勺园修禊图》中最后一桥所在处，是为娄兜桥无疑[3]，其故址即在今北大西校门以南约七八十步[4]。其下水道已废，仅在校墙以内，尚有昔日移自圆明园之残存石雕两具，原作为桥之两槛者，可以为证。而今北京大学西校门门牌，即是"娄兜桥一号"。以此殆可推断，米万钟勺园之北界必去今娄兜桥以南不远，与《勺园修禊图》所见石桥位置，正相符合。只是勺园北，并不见有垣墙为界，当如《燕都游览志》所记最后一堂北窗一拓，则稻畦千顷矣。

（二）娄兜桥又称西勺，已见上文所引《帝京景物略》。按西勺一名，初见于王嘉谟之写作。王嘉谟[5]早在勺园构筑之前约三十年，曾寄居于以聚落见称之海淀，有诗题曰："海淀西勺桥上作"[6]，又有《丹棱沜记》，自称：

西勺之东，有古祠，一断碑，乃元上都路制使朵里真撰，

---

[1] 这一湖泊与聚落地名之转化，有其自然过程，详见拙作《北京海淀附近的地形、水道与聚落》，原载《地理学报》第18卷第1、2期合刊，1951年11月，已收入本书。
[2] "燕南园南数十步石道东有天仙庙，俗称娘娘庙。庙中有隆庆六年……碑文，以北海淀称其地。燕南园出土明吕志伊墓志，称葬北海甸（淀）。"（《勺园图录考》，第53页）按天仙庙今在我校南门以内西侧。
[3] 业师已有明文作如此论断，只是尚有存疑者。见《勺园图录考》，第55页。
[4] 详见拙作《燕园史话》，北京大学出版社，1988年，第4页。
[5] 王嘉谟，号弘岳，丙戌进士，豹韬卫人，任行人司行人。见明代沈榜：《宛署杂记》卷十六，人物，乡贤，北京古籍出版社，1960年，第160页。
[6] 《帝京景物略》，第202页，按海淀作为聚落之名称，早在金朝已见记载，详见拙作《北京海淀附近的地形、水道与聚落》。

文云丹稜沜，尚余数行，余者磨灭。沜虽小，然忽隐忽潴，连以数里，可舟可钓，足食数口，负山丛丛，盖神皋之佳丽，郊居之胜选也。春末三月，余读书海淀，与沜为邻。〈1〉

自此以后，丹稜沜之名屡见引用，且与作为湖泊之海淀，时相混淆。此处之最可注意者，即所谓"西勾之东，有古祠，一断碑"。此古祠所在，别无旁证，殆难确指。幸而在《勺园修禊图》最后一桥之旁，绘有屋数楹，且有类似高碑者一通耸立其间。以《勺园园景透视图》校之，则此数楹建筑，适在西勾桥亦即娄兜桥东，与王嘉谟所记，正相吻合。如以今地证之，则刻有丹稜沜一名之元残碑故址，当在今北大西校门内东南一带。此且聊备一说，存以待考。

（三）勺园北界所在既如上述，至于其南界，当于今总务处办公楼附近一带之东西线上求之。其地以南，旧有冰窖胡同。早年燕京大学购地于冰窖胡同之北，地属集贤院遗址，而集贤院于清嘉庆以前原名弘雅园。按弘雅园原是康熙初年利用明代勺园旧址所重建者〈2〉。于是勺园一名又重现于燕园之中，递传至今，且已扬名于海内外矣。然考其故址所有面积，据当时地契所载，仅得八十一亩九分六厘三毫五丝〈3〉，于米万钟百亩之勺园，尚有短缺。盖历时既久，诸园前后相继，地界难免有所变化。据此推论，则今日校内勺园楼群之所在，约当明代勺园中心建筑勺海堂左右一带，而勺园楼群以东之南北道路及其西侧之校墙，应即明代勺园东西边界之所在。其西隔道相望者即清华园。清初康熙因其地改建畅春园〈4〉，今残存者

〈1〉 《春明梦余录》卷六五，页二四至二六，有全文。
〈2〉 吴长元：《宸垣识略》，北京出版社本，1964年，第256页。
〈3〉 地契旧藏燕京大学会计处，见《勺园图录考》，第61页。
〈4〉 清圣祖《畅春园记》，《御制文集》卷五，页十三至十四。

唯恩佑寺、恩慕寺两庙门，门皆东向，与勺园故址隔道相望[1]。昔日沿畅春园东垣外，有河水北流，傍两庙门之西侧，转而西去。西转之前，分水东流处，是即娄兜桥故址所在。桥址稍南，迄今尚有"畅春园东北界"之界石，立于道旁。此界石所在，亦即明代清华园之东北隅。今昔水道迥异，变迁复杂，而娄兜桥一名之演替，亦有待详作说明，当另为文以记之。迄今可以断言者，即米万钟构筑勺园，其引水必自南方，然后经风烟里，从缥云桥下北流入园。盖此一带地势，自南而北逐渐倾斜，按之今日校园地图，原冰窖胡同西口标高为45.62米，北至勺园主楼南，降至45.23米，再北至塞万提斯铜像附近又降至45.18米，更西北至娄兜桥遗址以东校墙之内，仅得44.86米。至于由此以东，地形又逐渐隆起，至今六院门前，已高达47.78米。此虽今日地形，其自然趋势，今昔当无大差异。前燕京大学购置集贤院遗址时，其西南角尚存有进水闸，亦可为证[2]。仅以今日勺园附近一带主要建筑物以及地形标高选点连同旧日畅春园东侧之河流故道作图以为参考（图114）。

（四）今勺园主楼前方，隔路东球场，有四合院一处，原有门牌为"佟府三号"，燕京大学置为校产后，保留其原有门牌又加以维修，分隔南向之垂花门外小院为"佟府甲三号"，作为两处教师住宅，另辟西向宅门各一处。此两处旧宅，屡经修葺，保存至今[3]。相

---

[1] "恩佑寺建于苑之东垣内，山门东向，外临通衢。门内跨石桥，三殿五楹，南北配殿各三楹。……恩佑寺之右为恩慕寺，殿宇规划与恩佑寺同。"见《日下旧闻考》，北京古籍出版社，1981年，第1277页引《畅春园册》。

[2] 《勺园图录考》，第61页。

[3] 1950年春余迁居燕南园前，曾住佟府甲三号，时门牌尚存。经过1952年院校调整，其地曾一度作为《北京大学学报》编辑部。该部同仁于南侧跨院中辟治菜圃，得石斧一具，送余收藏，保存至今。本文写作中，余重访其地，见中式院门上旧书对联"中心育物；和气如春"，尚依稀可辨。唯南北两侧又多续建房屋，而"佟府"之名已不传。

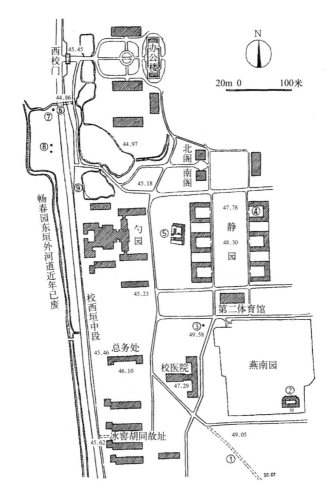

图114 今勺园及附近地区略图
（参考1972年《北京大学校园地形图》）

说明：

① 校南门内西侧约百米处，有明代天仙庙，俗称娘娘庙，明隆庆年间碑文称其地曰"北海淀"（村）。旧日自庙前西行转向西北，有石板大道随地形缓缓下降，曰"娘娘庙西岔"，直至今校医院附近。近年随校园之扩建，旧迹无存。米万钟勺园初建时，自北京城来，当由此入风烟里。

② 燕南园59号住宅初建时，有明吕志伊墓志石出土，墓志铭称其曰北海淀，与明代天仙庙碑文所载同。

③ 燕南园西口外，沿大路向正西行，路南侧有米万钟父米玉墓志石出土。

④ 静园东侧"六院"兴建时，破土发现墓穴两处，已被盗，除一空器皿外无他物。其地相

记米万钟《勺园修禊图》 | 477

传称"米家坟",今所发现当即米万钟及子吉土墓。
⑤ 此处有旧四合院,随地产收归校园,其地旧称"佟府"。
⑥ 娄兜桥故址。近年河流改道,旧迹无存。
⑦ "畅春园东北界"界石。
⑧ 恩佑寺与恩慕寺残存庙门。
⑨ 1983年在此处修砌湖岸时,发现地表下约2米深处,有一带由整块长方形条石南北相接铺砌而成之建筑物遗址,明显可见之部分延长至十数米。当是米万钟勺园最后一湖西岸某一建筑之残存者,今已埋在新砌湖岸之下。沿湖岸西侧有新筑游廊。

传其地原属康熙皇后佟佳氏之父内大臣佟国维别业,因称佟府。按康熙既因清华园之旧改建畅春园于勺园故址之西,佟国维因之随驾乃建别业于勺园故址之东,自属可信。勺园故址介于其间,当时改称弘雅园,其匾额且为康熙所题写[1],是亦有助于勺园故址之推断。尤可注意者,佟府附近相去不远处,于清初有"米家坟"之称[2],证之以顺治年间王崇简之记述,亦足凭信。按王氏为米万钟晚辈,与其子吉土相交甚厚,且为近亲[3]。明清易代之后,曾因米万钟孙紫来之约,写有《米友石先生诗序》。"友石"者,万钟之别号,盖因酷爱奇石而得名者。王氏此序,不仅有资万钟家事之考证,且足以见其品格之高尚,因摘录之如下:

昔万历之季,米友石先生以诗文书画名天下,构园于海淀……予时甫舞象,先生召乡大夫宴饮,以予故人子,不弃,预侍左右。……及与公子吉土为文字交,复得读先生之诗文,间得其书画,以夸耀于人。会阉人魏忠贤擅权,先生都人也,

---

[1] 嘉庆《东华录》六年五月癸卯谕,(石印本)卷十一,页三七。
[2] 《日下旧闻考》卷七九,页十九按语。
[3] 按王崇简:《家谱外传》称"适米汉雯者,崇简女"。见《青箱堂文集》卷十二,页十三。又"汉雯字紫来……父吉土",见徐世昌:《大清畿辅先哲传》卷二十,页八。

独不与为缘。媚阉者驱除异己，先生遂落籍。当时直谅之名重天下。阉败，先生乃得通显，然位止于太仆少卿而殁。呜呼！先生之不朽，岂以其位之崇卑哉。至于今，过海淀所为勺园者，残陇荒陂，烟横草蔓，则当年之晴轩月榭、凉台燠室也。枯塘颓径，蛇盘狸穴，则当年之文窗窈窕、古槎嵯峨也。求其莲房松岸，楼舫相掩映，而危梁穹窿于木末者，茫不可得。惟巍巍一石，宛然当年荫高松而峙庭前者也。徘徊霜凄风紧之际，东望土高数尺，则先生之墓在焉。而吉土之冢复立其旁。嗟乎！四十年来，沧桑生死之变可胜悲哉。〈1〉

按此所记，万钟与子吉土之墓东去勺园故址不远。事有竟然出人意外者，即我校于1954年新建"六院"时，偶得米氏墓葬于其地，可以与王序互为印证，然所得随葬物无几〈2〉。肆后予闻其事，急欲求其故址，已不可得，是不无遗憾者耳（参见图114）。然则此序文之最可贵者，即王氏于勺园废墟中尤得见"巍巍一石"，信为当年勺海堂前之遗物。只是勺园废堕之后，此"巍巍一石"几度转移，历尽风霜，鲜有踪迹可寻。早年予于校园东南隅清贝子载治别业遗

〈1〉《青箱堂文集》卷四，页九至十。又1929年曾于燕南园西口外约百步之路左土阜中取土，得米万钟父米玉墓志石二，稍掘左右丈许，未见其他遗物。其地去万钟墓亦远，是可异者。见《勺园图录考》，第57页。此二墓志石，经用木制框架加以保护，今置办公楼过厅内1926年春建燕南园59号住宅，掘地得明吕乾斋、吕宇衡祖孙二墓志石，宇衡墓志铭称"葬北海甸"。"甸"为"淀"字之异写，是亦可证燕园所在为北海淀。详见《洪业论学集》，中华书局，1981年，第1—7页。二墓志石亦加木制框架，同置于办公楼过厅中。
〈2〉米氏墓被盗无疑。清乾隆间郑慎亲王乌尔恭阿，曾购得米万钟玉簪，有诗记之曰："友石黄泉骨已枯，玉簪完好待人沽。春山秋水风烟里，试想当年绾发乌。"或可为证，见《石琴诗稿》，引自《勺园图录考》，第61页。

址中,得见一高大玲珑之太湖石,耸立于四株青翠白皮松间[1],当是勺海堂前旧物,而周围情景日在颓败中,亦曾建议移之于今日勺园楼群中而未得。最近我校新建之赛克勒考古与艺术博物馆即将落成,喜见此"巍巍一石"已移置于馆内庭院正中。于是万钟酷爱之勺园遗物,乃得与其手绘之《勺园修禊图》并存于我校园内最佳处所,此北京大学校园建筑史上弥足珍贵之"双璧",可望与世长存矣。今复制《勺园修禊图》以广流传,嘱予为记,欣然命笔,不当之处,尚祈高明有以教我。

时在1992年6月30日盛暑中,去予初来燕园适满六十周年

原载《国学研究》第一卷,北京大学出版社,1993年

本次自《晚晴集》选出

---

[1]《燕园史话》第67—68页。

圆明园

今日圆明园是以遗址为主的一处大型园林，它的特殊意义在于它以大量的残迹遗物，有力地揭露了帝国主义者的狰狞面目，控诉了它们疯狂破坏人类文化的罪行。

历史上的圆明园是我国最后一个封建王朝——清朝，在其统治前期，集中了全国物力，役使了无数精工巧匠，倾注了千百万劳动人民的血汗，历时一百五十余年（从公元1700年前后开始），陆续缔造经营的一座规模极其宏伟，景色无比秀丽的离宫。最初兴建的部分叫做圆明园，相继扩建的部分叫做长春园和绮春园（后改名万春园），三园紧相毗连，外围总长近二十华里，面积合计五千多亩，现在习惯上都叫做圆明园。

圆明园奠址在海淀镇北的一片平原上，这里地势低下，间有潜水溢出地表，又是原来玉泉山和瓮山（万寿山前身）诸泉的中下游，为创造人工园林提供了良好条件。同时西山峰峦近在眼前，青山绿水，景色宜人。劳动人民在长期生产斗争的过程中，通过种稻植荷，早已把这一带地方开辟为天然风景区。

早在元代，海淀低地上的原始湖泊就以风景佳丽而成为京城近郊的游览胜地，都下文人流连忘返，易以"丹稜沜"的雅称，吟咏赞赏，诗文连篇。到了明朝，海淀湖区的自然景趣，吸引了更多的游人，于是一些达官贵人占据田园，营造别墅，始开海淀园林兴建的先声。明万历时，武清侯李伟，首建"清华园"（故址在今北京大学西墙外），规模宏伟，周长十里，号称京国第一名园。嗣后，官居太仆少卿的著名书法家米万钟又于清华园东墙之外，导引湖水，辟治一处幽雅秀丽的小园林，取"海淀一勺"的意思，命名"勺园"（故址在今北京大学校园西南隅）。于是，京城郊外昔日的一区淀泊，顷时亭台楼榭与湖光山色交相掩映，开始成为帝都附近名盛一时的园林荟集之地。明清易代之际，清华园与勺园都已渐就圮废。清朝初年，康熙又就清华园故址，重加修治，名曰畅春园，作为"避喧听政"的处所。自是而后，历经康熙、雍正、乾隆三代，相继经营，几无虚岁。于是，海淀附近，名园并起。封建帝王营造御园，除畅春园现存恩佑寺、恩慕寺两个庙门和"畅春园东北界"的角桩外，还修建了清漪园（今颐和园前身）、静明园（在今玉泉山）、静宜园（在今香山）。点缀其间的还有不少宗室大臣的赐园，如以现在北京大学未名湖为中心的淑春园等。此外还建有八旗营房环绕诸园，以加强防卫。数十里内，几乎都成了禁地。诸园的建造，都是充分利用了地上、地下丰沛的水源，构筑人工山水，凿渠开湖，叠石造山。圆明园的兴建正是在这一基础上，又加以人工的创造，在平坦的土地上，开凿出许多大小不同、形状各异的湖泊和池沼，堆筑起无数连绵起伏、曲折有致的丘陵和冈阜。在峰回路转之处，山崖丘壑之间，到处都是清澈的溪泉，潺潺的流水。湖泊中最大的是福海，浩瀚的水面上浮现出仙境般的"蓬岛瑶台"；环绕于大宫门内前湖和后湖沿岸的九个小岛，又是表示全国疆域的《禹贡》"九州"的象征，因此两湖中间的一座大殿，就被命名为"九州清宴"。在这一区山环水抱以临摹自然为主的广阔空间里，点缀着数以百计金碧辉煌的宫殿、楼阁、亭台、馆榭，其中陈设着难以数计的艺术珍品，收藏了极为丰富的图书文物。实际上清朝皇帝从雍正、乾隆一直到咸丰，每年都有大半时间居住园中，并在这里举行朝会和处理政事，因此大宫门内还兴建了比于宫廷正衙的"正大光明殿"、"勤政亲贤殿"以及内阁、六部、军机处等各中枢机构，俨然成为封建王朝统治的中心。当圆明园极盛之时，这里既是封建皇帝发号施令的地方，又是一处具有空前规模的园林，它汇集了当时江南若干名园胜景的特点，体现了我国古代造园艺术的精华，在世界园林建筑史上也占有重要地位。它的盛名传播西方，曾被誉为"万园之园"。

然而就是这座举世无比的园林杰作，中外罕有的艺术宝藏，竟遭到帝国主义侵略者极其野蛮的摧残和破坏，首先是1860年的英法联军，随后是1900年的八国联军，在如疯如狂的大肆劫掠之后，又放火焚烧，遂使一代名园沦为废墟。

1860年10月6日，英法联军进占圆明园，随后一场人类历史上罕见的强盗行径在光天化日之下发生了。据英军书记官斯文侯（Robert Swinhoe）供认：

> 10月17日，联军司令部正式下令可以自由劫掠，于是英法军官与士兵疯狂掠夺，每个人都是腰囊累累，满载而归，这时全国秩序最乱。法国兵营驻扎园前，法人手持木棒，遇珍贵可携者则攫而争夺，遇珍贵不可携的如铜器、瓷器、楠木等物，则以棒击毁，必至粉碎而后快。

在大肆抢掠之后，侵略军又开始纵火焚烧，顿时使整个园苑化为一片火海，烟雾笼罩，火光烛天。距圆明园二十多里的北京城内，日光黯淡，如同日食，大量烟尘灰烬直落城中。兽性发作的侵略军对此仍不满足，又进而抢掠万寿山、玉泉山和香山的皇家园囿，畅春园和海淀镇以及附近诸园也都被波及。圆明园被焚烧以后，虽在同治、光绪年间略有修复，可是到了1900年，再次遭到八国联军的洗劫，致使同治、光绪两朝少数修复的建筑也荡然无存。劫后的圆明园，在解放以前的反动统治时期，又经过军阀、官僚、地痞、奸商不断的盗窃破坏，已经变得荒芜不堪、面目全非了。

  祖国解放了，这一区名园废墟才开始受到各级领导的重视，敬爱的周总理明确指示要加以保护和利用。1956年开始在园内进行绿化，1959年北京市城市规划管理局划定该处遗址为公园用地，1960年3月海淀区人民委员会公布圆明园遗址为区第一批文物保护单位。到1962年园内已植树72万株，初步改变了长期以来的荒凉景象。可是近几年来，由于林彪和"四人帮"反革命修正主义路线的流毒和影响，又助长了地方上一些人的资本主义自发倾向和侵吞公产、破坏文物的恶劣行为，致使园中遗址、山林和仅存的寺庙、古柏等又遭受了一些破坏。

  这里最值得注意的是，这座惨遭帝国主义摧毁的园林，在广大人民群众的心目中，是具有反帝反霸斗争的现实意义的，随着我国社会主义革命和社会主义建设事业的蓬勃发展，随着战备思想的深入人心，这一现实意义更加为人所重视。因此近年以来，园内游人与日俱增。这里已开始形成一处可以称之为"遗址园林"的游览场所。它不仅使后来人永不忘记帝国主义的强盗本性，而且为人民群众提供了一个休息游览的胜地，因为这处遗址面积广大，富有山林野趣，又近在城郊，是比较容易到达的。园内虽然已经没有保存得完整的遗址遗物，也没有平坦修整的宽阔大道，却保留了十分难得的园林基础，其中散布着曲折不尽的羊肠小径。加之连绵不断的丘陵开始披上了绿装，平畴如画的湖面也呈现出一派生机盎然的景象，空气清新，四野宁静，漫步其间，自然心旷神怡。

其次，园中本来分布着数以百计的风景点，各自因地制宜，构成了千变万化的建筑群。现在这些风景点虽然已成废墟，但绝大多数仍有遗址可寻，只需按图索骥，耐心踏看，就可在瓦砾堆中，一一加以印证。这样通过身临其境的探索，自然会更加意识到当年这座园林建筑的宏伟瑰丽，也就会更加仇恨帝国主义的残酷暴行。

在这些遗址中，因地基较大而明显易见的，有地处福海东北方的"方壶胜景"，有西北门内的"紫碧山房"。由于孤立水面而最便于指点的，有福海中心的"蓬岛瑶台"，有长春园内西湖里的"海岳开襟"。为了供奉佛像并取法印度古代桥萨罗国国都而兴建的"舍卫城"，至今仍有高大的城垣土墙残存地表。专为珍藏四库全书而兴建的"文源阁"，除去建筑遗址外，还有大堆残余的太湖石倾倒在庭院的池塘中。此外在山环水抱或断崖残丘之间，又会突然出现嶙峋的山石或是崎岖的磴道，这都是当年一些风景中心的标志。还有一些景点的布局和设计，往往取法江南的名山胜景：如"舍卫城"北的"西峰秀色"原是模仿庐山，福海西岸的"溪月松风"则是取意虎溪，长春园东北隅的"狮子林"北部乃是倪云林山庄景物的再现，而文源阁西南"多稼轩"中的"招鹤磴"又是孤山"放鹤亭"的写照。此外杭州西湖十景：花港观鱼、三潭印月、平湖秋月、两峰插云、雷峰夕照、南屏晚钟、曲院风荷、柳浪闻莺、苏堤春晓、断桥残雪，连名称也都在这里一一再现。至于江南名园如南京的瞻园、海宁的隅园、杭州的汪氏园等，也都改用"茹园"（长春园东南隅）、"安澜园"（"方壶胜景"正西）、"小有天园"（"思永斋"内）等新名称而被移植到园中来。

但是在全园中残迹遗物最明显，最触目的，要以俗称"西洋楼"的几座大建筑最为突出。这些大建筑是公元1745年（乾隆十年）开始在长春园北墙下陆续兴建的，由当时供职清廷的西洋传教士郎世宁（意大利）、将友仁（法国）等构图设计，由中国工匠施工营建。最西端是"谐奇趣"，依次而东为"养雀笼""方外观""海晏堂""远瀛观"等，其中大都装有各种形式的喷泉和池塘，以供观赏。这些欧洲文艺复兴时代的西式建筑，大量采用了精雕细刻的石工，屋顶上又加盖了我国特有的琉璃瓦，墙壁上还镶嵌了五色琉璃花砖，从而在建筑艺术上形成了一种独特的风格。由于这一区建筑大量采用石刻，因此才有较多的遗迹遗物残存下来。这里原来还有一些比较完整的精美石雕未遭破坏，可是在解放以前的反动统治时期，都被盗卖一空。例如现在北京大学未名湖畔的翻尾石鱼，就是"谐奇趣"喷水池中的点缀品；最近刚刚就地复原的"远瀛观"对面雕刻有军旗、甲胄、刀剑、火炮的五具石屏风，也是从北京大学"朗润园"中搬运回来的。

其实除去"西洋楼"外，园内其他各处，原来也同样有大量未被摧毁的石刻石雕，以后被陆续移置到其他地方，其中最有名的如"兰亭八柱"现在已是中山公园里的重要一景。北京图书馆和北京大学主楼前面各有两个壮丽的华表，也都是园内西北隅安佑宫的旧物。此外散在各处的圆明园遗物还很多，不胜列举。1977年初海淀区已正式成立圆明园管理处，这是自圆明园被毁以来第一次设立的一个专管机构。今后可望在这一片废墟中逐步开辟出一个"遗址公园"来，既增加首都的绿化面积和供人游息的场所，又保护这具有特殊意义的遗址，这正是人民群众所殷切期待的。

原题《圆明园罹劫120周年》，载《圆明园》学刊第一集
"圆明园罹劫一百廿周年纪念专号"，1981年11月

本次自《奋蹄集》选出

畅春园的新篇章

北京近郊海淀镇西北一带，地势低湿，草木丛茂，原有流泉淙淙，随地喷发，汇为湖泊，名曰海淀。早在辽金以前，滨湖低地，已历经开垦，修渠作埂，艺稻植荷，俨然江南景色。耕作者日众，集居湖滨高地，同以海淀为名，或作海店，始为村落，终成大镇。

元初新建大都城，城内游人时来泛舟海淀，美其名曰丹稜沜。及至晚明，仕宦世家，喜其风光宜人，就地置产，引水造园，有诗句曰：

丹稜沜边万泉出，贵家往往分清流。
米园李园最森爽，其余琐琐营林丘。

李园即当时清华园，号称"京国第一名园"，为武清侯李伟别墅。米园在李园引水下游，系著名书画家米万钟自行设计，园仅百亩，而波光云影，幻境缥缈。因取意"海淀一勺"，命名曰勺园。

清初，康熙因清华园旧址更建畅春园。园周十里，宫门南向，内分三路。中路有"九经三事殿"，全盛时为临朝之所。其后殿堂亭阁相望，近二十处，止于绮榭。东西两路建筑倍于中路。东路有大小门各一。大东门内又有广梁门，门内澹宁居为康熙寝宫。小东门内有清溪书屋，后经雍正改建为恩佑寺。乾隆又建恩慕寺于恩佑寺旁。两寺并列，山门东向，外临通衢。西路有西北门与大西门，门外为西花园。

畅春园内又有东西二堤，东曰丁香堤，西曰兰芝堤。西堤外又别筑桃花堤。堤塍之间，万泉汇流，波光潋滟，风景佳丽，又胜于清华园。全园设计，相传出自造园名家叶洮，曹雪芹祖父曹寅曾一度主持营缮。至于园中叠石造山，又多是张涟、张然父子家传杰构。

按有清一代，海淀附近皇家苑居如圆明园、长春园、万春园，相继兴起，盛极一时，畅春园实肇其端。而民力之虚耗，有增无已。中叶以后，国势日衰。比至咸丰十年，英法侵略军继鸦片战争之后，又乘机寻衅，进犯京郊，纵火焚烧圆明三园，畅春园同归于尽。仅有恩佑、恩慕二寺山门，遗留至今。昔日湖沼，亦渐湮废。

而今喜逢盛世，万象更新。实行对外开放，迎来嘉宾如云。因是新建畅春园饭店于恩佑、恩慕二寺山门以南，东与北京大学勺园宾馆隔墙相望。同是名园故址，更为新时代增辉。嘱我为记，固不能辞，谨以地方沿革，敬告来宾。

1987年3月20日于北大燕南园

原载《燕都》第3期，1987年6月，原题《新建畅春园饭店记》

本次自《奋蹄集》选出

北海公园与北京城

北京城是举世闻名的历史古城，而北海公园最初的开辟，还要比现在北京城的建址更早一些。因为北京早期的城址并不在这里，只是由于北海开辟为一处重要的风景区之后，北京才从原来的旧址迁移到这里来。所以严格地说，没有北海，也就没有现在的北京城。

今年是北海公园建园八百年。这个时间是从金朝大定十九年（1179）在这里兴建太宁宫算起的。太宁宫是金朝统治者在中都城东北郊外所兴建的一座离宫。中都城通称幽州城，也叫燕京，是在北京的原始城址上发展起来的最后的也是最大的一座大城，它的中心位置，就在今天的宣武区广安门一带。

至于北海最初的开辟，还在太宁宫兴建之前。元代作家陶宗仪在《辍耕录》一书中，曾记载了有关北海开辟的一个传说，他是这样写的：

> 浙省参政赤德尔尝云：向任留守司都事（按系负责宫禁工役的官）时，闻故老言，国家（按指元朝）起朔漠日，塞上有一山，形势雄伟，金人望气者谓"此山有王气，非我之利"。金人谋欲压胜之，计无所出。时国（按指金朝）已多事，乃求通好入贡。既而曰："他无所冀，愿得某山以镇压我土耳。"众

皆鄙笑而许之。金人乃大发卒，凿掘辇远至幽州城北，积累成山，因开挑海子，栽植花木，营构宫殿，以为游幸之所。未几金亡，世皇（按指元世祖忽必烈）至元四年（1267）兴建宫城，山适在禁中，遂赐今名云。

这个传说，真伪杂糅，有虚构，也有事实。元世祖至元四年以太宁宫的湖泊为中心兴建宫城，这是事实。至于说金人移山造海的事，当然是虚构，不过其中也反映了一定的事实。只须剥落其虚构的部分，就可以看到其真相。事实是先有湖泊，然后把湖泊加以开凿，又在靠近湖泊东岸的地方，堆筑了一个峙立如山的岛屿。这开凿后的湖泊，就是现在的北海和中海，湖中如山的岛屿就是现在北海中的白塔山，正式的名称是琼华岛。

从地质史上来看，这一带湖泊原是古代永定河的故道，河流迁移之后，残余的一段河床，积水成湖，并有发源于今紫竹院湖泊的一条小河——高梁河，经今什刹海（也同样是古代永定河故道的残余）分流灌注其中。大约从很早的时候起，附近居住的劳动人民就已经利用这一区湖泊，辟治水田，种稻植荷。天长日久，终于在北国的原野上，开辟出一片富有江南风光的水乡。金朝的统治者在兴建中都城后，又看中了东北郊外这一片风光明媚的水乡，于是又在这一带天然湖泊的中间一区，大兴土木，"开挑海子，栽植花木，营构宫殿，以为游幸之所"。这个"游幸之所"就是上文所说的太宁宫。现在既以太宁宫的兴建作为北海公园建园的开始，那么也就不应该忘记，正是劳动人民胼手胝足地长期经营，才为北海的建园创造了条件，奠定了基础。

更重要的是至元四年，元世祖忽必烈以太宁宫的湖泊为中心兴筑宫城之后，环绕着这新筑的宫城，按照一个完整的规划，又兴建

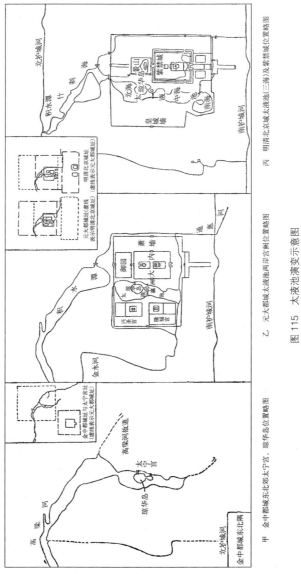

图 115 太液池演变示意图

北海公园与北京城 | 491

了一座大城，这就是历史上赫赫有名的大都城，也就是现在北京城的前身。

忽必烈放弃中都旧城，另建大都新城，也是有个过程的。《元史》记载，中统元年（1260）十二月，忽必烈来到中都，很明显的是他有意从蒙古高原上迁都到这里，以便于就近坐镇，进攻中原，征服建都临安（今杭州）的南宋，统一中国。但是早在四十五年以前，当成吉思汗部下的骑兵攻占中都城时，中都宫阙已为乱兵放火焚烧，因此忽必烈不得不暂时住到中都城外的太宁宫去。太宁宫的琼华岛上有座广寒殿，这就是当时忽必烈下榻的地方。史书有明文记载说，当时献给忽必烈的玉瓮"渎山大玉海"和卧床"五山珍御榻"，就都放置在广寒殿里。现在这张卧床虽已不知下落，但玉瓮却仍然完好无恙地保存在北海公园南门外的团城上。这是很有纪念意义的一件艺术珍品，它不仅显示了七百多年前石雕艺术的精湛水平，而且会使我们联想到：当初这只玉瓮被放在北海琼华岛上的时候，现在的北京城还不存在！

这里还得说明的是北海公园南门外这座团城所在的地方，原来也是一个小岛，同样属于太宁宫宫苑的一部分，有石桥直接与琼华岛相接。元初以湖泊为中心兴筑宫城时，又在这个小岛的东西两侧各建一道木桥，通过东边的木桥，可以直达湖泊东岸皇帝临朝和居住的"大内"，也就是现在紫禁城的前身。通过西边的木桥，就来到湖泊西岸南北对峙的两组宫殿之间。南边的一组在今西黄城根南街与中海之间，叫做隆福宫，是皇太子居住的地方；北边的一组在今西黄城根北街与北海之间，叫做兴圣宫，是皇太后居住的地方。三宫鼎立，团城所在的小岛，正是东西联系的中心，曾被命名为瀛洲，以象征神话中东海里的仙岛；又因为岛形浑圆，因此一般又叫它做圆坻。到了明朝，圆坻东边木桥所在的地方被填为陆地，瀛洲、圆坻等名称，也就失去了最初的含义而逐渐被人所遗忘。至于西边的木桥，却被改建为一座大石桥，石桥东西两端，各建华丽的牌楼一座，分别命名为"金鳌"和"玉蝀"。因此这座大石桥就叫做"金鳌玉蝀桥"。解放后为了便利交通，才拆除了牌楼，加宽了桥面，这就是今天的北海大石桥。当初由于这座大石桥的建立，元初命名的太液池也就被截分为二，再加上明初开凿的太液池南端的小湖，就形成了自北而南互相连属的三部分，后人把太液池叫做"三海"，就是这样演变而来的。到了现在，这太液池的名字也被人遗忘了，而三海之中，北海独享盛名，这不仅是因为它独具一格的造园艺术和它所拥有的富丽多彩的文物古迹，更重要的是它正好处在一个伟大城市的心脏部分，这就为广大人民群众提供了一个最便于游览和欣赏自然美景的好地方。春夏秋冬，物换星移，但是无论什么季节，什么时刻，人们来到这里，面对这绮丽如画的湖光山色，仰望高耸入云的白塔，凝视那如同漂浮在水面上的亭台廊榭、如虹长桥，都自然会心旷神怡，从而最有效地使疲劳的身心得到休息，并涌现出一身新的力量投入到自己的工作中去。过去被封建帝王独霸的人间仙境，而今已成为人民群众游览和休息的乐园。最初劳动人民的创造，最终还是归劳动人民所有，这就是历史的法则，也就是北海公园在八百年建园史上最值得纪念的一点。

原载《文物》1980 年第 4 期

本次自《奋蹄集》选出

什刹海与北京城址的演变

一

什刹海最初见于记载的名称叫做积水潭，或称海子，原是高梁河上比较宽阔的一带河身，而高梁河在两汉时期又曾是永定河的故道。要探讨什刹海与北京城址演变的关系，先得从高梁河说起。

高梁河或作高梁水，在北魏地理学家郦道元（465或472—527）的《水经注》中，有如下的记载：

> 水出蓟城西北平地，泉流东注……东径蓟城北，又东南流，《魏土地记》曰："蓟东十里，有高梁之水者也"，其水又东南入㶟水。

这里所说的㶟水就是永定河，蓟城就是当时的北京城，故址在今莲花池与广安门之间。公元938年，契丹（后改国号曰辽）以蓟城为陪都，改称南京，也叫燕京。辽亡，金朝占据燕京，海陵王扩建东、西、南三面城垣，并于1153年正式迁都，定名为中都。1179年，又在中都东北郊外高梁河上兴建离宫，命名为太宁宫（又改称寿宁宫、寿安宫、万宁宫）。太宁宫中最重要的工程之一，就是利用宽阔的水面再加以开拓，然后傍近东岸堆起一座岛屿，岛上奇石嶙峋，峙立在辽阔的水面上，风光宜人，这就是有名的琼华岛。琼华岛南侧还有一个小岛，可能也是在开拓水面时被有意保留下来的一块陆地，后来命名为瀛洲。又因为岛形浑圆，所以又叫圆坻。

由于太宁离宫的营建，高梁河上的这段河身又大为开拓，形成一带湖泊，曾一度叫做白莲潭。其北部就是日后见于记载的积水潭。更值得注意的是，金朝不仅开辟了以琼华岛为中心的这一区近郊的名胜，而且曾借助于高梁河来进行水上运输。由于金朝已经把中都城建立为一个名副其实的统治中心，为了源源不断地供应宫廷以及庞大官僚机构所需的食粮和其他消费品，必须大力解决通漕济运的问题，主要的途径就是开凿运河。

早在金朝迁都于燕之前，就曾利用高梁河进行水运。不过天然的高梁河，水源十分有限。《水经注》有如下一段记载：

> 俗谚云"高梁无上源"……盖以高梁微涓浅薄，裁足津通，凭借涓流，方成川圳。

这"微涓浅薄"的上源，就是今日紫竹院公园内未经人工开发之前的原始小湖泊。现在经紫竹院公园东注的河流，流经西直门外以北的地方，有座桥梁跨越其上，仍然保留着高梁桥的名称。自然这整个地区的情况，今昔已经大不相同了。

早在公元250年，曹魏的征北将军刘靖，驻军蓟城，防守北边，曾从现在石景山下，凿车箱渠，引古永定河水东下，与高梁河上源相接，然后再从高梁河上游，径直引水东入坝河。坝河下游汇温榆河，注入白河。当时的目的是引水灌溉农田，以保证军粮的供应。时隔九百余年，蓟城已上升为金朝的中都城，这时为了把从华北平原上敛集到的食粮漕运北上，经白河、温榆河、坝河，一直溯

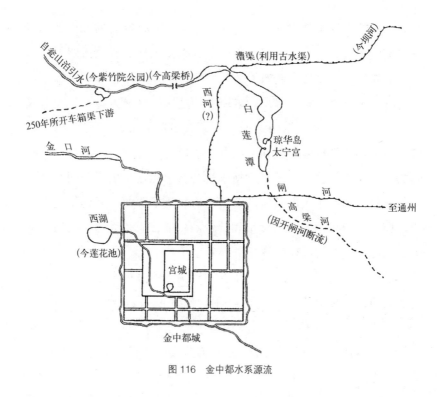

图 116　金中都水系源流

流而进，到达高梁河上游。大约就在这时，又从高梁河上游开一渠道，径直南下，注入中都北护城河。这样，南来的漕船，就可直抵中都城下。这条新开的渠道，因在高梁河以西，相去不远，可能就是日后见于记载的高梁河"西河"。但是高梁河上游水源有限，漕渠时有淤塞。公元 1172 年，乃重开车箱渠上游，引卢沟河水经新开水渠东下，注入中都北护城河，然后再从北护城河径直开渠直达通州，以接白河。这新开的渠道，从中都城以上至石景山下引水口，叫做金口河；从中都城以下至通州，因沿河设闸以节流水，故称闸河。但是渠道开成之后，由于大量泥沙淤垫，只好废弃不用。迟至 1205 年，又从城西北郊玉泉山流泉下游的瓮山泊（也就是今日颐和园昆明湖的前身），开渠引水向东南以接高梁河上游，这才得到了比较丰沛而稳定的水源，可能仍经坝河以通漕运。这种情况大约一直维持到金末元初（图116）。

二

公元1215年，蒙古骑兵南下，攻占中都城，金室南迁汴梁，豪华的一代宫阙，竟惨遭焚毁。四十五年后，忽必烈亲临中都，意在驱兵南下，统一中原。可是原有的宫阙已成废墟，遂暂时住在东北近郊的太宁离宫。随后又着手维修琼华岛，营造广寒殿。1267年乃决定放弃旧城，以琼华岛所在的湖泊为中心，兴建新城。历时近二十年，新城基本完工，这就是赫赫有名的大都城。

选择琼华岛所在的湖泊为新城建设的中心，可能是出自忽必烈本人的意见，但是受命负责新城规划设计的，却是精通天文、地理、律历、易经以及历代典章制度的刘秉忠。更值得注意的是刘秉忠的及门弟子、长于水利工事和天文历算的郭守敬，早在营建新城之前，他就已经向忽必烈提出了开发玉泉水源，以通漕运的建议。这应该是促使忽必烈决定放弃旧城，转而在高梁河上营建新都的主要原因。因为只有这样，才能有利于通漕济运。

现在从新建大都城的平面图上加以分析，不难看出高梁河上的一带湖泊，在全城的规划设计中所起到的重要作用，最突出的有下列几点：

（1）紧傍湖泊的东岸选定了全城自北而南的中轴线。中轴线的起点，也就相应地定为全城平面布局的几何中心，并就地建立标志曰"中心台"，并于其东侧建"中心阁"。

（2）在中轴线的中心部位上，也就是湖泊南部的东岸，兴建"大内"（皇宫），隔湖相望的西岸，分别兴建南北两宫，南为隆福宫（皇太子宫），北为兴圣宫（皇太后宫）。这样三宫鼎立，琼华岛与瀛洲正好位居中央。瀛洲东西各建一桥，把湖泊两岸的三宫联系在一起。

（3）以三宫为中心，四面修建"萧墙"（皇城城墙），将高梁河上的一带湖泊分割为二，南半包入萧墙以内为皇家苑林，依照传统，命名为"太液池"。北半隔在萧墙之外，即积水潭，这就是现在的什刹海，只是它的面积已大为缩小。

（4）最后确定四面大城的城墙位置。十分明显的一点，即是以积水潭东西两岸的距离作为全城宽度的一半，因此西城墙的位置就定在积水潭的西岸，只是中间留有一条顺城街。东城墙的位置也应该定在同一距离上，可能是由于地基的问题而稍向内移，但是在视觉上不会感觉到有任何差异。至于大城南墙的位置，显然是选择在皇城南墙与中都旧城北墙中间的一条东西线上，然后以中心台至南墙的距离来确定北墙的位置。大都城南北长方形的轮廓就是这样确定的。其结果是当时水面浩瀚的积水潭，就自然落在了类似全城心脏的部位上，这在大都城的平面图上十分明显地显示出来。

总之，从整体布局来看，大都城的设计，既继承了古代《周礼·考工记》中"匠人营国"的传统规制，又密切结合了当地河湖水系分布的特点而有所创新。设计者敢于把如此浩瀚的水面，布置在全城如此重要的部位上，显示了一种非凡的气度与恢宏的手法，是十分值得重视的，这自然应该归功于刘秉忠。可惜他未来得及见到大都城的全部竣工，竟然与世长辞，时在至元十一年（1274，也就是马可·波罗到达大都的第二年）。在此以前，刘秉忠曾负责营建塞北的上都城，深得忽必烈的信任。实际上，刘秉忠所长还不只是城市建筑，《元史》本传说：

> 奏建国号曰大元……他如颁章服、举朝仪、给俸禄、定官制，皆自秉忠发之，为一代成宪。

蒙古族的统治者入主中原，如此器重和依赖汉族学者，这也是大有利于中华文化的发展的。

大都城的营建基本完工之后，刘秉忠的继承者郭守敬又于1291年建言开凿大都至通州的运粮河。为了开辟新水源，经过精密的地形测量，决定远自西北昌平白浮泉引水，西折南转，经瓮山泊下注高梁河，仍入城内积水潭，然后凿渠东下，绕行萧墙东垣外，南出大都城南墙，转而东南，与前中都旧闸河故道相接，重加开浚，并建船闸，东至通州以入白河，这就是有名的通惠河。于是南来的漕船可以直驶入城，停泊在积水潭。当时积水潭与太液池已不通流，为了保证太液池的给水，又从玉泉山下另开新渠，导玉泉清流入城，利用城内原高梁河西河下游，直注太液池，同样遵照传统命名为金水河。

上述事实充分说明，从中都旧城到大都新城的城址转移，也就是从莲花池水系转移到高梁河水系上来。原本是高梁河上的积水潭，也就成了大都城内运河的终点，实质上也就是经济命脉的中心（图117）。

三

明初改建大都城，首先于1368年缩减北部城区，并在北城墙

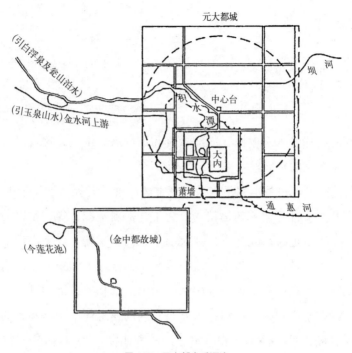

图117 元大都水系源流

（图中虚线圈是以大都城平面设计的几何中心（中心台）为圆心，并以积水潭的东西宽度作为半径）

以南约五里，另建新城墙。当时由于工事仓促，即利用积水潭的上游部分，连同分水东下以入坝河的旧漕渠，作为北墙外的护城河，因此新墙西端竟成斜角。同时，在德胜门西新城墙下建一水关，以便分护城河水注入积水潭。

永乐元年（1403），改北平为北京，并于1420年正式迁都北京。在此以前，为了准备迁都，曾进行了大规模的城市改建工程。主要是将大内即紫禁城以及大城南墙相继南移，并在太液池南端加凿南海，于是有北、中、南三海之称。又以开凿南海与紫禁城护城河之土，堆筑万岁山（即景山），以其主峰作为新城几何中心的标志。在此期间，又重开积水潭下注三海的渠道。这时元代所开白浮泉与金水河的渠道都已断流，积水潭的面积也已逐渐缩小。1553年又加筑外城，于是北京城的平面布局至此定型，一直到新中国成立之初，无大改变。

总之，经过明朝的改建，北京内外两城以及宫殿坛庙的总体布局，较之元代大都城确实有了重大的发展，可以称得上是中国历代帝都的杰出典型。但是从水源的开辟及其利用来说，却大为逊色，这也是不可讳言的。例如，通惠河作为举世闻名的京杭大运河的最北段，自明初改建北京内城时起，就再也不能通航直达积水潭了。也就是从明代开始，积水潭的名称就逐渐为什刹海一名所代替。

按什刹海一名的来源，诸说不一。早在明万历年间，德胜门内有寺曰什刹海，名盛一时。明末刘侗与于奕正所著《帝京景物略》记载说：

京师梵宇，莫什刹海若者。

清乾隆《日下旧闻考》有按语曰：

元时以积水潭为西海子，明季相沿亦名海子，亦名积水潭，亦名净业湖。……今则并无西海子之名，其近十刹海者即称十刹海，近净业寺者即称净业湖。

根据这条按语，可以断定现在的什刹海一名，实来源于明代的十刹海寺，只是把"十"字又谐音写作"什"字而已（图118）。

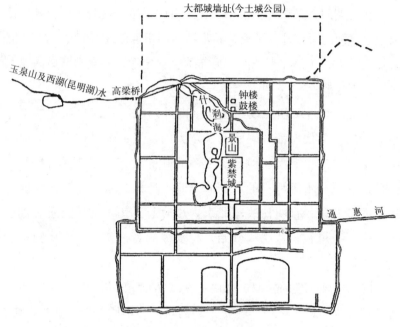

图 118　什刹海与明清北京城

四

新中国成立以来，首都北京的城区已经有了巨大的发展，而仍然处于城区中心部位的什刹海却在缩小中。最突出的是前海南端一堤之隔的湖区，竟被填平作为建筑用地，恭王府西侧沟通前、后海的河流，已经变为街衢。其次是由于北城墙拆除，德胜门以西水关下的款款清流已不可复见，原来隔在北城墙外的太平湖，本是积水潭上游部分，也已被填塞。城市中心部位上原有水面的缩小，是大不利于环境保护的。幸而今日得以保留下来的什刹海，已经开始得到重视。为了维护北京城中这一区富有历史意义和自然风光的市井宝地，有关部门已经进行了周密的调查研究和制定了详细的发展规划，并且已尽先着手将旧日水关内被拆除的汇通祠按照新的要求重建起来，这是一个令人十分鼓舞的重建什刹海历史文化风景区的新起点。但愿其总体规划能够早日实现，为首都这座享有盛誉的历史文化名城，焕发出新时代的光彩！

1990年5月12日
原载《燕都》杂志1990年第4期"什刹海历史文化名胜风景区专号"

要看到建设"滨河公园"的历史意义

建设宣武区"滨河公园",是贯彻落实《北京城市建设总体规划方案》的一项具体工程。这项工程有不可忽视的历史意义。

这个计划中的公园,北起西便门,南至右安门外西南角,因为是紧靠旧日外城的西护城河而设计的,所以叫做"滨河公园"。这一带地方是自古以来北京城早期城址上最重要的一条中心地带。京剧中有一出戏讲"铫期奋戟"的事,演的是铫期护卫刘秀,也就是后来的东汉光武帝,冲出蓟城南门夺路南下的故事。这个故事就是以这个地方为背景的。解放初期,就在这里中间偏南的地方,还可以看到金朝中都城内宫殿被毁的废墟。残破的琉璃瓦片,在掘开的地面下,随处可以见到。甚至还有人在距此以北不远的地方,捡到了战国时代的瓦当,认为周初的燕国迁都到蓟城以后的宫殿遗址就在这里。可惜这一切没有引起应有的重视,未曾经过考古发掘,就被湮没在广安门南滨河路的新建区之中了。这只能怪当初没有一个有远见的小区规划,把这一带地方纳入有计划的建设之中,否则不是可以把更古老的北京城的历史文化遗址和现代的城市规划更好地结合起来,从而把有目可见、有手可指的北京城的历史,再向前推上几百年甚至上千年,这不是更足以显示这座历史文化名城又获得了新生的意义么?可惜这已是无法挽回的了。我认为"滨河公园"设计之可贵,就在于它多少补救了一点过去城市规划设计的不足，使这一带颇有历史意义的地区，又开始有了一点"起死回生"之机。说是"起死回生"，也许有些过甚其辞，但至少可以设想，在建成后的"滨河公园"里设法说明这一块地方历史悠久，古代劳动人民曾经被迫在这里为封建帝王进行过大规模的修建工程，为此不知洒下了多少血和汗，而今已经变成了人民群众游憩的公园。像这样的一个变化也是永远值得纪念的。

现在历史的遗迹虽然在这个公园范围之内已被毁灭，不可复见，但是在邻近公园的地方，还有古代的遗址遗物，大可值得珍视。我记得在《北京日报》上报道"滨河公园"的建设计划时，曾经提到在"滨河公园"北部的西侧有辽代古迹天宁寺塔，在其南部的西侧，有金中都鱼藻池遗址，提到这一点非常重要。如果能稍稍扩大公园的范围，把上述两处地方包括在内，那将会大大增加这座公园的历史文物价值。现在天宁寺塔依然巍峨在望，虽然在相去不远的地方，大煞风景地矗起了北京城里最高的一个大烟囱，但仍难相与争雄。（附带建议在塔院的西墙之外，尽快培植一条钻天杨一类的绿色屏障，以减少烟屑的污染。）可是金中都宫城内的一处遗址现在叫做青年湖的，却已面临着最后被彻底消灭的危险。为此，市城市规划局和市文物管理局的有关同志，都非常关心这一情况，曾几次向有关方面提出保护这一遗址的建议，可是迄今无结果。现在这处残余的遗址或许还有挽救的余地，如果能够加以整治，注以清流，绕以丛林绿地，既富有历史意义，又大可供人游憩，岂非一举两得？既然在这里已经有相当大的一部分改建成游泳池，又何必要把全部遗址都改建成游泳池呢？其实，保留这一处水上遗址，还是次要的，更重要的是要能看到它和恢复金中都城故址西部的河湖水系也是有关系的。这一点说来话长，只好以后另文讨论了。

原载《北京日报》1984年5月7日
原有副题《我的一点建设和想法》

附　记

　　上文写成于1984年春应邀出访美康奈尔大学建筑学院城市与区域规划的时候，当时关于建设"滨河公园"的消息传来，及时赶写了这篇小文，投寄《北京日报》，于1984年5月7日刊出。

　　当我正在考虑把这篇小文选入这本集子时，又得悉一项重要的道路工程，或称"西厢工程"，已经沿着"滨河公园"的西侧开始进行勘察和清理地基的工作。这"西厢工程"的目的，在于缓解市中心南北交通有增无已的极大压力，同时也和即将在莲花池以东兴建北京西火车站的计划，互相配合，对于进一步发展广安门外南北一带的市区大有关系。这里也正是古代北京城内的核心地带，有无埋藏地下的遗址可见，也是值得注意的。最近北京市文物事业管理局考古工作队，即将进驻工地现场，随着筑路工事的进展，在拆除地面建筑物和整治地基的过程中，进行考察勘探工作。按"滨河公园"西侧，自北而南，正是金中都城中轴线所在的地方。中都城内最重要的宫殿叫做大安殿，相当于现在紫禁城中的太和殿，其位置就在这条中轴线上。大安殿西南相去不远，有一个金宫城中的小湖叫做鱼藻池，残存至今，虽改称青年湖，已开始兴建游泳池。如果大安殿的基址在整治道路地基的过程中有所发现，最好能在西厢大道建成之后，选择适当地点，就地竖立丰碑一座，作为金中都城宫阙中心的标志,这比起"滨河公园"的开辟,将是更加有历史意义的一件事。又在大安殿以北,原有金朝后宫仁政殿,在大安殿以南又有全城中轴线上最重要的龙津桥,也希望能有遗址发现,因附记于此。

记于 1990 年 6 月 10 日

本次自《奋蹄集》选出

保护和力求恢复后门桥的历史面貌

后门桥处于北京城南北中轴线上,是一处非常重要的历史古迹。历史上元朝废弃金中都旧城,另建大都新城,需要重点解决的两个问题:一是大都城的规划设计,二是开凿运河以通漕济运。概括起来讲,首先是以作为漕运起点的海子桥,也就是现在的后门桥,来确定自北而南纵贯全城中轴线的位置。然后在海子桥的正北方,建立起作为全城平面布局的中心标志,叫做"中心之台"(即今鼓楼所在处)。从中心台径直南下,经过海子桥,直达全城设计上的正南门,在这一距离的中间部位上,也就是今日北海和中海(当时还没有南海)的东岸,兴建起"宫城"。宫城之外,包括今北海和中海在内,更建"萧墙"从四面加以围护。因此,在元大都城初建的时候,出萧墙北门叫做厚载红门,沿中轴线径直北上,就是海子桥。相继开凿的从大都城南下的大运河,就是从海子桥下,转而东南,然后紧靠萧墙东侧,向南直出大都城,转而东下至通州以接北运河。这正是大都城初建时水上运输的大动脉,也就是日后所谓南北大运河的最后一段。当时海子桥西侧建有澄清闸控制流量,按时启闭。所以在大都城初建时,选择海子桥作为全城规划设计的起点,是十分重要的。

明朝继起,改建大都城为北京城,仅从城市的核心部分来说,首先改建元朝的"大内"为"紫禁城",只是沿中轴线稍向南移。

其次又把四面"萧墙"改建为"皇城"。只是皇城的北墙和东墙又稍向外移,于是海子桥以下向东南流的故道,遂被包入皇城以内,从此大运河上北来的船只,再无可能进入北京城中。因此原来的积水潭逐渐淤积和缩小,终于形成现在的什刹海。这在北京城市建设史上,实在是最大的失策。最后,皇城的北门叫做"北安门";出北安门径直北上的海子桥,名称依旧,没有改变。到了清朝,改北安门为"地安门",海子桥也就叫地安桥了。其后地安门又俗称"后门",于是地安桥相沿成习,也就叫做"后门桥"了。新中国成立后,后门被拆除,可是"后门桥"的名字,却流传下来并且作为北京市的文物保护单位,刻石立碑,竖立在桥南侧的石栏南头。可是古桥两侧的石栏,有的已断裂,却一直未得修理。看到在北京城市建设上有如此重要历史渊源的石桥,因为缺乏维修经费竟落得如此残破状态,实在令人痛心。更加刺目的是两旁石栏外侧,横亘在古河道上的大广告牌,竟然成了一种"遮丑"的设置。行人至此,还能设想这里正是北京这座历史文化名城最初规划设计的起点吗?

目前,北京城里正在进行平安大街的建设,必然涉及后门桥下河下游的"东不压桥"(原名东步粮桥)遗址。新中国成立之初,从后门桥到东不压桥尚有河道遗迹可见,现在都已填筑为弯曲狭窄的小胡同。这一段河道有无可能恢复或局部恢复,还是值得认真考虑的问题。至于东不压桥的遗址在平安大街的扩建中必会有所发现,希望能以古运河上的重要遗址之一,做出明显的地表标志。从此溯源而上,就是后门桥。因此又涉及后门桥如何进一步保护及周围环境如何进一步改造的问题。事关首都北京作为世界历史文化名城在城市规划建设上继往开来的大事,这里无暇多讲,有机会再另作讨论。最后我想再补充一点,即上文所说的海子桥一名,早在元朝,也是来自民间的俗称,当时它的正式名称叫做"万宁桥"。希望有朝一日桥梁本身以及周围环境经过改造之后,仍能恢复万宁桥的名称。

原载《北京晚报》1998年11月5日

亮出白塔 功德无量[*]

今天能出席妙应寺山门复建工程竣工开放仪式,亲眼看到山门重建一新,能够从正面展望到已有悠久历史的白塔,从心里感到十分激动。

我想,我们越是深入了解我们的首都北京这个举世闻名的历史文化名城的创建过程,我们就会更加重视今天我们面前所见的这番新景象,也就会更加奋发前进,创造未来。

这座妙应寺的兴建,原是以白塔寺为起点的,有明文记载说:"白塔寺建自辽[道宗]寿昌二年。"辽寿昌二年,也就是公元1096年,去今已有九百零二年。当时这座古寺还处在古代北京城的东北郊外。七百三十年前元朝开始在北京城东北郊外(也就是金朝扩大了的中都城东北郊外)开始营建大都城——也就是现在北京的前身,去白塔寺的初建已经一百七十二年。

这里值得注意的是:今天的阜成门(元曰平则门),东至朝阳门(元曰齐化门),这条最富有历史文化意义的东西横贯的街道(南有长安街、北有正在扩建的平安大街),最初就是在元朝兴建大都城时确定下来的。

更值得特别注意的就是这条大街的起点,就是因为要正好经过

---

[*] 此文为作者在妙应寺山门复建竣工仪式上的讲话。

白塔寺的前方，径直东下，因此就只得在西四牌楼转而向南，然后东下直达朝阳门。

另外，元至元八年（1271），元世祖忽必烈曾到白塔寺，看到原寺内辽塔中出土之文物，决定改建白塔。而该年正是元朝命名之年，也是更名中都为大都之年。由此说明，白塔寺与北京城市建设的关系是非常密切的。

至于白塔寺改称今天的妙应寺，则是元大都城建成以后的事。

回顾了上述情况之后，我个人今天看到妙应寺山门的复建，使白塔这座富有国际文化交流意义的古建筑得以重新从正面展现在眼前，非常高兴。这应该感谢为保护白塔寺做出贡献的周恩来总理、国家文物局、北京市委、市政府、西城区委、区政府和市文物局及所有参与搬迁、修缮工作的人们。

原载《北京日报》1998 年 10 月 26 日

卢沟桥与北京城

卢沟桥既是北京近郊的一处名胜古迹，名扬中外；又具有重要的政治意义，是导致民族复兴的全国性抗日战争的起点。但是从它和北京城的起源与发展的关系来说，还有待进一步地阐明。从历史地理的角度来看，这两者之间确实存在着血肉相连的关系。如果不是远在卢沟桥兴建以前，当地就已经出现了永定河上的古代渡口，也就不会有北京城原始聚落在其故址上的出现；反之，如果不是北京城早在八百多年以前就已经开始上升为全国性的政治中心，也就不会有今天这样有重要意义的卢沟桥。为了追本溯源，还得从三千多年前北京城原始聚落开始发展的时候讲起。

一、蓟城与永定河上的古代渡口

三千多年以前，当北京城的原始聚落开始发展的时候，华北平原和内蒙高原以及松辽平原（或称东北平原）之间的文化交流早已存在。一方面是出现于华北平原腹地的中原文化沿着太行山东麓向北方传播，首先进入北京所在的小平原，然后再从这北京小平原上主要沿着以下两条天然通道，穿越北方的燕山山岭，继续向山后地区扩散：一条是从小平原西北隅的南口入山，越过八达岭，经由山

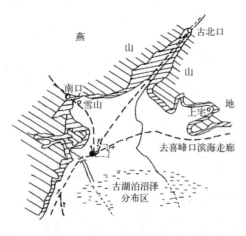

图例
- 20世纪50年代前的北京城
- 古代中原北上通道示意
- 200米以上的山地
- 100—200米山地
- 古蓟城　○今地名　古渡口

图119　古代北京小平原地形示意图

间盆地直上内蒙高原；一条是从小平原东北隅的古北口，通过连绵不断的丘陵山地，深入东北平原。还有一条次要的道路，则是沿着燕山南麓东去，或从中途的喜峰口，或从燕山东端滨海的走廊辗转前进，也可到达松辽平原。这条滨海走廊的道路开发较晚，却日见重要（图119）。

另一方面，在燕山山岭以北的广大地区内，也孕育着具有地方色彩的古代文化，并且沿着同样的路线逐渐向南方渗透。于是北京小平原遂成为南北两方古代文化集中接触的地带。因此，近些年来，在北京小平原北部和东北部的山前一带所发现的新石器时代的遗址，如昌平的雪山遗址和平谷的上宅遗址，在其出土器物上，除去本地的特点之外，无不显示出南北文化接触的迹象。这些文化遗址的最下层，都可以上溯到七八千年以前，当时的原始农业已经开始发展，人们已经在土地肥沃而且有稳定水源可资利用的地方定居下来，先民的原始聚落从此诞生。当时还处在原始氏族公社时期，其后，随着社会生产力以及交换关系的不断发展与私有制的产生，终于导致了阶级的分化，从而在人类历史上开始出现了第一个阶级社会，也就是奴隶制社会。正是随着奴隶制社会的出现，从功能上来说，才出现了最早的城市，它既是交通的枢纽和物品交换的场所，又往往成为地方势力统治的中心。因此，可以说，城市的出现，乃是奴隶社会发展的标志。也正是从这时候起，人类开始进入了有文字记载的历史时期，在我国这就是夏商之际的时期。

正是在上述这个社会历史发展的背景上，我们来试图探索北京城的起源。

如上所述，北京原始聚落的起源，可以上溯到三千多年以前，那时从华北平原腹地北上的道路，正是追踪古代文化向北方传播的途径，沿着太行山东麓的山前台地北上，直入北京小平原。因为当时在北京小平原与华北大平原之间，水网密布，淀泊沼泽散布其间，成为南北交通上的严重障碍。只有沿着太行山东麓的山前台地北上，才最易通行。只是在进入北京小平原之前，必须渡过永定河，而渡过永定河的最好地点，就是后来兴建卢沟桥的地方。因为从此上行，岸高流急，不便越渡；从此下行，河床又逐渐开阔，极易泛滥成灾。于是永定河上的古代渡口就开始在这里发展起来。随着南北交通的日趋频繁，这个古代渡口也就成为北京小平原上南来北往的枢纽，在社会经济不断发展的前提下，古代的北京城就应该在这个渡口上发展起来。但实际上并非如此，最初的北京城并没有在这里发展起来，这又是什么原因呢？

原因就在于永定河的流量极不稳定，这乃是华北季风带气候特点的反映。北京地区的平均年降水量为640毫米，80%集中在夏季，冬季少雪，因而形成了十分明显的雨季和旱季，而且降水量的年变化率很大，多雨之年，年降水量可以三倍于平均年降水量；雨少之年，年降水量还不及平常年份的三分之一。不仅如此，更突出的是夏季又多暴雨集中，而暴雨中心又多集中在环抱北京小平原的山地区，有时一天甚至几小时的暴雨下降，就可多达一二百毫米以上。夏季洪水的暴涨，必然要造成河流下游的泛滥成灾，特别是在汹涌澎湃的山洪一旦沿河冲出山口进入平原，为害更大。因此，永定河上的古代渡口，作为北京小平原上南北交通的枢纽，本来是极为有利于北京城在这里的成长，可是洪水泛滥的严重威胁，又排斥着它的就地发展。结果，这个南北交通的枢纽，就从永定河上的古代渡口，转移到渡河之后相去最近而又不易遭受洪水威胁的地方，于是北京城的原始聚落，就在这里迅速成长起来，终于发展成为最早时期的北京城，它的名称最初见于记载的叫做蓟，它的城址就在今天卢沟桥东北约10公里的莲花池以东相去不远的地方。今天的北京城正是从这里开始发迹的。

二、蓟城城址的位置与燕都蓟城的兴起

蓟城不仅在南北交通上占有枢纽地位，而且它的城址条件也很有利于它的发展。应该指出，一个城市的兴起首先决定于社会经济的发展，但是城址与地理位置也是必要的客观条件。

蓟城在南北交通上的优越位置已如上述，现在需要进一步分析它在城址上的有利条件。

第一，蓟城正好处在古代永定河洪积冲积扇的背脊一侧。这里地势平缓，土壤肥沃，且有微微隆起的小丘点缀其间，这就是后来

见于记载的蓟丘。

蓟丘正好被圈入了早期蓟城城内的西北隅。北魏时代一位卓越的地理学家，也就是《水经注》的作者郦道元（465或472—527）认为蓟城的命名，来源于蓟丘，正如鲁国的曲阜、齐国的营丘都来源于当地阜丘的名称是一样的。因此，蓟丘乃成为古代蓟城一个重要的地形标志。实际上早在战国时期，蓟丘的名称已经见于记载，这就是有名的燕国大将乐毅的《报燕王书》（见《战国策》卷三十《燕二》）中列举的蓟城重要建置如元英、历室和宁台，同时也提到了蓟丘。后来到了北宋，大科学家沈括出使辽朝，来到蓟城，又认为蓟之得名，乃是因为这里的大蓟草特别高大的缘故（见所著《梦溪笔谈》卷二五，胡道静校注本，1956年上海出版公司，下册第804页）。可见在蓟城的发展史上，蓟丘这一明显的地形标志，是一直引人注目的，它的故址当在今白云观以西不远的地方。这里原有一座土丘，经过历代不断堆筑，得以残存下来，直到1974年夏，由于建筑兴工，竟被铲除，实在可惜。

或许可以设想，三千多年前从永定河上的古代渡口北来，过河之后，继续前进，在一些平川又有流泉漾涧（见下文）的土地上，草木丛茂的蓟丘自然会引起人们的注目。这里很可能早已有个原始聚落的存在，现在已无从查考，但是后来的蓟城开始从这里成长起来，却是不容怀疑的（图120）。

第二，蓟城的城址又正当古代永定河洪积冲积扇的潜水溢出带上。这里地下水源丰沛，便于凿井汲水。而溢出地表的承压地下水，又往往喷薄为流泉，停潴为湖沼，甚至汇流为清澈的小溪。蓟城的西郊就有一个流泉汇聚的小湖，通称西湖，也就是今天广安门外莲花池的前身。关于这个西湖，郦道元在《水经注》中就有很好的一段描写，他说：

图120　蓟城城址

西湖东西二里，南北三里……绿水澄澹，川亭望远，亦为游瞩之胜所也。湖水东流为洗马沟，侧城南门东注。(《水经注》卷十三，四部备要本，页二一)

这里所说的洗马沟，就是现在莲花池下游的莲花河。这段描写，不仅显示了蓟城郊外吸引游人的湖上风光，而且有助于探讨古代蓟城的城址所在。它的西墙应该在莲花池以东，南墙应该在莲花河以北，当时的洗马沟应该是流过城西又绕过城南，然后向东南方流去。此外，再参考上文所引《水经注》中所记蓟城内"西北隅有蓟丘"的话，那么古代蓟城的北墙就应该在今白云观北侧，这样就可以大致推求古代蓟城的具体位置，但是还难以确定城市的形状和大小。直到唐朝才有记载说：

> 蓟城南北九里，东西七里。（宋代乐史《太平寰宇记》卷六九，光绪八年金陵书局刊本，页七引唐朝或早于唐朝的《郡国志》）

根据以上的讨论，尽管还不能确切复原蓟城最早的范围和大小，但是它的地理位置从最初起一直到唐代未曾有很大的变化，却是可以相信的。正是从这个地理位置上，蓟城的原始聚落开始发展起来，代替了永定河上的古代渡口而成为南北交通上名副其实的枢纽，实际上这也就是北京小平原面向中原腹地的唯一门户。

追溯蓟城的发展史，除去说明它所具有的极为有利的地理条件之外，还应该进一步说明最早的一个地方势力是怎样从这里兴起以至争霸中原的，这个地方势力就是战国时代的燕国。

根据历史的记载，结合近年来考古发现的印证，可以充分说明：公元前12世纪前期，也就是周武王东征伐纣灭商之后，曾追踪殷商势力在太行山东麓古代大道的最北段，分封了燕和蓟两个小王国，以巩固远在北方的势力范围。蓟国就以古代蓟城为其统治中心，控制着南北交通上的枢纽地位。燕国的统治中心则在永定河上的古代渡口以南大约30公里，接近现在京广铁路琉璃河车站所在的地方。这里虽然也是太行山东麓古代大道所必经，但是并不像蓟城那样占有南北交通上的枢纽地位，不过它却拥有广大而肥饶的腹地。到了东周的春秋时期，燕国势力日益强大，终于兼并了蓟国，而且迁都到蓟城，从此蓟城遂以燕都闻名于世。

到了东周的战国时期，燕国作为"七雄之一"，争霸中原，直到公元前222年为秦国所灭。秦国兼并群雄，统一中原，在我国历史上创建了第一个中央集权的封建王朝，蓟城的发展也就从此进入了一个新阶段。

三、金中都是北京上升为全国政治中心的开始

从公元前3世纪初秦的统一，到20世纪初清的灭亡，封建王朝的统治在我国历史上前后相继，长达二千一百多年。在前一千一百年间，也就是从秦汉到隋、唐，全国最重要的统治中心在长安，蓟城只是东北边境一个地区性的州郡治所，但是它的重要地位却不同寻常。总的来说，每当中原的统一势力强大的时代，蓟城必然是南北贸易和文化交流的中心，有时又是中原势力向北方以及东北方扩张的前进基地。反之，每当中原政局分裂、内外民族矛盾加剧的时代，蓟城又往往是军事上必争之地，中原势力每置重兵以加强防守，而燕山以北的少数民族，又必然要乘机南下，进窥中原。

可是从唐朝末叶以后的一千年间，中原的政局最初曾一度陷于分裂，长安城的重要地位也一落千丈，而燕山以外的少数民族却相继崛起，驱兵南下，首当其冲的蓟城，也就因此而日见重要，最后，终于取代了长安城的地位，而上升为全国最重要的政治中心。在这期间，首先乘机南下的是发迹于西辽河（西拉木伦河）上的契丹族。契丹族在公元938年占有蓟城之后，立即建为陪都，因为地在其统治中心临潢以南，改称南京，又叫燕京。随后建国号曰辽，以与建都汴梁（开封）的北宋相对抗。相继而来的是兴起于松花江上的女真族。公元1115年，女真族就地建国号曰金，其次又继辽人之后进占燕京，并进行了大规模的城市扩建工作。1153年城市扩

建竣工，定名中都。实际上这中都城就是北京在城市发展史上开始上升为全国政治中心的起点。自此以后，历经元、明、清三朝，除去短期的间隔外，都一直建都在北京，直到1911年辛亥革命推翻了清朝。

事实上，正是因为金中都城在蓟城的旧址上开始发展起来，终于上升为全国的政治中心，这才有可能在导致蓟城诞生的永定河古代渡口上，兴建起日后有重大意义的卢沟桥。

四、金中都城的郊区建设与卢沟桥的诞生

金朝扩建中都城，是蓟城旧址上所营造起来的最后也是最为豪华的一座大城。关于它的建筑工事，后人有记载说：载运一只巨大木材的费用，多至二十万两；拖运一辆满载器材的大车，多至五百人。所有宫殿建筑都用黄金五彩加以修饰，单是一座宫室的完成，就要耗费以亿万计的金银（原文见赵翼：《廿二史劄记》卷二七，"金广燕京"条）。可惜这样一座宏伟壮丽的大城，一度化为废墟，如今存留下来的，只有大城西南隅的一带土城残丘，现在的地名叫做凤凰嘴，还有当时宫城中点缀风景的鱼藻池，其残存的部分在不久以前还曾命名为青年湖，现在又已大半改建为游泳池。至于当时建筑物的名称保留到现在的，只有北面城墙上四个城门中最靠西边的一个城门，即在今军事博物馆东南方的会城门，实际上也是名存而实亡了（图121）。

金朝的统治者不仅在中都城内大兴土木，还在郊外进行了多处重要建设，其中对后来城市的发展有深刻影响的就有三处。第一处是在东北郊外的一片天然湖泊上所兴建的太宁宫（又称万宁宫），

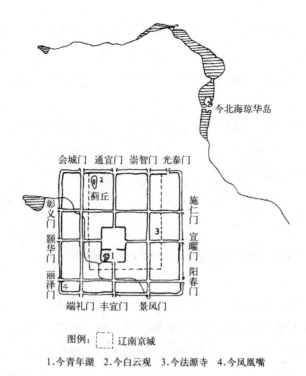

图 121 金中都城

这座离宫后来竟然成为营建元代大都城时进行规划设计的重要依据，其中心就在今天北京城内北海公园的琼华岛上。第二处是在西北郊外利用古代引水灌溉的车箱渠故道所开凿的金口河，以便引永定河水东下入中都北护城河，然后又继续开渠东至通州，以通漕运，因沿河设闸，节制流水，故称闸河。闸河又为日后在大都城开凿通惠河时所利用，这也就是著名的南北运河最北一段的前身。这两项建设在这里无须多讲，本文力图着重说明的乃是第三处工事，也就是卢沟桥的兴建。

卢沟桥的兴建，就其工程规模来说，虽然远不如太宁宫和古运河，但是作为足以显示古代劳动人民的工程技术和艺术才能的个体建筑来说，它得以完整地保存到今天，实在是至可宝贵的。从现在算起再过两年（即1989年），就是卢沟桥开始兴建的八百周年。当时决定在古代永定河的渡口上兴建这座十一孔的连拱石桥，确实是一桩极为重要的创举，从而使自远古起就逐渐发展起来的太行山东麓的南北大道，在最容易被中断的地方，得到了通行无阻的保证。大桥的基础结构以及桥身的建筑十分坚固，几百年来历经无数次狂涛怒浪的冲击，仍自岿然不动。至于点缀在大桥望柱以及桥头上下多至485只千姿百态的大小石狮，更使行人赞赏不已。尽管其中有的已经是后来修补的，仍然不失原貌。至于大桥西头左右两排拦板望柱的最后一对，被体形肥硕的两只石象各自用头部牢牢固定下来的那种独出心裁的艺术形象，又往往传达给过往行人一种幽默感，似乎因此也可以多少领会到当初营建这座大石桥的工匠们，是以何等热爱生活、热爱劳动的心情来完成他们的工艺的。至于大桥初建成时附近一带的自然风光，从最初起就流传下来的"卢沟晓月"这一景，至今还会引起人们"送人几度出京华"的历史遐想。

总之，卢沟桥既是北京城在历史上开始上升为全国政治中心时才有可能完成的一大建筑，同时它也给自古以来的太行山东麓北的南大道，留下了一个极为可贵的标志，它和北京城是有着不可分割的内在联系的（图122）。

五、从首都城市发展展望卢沟桥的未来

随着新中国的成立，北京作为人民首都，在她的城市建设上又迎来了一个更加光辉灿烂的新时代。

追溯这个新时代的起点，还得从卢沟桥开始。

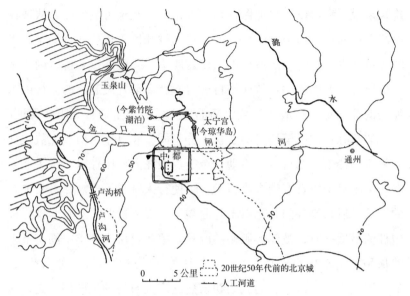

图 122　金中都城四郊地形示意图

　　整整五十年前,"七月七日的卢沟桥事变,是日本帝国主义大举进攻中国本部的开始。卢沟桥中国军队的抗战,是中国全国性抗战的开始"(毛泽东:《为动员一切力量争取抗战胜利而斗争》)。正是在这次全国性的抗战胜利之后,又继之以解放战争,这才终于迎来了社会主义新中国的成立,同时也就为保卫世界和平提供了一个新的力量源泉。

　　三十多年来,尽管经历了十分曲折而复杂的道路,北京作为人民首都,在城市建设上还是出现了空前未有的速度,特别是1983年中共中央和国务院在原则批准《北京城市建设总体规划方案》的《批复》中明确指出:"北京是我们伟大社会主义祖国的首都,是全国的政治中心和文化中心。"于是首都作为全国"文化中心"的建设,第一次被提到和"政治中心"同样重要的地位上来,这就使得首都的城市建设又上升到一个十分重要的新阶段。正是从这个意义上来说，丰台区人民政府所制定的《关于开发卢沟桥文化旅游区的规划》，确实是令人深受鼓舞的。根据这一规划，结合今年"七七事变"五十周年，桥东已有三百多年历史的宛平城（原称拱极城），已经维修完毕，选址在城内的"中国人民抗日战争纪念馆"也正在修建之中。最近大修卢沟桥的工程，也已严格按照维修文物的要求，开始进行。半年之后，卢沟桥必将以其固有的风貌，在崭新的环境和气氛中，开始展现在人们面前。此后还得修复大桥西端的古建筑"大王庙"，设立永定河史料陈列馆。此外还有开辟卢沟桥公园和在园内兴建"桥梁博物馆"的倡议。上述规划设想和倡议，如能逐步得以实现，卢沟桥及其周围地区，必将成为北京郊区一处游览胜地，既富有政治意义，又富有历史文化和科学价值。为了促其实现，自然环境的保护及其改造，已是不容忽视的问题。例如卢沟桥上游二十多年来由首都钢铁公司不断堆积的"钢渣山"，和石景山发电厂大量粉煤灰向下游不断地排放，已经构成了这一地区最大的污染源，甚至卢沟桥上的石狮也受到了严重腐蚀，不应再任其继续为害了！同时，卢沟桥下面一段河床的上下游，也急需加以清理和改造，尽早建坝蓄水，导引清流，使过去"卢沟晓月"的自然景观得以重现。此外还有若干计划细节，无须在此一一缕述。

总之，卢沟桥文化旅游区的规划如能逐步实现，必将为首都郊区增添光彩，一方面可以使人民群众来到这里充分享受历史文化以及爱国主义思想的熏陶，另一方面也可以使国际上的旅游者立足于马可·波罗当年赞不绝口的卢沟桥上，来目睹我国历史上劳动人民的伟大创造与纪念近代中国人民为保卫祖国和争取世界和平所做出的巨大努力。这一切都应该看作是社会主义新时代首都文化建设的重要部分。现在，在卢沟桥事变五十周年纪念日即将到来的时候，

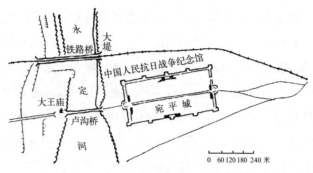

图 123　宛平城地理位置图

回顾过去，瞻望未来，历史事实足以说明：最初正是卢沟桥所在的古渡口导致了北京城原始聚落的发展；而今天，人民首都的新生，又转而为卢沟桥带来了更加光辉灿烂的前景（图 123）。

原载《卢沟桥文集》，北京燕山出版社，1987 年

本次自《奋蹄集》选出

附：保护卢沟桥刻不容缓

在抗日战争胜利四十周年纪念日到来的时候，作为这次抗战起点而闻名世界的卢沟桥，更加引起人们的怀念和关注。

卢沟桥是全国重点文物保护单位。这座已有近八百年历史的古桥，虽曾多次受到洪水的冲击仍屹然不动。它既充分显示了古代劳动人民卓越的工程技术，又突出体现出他们在雕刻艺术上的极大才能。例如，从它的西边走上桥来，首先引人注目的是左右两侧各有一只石雕的大象，借助于它庞大的身躯，一头顶住了桥上左右两列石栏上最后那一条望柱，从而使桥上最不稳定的部分，牢牢地固定

下来。它构思巧妙新颖又富有幽默感，一切细心观察的人，都会感到当年筑桥工人和匠师们热爱劳动、热爱生活的气息，从而也就会情不自禁地报以会心的微笑，分享他们在艺术创造中的乐趣。再往前走，踏上桥身，就会看到每条望柱上那些滚成一团的大小石狮，真是千姿百态，更会惹得行人欣赏不止。总之，表现在这座桥梁上的一切，都具有自己民族文化传统特色，都足以唤起世世代代的后来人的民族自豪感。

其次，再从卢沟桥本身的发展来看，它在不同的历史阶段，也有着不同的作用和价值。例如，从最初起，卢沟桥和北京城就有着血肉相连的关系，不了解这一点，今天的北京城为什么会在这里出现，就是一个难以解答的谜。诚然，现在这座卢沟石桥的建成远比北京城的出现为晚，它是到了金明昌三年（1192）才建成的，还要再过七年，它才满八百周岁，而北京城的历史却可以上溯到三千多年以前。可是，在卢沟桥建成之前，这里早有浮桥和木桥，而在浮桥建成前，这里又早已是个连接北京小平原与华北大平原的重要渡口了。三千多年前，当北京城随着社会经济的发展而迅速成长起来的时候，这个渡口已经是从华北大平原最后进入北京小平原的咽喉。这个咽喉的形成，是因为它正处在当时沿着太行山东麓而发展起来的一条南北大道的北方尽头，通过这个咽喉之后，大道开始分歧，最主要的是分成三条，分别从西北、正北和东北三个方向继续前进，穿过环抱北京小平原北部的燕山山脉，深入到山后地区。需要特别指出，这个渡口上的古代大道分歧之点，也应该是北京城的原始聚落诞生之地，一如我国以及世界上许多古代大城市多是从渡口上发展起来是一样的。只是因为永定河的流量极不稳定，特别是夏秋之际，洪水暴发，严重威胁着一个城市在它的渡口上成长。于是，这里的原始聚落就被推移到河的北岸距离渡口最近而又开始不受洪水威胁的地方，这就是现在莲花池以东最早的北京城开始发展起来的场所。因此，北京城从最初起就是南北之间来往的交通枢纽，因而也就成为南北文化交流的中心。从此以后，一直到隋唐时期，北京城（当时叫蓟城或幽州城）始终是华北大平原北部最为重要的一个大城。在相继而来的辽金时代，它又从封建王朝的一个陪都，发展成为一个真正的统治中心，这就是金朝的中都城，也就是北京城开始走上全国政治中心的起点。标志着这个城市的新起点而保存到现在的唯一完整无缺而且代表着当时科学文化发展水平的建筑物，就只有这座卢沟桥了。反之，如果不是北京城开始走上全国政治中心的道路，这座卢沟桥也不会在这里建造起来。

在卢沟桥建成后的七十多年，元世祖忽必烈决定放弃中都旧城，另在东北郊外，紧傍今日什刹海东岸，根据我国古代都城的规划原则，选定了一座新城设计的南北中轴线，建成了历史上赫赫有名的大都城，遂为今天的北京城奠定了基础。这大都城的修建尚待落成，中世纪著名的旅行家马可·波罗就从意大利长途跋涉来到这里。面对着这座闪耀着中国古代文化灿烂光辉的大都城，他感到无限惊奇，甚至情不自禁地以带有夸张的口吻，描述了这座雄伟壮丽的大都城，同时对于近在郊区的卢沟桥，也倍加赞扬，于是这座石桥，便以"马可·波罗桥"而扬名于欧洲。到现在，怀着对中国文化无限羡慕的心情而前来北京观光的外国友人，在近郊区除去万里长城之外，有谁不想到卢沟桥来观赏一番这座久已闻名的古建筑呢？

但是，卢沟桥所代表的重要意义，并不止于此。在它建成后整整七百四十五年时，它又成为全民族奋起抗战的纪念地，标志着中国人民在伟大的中国共产党的领导下，已经开始从危亡的边缘走上了民族复兴的新起点，并终于迎来了中华民族历史上一个崭新的社会主义的新时代。

当前，卢沟桥这样一座有高度文化和历史价值的古建筑，正面临着一个亟须加强保护的问题。十年前，由于经济建设上的急需，一部超限大件重载，要一次运过永定河。卢沟桥附近虽有现代公路桥，却远不能承当这一重运，只好考虑从卢沟桥上通过，为此作了一次试验，一辆特制的平板大卡车累加重量到429吨，竟然安全通过，只是部分桥身微作颤动，未有明显破坏，不幸的是桥身已有内伤。因此，在近十年来日益频繁的行车过程中，开始出现了前所未有的破损情况。两年前虽经市政部门进行了必要的修补，但是由于载重车辆有增无减，终于导致目前桥梁所面临的危机。如不进行根本的维修和保护，甚至继续强行通过超限大件重载车辆，势必造成不可弥补的损失。

卢沟桥作为全国重点文物保护单位，它所面临的危机，应该引起首都以及全国人民的重视。实际上，当前我国在经济建设和文物保护之间所出现的矛盾，屡见不鲜，因此以卢沟桥为例，就此问题进行一些探讨，看看是否有"两全其美"的办法，也是非常必要的。

在我国社会主义的"四化"建设中，经济建设与文物保护之间的矛盾，其性质是战术上的而不是战略上的，因此只要高瞻远瞩，统筹全局，任何战术上的矛盾都是可以解决的，"两全其美"也是完全可能的。不仅如此，这"两美"之间也必须是相辅相成、相得益彰的。没有现代化的经济建设，不能建成社会主义。但是社会主义建设不仅仅是个经济建设的问题，同时还有个文化建设的问题，而一个新社会的最大特征，又必然要在它的文化建设上最突出、最持久、最广泛地反映出来。因此，在社会主义建设中，物质文明与精神文明必须并重。同时更要看到，一个新社会的文化建设要比经济建设复杂得多。一般说来，经济建设常常要在破坏或全然废弃旧的设施和技术上来进行，而文化建设则必须在继承过去一切优良传统的情况下才能得到发展。一个新社会的新文化不是从天上掉下来的，也不是从某些人的头脑里设想出来的，更不可能是从任何外国模仿搬运而来；它只能从自己固有的历史文化中产生出来。卢沟桥所面临的问题，虽然发生在首都，影响却在全国，甚至在全世界。两全其美地解决它，是刻不容缓和十分必要的。因此，从现在起就必须采取一切积极措施，以解决经济建设中卢沟桥不应继续担负的运输任务。为此，有关部门和专家也已经提出了可供采纳的方案，只要下定决心去做，就可以实现。

现在，我们纪念抗日战争胜利的四十周年，后年又将是卢沟桥抗战开始的五十周年。到那时，卢沟桥头的宛平城，经过精心维修，当已竣工。同时，按计划新建的抗日战争纪念馆和卢沟桥历史陈列馆，也将在宛平城正式开放。殷切希望到那时候，在北京城以及在全国历史发展过程中一直起着重要作用的卢沟桥，也能在得到精心维修和保护之后，以其欣欣向荣的姿态，来迎接国内外一切为维护世界和平而奋斗的人们！

原载《北京日报》1985 年 8 月 15 日

地图与碑记

《北京历史地图集》前言

《北京历史地图集》的编纂工作，经历了意想不到的周折之后，终于完成了。

1965年春夏之间，北京市副市长万里同志在听取汇报有关北京地下古河道分布情况的研究成果时，曾经传达周恩来总理的意见说：像北京这样历史悠久的古城，从城市到郊区，历代变迁十分复杂，只是用文字说明，难以使人看得清楚，能不能用绘制不同时代地图的办法，把前后变迁的情况尽可能地表示出来，遂即嘱咐侯仁之与北京市城市规划管理局周永源副局长进行磋商，立即着手组织人力进行这项工作。其后由于进行社会主义教育运动以及相继发生的"文化大革命"的大动乱，竟使这一图集的编纂计划停顿下来，一搁十年。

其后在党中央拨乱反正和安定团结的方针指导下，各项工作逐渐走上轨道。这部图集的编纂计划，又开始提到日程上来。经北京市测绘处董怡国同志多次联系，遂于1979年6月1日在测绘处张大有处长主持下，召开了《北京历史地图集》编纂工作筹备会，决定成立编辑委员会，下设编辑工作组，工作地点设在北京大学地理系。由编辑工作组拟定图集体例，设计图幅内容，经编辑委员会审定后，即由编辑工作组把编图任务分别落实下来。至于图稿的编绘印刷工作，则全部由测绘处历史图组承担。经过两年的努力，图集的初稿基本完成,并于1981年7月由编辑委员会召开了审图会议,除邀请我市有关专家和熟悉地方情况的多位同志参加外,还特约了上海、西安和武汉等地的专家学者出席指导。

审图会议之后,在编辑委员会的领导下,编辑工作组又立即开展了初稿的全面修订和增补工作,前后历时四年半,才最后完成。在此期间,最重要的一项任务是进行必要的野外考察。野外考察是解决文献或传说中关于历史地理疑难问题的重要手段。在历史地图的编制中,有一些重要地方的名称虽然见于记载,但其位置难以确定;也有一些明显遗址,又难以确定其历史上的名称。此外还有已经消失了的湖泊沼泽以及迁移了的河流水道,单凭文献资料,更难进行复原,都有赖于实地勘察提供必要的佐证。随着编辑工作的深入,遇到的上述问题也就越来越多,只要有可能,编辑工作组的同志们总是要争取从野外考察中求得解决问题的线索。每次去野外,都是根据一定要求,事先尽可能掌握有关线索,明确考察目的,并力求和考察地点的有关方面取得联系,以利工作的进行。数年之间进行野外考察五十余次,行程共计约五千余公里。考察地点涉及北京市、天津市以及河北省的三十五县区。通过实地考察,解决了大小疑难问题多处,姑举四例如下:

(1)今通县西汉称路县,东汉改为潞,地近沽水(今白河)与鲍丘水(今潮河)。据《水经注》"鲍丘水"篇,显然有两处城址,一曰潞县故城,一曰潞城。所谓潞县故城,在今通县东八里古城村没有疑问。但潞城何在?却是一个谜。通过实地考察,在今三河县西南潮白河东侧城子村,发现一处范围较大的古城遗址,地面多汉代瓦砾。参照《水经注》所引《魏土地记》谓"潞城西三十里有潞河"一语,确认东汉至北魏的潞城应在城子村。

(2)辽金漷阴县旧说在今通县南漷县村。根据今漷县村西十余里有大小北关和前后南关一组地名的线索，就地考察所见，有大批辽金元时代遗物，可以确定辽金潞阴县治在此。元升漷州并迁治于河西务，末年又迁于今漷县村所在处，明因之。

（3）金在大兴县境置广阳镇，过去以为即今房山县东北境之广阳城。另外，大兴县庞各庄、天宫院、郎各庄等村之间亦被认为是广阳城所在处，经实地考察，确认这里乃是金广阳镇遗址。

（4）《水经注》记"灅余水故渎东径军都县故城南，又东，重源潜发"，积而为灅余潭。但灅余潭已涸，位置难定。经实地考察，不仅可以基本上确定它的位置，而且可以断定这灅余潭应该是北京附近最后消失的古代湖泊中的一个。

以上考察的结果，都已落实在图上。还有一些意见分歧的问题，一时不易作出结论，就择其一说，表示在图上，组中同志有不同看法，可写成专文，另行发表，以备参考。

通过野外考察不仅加强了图集的科学性，也提高了同志们从事科学研究的能力。例如每次野外考察归来，总要展开热烈的讨论，有的问题经过讨论取得了一致意见，也有的问题尽管意见分歧，但是每人都能各抒己见，畅所欲言，对于整个工作还是起了推动的作用。编辑工作组中这一良好的学术讨论风气，对每一位成员都是有益的，既出成果，又培养了人才。

全部图稿经过个人修订后，又进行集体审图，将各个图幅逐一进行审核，凡发现有错误或不妥之处，一一订正。最后将全部图稿送请编辑委员会定稿。编辑委员会考虑到国务院副总理万里同志曾长期领导首都的城市规划和建设，又一直关心这部图集的编绘工作，并给予极大的鼓励，因请万里同志为图集题写了书名。

本图集虽定名为《北京历史地图集》，但其内容是以北京市历代政区为主。从金朝起，北京开始成为全国性的政治中心，因之在政区图外又增历代的北京城区图及重要园林、陵寝诸图。所以实际上这还只是一部北京市政区与城市的沿革图。如果按照一部历史地图集的严格要求来说，还必须增加其他一系列有重要内容的图幅，例如历代人口的分布、交通的变迁、经济与社会的发展以及自然环境诸要素的变化等等，这样才能看到北京城及整个郊区发展演变的全貌。但是要这样做，就需要有更多的人力和更长的时间来积累大量分门别类的科研成果，而目前这部图集正是为填补这些内容提供了必要的底图。现在考虑到这一点，在北京市人民政府的支持下，利用编绘这部图集的基础，已另外组成了一个"北京环境变迁研究会"，并已开始出版《环境变迁研究》丛刊，以推动有关研究工作的进行。研究的内容，既包括自然环境的变迁，也包括人文环境的变迁。同时在北京大学地理系历史地理研究室也已开始集中力量培养专攻北京历史地理的研究生。如果说目前这部图集只能看作是《北京历史地图集》初编的话，那么就应该期待着还有二编、三编相继问世。假使这项科学研究能够继续深入下去，必将有助于首都物质文明和精神文明的建设。现在举国上下都在为建设有中国特色的社会主义而奋发前进，这在首都的城乡建设上也应该得到充分的反映，愿以这部图集敬献于一切关心首都建设的人们。

1986 年 5 月 25 日于北京大学
本次自《奋蹄集》选出

《北京历史地图集》二集前言

《北京历史地图集》第一集的正式出版，忽已七年。现在这部续集的图稿清绘即将完成，问世可期。

第一部图集的编绘，实际上还只是以北京市的政区沿革和北京城自金朝建都以至民国时期的城区演变为主，所涉及的历史地理研究内容和深度，还是有限的。现在这部续集的编绘，立意有所不同。目的在于上溯到有文字直接记载以前，北京地区原始农业的萌芽和最初居民点在平原上出现的时期。从整个人类生活发展史上来看，农业的萌芽乃是划时代的重大事件，是人类文明史上从旧石器时代进入新石器时代的转折点。这一客观事实，就为人地关系的研究，提出了前所未有的新课题，实际上也就是现代历史地理学研究的新起点。根据这一认识，在上述《北京历史地图集》出版之后，又决定组织力量，协同考古工作者、第四纪地质和地貌工作者通力合作，在长期以来关于北京地区旧石器时代研究的基础上，进一步集中反映近年来新石器时代的重要发现和研究成果，绘图成册，为继续深入进行人地关系的研究，提供必要的依据。

图集中首先编绘了现代北京政区以及有关地貌、水系、土壤、植被和气候诸图幅，以便参考。然后是从旧石器时代过渡到新石器时代的几种必要的连续图幅。至于全集中的核心部分，则是新石器时代最重要的遗址和遗存的分布图。

还需要说明的是，凡是本图集中有关遗址和遗存的各图，都是根据近年来的实地发掘和考察研究的结果。至于若干零散的发现，或是虽经考察但已破坏严重的遗址，如密云县西南郊的燕落寨，就不另作专图表示。更须指出的是作为北京地区首先发现的新石器时代早期的东胡林墓葬遗存，地处门头沟区清水河畔的马兰台地上，只因遗物有限，又未发现其他同时期重要遗址，因此，只好期待着有朝一日能有同一时期的新发现，以补其不足。按新石器时代的早期，大约去今一万年左右，正是最末一次冰期之后，气候开始转暖，雨量随之上升。到了新石器时代中期，大约距今七千五百年至四千年间，正是气候温暖、雨量充沛的时期，也就是平谷上宅文化以及昌平雪山文化，还有房山区镇江营遗址所代表的考古文化先后发展的时期。这一情况是十分重要的。

还应该着重指出的是，上宅遗址所揭示的三期文化遗存的地层关系，正好填补了北京地区新石器时代中期文化发展的空白，从而为建立北京地区新石器文化分期序列奠定了基础。

最后还须补充说明，上述北京地区新石器时代文化的分布，主要在燕山南麓，其次是太行山东麓，都处于山前台地或二级阶地之上。至于燕山以北，特别是西辽河流域先后出现的新石器时代考古文化，依其年代序列，有兴隆洼文化、赵宝沟文化、红山文化、小河沿文化等，形成了与黄河流域的新石器时代考古文化并行发展的形势，这一情况已经引起学术界的重视。以上宅遗址所代表的北京地区的新石器时代文化，介于南北考古文化系统之间，有迹象说明其早期曾先后受到兴隆洼文化与赵宝沟文化的影响，其晚期又受到沿太行山东麓北上的中原仰韶文化的影响。到了有文字直接记载的历史时期，来自中原地区的影响，开始趋向主流。北京地区处于不同渊源的南北两大文化系统之间，从历史地理学的研究来看，这是特别值得重视的。本图集为进一步深入探讨这一问题，提供了必要的条件。

随着新石器时代晚期气候条件逐渐趋向于寒冷与干燥，河水流量逐渐减少，北京平原腹地的湖泊沼泽，也处在逐渐萎缩以至消失的过程中。这时人类的活动从最初的山前台地和二级阶地上，逐渐转向平原腹地。正是在这一发展过程中，依傍古代永定河冲积扇上的蓟丘和附近的平地泉流而出现的原始聚落，以其南北交通上的有利条件而开始发展起来，终于成为商周之际的一个地方政治中心，也就是现在北京城最初起源的地方，此后人类活动的本身又加速了湖泊沼泽的进一步消失。追踪这一发展过程，在北京历史地理的研究中，是有着十分重要的意义的。不过这已超出本图集的时限范围，只有留待正在设计中的《北京历史地图集》第三集来进行反映了。

总之，本图集结合自然环境的演变过程，是从旧石器时代末期开始的。关于旧石器时代的研究，最初由于"北京人"在京西周口店山麓的发现而蜚声寰宇，那么近年来在京东平谷县山前台地上所发现的新石器时代人类遗址的研究，与京西旧石器时代人类遗址的研究，先后辉映，从而为既是全国政治中心又是全国文化中心的首都北京城增益光彩。

最后，必须说明的是本图集的编绘和出版，幸获北京市人民政府和北京市文物事业管理局的大力支持，这是对科学研究和文化事业的极大关怀，附记于此，用志鞭策之谊。

1995年12月20日于北京大学历史地理研究中心

本次自《晚晴集》选出

记英国国家图书馆所藏清雍正北京城图

——补正《北京历史地图集》明清北京城图

谭其骧（季龙）教授主编的八卷本《中国历史地图集》为空前巨著，嘉惠士林，饮誉中外。原计划在历代疆域政区图外，附以古代都城图若干幅，其中包括明清北京城图，由徐苹芳同志负责绘制，并已如期完成《清乾隆北京城图》和《明北京城复原图》各一幅。其后，《中国历史地图集》初版付印时，因故未能将计划中的古代都城图收入。1986年《清乾隆北京城图》和《明北京城复原图》由地图出版社单行出版，其缩制本分别见于1988年由北京出版社出版的《北京历史地图集》。

按伦敦英国国家图书馆藏有北京城图一幅，不记作者及绘制年代。今经考校，当系雍正年间所绘制。图中有河渠一段，在研究北京城市水道变迁史上至关重要，其描绘之明显，为所见任何其他北京城图所未有，足以补《北京历史地图集》有关图幅之不足。

在《北京历史地图集》的编绘过程中，深感历史地图远较今地图之绘制更为困难。现在，季龙先生在完成《中国历史地图集》修订本之后，又进一步为主持编绘国家大地图集之历史地图部分而殚精竭思，务期必成。众望所归，我同此心，谨此敬祝先生寿比南山，为我历史地理学界增益光辉。

一

伦敦的英国国家图书馆（The British Library）原为大英博物馆的一部分，藏有一幅手绘的清代前期北京城图。承该馆舆图部主任 Helen Wallis 以影缩本一份见赠。据所附比例尺推算，原图幅长 75 厘米，宽 47 厘米（与影缩图比例为 1.3∶1）。无图名，亦不记作者姓名与绘制年代（下称《阙名：北京城图》）。现经初步推断应是清雍正年间所绘（详见下文），因以为题。全图皆用墨绘，街道胡同的详细程度，与乾隆五十三年（1788）初刊吴长元《宸垣识略》一书的木刻分幅附图相近似，只是吴图用单线条表示，此图则用双线条表示。手写街巷名称，字迹清晰，但不甚工整，且有错字和遗漏以及记注颠倒误置之处。至于城市的整体轮廓与天坛、先农坛的外垣形状以及内外两城的相对比例明显失真。皇城内极少记注，紫禁城内全属空白。此图绘制的主要目的，似乎是仅在于表示街巷分布，兼及重要官署庙宇以及仓场贡院等项，至于王府所在处则一律空缺。此图限于比例，其详细程度自不能与乾隆十五年（1750）内务府测绘完成的《京城全图》相比拟，但有一点却可补《京城全图》之不足。而这一点正是在研究北京城市河渠水道的历史变迁中至关重要的一点，不能忽视。

二

乾隆十五年《京城全图》的比例尺约为 1∶650，原是清内府秘籍，现藏国家第一档案馆。图幅巨大，披览不便[1]。早在 1940 年故

---

[1] 图幅总长 14.01 米，宽 13.03 米。共分 51 帙，每帙长 84 厘米，宽 26 厘米。（转下页）

宫博物院影印缩小至1∶2600，公开出版[1]。该图不仅是旧日北京城市图中极可珍贵的一种，在世界各大城市的历史地图中亦属绝无仅有。其中难免有失误之处，但最难理解的是北京内城西部原有自北而南纵贯全城的渠道一条[2]，在西直门大街以北，竟无痕迹可见，而这条大街上的横桥以南却有渠道一条[3]，明显地表示在图上。本应将该图内城的西北一隅，按照影缩图复印一幅，作为插图，转载于此，只因原图已多漶漫，且在缩小复制后色调暗淡，不易阅读。幸而徐苹芳同志根据此图，详加校订，缩制为《清乾隆北京城图》一幅，远较故宫博物院影缩本为清晰可读，因复制其内城西北隅的一部分如图124，以便参考[4]。

图上西直门大街横桥以南的渠道，在明代有文字记载曰"河

（接上页）全图于乾隆十五年绘制完成。参见杨乃济：《乾隆京城全图考略》，载《故宫博物院院刊》1984年第3期。
[1] 全图分幅，合装一函，题签作《清内务府藏京城全图》。全图自上而下分17排。其第1、5、7三排自右至左各分11幅。其余各排自右至左，各分12幅。按故宫博物院在影缩该图的当时，正是我抗日战争期间日本侵略者占据北平的时期，其所属兴亚院华北联络部政务局调查所，亦有同一缩尺的影印本，照样自上而下分为17排，只是每排各幅裱成一帙，并附说明书及地名索引一册，与17排图合装一函，题作《乾隆京城全图》。
[2] 这条渠道最初是金代由高梁河引水南下直入中都城北护城河时所开凿。元建大都城时包入城中，并利用其一段作为新开的金水河渠道，明初改建大都，新筑北京城新北墙，并在德胜门西设有水关，引水入城内湖泊，这条渠道仍在城中，自北而南，纵贯内城西部。拙作中最初涉及这条水道时，就难以确定其上游河道所在。见《北京都市发展过程中的水源问题》（原载《北京大学学报》1955年第1期，已收入本书）一文图7。
[3] 朱一新：《北京坊巷志稿》："西直门大街横桥，一名洪桥，俗称红桥。"北京出版社，1962年，第134页。
[4] 徐苹芳同志原为《中国历史地图集》负责绘制的明清北京城市图各一幅，都是以原内务府藏《京城全图》为依据，加以详细校订，并根据有关的文献资料作为参考，分别定名曰《清乾隆北京城图》和《明北京城复原图》，1986年由地图出版社出版发行。两图合为一函，题名《明清北京城图》，并附有文字说明与地名表及索引一册。其绘制经过，详见所附文字说明与后记。北京出版社出版的侯仁之主编《北京历史地图集》中《乾隆十五年北京城图》（1∶27500），即根据徐苹芳《乾隆北京城图》缩制。

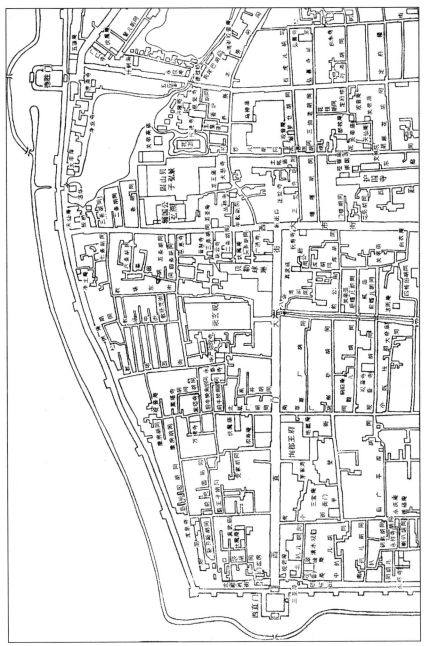

图124 《清乾隆北京城图》内城西北隅（原图未注西直门大街上横桥之桥名）

漕"〈1〉，及至清代渐成枯渠，俗称"沟沿"，后又分段叫做"北沟沿"与"南沟沿"。1921—1930年间，逐段改建为暗沟。暗沟地面遂形成略有弯曲的自北而南的通道，即今之赵登禹路（曾改名曰白塔寺东街）与太平桥大街以及佟麟阁路（曾改名曰民族宫南街）〈2〉。至于其上游在横桥以北的部分，既不见明显的渠道故迹，亦无任何文字记载。因此，如何准确复原这段渠道，终成一大难题。最近出版的蔡蕃同志《北京古运河与城市供水研究》，是一本重要的专著，在追踪横桥以上的河渠故道时，也只能在所附《明万历北京水道示意图》上，假设其向北直与北护城河相接〈3〉。现在足以补此缺陷的，据今所见，只有这幅《阙名：北京城图》，因将其内城西北隅，即西直门大街以北与德胜门大街以西的部分，影缩如图第112页图18，作为进一步对照研究之用〈4〉。

三

为了判断《阙名：北京城图》的可靠性，首先必须明确其绘制

〈1〉 明嘉靖三十九年（1560）张爵《京师五城坊巷胡同集》有"河漕西坊"，即指横桥以南、渠道以西的部分地区。见北京出版社与《京师坊巷志稿》的合订本，1962年，第120页。又《京师坊巷志稿》亦有记载曰横桥："南有枯渠，直达宣武门西城根，明之河漕也。"（第134页）

〈2〉 参见严肃：《北京市街巷名称录》及附图，群众出版社，1986年。

〈3〉 蔡蕃：《北京古运河与城市供水研究》，北京出版社，1987年，第180页。1955年拙作《北京都市发展过程中的水源问题》一文图7（见本书第80页图10），以及1977年拙稿《元大都城》一文图1（见本书第206页图42），也都是假设横桥以北的渠道一直向北与后日北京城的北护城河相接。

〈4〉 如将全图影印，附本文刊载于本书是有困难的，只好待有机会影印全图，另加考订，公之读者。据所见，该图已经有缩印本刊载于 Time-life International（Nederland）出版的世界名城丛书中的英文本《北京》一书，1978年，第69页。印制虽精，但字迹过小，不易辨识。附注说明为18世纪图，作者为 David Bonaria。

年代，然后进一步核实所绘横桥以上渠道的准确位置，这样才有可能解决北京城市河渠水道历史变迁研究中的这一难题。分别讨论如下。

（甲）《阙名：北京城图》绘制年代的推断

如上文所述，《阙名：北京城图》关于王府所在处，一律空缺，不作任何记注。以此为据，初步检阅了两座王府，可以作为推断其绘图年代的参考。第一处是诚亲王府，第二处是怡亲王府。

（一）诚亲王府

诚亲王府在乾隆十五年《京城全图》上，位于东城宽街以南与取灯胡同中间，再南为晾谷厂。今根据《清乾隆北京城图》，取其附近地区，复制如图125。

以《阙名：北京城图》上的同一地区与此图相对比，在宽街以南与取灯胡同之间（按图上取灯胡同四字倒写，而且字迹不甚清楚），还注明有一条草厂胡同（《清乾隆北京城图》上有此胡同，未注名称），未有任何空地，至于稍南之晾谷厂则写作良谷厂，并保留有较大空地，又非王府用地，见影缩图126。

按诚亲王初封在雍正十一年（1733），但始建王府在乾隆二年（1737）[1]。以此推断，《阙名：北京城图》的绘制，至晚亦应在乾隆二年之前完成。

这里又涉及良谷厂这个地名的问题。良谷厂或晾谷厂，亦写作亮谷厂，都是明代晾果厂一名的音转，只是用字不同而已。按晾果厂原是明代皇陵天寿山守备太监岁进诸陵松花、黄连、核桃、榛、栗等在

---

[1] 详见杨乃济：《诚亲王府、荣安公主府与勋贝子府》，载《北京史苑》第二辑，北京出版社，1985年，第299—308页。

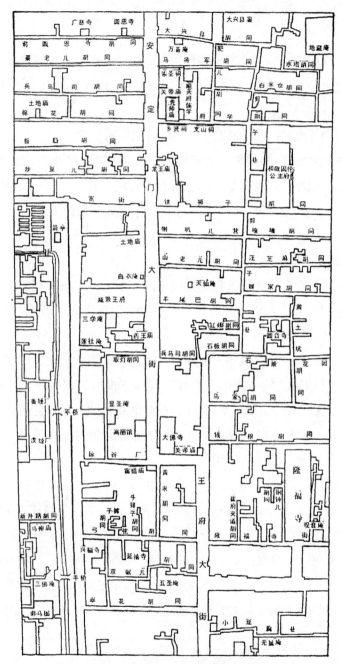

图 125 《清乾隆北京城图》取灯胡同附近
（图上中部"咸亲王府"之"咸"字应作"诚"）

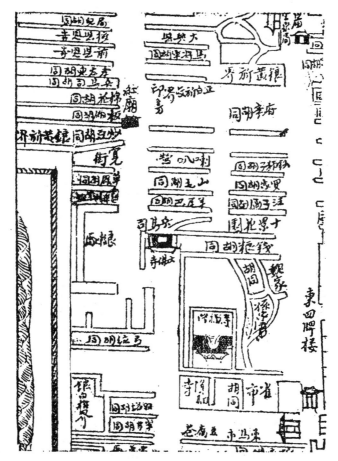

图 126 《阙名：北京城图》宽街至良谷厂附近
（图上良谷厂之北为取灯胡同，字迹模糊不清，且系倒写，其北为草厂胡同）

京城内存晾之处[1]，每陵各有一厂，其用地想必宽敞，如《阙名：北京城图》上所见的那样，且厂名三字写在该图广场中央，当是晾果用的空地。而乾隆十五年图上则绝大部分都已为建筑物所占用。

〈1〉《京师坊巷志稿》第72页，引《芜史》。

（二）怡亲王府

怡亲王府原在东城帅府胡同，北至煤炸胡同和金鱼胡同西口外，雍正十二年（1734）舍地改建贤良寺，乃另建新府于朝阳门内北小街⁽¹⁾。检阅《阙名：北京城图》，有西帅府胡同，其北过下五营北至金鱼胡同西口⁽²⁾，皆为空白，应是原来的怡亲王府所在地，见影缩图127。

对比《清乾隆北京城图》，下五营附近空地已明显记注为贤良寺⁽³⁾，可见《阙名：北京城图》的绘制必早于雍正十二年。

至于雍正十二年后的新怡亲王府，自然是已出现在乾隆十五年图上，复制如图128。府前临朝阳门内大街，府后为东四三条胡同。东四头条二条胡同的东部都已改建为王府。王府之西，临大街有延福寺，始建于明成化十七年（1481），俗称三官庙⁽⁴⁾，占地甚小，其北墙外即东四头条。但是在《阙名：北京城图》上，如图127所示，三官庙占地向东直抵北小街。可以推想，怡亲王府迁建之时，

―――――――――

⟨1⟩《啸亭续录》附见《啸亭杂录》，中华书局，1980年，第510页。
⟨2⟩ 图上"帅"字讹作"郎"，"鱼"字讹作"镇"字。又煤炸胡同之"炸"字讹作"炄"字。
⟨3⟩《清乾隆北京城图》上未记注西帅府胡同，却记注有东帅府胡同，东西两帅府胡同之间又注明有信郡王府，其地或称豫王府。按豫亲王始封在清初，其后人受封者有信亲王，又降为信郡王，再封豫亲王。最后袭封豫亲王在光绪二十五年，故其地习称豫王府（详见《清史稿》卷一六二《皇子世表二》），即今协和医院所在地。至于贤良寺故址，即今东安市场所在处。
⟨4⟩《日下旧闻考》卷四八引《寄园寄所寄》："大慈延福宫在思城坊，成化十七年建，以奉天、地、水府三元之神。"并加按语曰："延福宫在齐化门大街北……延寿观今无考。"北京出版社，1981年，第767—768页，按齐化门即朝阳门，其地在明朝思城坊内。查万历二十一年《顺天府志》"寺观"项下已载有延佑观与大慈延福宫，俱在思城坊。见中国书店1959年影印本，卷二页五六上。乾隆三十九年（1774）纂修《日下旧闻考》时，谓明《顺天府志》所记与延福宫并列的延寿观已无考。或许是其观已早废，其地已没入延福宫，最后又归新建之怡亲王府内。这只是目前的推测。延福宫俗称三官庙，因所奉为"天、地、水府三元之神"。

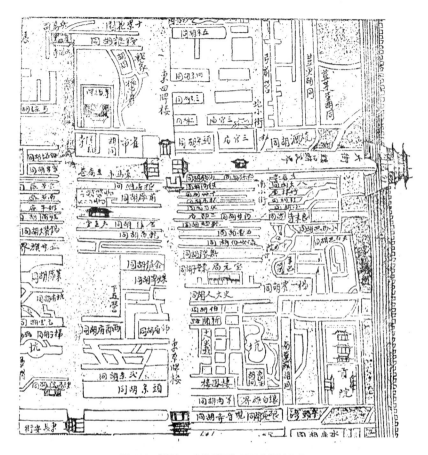

图 127 《阙名：北京城图》下五营附近空白

三官庙东部可能保留有大片空地，遂收入府内。

根据上述新怡亲王府的兴建年代，即可初步断定《阙名：北京城图》最晚亦当绘成于雍正十二年。此外，姑再举二例以为佐证。如在内城旧鼓楼大街有千佛寺，雍正十一年重修，改称拈花寺[1]，

〈1〉《日下旧闻考》卷五四，"千佛寺"条按语，见北京出版社，1981年，第876页。

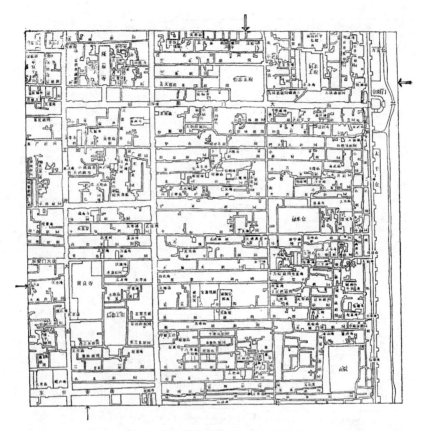

图 128 《清乾隆北京城图》怡亲王府附近
(图边两单线箭头引长线相交处即贤良寺所在,两双线箭头引长线相交处即怡亲王府所在)

在《阙名:北京城图》上,仍作千佛寺。又在外城牛街附近有著名唐刹悯忠寺,雍正十二年重修工竣,改称法源寺[1],在《阙名:北京城图》上已经记注为"法华寺",按此处"华"字显系"源"字之误,或许是改名之初,记录不确所致。果然如此,则《阙名:北京城图》当即绘成于雍正十二年。又图上也已注明雍正旧邸为

---

[1]《日下旧闻考》卷六十,"悯忠寺"条按语,见北京出版社,1981年,第972—973页。

雍和宫。因此，这幅《阙名：北京城图》即可定名为《雍正北京城图》[1]。

四

《阙名：北京城图》既绘制在前，就可以说明西直门大街横桥以北所绘渠道上溯至德胜门水关以内的湖泊（即积水潭）是可信的。其所以不见于乾隆十五年的《京城全图》，必是由于这条渠道在乾隆年间绘制该图时已经湮废。至于湮废的故道，或仍许有遗迹可寻。如将上述雍正图与乾隆图所绘的这同一地区，进行对照研究，不难看出两图所记胡同名称及其相对位置大致相同。但是雍正图过于粗略，比例失调（参见第112页图18）。所绘由法华寺（图上寺名倒写）所在的湖泊分水南下的渠道，经曹公观（图上脱一"观"字），实即崇元观（或作崇玄观）的东侧下注横桥[2]，这条渠道如上所述，确是十分重要，因为这是现在所见任何其他北京城图上所未有。如果参照这幅雍正图上所绘渠道，在乾隆图上加以校正，并参考有关记注和街巷名称及其相对位置，即可比较确切地复原这一渠道如图129。

复原这一段渠道，参照图124，有下列几点应加说明：

（1）渠道从德胜门水关内湖泊引出的地点，应从板桥胡同开始（乾隆《京城全图》上只有"板桥"二字，"胡同"二字处已蚀掉）。

---

[1] 本文标题即用《雍正北京城图》，但在文中仍用《阙名：北京城图》。
[2] 《宸垣识略》："崇元观在西直门内新街口，俗名曹公观，为明珰曹化淳建。"（北京出版社，1964年，第145页）亦有俗呼为曹老虎观者。

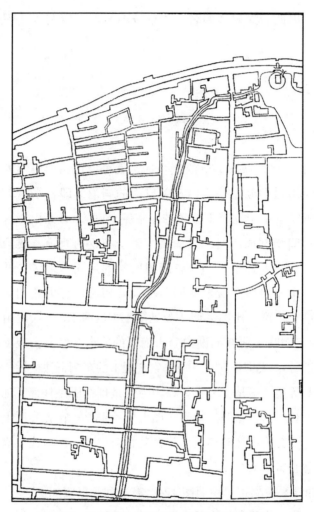

图 129　在《清乾隆北京城图》上复原横桥以上渠道

胡同东口外的湖岸向西弯曲处,应是原有的渠口。

（2）由板桥胡同向西,在七条胡同北侧,有一处残余水体,雍正图上注明为"坑"（参见图 125）;可能是旧日渠道的残存部分。

（3）渠道从七条胡同西头,转而向南,经过六条胡同西口继续南下，正好与自北而南的菜园胡同相接，这条菜园胡同微有弯曲，且不见于雍正图，当是渠道湮废后逐渐形成的。

（4）菜园胡同继续斜向西南，乾隆《京城全图》上颇多漶漫，在《乾隆北京城图》上有加绘处，即复原图所依据，渠道正是由此处的崇玄观东侧南下，直达横桥。

据上述各点所复原的这一段渠道，其关键处即是认定菜园胡同乃是在渠道湮废后形成的，故其名不见于雍正图。按明嘉靖三十九年《京师五城坊巷胡同集》所记日中坊（即内城西北隅的坊名），在西直门大街以北，先依次记录了一条胡同至五条胡同，又依次记录了曹老虎观、官菜园、板桥胡同，皆是自南而北排列的。其中"官菜园"一名在曹老虎观与板桥胡同之间，应即"菜园胡同"之前身。在明代叫做官菜园，可能是沿原有渠道开辟有菜园，以便引水灌溉，因而得名。又雍正图上所记四条胡同西口内有一"坑"（参见第112页图18），正当乾隆图上"菜园胡同"的南端所在处，可能也是旧日渠道的遗迹。还有一点应该注意的是，明《京师五城坊巷胡同集》所记这一地区只有一至五条胡同，而在雍正图上已增多至七条，可以说明迟至雍正年间，这里的居民区已有了较大的发展。因此明代的"官菜园"由于渠道的湮废，已经发展为"菜园胡同"，这也是合乎情理的。

总之，根据以上的研究所复原的横桥以上直到积水潭的古渠道，是可信的。仅从这一点来说，雍正年间所绘北京城图也是很有价值的。今后得暇，当再就此图做进一步的研究。

原载《历史地理》第9辑，1990年10月

本次自《奋蹄集》选出

元大都城垣遗址公园碑记

元大都城的兴建，选址在金中都城东北郊外，遂为今日的北京城奠定了基础。它的规划设计继承了我国历代都城建设的优良传统。明朝继续加以发展，北京遂成为封建社会时期都城建设的杰出典型，设计思想明朗，主题突出，具有高度艺术水平，在国际上享有盛誉。新中国成立以来，根据古为今用的原则，又加以改造和扩建，于是北京城作为社会主义新时代的人民首都，开始呈现出其特有的新风貌。

元大都城垣的最北部分，在明初北墙南移时，遗存城外，俗称土城。土城西壁有肃清门遗址，旧有楼馆废墟，又有双阜壁立，树木葱茏，鸣禽回翔，富有郊野风光。早自明永乐间，即有"蓟门烟树"之称，为京师八景之一。清乾隆帝又就近题碑刻石。其实，早在金中都时，已有"燕京八景"，《元一统志》所载"蓟门飞雨"即是其一。按金中都城原是在古代蓟城旧址上扩建而成，而蓟门一词又源自蓟城。蓟城之得名，迄今已历三千余年。明清以来，徒以"蓟门烟树"之虚名相传，而遗迹则日见残毁。北京市人民政府鉴于土城乃是研究北京城址变迁的重要实迹，因于1957年公布为本市第一批古建文物保护单位。现在随着首都城市建设的迅速发展，残存的土城在结合城濠浚治的同时，又进一步开辟为市内公园，复因故迹稍加修建。旧碑之外，又增新刻，用以追溯往事，略见世代传说的渊源,这就为广大人民群众又提供了一处富有历史意味的游憩场所,并使古代遗迹,重放光辉。欣喜之余,爰为之记。

1985年国庆节前夕

该碑立于海淀区元大都城垣遗址公园西北角

明北京城城墙遗迹维修记

北京城的兴起始于周初，去今已三千余年。其原始聚落曰蓟。春秋战国时期诸侯割据，蓟为燕侯都城，名满海内。后世或称北京为燕京，来源于此。

自秦以后，封建王朝相继建立，历代名都先后崛起。北京后来居上，遂为辽金元明清五朝建都之地。在辽为陪都，号称南京。金朝正式建都，扩展旧城，改名中都。公元一二六七年元朝始筑大都新城于金都东北郊外。明朝初年改造大都，先于公元一三六八年移其北墙至今安定门、德胜门一线。其后五十年，又将南墙外移至今崇文门、正阳门、宣武门一线。东西两墙基址如旧，只是缩减其北段，延长其南端。及至公元一五五三年，更在其南加筑外城。内外两城合成凸形。清朝相沿不变。是即今日首都中心之北京旧城。

按我国古代营建都城，必有城墙，既利于防卫，又是城市规划重要组成部分。城内道路系统、功能分区以及建筑布局，无一不为城墙所制约。成书于公元前约五世纪的《周礼·考工记》，谓国都之营建，九里见方，城墙四面，各有三门。方城之内，纵横干道各九条。依此格局，又以城市定位面向正南，中轴线纵贯其间，遂有宫廷在前、市场在后，左有太庙、右有社稷坛之总体布局，都城规划的要求，粲然大备。但是我国封建时代都城的营建，与此最相符合者，只有元朝大都城。明朝改建之后，内城宫阙以及太庙社稷坛分布一如古制。外城有天坛、先农坛，并列于全城中轴线左右两侧，是为历代都城设计的重大发展。西方城市规划专家每多高度评价，推为世界城市设计史上一大杰作，且有瑞典学者著有《北京的城墙和城门》一书，流传于世。

随着现代城市的发展，古之城墙已完全失去其固有作用。北京城墙与城楼以其雄阔巍峨的形象与建筑工艺，具有重要历史文物价值，根据古为今用的原则，理应加以保护和利用。遗憾的是在未及进行缜密研究的情况下，竟被拆除。幸而内城正阳门城楼、德胜门箭楼以及东南角楼得以保存。今经维修，已列为首都重点文物保护单位。至于旧日城墙残存至今者，唯有崇文门以东与此处各一段。此段城墙原是明朝前期所建西墙最南端，西与后筑之外城西便门相去甚近。两城相接处，上建城楼一座。此段城墙以东，原属内城西南隅，地处偏僻，又较低洼，尝有积水曰"太平湖"。现因市区扩建，昔日一隅之地，今且为交通要冲。目前西便门西南古代蓟城旧址及附近莲花池一带，正在进一步开发中，此地将日益显示其交通上的枢纽地位，必须兴建大型立交桥，始得畅通无阻。而这一处明代城墙，近在咫尺，是存是废，必须善加抉择。北京市人民政府在广泛听取人民群众及专家意见后，决定今昔兼顾，新旧并举，以使古城风貌就地重现于现代化建设之中。为此特责成西城区人民政府尽力维修。但工事艰难，墙上南端原有角楼已不可恢复，仅两城相接处之楼得以重建，为展现古城墙内部原始结构，维修时有意保留墙体的数处墙心。多年湮没地下的条石墙基与城砖，保存完好，经过清理乃得重见天日。又在墙之东侧加筑台级，以便游人登临。重修墙体高十一点六米、基宽十九米、顶宽十五米，总长一百九十五米，共用新制城砖十三万块。一九八八年八月全部竣工。

念及我人民首都,为举世瞩目之历史文化名城,三千多年来都在不断发展中,而城市的总体规划及其主题思想,亦在与日俱进。自社会主义新中国创建迄今,城市建设日新月异,立足于此,环顾四方,更当满怀信心,奋发前进。爱我首都,乐为之记。

一九八八年八月

该碑立于西城区西便门北京明城墙遗址旁

白浮泉遗址整修记

昌平城东南郊有龙泉山，或曰龙山。山麓有裂隙泉，昔日出水甚旺，即《元史·河渠志》之白浮泉，亦称神山泉。昌平沿山一带多有流泉，其为利之溥与历史上之北京城息息相关者，首推白浮泉。

白浮水导引入京，始于元初。时新建大都城，急需引水以济漕运，遂有通惠河之开凿，其最上源即在白浮泉。郭守敬经始其事，开渠引水，顺自然地势，西折南转，绕过沙、清二河之河谷低地，经今昆明湖之前身瓮山泊，流注大都城内积水潭。于是南来漕船可以直泊城中。今日新开京密引水渠，自白浮泉而下直至昆明湖，仍循元时故道，仅小有调整，足证当初地形勘测之精确。及至明朝，白浮引水断流，而泉水喷薄如旧。水出石雕龙口共九处，下注成池，遂有九龙泉之称。山上有元朝都龙王庙旧址，明代重建。现存大殿结构仍有元明遗制，余皆清构，均年久失修，日渐倾圮。

近年来流泉干涸，旧迹荒芜。其地已归北京市第一商业局作为职工休养处而稍有营建。因念其历史价值，更集资兴工，由北京市古代建筑研究所规划设计，修缮都龙王庙一如旧制，并整修九龙池，再现龙口喷水景观。既恢复其园林景色，更有利于遗址保护。另建碑亭一座，仿元代风格，以为白浮引水济运之纪念。始工于一九八九年夏，越冬而工竣。时去郭守敬倡议导引白浮泉，适届七百周年。守敬为天文历算及水利工程一代宗师，在元初新历法之制定与大都城之建设中，功勋卓著。缅怀先贤，激励来者，刻石为记，永志不忘。

一九九〇年
该碑立于昌平区白浮村白浮泉南岸

补　记

　　五十三年前，顾颉刚师在燕京大学开设"古迹古物调查实习"一课，我作为助教，每次外出调查之前，必须就实习对象写出简单的文字说明，印发同学，作为参考。这项工作促进了我对实地考察的兴趣。有一次，我个人由于对元初郭守敬引白浮泉开通惠河的事迹，深有感受，遂只身骑车按照《元史》之《河渠志》和郭守敬本传的记述，前往昌平神山实地踏看，只见童山濯濯，满目荒凉。山麓草木丛生，流水漫溢，不禁怅然若有所失。十年前，北京科学教育电影制片厂拍摄《古都北京》影片，石梅音同志负责编导，我有幸担任顾问。影片中有郭守敬实地勘察北郊水源的特写，我曾设想把神山白浮泉的全景纳入镜头，但是其荒凉情景仍然不堪入目。最近北京市古代建筑研究所王世仁所长，告以白浮泉遗址正在整修中，嘱我写一碑文，用以表彰先贤功勋。我虽不文，还是欣然从命。但字数有限，不能尽所欲言。这里希望补充说明的一点，即郭守敬在水利工程中，首先提出了以海平面为零点的海拔标准概念，早于德国大数学家高斯五百六十余年。白浮泉引水选线，循山麓绕行六十余里，而海拔高度缓缓下降不过数米，其精确程度令人惊异。守敬又精于历算，他在新建大都城内，通过三年半内约二百次的晷影测量，定出公元1277—1280年的冬至时刻，再结合历史资料加以推算，得出一回归年的长度为365.2425日。这个值的精确程度与理论值只差23秒，同目前世界上通用的格雷果里历的值是一致的，而后者的颁行在1582年，晚于郭守敬三百年（见王树森：《郭守敬的世界之最》，载《郭守敬研究》1986年总第2期）。郭守敬在世界科学与技术史上的光辉业绩，应该是激励我们继续奋发前进的动力！

最近北京德胜门水关故址内的汇通祠已经复建，考虑再三，建议用作郭守敬纪念馆，也是饮水思源的意思。现在白浮泉遗址又将整修竣工，更是令人喜出望外。承《燕都》主编同意，先期刊登这篇碑记，因略加说明如上。不当之处，尚乞读者见教。

本次自《奋蹄集》选出

什刹海记

首都北京为举世瞩目之历史文化名城，建城迄今已历三千余年。元初新建大都，选址在什刹海畔，紧傍东岸确定全城规划设计之中轴线。其后历经改造，即今位于首都中心之北京旧城。

北京旧城为我国封建社会都城之杰出典型，全城布局严整，具有高度艺术水平，在世界范围内享有盛誉。

新中国成立后，北京作为人民首都，城市建设业绩辉煌。在旧城改造中，既重视保护古都风貌，又力求有所创新。改造天安门前封建时代宫廷广场为社会主义新时代之人民广场，即其一例。与此同时，什刹海及其周围地区，亦日益受到重视。什刹海旧称积水潭，原是一南北狭长之天然湖泊。在北京旧城营建中，湖泊南部圈入皇城以内，遂因古刹改名太液池。太液池上先有琼华岛，后经开浚，又建瀛台，始有北海、中海、南海之称，是为皇家御苑，庶民百姓不得涉足。积水潭隔在皇城之外，元代曾是漕运终点，一时舳舻蔽水，盛况空前。其后运道中阻，而人民群众喜其水上风光，乐于游憩其间。湖滨梵宇林立，旧有佛寺曰十刹海，寓意佛法如海。今寺宇虽废，而十刹海作为湖泊名称，却已屡见记载。或谐音写作什刹海，而口碑相传又已相沿成习。只是这一区富有人民性之市井宝地，在旧时代却难于进行规划建设。近年来，我首都军民发挥主人翁精神，为浚治什刹海已付出巨大劳动，而西城区人民政府更在中央关于北京城市规划建设基本原则指导下，与清华大学建筑研究院协作，共同制定总体规划，目的在于发展什刹海及其周围地区为历史文化风景区。其重点工程如汇通祠景区之重建，业已全部竣工；荷花市场之恢复与望海楼之兴修，已在设计筹建中。按汇通祠旧址正当昔日德胜门水关引水入城咽喉，淙淙清流，潆洄寺屿，下注什刹海，其地理位置至关重要，且为人民群众游憩胜地。近年兴筑环城地铁，水关与城墙并废，原有寺屿，荡然无存。今经重新规划，既有所继承，又善于创新，并因寺宇增设郭守敬纪念馆。饮水思源，不忘前贤筚路蓝缕之功；继往开来，尚须群策群力。成规在前，远景可期。人心向往，乐观厥成，是为记。

一九九〇年十月
该碑立于西城区什刹海前海南岸

附　记

　　汇通祠重建之后，游人日众，为便于水上游览，遂有提高扩建银锭桥之议，几经商讨，已按规划施工，既保持石桥原有风貌，又便于游船行驶与车辆来往，银锭观山新景在望，欣然命笔附记之。

一九九一年五月

北京城东南角楼记

北京旧城规划严整，宫殿建筑富丽辉煌，举世之封建帝都无与伦比。其核心部分之紫禁城作为故宫博物院，虽历经沧桑，幸得保全，今且以人类文化遗产之瑰宝享誉环球。

旧城规划之初，紫禁城外绕以皇城，皇城之外更有大城。其后大城之南复加筑外城，于是乃有内外城之分。内城九门，外城七门，各有城楼，形制不一。每门之外，又建瓮城及箭楼，亦各不相同。内外两城之四隅各筑角楼。于是城防形制粲然大备，为任何前代都城所未有。

自我人民首都建立以来，市区迅速扩大，旧日城墙除内城两处外尽行拆废。原有城门亦仅有正阳门城楼与箭楼以及德胜门箭楼得以保存，复经维修，略见昔日巍峨景象。至于城上角楼，唯此内城东南隅之一处，迄今屹立于北京站之东侧，体形雄伟，气势磅礴，列车出入站必经其下。展望所及，俨然古城风貌重现眼前。其兴建之初在明正统元年，于公元为一四三六年，四年落成。楼台座高十二米，楼高十七米，通高二九米。平面呈曲尺形，重檐歇山顶，两正脊相交成十字，上起宝顶，气象峥嵘。楼体四面开窗一四四孔。楼内立金柱二十，分上下四层，空间广阔，如登殿堂。自建成迄今适满五百五十五年，其间历经维修。辛亥革命后四年兴建环城铁路，拆除附近部分墙体与敌台，开凿行车券洞，保留至今。

新中国建国以来，以此处角楼之形制，为历代城市建筑史上所罕见，一九七五年已列为北京市重点文物保护单位。一九八一年北京市文物事业管理局主持落架大修，翌年春经国务院批准为全国重点文物保护单位。其后为便于游人登临，更于一九八八年重修登楼马道与墙体，兼及附近工事，遂得正式开放，并就地举办文物展览。回顾庚子之役，外国侵略军炮击角楼，一九八一年维修工事中，曾于东侧墙壁内发现两枚炮弹残体，二层挑檐檩上更堆积大量铁砂弹核。而今于此巍峨角楼内，目睹及此，益足发人抗拒敌寇、捍卫家园之爱国热情。

　　近年以来，我人民首都作为历史文化名城，城市建设发展迅速，城内古代建筑得以保存至今者，其价值必将与日俱增，此东南城角楼即其一例。因就其兴建沿革兼及旧城规划，略述如上，以便游人参考，是为记。

公元一九九三年三月
该碑立于崇文区北京明城墙遗址公园内

金中都城鱼藻池遗址简介

　　金中都城宫苑遗址可见者,唯鱼藻池一处。其地原在宫城内之西南隅,西隔宫墙与皇城内西苑之太液池一脉相通,同为皇家邀宴之所。鱼藻池内筑有小岛,上建鱼藻殿,风景佳丽,自在意中。泰和五年端午节,金章宗拜天射柳,欢宴四品以上官于鱼藻池,事载《金史·章宗本纪》,去今适满七百五十周年。而今历经沧桑,宫苑古建荡然无存,仅得鱼藻池遗址,即今青年湖。近年营建西厢工程,于鱼藻池以东约二百米,发现大型建筑遗址夯土层二处,南北相值,可以确定为金中都大安殿与大安门故址所在。鉴于鱼藻池遗址与研究金中都城宫苑方位密切相关,已列入北京市文物保护单位。

一九九三年十月一日立石
该碑立于宣武区白纸坊桥西青年湖

北京建城记

北京建城之始，其名曰蓟。《礼记·乐记》载，孔子授徒曰："武王克殷反商，未及下车而封黄帝之后于蓟。"《史记·燕召公世家》称："周武王之灭纣，封召公于北燕。"燕在蓟之西南约百里。春秋时期，燕并蓟，移治蓟城。蓟城核心部位在今宣武区，地近华北大平原北端，系中原与塞上来往交通之枢纽。

蓟之得名源于蓟丘。北魏郦道元《水经注》有记曰："今城内西北隅有蓟丘，因丘以名邑也，犹鲁之曲阜、齐之营丘矣。"证以同书所记蓟城之河湖水系，其中心位置宜在今宣武区广安门内外。

蓟城四界，初见于《太平寰宇记》所引《郡国志》，其书不晚于唐代，所记蓟城"南北九里，东西七里"，呈长方形，有可资考证者，即其西南两城墙外，为今莲花河故道所经；其东墙内有唐代悯忠寺，即今法源寺。

历唐至辽，初设五京，以蓟城为南京，实系陪都。今之天宁寺塔，即当时城中巨构。金朝继起，扩建其东西南三面，改称中都，是为北京正式建都之始。惜其宫阙苑囿湮废已久，残留至今者唯鱼藻池一处，即今宣武区之青年湖。

金元易代之际，于中都东北郊外更建大都。明初缩减大都北部，改称北平；其后展筑南墙，始称北京；及至中叶，加筑外城，乃将古代蓟城之东部纳入城中。历明及清，相沿至今，遂为我人民首都之规划建设奠定基础。

综上所述，今日北京起源于蓟，蓟城之中心在宣武区。其地承前启后，源远流长。立石为记，永志不忘。时在纪念北京建城之三千又四十年。

公元一九九五年十月撰文
二〇〇二年七月再作修改
该碑立于宣武区广安门外滨河公园北部

北京建都记

北京古城肇兴于周初之分封，初为蓟。及辽代，建南京，又称燕京，为陪都。金朝继起，于贞元元年即公元一一五三年，迁都燕京，改名中都，此乃北京正式建都之始。其城址之中心，在今宣武区广安门南。

金中都以辽南京旧城为基础，扩东、南、西三面有差，而北面依旧。城池呈方形，实测四面城墙，东长四五一〇米，西长四五三〇米，南长四七五〇米，北长四九〇〇米。四面城垣各开三门，北城垣复增一门，共十三门。城内置六十二坊，前朝后市，街如棋盘。

皇城略居全城中心，四面各一门。正南宣阳门内有街路直通皇宫应天门前之横街，两侧建千步廊，廊东有太庙，西有中央衙署。宫城位居皇城东偏，宫室建筑分为三路，结构严谨。中路殿宇九重，前有大安、仁政两殿，为常朝之所，后有后宫，为帝、后所居。主殿大安殿建于三层露台之上，规模宏伟。东路有东宫、寿康宫、内省诸建筑，西路有蓬莱院、泰和宫等建筑。宫城内西南隅凿鱼藻池，建鱼藻殿，以为宫城之内苑，故址即今白纸坊西之青年湖。宫城以东置太子东宫，以西为同乐园，有瑶池等湖泊。

中都城之扩建，将西湖即今之莲花池下游河道纳入城中，导流入同乐园湖泊及鱼藻池，又经皇城前龙津桥下，转而向南，流出城外。公元一九九〇年，在右安门外大街以西之凉水河北岸发现其水关遗址，已就地建为辽金城垣博物馆。中都近郊建有行宫多处，其最著名者为万宁宫，故址在今北海公园处。元朝继起，就其址规划扩建大都城，遂为今北京城奠定基础。

　　公元一九九〇年西厢道路改造，市文物研究所沿宣武区滨河路两侧，探得金中都宫殿夯土十三处，南北分布逾千米，并做局部发掘，从而确定应天门、大安门和大安殿等遗址位置。公元二〇〇三年为金中都建都八百五十周年，应宣武区人民政府之约，撰文以记北京建都之始，刊石于金中都大安殿故址之前。

二〇〇二年七月三十日
该碑立于宣武区广安门外滨河公园南部

"当代学术"第一辑

美的历程
李泽厚著

中国古代思想史论
李泽厚著

古代宗教与伦理
儒家思想的根源
陈　来著

从爵本位到官本位（增补本）
秦汉官僚品位结构研究
阎步克著

天朝的崩溃（修订本）
鸦片战争再研究
茅海建著

晚清的士人与世相（增订本）
杨国强著

傅斯年
中国近代历史与政治中的个体生命
王汎森著

法律与文学
以中国传统戏剧为材料
苏　力著

刺桐城
滨海中国的地方与世界
王铭铭著

第一哲学的支点
赵汀阳著

生活·讀書·新知 三联书店 刊行

"当代学术" 第二辑

七缀集
钱锺书 著

杜诗杂说全编
曹慕樊 著

商文明
张光直 著

西周史（增补二版）
许倬云 著

拓跋史探（修订本）
田余庆 著

近代中国社会的新陈代谢
陈旭麓 著

甲午战争前后之晚清政局
石 泉 著

民主四讲
王绍光 著

心灵秩序与世界历史（增订本）
奥古斯丁对西方古典文明的终结
吴 飞 著

海德格尔与伦理学问题（修订本）
韩 潮 著

生活·讀書·新知 三联书店 刊行

"当代学术"第三辑

三松堂自序
冯友兰著

中国文明起源新探
苏秉琦著

美术、神话与祭祀
张光直著

杜甫评传
陈贻焮著

中国历史通论
王家范著

清代政治论稿
郭成康著

无法直面的人生：鲁迅传（增订本）
王晓明著

反抗绝望：鲁迅及其文学（修订本）
汪　晖著

竹内好的悖论（增订本）
孙　歌著

跨语际实践（修订本）
刘　禾著

生活·讀書·新知 三联书店 刊行

"当代学术"第四辑

金翼：中国家族制度的社会学研究
林耀华著

北京城的生命印记
侯仁之著

两头不到岸：20世纪初年中国的社会政治与文化
杨国强著

祖宗之法：北宋前期政治述略
邓小南著

中古中国与外来文明
荣新江著

乡族与国家
郑振满著

西周的政体
李　峰著

礼与十八世纪的文化转折（修订本）
商　伟著

推敲自我：小说在18世纪的英国
黄　梅著

自然社会
李　猛著

生活・讀書・新知 三联书店 刊行